| 아가서강해 |

부르다가 죽을 노래, 아가

| 소강석 지음 |

쿰란출판사

| 추 천 사 |

사랑의 힘이여 힘차게 약동하라

　아가서는 솔로몬과 술람미 여인과의 사랑을 너무 노골적으로 표현하고 있다. 그래서 오랜 세월 동안 아가서의 정경성의 문제가 대두되었다. 또한 많은 주석가들은 각자 여러 가지 다양한 해석 방법을 제안하였고, 또 목회자들은 다양한 강해 설교집을 내어 놓기도 하지만, 아가서를 통해 자신에게 주시는 하나님의 말씀을 깨닫기를 간절히 바라는 많은 신실한 성도들은 이에 만족하지 못한 채 올바른 강해서를 갈급해 왔다. 그런데 이번 소강석 목사님의 강해서는 성도들의 이러한 갈급한 마음을 잘 해결해 주고 있다.

　그동안 많은 아가서 강해자들은 아가서를 풍유적으로 해석하거나 아가서의 내용을 너무 표피적으로 이해한 나머지 하나님이 그의 백성들에게 계시하시고자 하는 하나님의 진정한 메시지와는 무관한 강해자 자신의 주관적인 메시지를 전달하곤 하였다. 그래서 아가서 강해서가 3류 연애소설 같기도 하였고, 사교 집단의 비밀교시 해설집 같기도 하였고, 영적인 암호문서 해독문 같기도 하였다. 그러나 소 목사님은 아가서를 강해하면서 아가서 본문의 내용을 사실적으로 이해하여 설명하면서도 성경 전체의 조망 속에서 그 사실을 비유로 하나님이 선포하시고자 하는 이 시대의 성경적 진리를 밝히는 데 주력하고 있다. 그래서 그의 강해는 영적 통찰력과 성경적, 신학적 온전성과 깊이가 있다.

Recommendation

하나님은 태초에 남녀를 창조하여 부부로 짝지어 주시면서 서로 깊은 사랑을 나눔으로 신체적, 정신적, 인격적, 영적으로 한 몸을 이루게 하셨다. 그리고 그들에게 땅을 채우고 정복해서 그 땅에 하나님의 나라를 정착시키고 영화롭게 하면서 하나님을 영원토록 찬양해야 할 역사적 사명을 부여하였다. 이것은 우리들이 부부의 깊은 사랑을 통해 하나님의 깊은 사랑을 깨닫고 그 하나님을 뜨겁게 사랑하면서 하나님께 사랑의 의무를 이행해야 함을 지시한 것이다. 하나님은 이러한 자신의 뜻을 성경 전체에서 여러 각도로 다양하게 계시하셨지만, 아가서를 통해 보다 직접적이면서 집중적으로 계시하신 것이다. 소 목사님은 이러한 아가서의 정경적 기능과 목적을 잘 간파하고 아가서 자체의 문맥과 성경 전체의 구조와 흐름 속에서 아가서의 본문을 강해하고 그 메시지를 정리하였다.

똑같은 음식의 재료라도 음식 만드는 솜씨에 따라 그 맛이 달라지듯 책도 마찬가지다. 똑같은 어휘, 똑같은 사상이라도 그것을 작가가 어떻게 조합하여 표현하느냐에 따라 글 읽는 맛이 달라지며, 읽는 자의 심금을 울리기도 하고 짜증스럽게도 한다. 소 목사님은 훌륭한 목회자이면서도 성경신학자 못지않은 신학적 지식이 해박하고 신학적 자질이 뛰어나다. 거기에다 그는 영성이 풍부하고 시적 감성이 넘치며, 문학적 자질이 남다르게 뛰어나다. 그의 말솜씨와 글솜씨는 이미 정평이 나 있다. 그가 하는 말이나 그가 쓰는 글을 읽고 있노라면, 일단 재미가 있고 감동이 있다. 그래서 그가 말할 때면 자꾸만 그 말을 더 듣고 싶고 또 그와 함께 말하고

| 추 천 사 |

싶고, 그의 글을 읽으면 그의 글을 더욱 읽고 싶게 만들어 준다. 이번의 아가서 강해서도 예외가 아니다. 그는 이 강해집에서 그의 깊은 영적이면서도 성경적인 통찰력과 해박한 성경 지식으로 아가서를 읽고 깨달았던 하나님의 메시지를 그의 풍부한 문학적 소양과 다양한 설명 방식을 활용하여 거침없이 매끄럽고 감동적으로 해설하고 있다. 그래서 성도들은 이 책을 읽는 동안 즐겁고도 편안한 마음으로 하나님이 아가서를 통해 나타내시고자 하는 그의 계시의 세계 속에 깊이 빠져들어 하나님의 임재의 기쁨과 그의 사랑의 비밀을 깨닫는 즐거움을 누리게 된다. 그리고 그동안 소홀히 했던 하나님이 주신 우리의 삶의 동반자와 더욱 깊은 사랑을 나누면서 하나님의 그 깊고도 따뜻한 사랑을 깨닫고 체험하는 시간들을 갖게 될 것이다.

이 책을 읽는 모든 신실한 하나님의 부부들에게 하나님의 사랑의 축복이 넘쳐서 그 사랑의 힘을 힘차게 발휘하여 가정을 행복하게 만들고, 사회를 변화시키며, 하나님의 교회와 나라를 영광스럽게 하기를 기원한다.

2009년 10월 30일
사당동 연구실에서
총신대학교 구약교수 김인환 전 총장

Recommendation

완전한 사랑을 향한 노래

소강석 목사의 아가서 강해 36강좌는 다섯 갈래의 장점을 고를 수 있다.

첫째, 현세의 사랑을 영원의 사랑으로 승화시킨다.

솔로몬 왕과 술람미 여인과의 사랑의 노래는 이성 간의 사랑, 곧 부부의 사랑으로 비유된다. 다음 단계는, 이스라엘 백성과 하나님의 사랑으로 그 지평이 확대된다. 그다음 단계는, 크리스천과 그리스도의 사랑으로, 그리고 그리스도와 교회의 사랑으로 승화시킨다. 인간의 현세적 사랑의 이야기가 하나님의 영원한 사랑의 노래로 발전하는 본문 해석이 논리적이고 유연하다.

둘째, 신학의 틀이 신비로운 사랑을 받쳐 준다.

저자는 텍스트의 해석을 다양한 방법론으로 접근하되 가장 정통적인 신학 입장을 취하고 있다. 본문의 동심원적 해석, 예표론적 해석 방법을 섭렵하면서 정통적 교의신학의 입장을 견지한다. 즉, 인간을 향한 하나님의 사랑의 속성을 일방적이고 주권적인 사랑이라는 기본틀 위에서 본다. 그러므로 그 사랑은 인간의 의지나 행위에 근거한 것이 아니고, 하나님의 은혜에 말미암은 언약 성취의 과정으로 해석하고 있다. 그래서 격조가 높다.

| 추 천 사 |

셋째, 추상성과 실제성이 오버랩되고 있다.
 본문의 1차적 의미의 표현인 현상적인 것을 투명하게 수용한다. 그다음은 그 문자적 표현 너머에 갈무리된 심오한 예표적 실루엣을 오버랩시킴으로 성서문학의 창조적 해석의 성공 사례를 증명해 준다. 추상성을 실제성으로, 실제성을 추상성으로 볼 수 있게 함으로 일상의 애정표현의 한계를 넘어서게 하며, 추상적 관념의 세계에서 삶의 현장으로 인도하는 적용이 있다. 실화, 권면 등이 빈번하게 등장하는 것은 저자가 목회자이기에 한층 친근감이 있다.

넷째, 원숙한 문학성이 신선한 감동을 준다.
 이 강해서 저자는 시인이다. 여러 권의 시집을 간행하였고, 수십 권의 저서가 있는 왕성한 현역 저술가이다. 그의 풍부한 문학적 상상력과 달변적 문장력은 이 강해서의 차별성이라고 할 수 있다. 내용의 흐름, 단락의 구성, 문장의 신선감은 탁월하다. 문필 사역의 원숙 단계에 접어든 저자의 역량을 보여주는 웅변이다. 새 번역의 도입은 금상첨화이다. 시인 솔로몬 왕과 시인 소강석 목사가 이 강해서에서 함께 연주하는 듀엣은 가히 명품이다.

Recommendation

다섯째, 새 에덴을 향한 사랑의 피날레이다.

이 강해서의 클라이맥스는 새 에덴에서의 사랑의 노래이다. 인간의 노래는 하나님의 노래로, 처음 에덴에서의 노래는 새 에덴에의 노래로, 옛 예루살렘의 무대는 새 예루살렘의 무대로, 지상의 노래는 천상의 노래로 업그레이드 된다. 그래서 소강석 목사의 아가는 신랑 그리스도에게서 완성된다. 그 사랑의 노래는 오늘도 흐른다.

사랑은 영원하다.

2009년 10월 30일
박종구 목사
월간목회 발행인

|머 리 말|

성경은 하나님의 사랑의 편지입니다. 하나님의 절절한 마음과 뜨거운 관심이 묻어 있는 사랑의 메시지입니다. 그 하나님의 사랑은 성경에 여러 가지 형태로 표현되어 있습니다. 때로는 직설적인 말씀으로, 때로는 예언이나 시로, 때로는 여러 가지 이야기나 비유를 통해 하나님은 당신의 깊은 심정을 알게 하셨습니다.

특별히 아가서에는 솔로몬과 술람미 여인의 사랑 이야기를 통한 하나님의 놀랍고 가슴 뛰는 사랑이 나타나 있습니다. 하나님은 솔로몬의 사랑을 통해 당신의 그 뜨거운 사랑을 우리에게 보여주시고, 속삭이십니다. 그러므로 아가서는 남녀 간의 사랑이야기로 그치는 것이 아니라 하나님과 당신 백성의 사랑, 나아가 그리스도와 교회의 사랑이야기로 우리에게 읽혀져야 합니다. 아가서에 나타나는 사랑이 그리스도와 하나님의 사랑을 예표하고 있기 때문입니다.

듀크 대학의 구약학 교수였던 롤랜드 머피가 그의 책 《The Song of Songs》에서 지적하였듯이 아가서는 남녀의 사랑이라는 유비를 통해 궁극적으로 하나님과 이스라엘의 관계를 묘사합니다. 그리고 나아가 그리스도와 교회의 관계라는 본질적인 질문 앞에 우리를 세우며 도전해 옵니다.

지혜의 왕 솔로몬이 저술한 다른 성경은 전도서입니다. 전도서는 이 세상의 모든 것이 헛되기에 사람이 부나 영예, 지혜와 지식으로 만족을 얻지 못함을 말합니다. 그러나 아가서는 사람이 사랑으로 만족할 수 있음을 우리에게 역설하고 있습니다. 그러므로 같은 저자 솔로몬은 전도서에서 아가서를 향하여 눈을 돌려, 이

preface

땅의 모든 것이 헛되지만 우리를 놀랍게 사랑하시는 하나님을 경외하고, 그의 감동적인 사랑이 스며 있는 그의 명령을 지킬 것을 당부하고 있는 것입니다. 결론적으로 솔로몬은 우리를 말할 수 없는 사랑으로 사랑하시는 그 하나님 앞에 나아가는 것이 모든 사람의 본분임을 선포하는 것입니다.

어떤 사람은 아가서를 성경에 포함될 수 없는 고대근동의 삼류 연애소설이라고 평가절하합니다. 그러나 랍비 아키바도 인정하였듯이 아가서는 성문서 중에서도 가장 거룩한 책이고, 시대를 초월하여 영적 대가들로부터 깊이 사랑받고, 소중히 여김을 받는 책입니다.

그러므로 아가서가 논란의 중심에 서 있는 영적이고 어려운 책인 만큼 우리는 기도하는 마음과 사모하는 마음으로 이 책을 읽어야 할 것입니다. 그 속에 스며 있는 그 메시지를 겸허한 마음으로 받아들이는 순종의 심정으로 이 책이 읽혀지길 바랍니다. 그렇게 될 때 수많은 믿음의 선배들이 왜 아가서를 그토록 사랑했고, 그것이 오늘의 이 메마른 세상을 살아가는 우리에게 어떤 의미가 있는지를 이해하게 될 것입니다.

온 우주 가운데 우리의 영원한 연인이 한 분 계십니다. 그가 바로 예수 그리스도이십니다. 그 예수 그리스도는 당신의 백성들을 너무나 사랑하셔서 스스로를 십자가에 못 박으시고, 우리의 구원과 자유를 이루어주셨습니다. 이 아가서 강해는 그 예수 그리스도의 사랑을 지향하고 있습니다. 우리의 궁극적인 목표와 지향점도 예수 그리스도이시고, 그의 사랑입니다.

| 머 리 말 |

　이 예수 그리스도는 또한 우리에게 생명의 말씀을 나누어주셨습니다. 그 말씀을 통해 오늘도 우리는 진실하신 하나님과 예수 그리스도의 사랑을 발견합니다. 그리고 영원한 신랑 되신 예수 그리스도를 사랑하고 그를 따를 때에만 우리에게 만족과 기쁨이 있는 것을 압니다.
　이 강해서는 제가 새에덴교회의 금요철야 예배 때 아가서를 내러티브의 형식으로 강해설교한 것을 묶은 것입니다. 이 책을 준비하면서 저는 다시금 제게 임하셨던 그리스도의 첫사랑의 감동을 경험할 수 있었습니다. 눈물로 말씀을 준비하고 선포했던 그 감동을 다시 체험할 수 있었습니다. 모쪼록 이 책을 통해 우리에게 잊혀졌던 그리스도의 그 첫사랑이 회복되길 바랍니다. 그리고 우리 모두의 마음에 항상 사랑과 은혜의 단비를 부어주시는 그 성령의 은혜가 임하시길 바랍니다. 그리하여 하늘의 놀라운 비밀과 사랑을 함께 느끼고 깨우쳐서 우리의 삶이 애틋한 그의 사랑으로 물들기를 소망합니다. 아가서의 메시지를 통해 한국교회가 하나님의 사랑에 응답하고, 더욱 그의 사랑을 통해 성장하고 새로워지기를 바랍니다.
　끝으로 이 책의 출판을 위해 애쓰신 쿰란출판사의 이형규 장로님과 모든 직원들, 그리고 저의 믿음의 어머니시며 항상 기도 후원과 격려를 아끼지 않으시는 장모님 정금성 권사님과 내조를 아끼지 않는 사랑하는 아내에게 감사드립니다. 그리고 저를 위해 늘 기도하며 염려하는 새에덴교회의 사랑하는 모든 당회원과 성도님들께 감사드리고, 원고 교정과 정리를 위해 수고해 주신 동

preface

역자 이용진 목사님께도 감사드립니다. 그리고 무엇보다 부족한 종을 이토록 사랑하셔서 이 사역을 감당케 하시는 우리 주님께 이 모든 영광이 돌려지길 간절히 소망합니다.

"오직 우리 주 곧 구주 예수 그리스도의 은혜와 그를 아는 지식에 자라가라 영광이 이제와 영원한 날까지 그에게 있을지어다"(벧후 3:18).

2009년 10월 30일
소강석 목사

|차 례|

추천사 | 김인환 목사(전 총신대학교 총장) ●○ 2
추천사 | 박종구 목사(월간목회 발행인) ●○ 5
머리말 ●○ 8

01　　　　○　　　　●○ 아가서 1장 1절
솔로몬의 아가라 ●○ 15

02　　　　○　　　　●○ 아가서 1장 1-2절
입맞춤으로 시작된 사랑 ●○ 32

03　　　　○　　　　●○ 아가서 1장 1-4절
입맞춤에서 침실로 간 사랑 ●○ 52

04　　　　○　　　　●○ 아가서 1장 1-4절
입맞춤과 침실의 사랑을 구한 이유 ●○ 70

05　　　　○　　　　●○ 아가서 1장 4-6절
검은 약점이 불러온 사랑 ●○ 82

06　　　　○　　　　●○ 아가서 1장 7-8절
임 그리워 애태우는 사랑 ●○ 100

Contents

○　　　　●○ 아가서 1장 9-11절
애절한 고백이 불러온 사랑의 예찬 ●○ **119**

○　　　　●○ 아가서 1장 12-17절
향기와 푸름 가득한 침상의 사랑 ●○ **132**

○　　　　●○ 아가서 2장 1-3절
꽃 사랑 고백, 꽃 사랑 예찬 ●○ **145**

○　　　　●○ 아가서 2장 3-7절
임이여, 날 품어주소서 ●○ **159**

○　　　　●○ 아가서 2장 8-10절
창살 틈으로 엿보는 사랑 ●○ **180**

○　　　　●○ 아가서 2장 10-14절
황홀한 사랑의 초청 ●○ **198**

| 차 례 |

13 ○ ● ○ 아가서 2장 15절
여우 떼를 좀 잡아주오 ●○ **212**

14 ○ ● ○ 아가서 2장 16-17절
여우를 잡은 후에 ●○ **220**

15 ○ ● ○ 아가서 3장 1-5절
꿈속에서도 임을 찾아 ●○ **226**

16 ○ ● ○ 아가서 3장 6-11절
아, 황홀한 결혼 행렬이여 ●○ **250**

17 ○ ● ○ 아가서 4장 1-5절
아름다워라 나의 신부여 (1) ●○ **265**

18 ○ ● ○ 아가서 4장 1-5절
아름다워라 나의 신부여 (2) ●○ **283**

Contents

○　　　　　●○ 아가서 4장 6-9절
아름다워라 나의 신부여 (3) ●○ **296**

○　　　　　●○ 아가서 4장 10-12절
아름다워라 나의 신부여 (4) ●○ **313**

○　　　　　●○ 아가서 4장 12-16절
아름다워라 나의 신부여 (5) ●○ **330**

○　　　　　●○ 아가서 5장 1-8절
빼앗길 수 없는 나의 사랑이여 (1) ●○ **339**

○　　　　　●○ 아가서 5장 2-9절
빼앗길 수 없는 나의 사랑이여 (2) ●○ **355**

○　　　　　●○ 아가서 5장 9-16절
사랑을 찾으러 가요 (1) ●○ **368**

| 차 례 |

25 ○ ● ○ 아가서 5장 10-16절
사랑을 찾으러 가요 (2) ● ○ **383**

26 ○ ● ○ 아가서 6장 1-9절
사랑을 찾은 행복 (1) ● ○ **401**

27 ○ ● ○ 아가서 6장 8-13절
사랑을 찾은 행복 (2) ● ○ **418**

28 ○ ● ○ 아가서 6장 13절-7장 1절
사랑을 찾은 행복 (3) ● ○ **435**

29 ○ ● ○ 아가서 7장 2-9절
사랑을 찾은 행복 (4) ● ○ **451**

30 ○ ● ○ 아가서 7장 10-13절
무르익어가는 사랑의 토로 (1) ● ○ **469**

Contents

31 ○ 아가서 8장 1-4절
무르익어가는 사랑의 토로 (2) • ○ **489**

32 ○ 아가서 8장 5-7절
임이여, 나를 도장처럼 여겨 주세요 (1) • ○ **507**

33 ○ 아가서 8장 5-7절
임이여, 나를 도장처럼 여겨 주세요 (2) • ○ **523**

34 ○ 아가서 8장 8-10절
순결을 지켜온 간증의 노래 • ○ **538**

35 ○ 아가서 8장 10-12절
순결 예찬 • ○ **554**

36 ○ 아가서 8장 13-14절
에덴을 향한 사랑의 피날레 • ○ **571**

○ 01

솔로몬의 아가라

"솔로몬의 아가라" (1:1)

아가서는 솔로몬 왕과 술람미 여인 사이의 뜨거운 사랑을 그리고 있습니다. 그래서 이 책에는 둘 사이에 오가는 아름답고 성적(性的)인 사랑의 표현이 있습니다. 이 뜨거운 사랑의 표현은 '고백의 화답'이라는 형식으로 이루어집니다. 서로 고백하며 대화해 나가는 것입니다. 그래서 아가서를 읽을 때 고백이 어떻게 오가는지를 살피는 일은 매우 중요합니다. 아가서의 기본 형식은 '고백'이기 때문입니다.

이러한 아가서의 특징 때문에 아가서가 지금껏 많은 오해를 받아 온 것도 사실입니다. 아가서에 대한 전통적이고 성경 통전적이며 문학적인 지식이 없는 사람들은 아가서가 성경에 포함될 수 없으며, 심지어는 고대 근동의 삼류 연애소설의 하나라고까지 평가절하합니다.

그러나 아가서는 랍비 아키바도 인정했듯이, 성문서 중에서도 가장 거룩한 책입니다. 그리고 듀크 대학의 구약학 교수였던 롤런드 머피가 그의 책 《The Song of Songs》에서 지적하듯이, 아가서는 남녀의 사랑이라는 유비를 통해 궁극적으로 하나님과 이스라엘의 관계를 보여주고 있는 책입니다.

아가서는 진실하고 순수하며 애절하고 뜨거운 사랑 고백의 화답을 통해, 독자로 하여금 자신과 하나님과의 사랑의 관계에 대해 다시 생각하게 만드는 책입니다. 그리고 이러한 개인적인 상호작용을 넘어 그리스도와 교회의 관계라는 본질적인 물음을 선명하게 드러냅니다.

그러므로 아가서에는 우리 하나님의 지극한 사랑이 넘쳐흐릅니다. 살짝이라도 건들면 톡 터져 그윽한 향내를 내뿜을 것 같은 꽃봉오리처럼, 하나님과 나의 사랑이, 그리스도와 교회의 사랑이 그 속에 압축되어 있습니다. 그래서 이 사랑 이야기 아가서를 읽을 때 하나님과의 뒤틀린 관계가 아름다운 관계로 회복되는 역사가 있을 것입니다. 잃었던 첫사랑을 회복하고, 빼앗긴 구원의 감격을 되찾으며, 신앙의 뜨거운 열정을 회복하게 될 것입니다. 그래서 첫사랑의 멜로디를 회복된 구원의 감격이라는 흥겨운 리듬에 담아 하나님을 찬송할 수 있게 될 것입니다.

🎵 솔로몬의 아가(雅歌)

'솔로몬의 아가'라는 명칭에 대해 먼저 살펴보겠습니다. '아가'

(雅歌)라는 말은 히브리어로 '쉬르 하쉬림'으로, 이 말은 '노래들 중의 노래', '가장 아름다운 노래'라는 뜻입니다. 그리고 이 아가를 솔로몬이 지었기 때문에 '솔로몬의 아가'라고 부릅니다. 곧 '솔로몬의 아가'라는 말은, 솔로몬이 지은 노래 중에서 가장 으뜸이 되고 가장 아름다운 노래라는 뜻입니다.

매우 지혜롭고 정서적(情緒的)일 뿐 아니라, 하나님의 영으로 충만한 사람이었던 솔로몬은 3천 잠언을 말하였고, 1천다섯 수의 노래를 지었다고 했는데(왕상 4:32), 이 1천다섯 수의 노래 가운데 아가서가 가장 아름다운 노래로 뽑혔던 것입니다.

🎵 솔로몬의 아가가 가장 아름다운 노래인 이유

그렇다면 왜 솔로몬의 그 1천다섯 수의 노래 가운데 이 아가가 가장 아름다운 노래로 뽑혔을까요?

첫째, 샬롬이 샬롬을 노래하였기 때문입니다

원래 솔로몬이라는 이름은 '샬롬'이라는 말에서 왔습니다. 두 단어는 자음이 서로 같습니다. '샬롬'은 '평강'이라는 뜻을 가지는데, 원뜻은 '완전하다', '흠이 없다'입니다.

이스라엘 백성들은 완전하고 흠이 없는 상태를 샬롬으로 생각했습니다. 그런데 샬롬(솔로몬)이 샬롬을 노래했으니, 이 노래야말로 정말 흠 없고 완전한 노래라고 말할 수 있는 것입니다. 평강의 이름을 가진 솔로몬이 평강의 노래, 곧 샬롬을 노래했으니 그야말로 아름다운 노래이지 않습니까?

　폭군에게는 평강의 노래가 있을 수 없습니다. 염세주의자에게도 평강의 노래가 없습니다. 또한 회의론자에게도 평강의 노래가 있을 수 없습니다. 오직 샬롬 자체에서만 샬롬의 노래가 나올 수 있습니다. 이러한 사실은 우리의 삶 속에서 경험되는 바입니다. 마음이 불안하고 혼란스러우면 일이 손에 잡히지 않습니다. 노래하는 사람도 마음이 불안하거나 정신이 혼미하거나 정서가 불안하면 노래가 잘 안 나오는 것과 마찬가지입니다. 마음이 편안하고 안정될 때 찬양이 즐겁게 나오는 것입니다. 우리 마음이 샬롬의 상태가 되었을 때에야 아주 평화로운 찬양, 샬롬의 찬양이 우리 가슴속, 아니 우리 뱃속 깊고 깊은 곳에서 우러나오는 것입니다. 그러므로 샬롬 자체만이 진정한 샬롬의 노래를 부를 수 있는 것입니다.

둘째, 내용 자체를 보더라도 노래 중에 최고의 노래라고 볼 수 있기 때문입니다

　아가서의 내용은 남녀의 사랑이 주를 이루고 있습니다. 그냥 남녀의 사랑도 아니고 부부간의 애절하고 진실한 사랑입니다. 이 세상에는 시도 많고 노래도 많습니다. 나라에는 국가가 있고, 군대에는 군가가 있습니다. 그러나 수많은 노래 중에 진정한 노래는 아름다운 사랑을 주제로 한 노래입니다. 특별히 신랑과 신부의 사랑을 담은 노래는 가장 아름다운 노래라고 할 수 있습니다.

　그러나 아가서에 전개되어 있는 솔로몬과 술람미 여인의 사랑,

곧 부부의 아름다운 사랑 이야기는 단순한 부부의 사랑 이야기로 끝나지 않습니다. 그 부부의 사랑이 사실적으로 묘사되되, 예수 그리스도와 교회의 사랑, 하나님과 성도의 사랑으로 연결됩니다. 그래서 이 노래는 가장 아름다운 노래요, 노래 중의 노래라고 할 수밖에 없습니다.

셋째, 영원한 사랑이신 예수 그리스도를 노래했기 때문입니다

아가서는 덧없는 세상 이야기를 노래한 것이 아닙니다. 세상 노래는 사람 따라, 유행 따라, 풍조 따라 변하고 달라집니다. 그러나 아가서는 끊임없는 새 노래요, 영원불변한 사랑의 노래입니다. 왜냐하면 이 노래는 영원한 사랑을 노래하고 있기 때문입니다. 영원한 사랑의 주제인 진정한 샬롬이요, 영원한 샬롬이 되시는 예수 그리스도를 노래하고 있습니다. 어제나 오늘이나 영원토록 동일하신 그리스도 예수, 그 예수를 노래하고 있는 것입니다.

이 세상의 노래는 다 애굽적이고 소돔과 고모라적이며 바벨론적입니다. 그러나 아가서는 이런 애굽 같은 세상, 소돔과 고모라 같은 세상, 바벨론 같은 세상 속에서도 늘 아름다운 예수만을 노래합니다. 향기로운 예수의 꽃을 피웁니다. 아무리 인기 있는 유행가라도 회의가 가득하고 허무가 가득한 '인생 허사가'에 불과합니다.

그러나 아가서의 주제는 샤론의 꽃 되신 예수 그리스도입니다. 물론 아가서에 드러난 표면적인 이야기는 부부의 사랑 이야기이고, 남녀 간의 사랑에 관한 것이지만, 그 속에 감추어진 주제는 영원한 향기 되신 예수 그리스도입니다. 세상 노래와 샤론의 꽃 예수님을 찬양하는 노래는 아주 다를 뿐만 아니라 비교할 수조차 없습니다.

아가서에 대한 신학적 견해

그렇다면 아가서를 어떻게 해석해야 할까요? 종파와 학자들에 따라 다양한 견해가 있습니다.

첫째, 자녀들의 성(性) 교과서로 해석되어야 한다는 견해

이것은 주로 정통 유대교의 해석 방법입니다. 그들은 아가서를 분명히 하나님의 말씀으로 받되, 하나님께서 자녀들의 성교육 교과서로 주셨다고 생각합니다. 유대인들은 하나님을 믿지만 그가 보내신 예수 그리스도를 하나님의 아들로 인정하지 않습니다. 그래서 유대인들은 아가서를 예수 그리스도와 성도 간의 사랑, 신랑과 신부의 관계로 해석해 내지 못합니다. 따라서 성교육을 위한 책 정도로밖에 보지 못하는 것입니다. 그러나 우리 그리스도인은 이러한 견해에 동의하지 않습니다.

둘째, 부부 사랑의 교과서나 모델이라는 견해

이 견해는 기독교 안의 일부 신학자들도 취하고 있는 해석입니다. 아가서가 분명 성령의 감동으로 기록된 하나님의 말씀이지만, 그 목적은 하나님의 백성이 가정에서 거룩한 부부 생활을 어떻게 할 것인가에 대한 모델을 제시하시기 위함이라고 주장합니다.

하나님의 백성이 교회에서 예배드리는 일만 거룩하게 생각하고 가정생활 자체는 무시하는 이원화된 삶을 산다는 것입니다. 그래서 하나님은 이런 이원화된 삶을 살지 않도록 하기 위해 아가서를 거룩한 부부의 성생활 모델이나 표준으로 주셨다고 합니다. 이 견해에 따르면, 부부의 성 역시 거룩한 예배나 마찬가지입니다. 교회 와서 예배드리는 것뿐 아니라 가정생활과 부부의 성생활 자체도 삶 속에서의 예배이고, 하나님을 섬기는 것과 똑같다고 합니다.

물론 이 해석의 원리를 완전히 배척할 수는 없습니다. 그렇다고 이 해석 원리를 완전하다고 받아들일 수도 없습니다. 만약 부부 생활이나 성생활의 모델로서만 아가서를 주셨다면, 아가서 말씀이 너무나 허무해집니다. 세상에는 아가서보다 더 좋은 부부 생활의 길잡이가 되는 책들이 있기 때문입니다.

셋째, 일차적으로 부부는 사랑의 교훈을, 본질적으로는 하나님과 교회, 예수 그리스도와 성도의 사랑의 관계를 교훈해 주는 노래라는 견해

우리는 이 해석의 원리를 받아들여야 합니다. 만약 첫 번째와 두 번째 원리만 받아들인다면 아가서가 순정 소설과 별 다를 것 없을 정도로 천박하게만 느껴질 것입니다. 하나님과 성도의 관계, 예수 그리스도와 교회의 관계로 승화시키고 교훈 받고 적용시켜야만 진정한 아가서가 되고, 노래 중의 노래가 될 수 있습니다.

두 가지 관점으로 아가서 읽기

이런 해석을 제대로 하기 위해서 우리는 두 가지의 관점으로 아가서를 읽어야 합니다.

첫째, 동심원적인 해석 관점

동심원적 성경 해석 관점이란 해석할 본문을 그 전체 장과 연관시켜 보는 것을 의미합니다. 그리고 그 전체의 장을 넘어서 그 책 전체의 이야기와 주제를 연관시켜 가며 본문을 해석해 내는 방법입니다.

가령, 창세기 37장 5-11절에 나오는 요셉의 꿈꾸는 사건을 보면, 그 본문에서 해석이 그치는 것이 아니라 창세기 37장 전체, 그리고 창세기 전체의 흐름과 함께 해석이 이루어져야 합니다. 더 나아가, 그것으로 끝나는 것이 아니라 구약 전체를 보고 신구약 전체를 보아야 합니다. 그 본문을 독자적으로만 보는 것이 아니라, 그 장 전체를 살피고 그 책을 넘어서 구약과 신약을 통틀어서 조명하는 것입니다. 그것을 동심원적 성경 해석 방법이라고 합니다.

아가서도 마찬가지입니다. 아가서 1장 1-4절에 보면, 숨 가쁜 첫 사랑의 키스와 침실의 사랑 이야기가 나옵니다. 이것은 먼저 아가서 1장의 조명을 받아야 하고, 나아가 아가서 전체의 조명을 받아야 하며, 더 나아가 신약과 구약의 조명을 받아야 합니다. 아가서는 일차적으로 부부 사랑과 부부의 성을 사실적으로 스케치하고 있습니다. 그리고 그 부부의 사랑과 부부의 성이 정말 신비하고 거룩한,

일종의 예배의 연장임을 함의하고 있습니다. 그러나 성경 전체 흐름에서 보면, 부부의 성과 사랑이 아무리 아름다워도 그 자체로만 끝나면 허무하고 다 지나가는 것에 불과하다는 이해로 나아갈 수 있습니다.

"전도자가 이르되 헛되고 헛되며 헛되고 헛되니 모든 것이 헛되도다"(전 1:2).

"일의 결국을 다 들었으니 하나님을 경외하고 그의 명령들을 지킬지어다 이것이 모든 사람의 본분이니라"(전 12:13).

전도서도 솔로몬이 지은 것입니다. 그리고 전도서는 아가서 이후에 기록된 책입니다. 솔로몬이 전도서에서 토로한 '헛되고 허무하다'는 고백 속에는 솔로몬이 술람미 여인과 나눈 사랑도 포함되어 있습니다. 그 사랑 자체로만 끝났다고 하면 그 사랑도 허무하다는 뜻이 포함되는 것입니다. 아무리 사랑했고 아름다웠어도 솔로몬의 인생 말년에 그것조차 헛되고 헛되며, 더 나아가 모든 것이 헛되다는 사실이 드러난 것입니다.

사랑은 아름답지만 세월이 지나면 다 허무할 뿐입니다. 사도 요한의 고백처럼 이 세상도 지나가고, 정욕도 지나가고, 사랑도 지나가기 때문에 그렇습니다. 아무리 솔로몬의 사랑이 아름다웠어도 결국 헛되다는 것입니다. 그래서 솔로몬은 마지막에 하나님을 경외하라고 말하는 것입니다.

이렇듯 솔로몬과 술람미 여인의 부부 사랑을 동심원적으로 해석할 때, 결국 사도 바울의 가르침에서 그 의미를 찾을 수 있습니다. 사도 바울은 에베소서 5장에서 아내와 남편에 관한 교훈을 말씀하고 있습니다.

"그러므로 사람이 부모를 떠나 그의 아내와 합하여 그 둘이 한 육체가 될지니 이 비밀이 크도다 나는 그리스도와 교회에 대하여 말하노라"(엡 5:31-32).

이 구절은 주로 결혼식 설교에서 애독되는 부분입니다. 대부분 결혼식 설교만으로 이 구절을 사용하여 아내는 남편에게 복종하고, 남편은 아내를 사랑해야 한다고 가르칩니다.

그러나 바울은 남편과 아내의 사랑과 성에 대한 교훈을 넘어서, 본질적인 교훈을 향해 나아갑니다. 곧 에베소서 5장 32절에서 바울은 본질적인 내용을 드러냅니다. 이것이 그리스도와 교회에 대한 내용이라는 것입니다.

즉, 에베소서 5장은 바로 부부 생활, 부부의 성, 부부의 사랑을 통해서 그리스도와 교회, 우리 주님과 성도의 사랑의 관계에 대해 말하고 있는 것입니다.

에베소서 5장은 부부 생활에서 아내는 남편에게 복종하기를 주님께 복종하듯 해야 한다고 합니다. 그러나 아내가 잊지 말아야 할 더 중요하고 본질적인 가르침은 '주님은 우리의 주인이시며, 주님은 교회의 머리 되시고 우리 가정과 삶의 머리가 되시므로 언제나 주님께 순종하며 살아야 한다' 는 사실입니다. 이런 사실을 항상 깨닫고 살아가라는 것입니다.

그리고 남편은 아내를 사랑해야 합니다. 주님이 우리를 위해 십자가에서 희생하시고 교회를 죽기까지 사랑하셨던 것처럼 아내를 사랑해야 합니다. 그러면서 남편은 항상 이걸 생각해야 합니다. '아, 주님은 우리를 위해서 죽으셨어. 무조건적인 사랑을 주셨어. 무조건적으로 우리를 위해서 희생해 주셨어. 그러니 나도 내 아내를 이렇게 사랑해야 해.'

이것은 남편만 깨닫고, 아내만 깨닫는 것이 아니라 서로가 같이 깨달으면서 결단해야 하는 진리입니다. 주님이 언제나 우리 가정과 내 인생의 머리가 되시고 주인 되심을 깨달으며 헌신하고 충성할 것을 결단해야 한다는 말입니다.

부부 관계에서 아내는 남편에게 복종해야 합니다. 그러나 남편은 특별히 더 그렇습니다. 자기 욕정이나 풀기 위해 세상적인 방법을 흉내 내어서는 안 됩니다. 그것은 음행일 뿐입니다. 음행이라는 말이 헬라어로 '포르네이아'인데, 여기서 '포르노'라는 말이 나왔습니다. 그러므로 아무리 내 아내라 할지라도 나의 정욕을 채우기 위해서 부부 생활을 하는 것은 또 하나의 간음이고 음행에 불과합니다. 그러므로 남편은 잠을 잘 때에도 항상 그리스도의 사랑을 생각해야 합니다. 무조건적으로 자기를 주신 주님의 사랑을 생각해야 합니다. 먼저 아내를 배려하고 죽기까지 사랑하는 것입니다. 이렇듯 바울은 이 부부 관계를 통해서 그리스도와 교회의 관계에 대해 말씀하고 있는 것입니다(엡 5:32).

바로 이렇게 부부 생활까지도 하나의 예배 생활의 연장이라 할 수 있습니다. 그래서 바울은 에베소서 5장에서 부부 생활을 이야기해 놓고 하나님과 우리의 관계, 그리스도와 교회의 관계를 말하고 싶어 한 것입니다.

이렇게 아가서를 동심원적으로 해석하면 부부 사랑의 모델이나 성 교과서로 끝나는 것이 아니라 하나님과 우리의 관계, 그리스도와 성도의 사랑의 비밀의 관계로 승화됩니다.

둘째, 모형론적이고 예표론적인 해석 관점

아가서의 표면적인 이야기와 겉 스케치는 분명히 남녀의 사랑과 부부의 사랑인 것이 사실이지만, 여기에 모형론적이고 예표론적인 그림자가 있습니다.

'솔로몬'의 이름은 '샬롬'에서 왔기에 솔로몬은 평화를 창조하는 자라고 할 수 있습니다. 실제 솔로몬 시대에 온 나라가 평화로웠습니다. 그런 의미에서 솔로몬은 예수 그리스도의 모형이요, 예표요, 그림자입니다. '술람미'의 뜻은 문자적으로는 '평화를 받는 사람'입니다. 즉, 술람미 여인은 바로 성도의 모형인 것입니다. 따라서 주님은 우리에게 평화를 주시는 분이요, 우리는 그분의 평화를 받고 누리는 자들입니다.

> "평안을 너희에게 끼치노니 곧 나의 평안을 너희에게 주노라 내가 너희에게 주는 것은 세상이 주는 것과 같지 아니하니라 너희는 마음에 근심하지도 말고 두려워하지도 말라"(요 14:27).

그다음 내용을 봐도 마찬가지입니다. 솔로몬은 주님의 모습으로, 주님의 그림자로 서 있습니다. 솔로몬은 왕입니다. 그러나 당시 술람미 여인은 다볼 산 골짜기 깊은 동네에서 포도원 농사나 짓는 아주 가난한 촌뜨기 여자에 불과했습니다. 한국으로 말하면 지리산 같은 산골짜기에 사는 촌뜨기 여자인 것입니다. 그래서 술람미 여자는 게달의 장막과 같이 얼굴이 새까맣게 탔다고 묘사되고 있습니다. 그럼에도 불구하고 그녀는 솔로몬에게 택함을 받고, 지극한 사랑을 받고, 1천 명의 비빈 중에서도 가장 사랑받는 아름다운 여인으로 구구절절하게 묘사되어 있습니다.

절대 권력과 부를 가진 솔로몬 왕과 비천하고 어리고 아무 자랑할 것이 없는 술람미 여인의 사랑, 이것은 세상적으로는 쉽게 이루어질 수 없는 사랑입니다. 이런 이야기의 전개를 통해서 아가서는 예수 그리스도와 우리의 관계, 하나님과 성도의 사랑의 관계를 그림자로, 모형으로, 예표로 보여주고 있습니다. 바로 솔로몬은 주님의 모형으로, 그리고 이 술람미 여인은 죄 가운데 빠져 있다가 주님의 은혜로 선택받고 부름 받아 주님의 사랑을 누리고 있는 우리의 모형으로 말입니다.

드라마 "이산"을 보면, 드라마 초기부터 다모 성송연과 세자 이산과의 사랑이 싹틉니다. 송연이 청나라의 화원으로 팔려가면서 이산이 준 붓과 어린 시절 자신의 팔에 묶어 주었던 술띠를 들고 갑니다. 그리고 나중에 청나라가 혼란에 빠져 송연이가 다시 조선으로 돌아올 때, 그 먼 길을 걸어올 때 그 붓 하나를 품고 옵니다. 눈보라를 만나고 비를 맞고 굶주림과 배고픔에 쓰러지고 넘어지면서도, 그 붓 하나를 가슴에 품고 돌아옵니다. 세자가 자기에게 마음을 주고 은밀하게 사랑을 고백한, 그 애절한 사랑의 마음 하나를 가지고 이국 만리 험한 길을 걸어서 오는 것입니다.

이틀 후에 세자는 왕이 되었고, 송연은 하마터면 후궁으로 갈 수도 있었는데 혜경궁홍씨의 반대로 물러나게 됩니다. 그런데 나중에 정조가 평생토록 자신만을 사랑한 송연의 마음을 알고 송연을 찾아가게 됩니다. 갑자기 나타난 정조의 모습에 깜짝 놀란 송연이, "전하, 여기까지 어인 일로 오셨습니까?" 하자, 정조는 "너를……데리러 왔다. 이제 나를 임금이 아니라 한 남자로서 받아줄 수 없겠느냐……"라고 말합니다. 그리고 송연은 "전하, 평생 전하의 곁을 떠나지 않겠습니다" 하면서 정조의 품에 안깁니다.

이것은 도저히 이루어질 수 없는 사랑입니다. 다모 출신의 여자가 어찌 왕과 사랑을 이룰 수 있겠습니까? 이 사랑 이야기는 조선시대판 아가서라고 말할 수 있을 것입니다.

그런데 성도들은 이보다 더한 사랑을 한 몸에 받고 있습니다! 하나님의 미스터리 같은 사랑, 이 영원한 수수께끼 같은 신비한 사랑을 어느 누가 설명할 수 있겠습니까? 이 세상 어느 천재 물리학자가 설명해 줄 수 있겠습니까? 어느 천재 문학인이 그려낼 수 있겠습니까?

하나님이 하나밖에 없는 아들을 저 높고 높은 별을 넘어 이 세상에 보내주시어 나를 위해 십자가에 죽게 하신 그 사랑, 아니 성자 하나님께서 친히 육신을 입고 오셔서 우리를 위해 죽으신 그 사랑이 바로 아가서의 사랑입니다. 이 하나님의 사랑에 우리의 가슴이 울렁거리고 목젖이 뜨거워지며 찬양하고 노래한 것이 아가서의 노래인 것입니다.

영원히 풀리지 않을 수수께끼 같은 사랑, 우리가 이 사랑을 입었습니다. 한 몸에 받았습니다. 솔로몬과 술람미 여인의 사랑이 중요한 것이 아니라, 그 사랑이 예표하고 있는 하나님과 성도의 사랑이 더 중요합니다. 하나님이 우리를 이처럼 사랑해서 독생자를 주셨고, 게달의 장막처럼 그을려 볼품없는 우리를 불러 주신 것입니다.

이와 같은 특징 때문에 아가서는 영성이 밝은 자들에게만 감격으로 받아들여집니다. 이 말씀이 감동으로 다가옵니다. 영성이 흐려져 있고 마음이 청결하지 못한 사람은 아가서 이야기를 들으면 무언가 부자연스럽고 질이 떨어지는 느낌을 받습니다. 루터가 영성이 흐렸을 때는 아가서와 야고보서를 지푸라기 서신으로 여겼습니다. 그러나 루터는 아가서와 야고보서 또한 하나님의 말씀이요, 하나님의 사랑이 가득 담긴 생명의 말씀으로 깨닫고, 회개하고 회개했다고 합니다. 마음이 청결한 사람, 영성이 맑은 사람은 아가서가 수준 높은 책이고 영성이 깊은 책으로 보임을 믿으시기 바랍니다.

🎵 아가서의 특징

아가서를 읽을 때 우리는 몇 가지 특이한 점을 발견하게 됩니다. 바로 서론이 없다는 점입니다. 모든 성경에는 서론이 있고, 설교에도 서론이 있습니다. 그러나 아가서만큼은 예외입니다. 왜일까요? 너무나 감격스럽고 기뻐서 인사말을 할 필요가 없기 때문입니다.

우리도 너무 기쁘고 감격하면 서론을 달지 않습니다. 어떤 아내가 운전면허 시험에 네 번 낙방하고 겨우 다섯 번째에야 합격했습니다. 그러면 그때 "여보, 나 운전면허 땄어!"라고 말하지, "여보, 내가 운전면허 시험 보러 갔는데……"라며 어쩌고저쩌고 서론을 달아 말하지 않습니다.

구미동에 성전을 건축할 때 건축 허가가 나오지 않아서 혼신의 힘을 다해 기도하고 애쓰고 노력했었습니다. 마침내 건축 허가가 나와서 교회에 가서 성도들에게 뭐라고 한 줄 아십니까? "여러분, 나왔습니다! 할렐루야!" 너무나 감격스러우면 서론이 필요 없습니다. 아가서가 그런 책입니다. 그래서 아가서의 본론은 이렇게 시작합니다.

"내게 입 맞추기를 원하니 네 사랑이 포도주보다 나음이로구나"(아 1:2).

이 번역은 고어체라 히브리 원문에 담긴 감정을 잘 담아내지 못합니다. 그러나 현대어로 번역된 표준새번역에는 잘 표현되어 있습니다. 표준새번역으로 다시 아가서 1장 2절을 보겠습니다.

"(여자)나에게 입 맞춰 주세요, 숨 막힐 듯한 임의 입술로. 임의 사랑은 포도주보다 더 달콤합니다"(아 1:2, 표준새번역).

이 구절은 술람미 여인의 간청입니다. "나에게 입 맞춰 주세요, 숨 막힐 듯한 전하의 입술로 내게 입 맞춰 주세요. 전하의 입술은 포도주보다 달콤하기 때문에 부디 전하의 성은을 입기 원하나이다." 놀랍게도 아가서는 입맞춤으로 시작합니다. 그다음 구절은 한층 더 고조됩니다.

"나를 데려가 주세요, 어서요. 임금님, 나를 데려가세요, 임의 침실로"(아 1:4, 표준새번역).

입맞춤으로 시작해서 지금 침실로 가는 장면이 나옵니다. 그러니까 아가서는 바로 입맞춤으로 시작해서 침실로 가는 이야기입니다. 서론이 없습니다. 격렬한 입맞춤으로 시작해서 사랑의 절정인 침실로 이어지는 아가서는 바로 하나님과 성도의 사랑을 전체적으로 묘사하고 있는 것입니다.

> 샤론의 꽃 예수 나의 마음에 거룩하고 아름답게 피소서
> 내 생명이 참사랑의 향기로 간 데마다 풍겨나게 하소서
> 예수 샤론의 꽃 나의 맘에 사랑으로 피소서.
>
> 내 진정 사모하는 친구가 되시는 구주 예수님은 아름다워라
> 산 밑에 백합화요 빛나는 새벽별 주님 형언할 길 아주 없도다
> 내 맘이 아플 적에 큰 위로 되시며 나 외로울 때 좋은 친구라
> 주는 저 산 밑의 백합 빛나는 새벽별 이 땅 위에 비길 것이 없도다.

02

입맞춤으로 시작된 사랑

"솔로몬의 아가라 내게 입 맞추기를 원하니 네 사랑이 포도주보다 나음이로구나"(1:1-2)

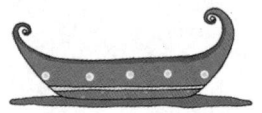

그렇다면 아가서의 본론인 입맞춤과 침실의 사랑이 어떻게 해석되어야 합니까? 어떻게 하나님과 성도, 교회와 그리스도의 관계로 승화되고, 교훈되고, 적용되어야 할까요? 아가서 1장 1-4절에 그 비밀이 담겨 있습니다.

🎵 입맞춤으로 시작된 사랑

아가서는 너무나 감격적이고 기뻐서 서론 없이 바로 본론으로 들어갑니다. 그리고 바로 입맞춤이 시작됩니다.

"내게 입 맞추기를 원하니 네 사랑이 포도주보다 나음이로구나"(아

1:2).

"(여자)나에게 입 맞춰 주세요, 숨 막힐 듯한 임의 입술로. 임의 사랑은 포도주보다 더 달콤합니다"(아 1:2, 표준새번역).

이 구절은 술람미 여인이 말한 것입니다. "나에게 입 맞춰 주세요, 숨 막힐 듯한 폐하의 입술로. 제게 입을 맞춰 주세요. 폐하의 입술은 포도주보다 달콤하기 때문에 부디 폐하의 성은을 입기 원하나이다."

이처럼 아가서는 입맞춤으로 시작하고 있습니다. 그것도 남자가 여자에게 입 맞추려 하는 것이 아니라, 여자가 남자에게 입을 맞춰 달라고 합니다. 게다가 왕에게 말입니다. 만약 아가서가, "술람미야, 내가 지금은 너에게 입을 맞추고 싶구나. 내가 왕으로서 너를 강제로 수청 들게 할 수 있겠지만 왕이 아닌 한 남자로서 너에게 진정으로 구애를 하고 싶구나. 술람미야, 나를 받아 줄 수 있겠니?"라고 말했다면 훨씬 흐름이 자연스러웠을 수도 있습니다.

그런데 오히려 정실부인도 아니고 중전도 아닌 시골뜨기 여자 주제에 감히 일국의 왕이요 고대 근동의 여기저기 크고 작은 나라를 다스리는 폐하에게 입을 맞춰 달라고 하는 것입니다. 그것도 그저 입을 맞춰 달라는 것이 아니라, 숨 막힐 듯한 폐하의 입술로 자기에게 입을 맞춰 달라는 것입니다.

솔로몬에게는 1천 명 가까이 되는 후궁이 있었습니다. 솔로몬은 수많은 여자를 겪었을 것입니다. 그 여자들은 대부분 아름답게 치장한, 도시적이고 교양이 넘치는 여성들이었을 것입니다. 그런데 이름도 없는 수넴 골짜기 출신의 촌뜨기 여자에게 숨이 막히게 가슴 떨리겠습니까? 이런 장면은 쉽게 상상이 되지 않습니다. 그럼에도 불구하고 아가서의 본론은 아주 숨 막힐 듯한 입맞춤으로 시작됩니다.

술람미 여인의 출신과 외모와 솔로몬 왕의 상황을 보면 납득은커녕 상상도 되지 않는 이 장면을 우리는 어떻게 이해해야 할까요? 이를 위해서는 솔로몬과 술람미 여인의 관계, 그리고 그들의 만남의 동기를 이해해야 합니다.

솔로몬과 술람미 여인의 첫 만남

도대체 솔로몬 왕과 술람미 여인은 어떤 계기로 만나게 되었을까요? 그리고 어떻게 사랑으로 이어지게 되었을까요? 구약 신학자인 아이론 사이더는, 유대 랍비의 전통에 의해 솔로몬과 술람미 여인의 처음 만남의 동기를 이렇게 설명합니다.

예루살렘에서 북쪽으로 80킬로미터 정도 떨어진 곳에 에브라임 산지가 있는데, 거기에 솔로몬의 드넓은 포도원이 있었다고 합니다. 랍비들의 전통에 의하면, 솔로몬은 그 포도원을 신실한 한 소작인에게 맡겼습니다. 그런데 그 소작인의 딸이 아가서의 그 술람미 여인이었다는 것입니다. 마치 룻이 보아스의 보리밭에서 보아스를 처음 만났던 것처럼, 솔로몬 왕과 술람미 여인은 그 포도원에서 만난 것입니다.

그 당시 솔로몬 왕은 한가로울 때나 포도나무에 꽃이 피거나 포도가 무르익을 때 포도원을 순방하곤 했을 것입니다. 그런데 어느 날 포도원에 가보니까 한 아가씨가 정말 성실하고 진지하게 일을 하고 있는 것입니다. 솔로몬은 땀을 뻘뻘 흘리며 밭도 매고 포도나무 가지도 치는 한 여인에게 시선을 빼앗깁니다. 솔로몬은 신하를 통해서 그 여자의 이야기를 운명처럼 듣게 됩니다.

그러면 술람미 여인은 왜 그렇게 열심히 일을 하게 되었을까요? 술람미 여인에게는 오빠들이 있었습니다. 그런데 왜 그녀만 그렇게 열심히 일을 했을까요? 두 가지 견해가 있습니다. 먼저는, 술람미 여인의 오빠들이 불량해서 여동생만 실컷 부려먹었다는 견해입니다. 또 다른 견해는, 술람미 여인의 아버지가 죽어서 엄마가 시집을 갔는데 거기에 새아버지의 아들들이 있었다는 것입니다. 그래서 그 의붓오빠들이 짜고 계속 의붓 여동생인 술람미 여인을 부려먹었다는 것입니다.

어느 쪽이든, 술람미 여인은 불평 없이 오로지 주인의 포도밭을 경작하고, 김을 매고, 가지를 치고, 포도를 짜주며 열심히 일했습니다. 소작인이어서 얼마든지 꾀를 부릴 수 있었지만 그녀는 포도원의 주인인 솔로몬 왕을 위해 열심히 일했습니다. 그래서 얼굴은 햇빛에 완전히 그을려 시골뜨기 여자가 되어 버렸지만, 오로지 왕을 위해 최선을 다해 신실하게 일했습니다. 그것이 6절에 나옵니다.

> "내가 햇볕에 쬐어서 거무스름할지라도 흘겨보지 말 것은 내 어머니의 아들들이 나에게 노하여 포도원지기로 삼았음이라 나의 포도원을 내가 지키지 못하였구나"(아 1:6).

바로 이런 모습이 솔로몬의 눈에 띈 것입니다. 그러다 점점 솔로몬에게 그 여인을 불쌍하게 여기는 마음이 생기고 긍휼히 여기는 마음이 생깁니다. 언제부턴가 가슴속에서 연민과 애잔한 마음이 생겨서 그녀를 생각할 때마다 울렁이기 시작합니다. 그러더니 중동의 뜨거운 하늘 아래 탐스럽게 열매들이 익듯 술람미 여인을 향한 마음이 익어, 솔로몬 왕의 마음에 사랑으로 맺혀 버렸습니다.

옛날 우리나라 왕의 권위도 대단했지만, 당시 솔로몬의 부귀와 영광과 절대 권력은 우리나라 왕의 그것과는 비교할 수 없었습니다. 우리나라 임금은 중국 황제에게 조공을 바치는 일국의 왕이었지만, 솔로몬은 고대 근동의 국가들로부터 조공까지 받는 중동의 황제나 마찬가지였습니다. 그런데 어떻게 이런 절대 왕정의 폐하와 하루아침에 사랑이 이루어질 수 있었겠습니까?

드라마 "이산"에서, 정조가 세손 때부터 다모 송연에게 다가가면 송연이는 "감히 어떻게 제가 세손 전하를 사랑하고 지존하신 전하를 사랑할 수 있겠습니까?"라고 말하며 도망가고 또 도망갑니다. 하물며 술람미 여인은 송연이보다 더한 상황이니 놀라고 더욱 피하여 도망갈 수밖에 없었을 것입니다.

그럼에도 불구하고 솔로몬은 아가서 전반에서 왕의 절대 권위를 버리고, 그저 한 남자로서 술람미 여인에게 다가가고 함께 사랑을 나누는 모습을 보여줍니다. 솔로몬에게는 정말 충직하게 일하는 술람미 여인의 모습이 가상하게 보였을 것입니다. 비록 얼굴은 그을리고 촌뜨기 같아 보일지라도, 솔로몬의 눈에는 정말 성실할 뿐 아니라 아주 기품 있고 순결하고 정조 있는 여인으로 보였을 것입니다. 솔로몬에게 게달의 장막처럼 검게 탄 이 여인은 이제 솔로몬의 휘장처럼 기품 있고 자랑스럽게 보입니다.

> "예루살렘 딸들아 내가 비록 검으나 아름다우니 게달의 장막 같을지라도 솔로몬의 휘장과도 같구나"(아 1:5).

이쁨만 아니라 까만 얼굴에서 빛나는 눈망울이 마치 비둘기 같다고 솔로몬은 말합니다.

> "내 사랑아 너는 어여쁘고 어여쁘다 네 눈이 비둘기 같구나"(아 1:15).

술람미 여인이 촌뜨기 여자인 것은 분명하지만 그 여인의 눈망울이 비둘기 같다는 이 말은, 남자의 손 한번 거쳐 가지 않은 숫처녀처럼 깨끗하고 순결한 여자였다는 말입니다. 솔로몬이 수많은 여자들을 경험해 봤을 테지만 순결성, 처녀성을 잃은 여자들이 대부분이었는데, 이 여자는 정말 깨끗하고 흠이 없는 그런 여자로 보인 것입니다.

아이론 사이더에 의하면, 솔로몬은 경호원들과 군사들을 다 물리치고는 일하고 있는 술람미 여인에게 아주 따뜻한 모습으로 다가가서 구애를 하고 프러포즈를 합니다. 사과나무 그늘에서 그들은 만납니다. 술람미 여인에게 애잔한 마음이 느껴져서 솔로몬이 술람미 여인과 단둘이 있을 시간을 만든 것입니다.

🎵 창살 틈 사이로 깊어지는 사랑

아마 솔로몬 왕은 구애를 하기 위해 군사나 경호원을 다 물리치고 술람미 여인을 지켜보았을 것입니다. 솔로몬은 자주 엿보는 남자의 모습을 보여주고 있습니다.

"내 사랑하는 자는 노루와도 같고 어린 사슴과도 같아서 우리 벽 뒤에 서서 창으로 들여다보며 창살 틈으로 엿보는구나"(아 2:9).

물론 이것은 사랑이 시작된 다음의 일이지만, 이런 표현으로 봐서 솔로몬은 계속해서 술람미 여인을 엿보고도 남았을 것입니다. 그러다가 술람미 여인이 사과나무 옆에서 피곤해서 잠들어 있던 때나 잠시 땀을 닦으며 쉬고 있을 때, 사과나무 아래에 있는 술람미 여인에게 찾아갔을 것입니다. 솔로몬은 왕의 체통과 권위를 다 버리고 여인의 이마를 정성스럽게 닦아 주었을지도 모릅니다. 또 사과를 하나 따 주면서 목을 좀 축이며 일을 하라고 위로해 주었을지도 모릅니다. 그러면서 대화가 시작되고 사랑이 싹트기 시작했을 것입니다. 바로 이것을 회상하고 있는 구절이 아가서 2장 3절입니다.

"남자들 중에 나의 사랑하는 자는 수풀 가운데 사과나무 같구나 내가 그 그늘에 앉아서 심히 기뻐하였고 그 열매는 내 입에 달았도다"(아 2:3).

술람미 여인은 점점 솔로몬 왕의 관심에 조금씩 마음의 문을 열었습니다. 그러면서 사랑이 조금씩 진전되고 성숙되면서 아가서 2장 3절과 같은 고백을 하고 있는 것입니다.

우리가 사랑을 시작할 때도 마찬가지입니다. 함께 시간을 갖게 되면서 대화를 점점 많이 하게 됩니다. 대화를 많이 나누다 보면 마음이 열리고 드디어 손을 잡게 됩니다. 그래서 마음이 아주 통하게 됩니다. 점점 서로를 향한 좋은 감정이 생깁니다. 그러다 시간과 감정이 무르익으면 찌릿한 사랑의 감정으로 심장이 고동칩니다. 고동치는 심장을 몇 번의 숨고르기로 겨우 다잡고 떨리는 목소리로 드디어 사랑을 고백합니다. 설레는 사랑의 고백이 뿜어낸 뜨거운 피가 가슴에 꽉 차오릅니다. 이미 손은 사랑하는 사람의 어깨에 얹혀 있고 자연스럽게 입 맞추는 분위기로 무르익습니다.

솔로몬과 술람미 여인의 사랑도 이런 식으로 성숙되고 발전되었을 것입니다. 이렇게 사랑이 성숙되어서 지금 술람미 여인은 1천 명 가운데 한 명의 후궁으로 부름 받게 된 것입니다. 우리나라의 임금도 보통 후궁을 적게는 네댓 명, 많게는 열 명 이상씩 거느렸지 않습니까? 그래서 중전을 비롯하여 후궁들 사이에서는 밤마다 전하가 누구의 침실로 갈 것인가가 초미의 관심사였지 않습니까? 임금이 찾아오는 것만으로도 최고의 감격이요 성은을 입는 것이기 때문입니다.

당시 솔로몬에게는 부인이 1천 명이나 있었습니다. 그런데 그 1천 명이나 되는 부인들 가운데 솔로몬의 눈에 다른 사람은 보이지도 않습니다. 오직 일대일의 관계가 된 것입니다. 그래서 술람미 여인은 오늘도 솔로몬의 비원에서 솔로몬과 거닐다가 벤치나 오솔길에 앉아서 이야기를 하고 있는 것입니다. 솔로몬 왕이 자기에게 관심을 가지고 사랑을 주고 있을 때, 술람미 여인은 당연히 입맞춤을 기다려야 하고 성은을 입어야 합니다. 성은을 입는 것이 최고의 영광이기 때문입니다.

이로써 우리는 지금 애타게 입맞춤을 요구하는 술람미 여인의 행동과 심정이 이해됩니다. 뿐만 아니라 그 모습이 자연스럽고 아름답기까지 합니다.

🎵 부부간의 사랑

이것을 우리가 어떤 교훈으로 받아야 하겠습니까? 부부간에 있어서의 교훈은, 일단 서로가 먼저 사랑을 요구해야 한다는 것입니다. "여보! 지금 입 맞춰 주세요." 자녀들 있는 데서 이런 말을 하기가 민망하면 부부 생활도 에베소서 5장에서 예배의 연속으로 교훈하고 있으므로, "여보, 오늘 우리 부부 예배 드려요"라고 말하면 됩니다.

우리는 이렇게 부부의 사랑을 계속 가꿔 나가야 합니다. 처음 만났을 때를 회상하여 그때의 설렘을 가슴에 채우고 서로의 사랑을 입기를 갈망해야 합니다. 당신의 사랑을 받으면 더 이상 부러울 게 없다는 고백으로 서로의 사랑을 갈구해야 합니다. 부부라는 관계로 정해진 의무나 형식적인 의미에서가 아니라, 진심에서 우러나오는 뜨거운 고백으로 서로의 사랑을 입기를 노력해야 합니다.

하나님과의 사랑

그러나 오늘 본문의 교훈은 부부를 위한 것으로만 끝나지 않습니다. 더 중요하고 본질적인 일에 대해 교훈하고 있습니다. 그것은 바로 '하나님의 사랑'입니다. "하나님이 세상을 이처럼 사랑하사" (요 3:16), 이 말씀을 어찌 한마디로 설명할 수 있겠습니까? 우리는 하나님을 모른다, 하나님이 싫다며 세상과 짝하여 죄악에 빠져서 멸망의 길로 가려고만 하는데, 하나님은 우리를 가만히 두지 않으십니다. 사랑한다, 사랑한다, 애타게 우리를 부르고 계십니다. 하나님은 도대체 무슨 까닭에 우리를 이처럼 사랑하신단 말입니까?

솔로몬이 왕으로서가 아니라 한 남자의 모습으로 술람미 여인을 사랑한 것처럼, 우리 성자 하나님께서 하늘의 그 모든 영광을 버리시고 인간의 모습으로 이 땅에 오셔서 죄인에 불과한 우리를 사랑하셨다는 사실을 어찌 설명할 수 있겠습니까? 성부 하나님은 너무나 무섭고 엄중하고 멀게 느껴집니다. 하나님이 아무리 우리를 사랑해도 우리는 도망갑니다. 그래서 하나님께서 사람으로 오셨습니다. 사람으로 오셔서 우리를 사랑하신 것입니다. 사실 누가 우리를 위해 죽어 달라고 했습니까? 누가 우리를 위해 하나님한테 이 땅에 오시라고 했습니까? 그 차가운 말구유에 아기 예수로 오셔 달라고 했냐 말입니다. 그러지도 않았는데 하나님은 스스로 오셔서 우리를 지옥에 가지 않게 하시고 영원한 하나님의 백성으로 삼아주셨습니다.

이 영원하신 사랑, 이 신비로운 사랑, 이 말로 표현할 수 없는 불가항력적인 사랑을 어찌 표현할 수 있겠습니까? 우리가 지옥 가는 것을 더 이상 눈뜨고 볼 수 없어서 스스로 벌레의 형상으로 십자가에 죽으신 그 하나님의 사랑! 바로 그 모습을 솔로몬 왕과 술람미 여인의 사랑을 통해서 하나님은 보여주고 계신 것입니다. 그 신비롭고 은밀하고 영원한 하나님의 사랑의 교훈을 보여주신 것입니다.

솔로몬을 닮은 정조의 사랑

만약 솔로몬과 술람미 여인의 사랑이 얼른 그려지지 않으면 드라마 "이산"에서의 정조와 다모 송연이의 사랑을 그려 보시면 도움이 됩니다. 정조는 송연을 마음으로 애틋하게 사랑하고 있습니다. 그런데 송연은 천민이고 화원에 불과합니다. 그래도 정조는 다 괜찮다고 합니다. 왜 그런지는 몰라도 정조는 송연이가 제일 좋습니다. 어렸을 때부터 가지고 있었던 만남의 추억 때문에 그런지 모릅니다. 지금 정조에게는 아픔이 있습니다. 송연을 향한 애연한 사랑, 애절하고 간절한 사랑이 있습니다.

그런데 송연은 정조를 맘 깊이 좋아하면서도 어쩔 수 없이 도망갑니다. 이유는 두 가지입니다. 정조의 어머니 혜경궁홍씨 때문에 도망갑니다. 다모 신분에 불과한 송연이가 왕 정조를 좋아한다는 일은 당시의 관습상 말도 안 되는 것입니다. 또 하나의 이유는 송연이의 자격지심 때문입니다. '나같이 천한 여자가 어떻게 왕의 사랑을 받을 수 있느냐'는 것입니다. 그런데 정조는 그것을 모르고 송연이가 화원의 꿈 때문에 자기를 떠나가는 줄 알고 있습니다. 그러다 대수(송연의 친구)를 통해서 송연이의 진정한 마음을 알게 되고, 정조는 송연을 찾으러 갑니다.

그때 송연은 옛날 세자가 준 술띠를 잃어버려 다시 찾기 위해 온 산을 헤매고 있었습니다. 술띠를 찾고 있는 그 마음이 바로 왕을 연모하는 마음이 아니겠습니까? 송연이가 애타게 술띠를 찾고 있을 때 정조가 옵니다. 그리고 이렇게 말합니다. "송연아, 이걸 찾고 있느냐? 이건 우리가 처음 만났을 때 내가 네 팔을 묶어 주었던 술띠였지. 네가 이걸 아직도 가지고 있는 줄 몰랐구나!"

갑작스럽게 나타난 정조의 모습에 놀란 송연은 어찌할 바를 몰라 하며 묻습니다. "전하, 이곳엔 어떻게 오셨습니까?"

그러자 정조가 "너를 데리러 왔다. 나와 함께 궐로 돌아가자, 송연아. 그 말을 하러 이곳에 온 것이다" 하자, 송연은 "그만 돌아가십시오, 전하……"라는 말만 되풀이합니다. 정조는 더 애절하게 송연을 붙들며 말을 합니다. "너를 곁에 둘 수 없는 것이, 내게 어떤 고통일지……너는 짐작조차 하지 못하는 것이냐!"

그러나 송연은 애써 외면하며 이렇게 말합니다. "그만 돌아가십시오, 전하……. 소인에게 이리 말씀하시는 것은 당치 않은 일이옵니다. 그만 돌아가십시오, 전하. 전하께서는 이 나라의 임금이시고 저는 미천한 화원입니다. 그런데 어찌 이 나라의 지존이신 전하께서……."

그러자 정조는 격렬한 눈빛으로 송연을 바라보며 이렇게 외칩니다. "나는 지금 네 앞에 임금으로 서 있는 것이 아니다. 나는 너를 세손으로 만나지 않았다. 나는 한 번도 널 임금으로 만난 적이 없어. 모르겠느냐? 난 지금 네게 임금이 아닌 한 남자로서 내 곁에 있어 달라 그리 말하는 것이다. 그리고 난 더 이상 기다리지 않을 것이다. 어떤 말도 듣지 않을 것이다. 너와 함께하는 게 아니라면 난 절대로 돌아가지 않을 것이다. 송연아……."

송연은 눈물이 가득한 채 망연하게 정조를 바라볼 수밖에 없었습니다. '어찌 내가 왕의 사랑을 받을 수 있단 말인가? 나같이 미천한 계집종이 어찌 왕의 신부가 되고, 왕비가 될 수 있단 말인가…….' 아마 이런 생각에 갈등하고 갈등했을 것입니다.

노을이 물들어가는 초저녁, 송연은 어찌할 바를 모르고 교화에서 갈등하고 있습니다. 그때, 정조는 벚나무 흐드러진 언덕에서 송연을 기다리고 있습니다. 날은 벌써 어둑어둑해지고 찬바람이 불어오는데, 그저 우두커니 평범한 저잣거리의 사내처럼 송연을 기다리고 있습니다. 술시가 되어 가고 밤이 깊어갑니다. 남 내관이 독촉합니다. "전하, 밤바람이 차옵니다. 이제 관아에 걸음을 하시는 것이 좋을 듯합니다."

아무리 간청하여도 정조는 꿈쩍도 하지 않고 서 있습니다. 그러면서 굳게 일자로 다물었던 입을 열어 한숨을 내뱉듯 말합니다. "아니네, 남 내관. 난 이곳에 있을 것이네. 난 이 나라의 임금이니 어명으로 그 아이를 따라나서게도 할 수 있겠지. 하나, 그리하고 싶지 않네. 난 이곳에서 송연을 기다릴 것이네……."

그러고는 깊은 시선으로 벚꽃 잎이 휘날리는 밤하늘을 응시하고만 있습니다. 아직도 어찌할 바를 몰라 망설이고 있는 송연의 모습에 아주 오래전의 한 장면이 오버랩 됩니다.

"내 이름을 불러 보거라."

"산……산아."

"처음이구나. 할바마마와 어마마마가 아닌 다른 사람이 나의 이름을 불러 준 것이……."

송연은 손에 쥐고 있는 술띠를 눈물 어린 눈으로 바라보다가, 결국 무언가 결심한 듯 뛰어가기 시작합니다. 벚꽃나무 아래서 자기를 기다리고 있는 정조를 향해 뛰어가고 있는 것입니다. 뛰어가다 넘어지고 또 넘어지면서…….

마침내 송연은 밤길을 뛰어 누각에 도착했으나, 아무도 없는 것입니다. 송연은 두려운 마음에 전하를 간절하게 부르고 또 외쳐 부릅니다. 그때 뒤에서 정조가 나타납니다. 그런데 송연의 팔에서 피가 흐르자, "어찌된 것이냐, 다친 것이냐?"라며 송연의 팔을 붙들고 걱정스런 눈빛으로 바라봅니다. 그러나 송연은 정조만을 바라보면서 이렇게 말합니다. "괜찮습니다. 이런 것쯤은 아무래도 괜찮습니다. 가신 줄 알았습니다. 제가 너무 늦어 가신 줄만 알았습니다."

결국 송연은 말을 잇지 못하고 눈물을 터뜨립니다. 그리고 계속해서 두 뺨에 눈물을 주르륵 흘리며 이렇게 이야기합니다. "함께 가겠습니다, 전하. 그리해도 된다면 전하를 따르겠습니다. 부족하고 모자란 마음뿐입니다. 미천하고 불민한 제가 전하께 드릴 수 있는 것은 오직 마음뿐입니다. 그것만으로도 괜찮다고 하신다면……전하의 곁에 있고 싶습니다. 소인이 감히 그리해도 되는 것이라면……죽을 때까지 전하의 곁에서……전하를 모시고 싶습니다."

정조 또한 눈물이 고인 채, "마음뿐이라 했느냐, 부족하고 모자란 마음뿐이라고 했느냐……" 하면서, 술대를 접어 송연의 다친 팔을 묶어주면서 말합니다. "다치지 말거라, 송연아. 이젠 내가 너를 지켜줄 것이니……내 곁에서 다시는 아파하지 말거라."

두 사람은 타오르는 눈빛으로 서로를 바라보다 송연이 정조의 품에 안기는데, 바로 그때 하얀 벚꽃잎이 함박눈처럼 흐드러지고 두 사람의 머리와 어깨 위로 휘날립니다. 두 사람의 사랑을 하늘이 축복하고 있는 장면과도 같습니다.

송연과 함께 궁궐로 돌아온 정조는 혜경궁홍씨를 따돌리고 설득하기 위해 일부러 송연과 함께 잠자는 것처럼 꾸몄습니다. 그리고 다음에 정식으로 후궁을 맞는 예식을 치른 후에 정말 송연과 첫날밤을 보냅니다. 그때 정조가 이렇게 말합니다. "이리 너와 있는 것이 믿기지 않는구나. 마치 꿈을 꾸고 있는 듯하구나. 난 이대로 깨면 네가 사라질까봐 겁이 난다……. 내게 한 가지만 약조를 해다오, 송연아. 평생 이렇게 내 곁에 있어라. 이젠 단 하루도 내 곁을 떠나지 말고……그렇게 평생을 나와 함께 있어다오."

송연이 또한 애정 어린 눈빛으로 정조를 바라보며 말합니다. "예, 전하, 그리하겠습니다. 신첩, 평생 마음을 다해 전하의 곁을 지키고 전하의 곁을 떠나지 않겠습니다……."

송연도 처음에는 정조의 사랑 앞에 너무나 죄송하고 보잘것없고 미천한 자신의 모습 때문에 도망갔습니다. 그러나 나중에 그 사랑을 알고 그 사랑에 감동되었을 때는 송연 역시 정조의 사랑 없이는 못살 정도가 되었습니다. 세상 모든 것을 다 준다 해도 필요 없습니다. 무슨 어진화사나 화원도감이 되는 것도 다 필요 없습니다. 정조가 송연의 전부가 되었습니다. 밤이고 낮이고 임금의 오심만을 기다리고 임금의 사랑만을 기다리는 존재가 된 것입니다. 그리고 실제로 아들을 낳아 임금으로 세우는데, 그가 순조입니다.

🎵 이보다 더한 하나님의 사랑

우리도 마찬가지입니다. 언제 우리가 하나님의 사랑을 원했습니까? 우리는 하나님 앞에서 진노의 자녀였고, 우리는 멸망의 길로 가는 사람이 아니었습니까?

> "**전에는 우리도 다 그 가운데서 우리 육체의 욕심을 따라 지내며 육체와 마음의 원하는 것을 하여 다른 이들과 같이 본질상 진노의 자녀이었더니**"(엡 2:3).

그런데도 하나님은 진노의 자녀였던 우리를 그렇게 사랑하신다고 합니다. 우리를 향하신 그 견딜 수 없는 사랑으로, 영원히 풀 수 없는 그 수수께끼와 같은 신비로운 사랑으로 하나님이 우리를 사랑하십니다. 너무너무 우리를 사랑하셔서 하늘의 그 모든 영광을 버리면서까지 이 땅에 내려오시고, 십자가의 고통을 감당하시기까지 했습니다. 이 놀라운 사랑, 경탄의 사랑, 폭풍 같은 사랑을 누가 설명할 수 있겠습니까? 누구도 표현할 수 없습니다. 다만 이 사랑을 어느 날엔가 우리가 깨닫고 누리게 될 때 감격하고 경탄하게 되는 것입니다. 사랑은 이해하고 길게 설명하는 것이 아닙니다. 사랑은 다가왔을 때 감격하고 감탄하여 빠지는 것입니다.

그런데 다른 사람도 아니고 바로 우리가 이 영원하고 절대적인 하나님의 사랑을 한 몸에 받았습니다. 그리고 어느 날 이 사랑을 깨달았습니다. 우리를 너무도 사랑하셔서 그 기쁨을 이기지 못하시고 견디지 못하시는 하나님을 알았습니다. 우리를 너무나 사랑하시는 까닭에 때론 즐거이 부르시며 사랑하시고, 때론 잠잠히 사랑하시는 하나님을 깨닫고, 그 사랑에 감격하고 경탄하게 되었습니다.

"너의 하나님 여호와가 너의 가운데에 계시니 그는 구원을 베푸실 전능자이시라 그가 너로 말미암아 기쁨을 이기지 못하시며 너를 잠잠히 사랑하시며 너로 말미암아 즐거이 부르며 기뻐하시리라 하리라"(습 3:17).

우리가 이제 하나님의 사랑을 깨달았습니다. 우리가 그 사랑을 깨닫고 그 일방적이고 불가항력적이고 주체할 수 없는 하나님의 사랑을 누리다 보면 이 사랑에 미칠 수밖에 없습니다. 상사병이 들 정도로 사랑을 앓게 됩니다.

거룩한 입맞춤의 의미

하나님의 사랑에 깊이 빠진 사람은 하나님 앞에서 입맞춤의 사랑을 구합니다. 거룩한 입맞춤을 해 달라고 간구합니다. 그러면 거룩한 입맞춤은 무엇을 의미할까요? 성경에는 여러 입맞춤이 나와 있습니다.

첫째, 경건한 영접의 극치를 뜻하는 입맞춤

"너는 내게 입 맞추지 아니하였으되 그는 내가 들어올 때로부터 내 발에 입 맞추기를 그치지 아니하였으며"(눅 7:45).

옥합을 깨뜨린 여자는 예수님을 정말 경외하고 존경하는 의미에서 입을 맞춘 것입니다.

둘째, 교통의 극치를 의미하는 입맞춤

"에서가 달려와서 그를 맞이하여 안고 목을 어긋맞추어 그와 입 맞추고 서로 우니라"(창 33:4).

에서와 야곱은 서로 원수지간이었는데 만남의 최절정을 이룸으로써 형제끼리 목을 어긋매끼고 서로 간의 감정을 다 풉니다. 이것이 교통의 극치를 의미하는 입맞춤입니다.

셋째, 사랑의 외부적 극치를 의미하는 입맞춤

"자기 아우 베냐민의 목을 안고 우니 베냐민도 요셉의 목을 안고 우니라 요셉이 또 형들과 입 맞추며 안고 우니 형들이 그제서야 요셉과 말하니라"(창 45:14-15).

창세기 45장을 보면, 요셉이 형제들과 입을 맞추면서 우는 장면이 나옵니다. 이것은 형제들을 향한 요셉의 사랑이 순백함을 드러내 주는 입맞춤입니다.

넷째, 기쁨의 극치가 폭발되는 절정의 입맞춤

"요셉이 그의 수레를 갖추고 고센으로 올라가서 그의 아버지 이스라엘을 맞으며 그에게 보이고 그의 목을 어긋맞춰 안고 얼마 동안 울매"(창 46:29).

이 구절은 야곱과 요셉이 만났을 때 기쁨의 극치가 폭발되는 절정을 보여줍니다. 야곱이 요셉의 입을 맞추면서 "내 아들 요셉아!" 하자, 요셉이 "아버지, 아버지……" 절규하며 울음을 터뜨립니다. 이렇게 입맞춤을 통해서 기쁨의 극치가 폭발되는 감정의 절정을 그려내기도 합니다.

다섯째, 거룩한 교제를 뜻하는 입맞춤

"거룩하게 입맞춤으로 서로 문안하라"(고후 13:11).

초대 교회 때는 입맞춤으로 성도 간에 서로 문안했습니다. 그것이 당시의 인사요 교제였습니다.

아가서의 입맞춤

이렇게 볼 때 아가서의 거룩한 입맞춤의 교훈은 어떻게 받아들여야 합니까? 이것은 우리 성도들이 주님 앞에 정말 거룩한 은혜와 감격의 극치, 그리고 사랑과 기쁨의 절정을 갈구하는 것을 말하는 것입니다. "주여, 저는 주님의 은혜가 없이는 못삽니다. 아무리 제가 돈이 있고 부귀와 성공과 명예가 있고 모든 것을 가지고 있다 할지라도, 제 마음이 황폐하고 고갈되어 있으면 저는 살 수가 없습니다. 제 마음이 물 댄 동산이 되어야 저는 살아갈 수 있습니다. 그러므로 저에게 구원의 즐거움을 주옵소서! 첫사랑의 감격을 다시 회복하게 하옵소서. 제가 구원의 즐거움이 없이 어떻게 살겠습니까? 첫사랑과 첫 열정 없이 제가 어떻게 살 수 있겠습니까? 그러므로 주여, 저에게 은혜를 주옵소서. 구원의 감격과 즐거움을 회복하게 하시고, 첫사랑을 회복하게 하옵소서. 주님, 제게는 주님만이 전부입니다. 주님이 저의 모든 것입니다. 그러니 저에게 은혜를 주옵소서……."

이렇게 은혜를 사모하는 고백과 몸부림치는 기도가 바로 거룩한 입맞춤을 구하는 것입니다. 그러니 '주여, 저에게 입 맞춰 주세요. 거룩한 입맞춤의 은혜를 허락하여 주옵소서' 라는 이 고백이 얼마나 거룩하고 아름다운 고백입니까? 이렇듯 성도는 술람미 여인이 솔로몬에게 숨 막힐 듯한 입맞춤을 달라고 구했던 것처럼, 하나님께 거룩한 입맞춤을 구해야 합니다. 그럴 때 주님은 타는 가슴, 구원의 감격, 은혜의 기쁨, 첫사랑의 감격, 이런 기쁨으로 회복시켜 주십니다.

03

입맞춤에서 침실로 간 사랑

"솔로몬의 아가라 내게 입 맞추기를 원하니 네 사랑이 포도주보다 나음이로구나 네 기름이 향기로워 아름답고 네 이름이 쏟은 향기름 같으므로 처녀들이 너를 사랑하는구나 왕이 나를 그의 방으로 이끌어 들이시니 너는 나를 인도하라 우리가 너를 따라 달려가리라 우리가 너로 말미암아 기뻐하며 즐거워하니 네 사랑이 포도주보다 더 진함이라 처녀들이 너를 사랑함이 마땅하니라" (1:1-4)

이전 장에서 살폈듯이, 솔로몬 왕과 술람미 여인의 사랑은 1차적으로 부부 관계에 대한 교훈입니다. 2차적으로는 하나님과 성도의 사랑의 관계입니다. 그런데 하필이면 아가서는 왜 솔로몬 왕과 술람미 여인의 사랑을 통해서만 하나님의 사랑을 이야기하는 것일까요? 그리고 하나님은 왜 이런 사랑 이야기를 통해서 자신의 사랑을 나타내려고 하시는 것일까요?

이야기의 힘

그것은 바로 우리가 아무리 하나님의 사랑 이야기를 들어도 감동을 못 받기 때문입니다. 강퍅한 우리는 하나님이 세상을 이처럼 사랑하사 독생자를 보내시고 십자가를 지게 하셨다는 말씀을 들어도 감격하지 않고 감동하지 않습니다. 우리를 위해 주님이 십자가를 지셨다고 해도 가슴이 뭉클하지 않고 마음에 변화가 없습니다. 그런데 솔로몬과 술람미 여인의 사랑 이야기를 들으면 감동이 됩니다. 가슴이 찡해집니다. 이것이 바로 이야기의 힘입니다.

서울대 법대를 졸업하고 사법 고시에 합격하여 사법 연수원을 다니던 잘생긴 남자가 있었습니다. 그의 아버지는 법대 학장이었습니다. 그런데 엘리트 가문이고 부자이며 좋은 집안의 이 남자가 자기 집에서 일하고 있던 식모 아가씨를 좋아해 버린 것입니다. 초등학교밖에 나오지 못한 식모 아가씨를 사랑하고 만 것입니다. 이 남자가 식모에게 구애를 했습니다.

그러자 식모는 "당신은 서울대 법대를 졸업하고 사법 고시에 합격하여 판검사가 될 사람이고, 나는 초등학교밖에 못 나온 당신 집안의 식모에 불과한데, 어떻게 사랑이 이루어지고 혼인이 이루어질 수 있겠습니까? 그러니 제발 나를 더 이상 놀리지 말아 주세요"라며 거부했습니다. 그러나 남자의 구애가 계속되자, 결국 식모는 죄송하다는 메모 한 장을 남긴 채 집을 나가 버리고 말았습니다.

그러자 남자는 여자를 찾아 나섰습니다. 몇 달이 되어서야 겨우 찾아서 정말 진지하게 사랑을 고백했습니다. 두 눈에는 눈물을 글썽이며 여자 앞에서 무릎을 꿇고서 사랑을 고백했습니다. "내가 당신을 진심으로 좋아해서 그러는데 학력이나 신분 차이가 무슨 문제가 되겠소? 내가 당신을 사랑하고 행복하게 해주고 싶다는데 그게 무슨 문제라는 말입니까? 내가 판사면 어떻고 당신이 식모면 어떻습니까? 서로 사랑하면 아무 문제가 되지 않아요. 제발 내 사랑을 받아주시고 나와 혼인해 주세요."

남자가 너무나 집요하고 진지하게 구애를 해 오자, 여자는 그 사랑에 꼼짝을 못하고 결국 혼인을 하였습니다. 그 이후, 여자도 악착같이 공부해서 이화여대를 나오고 대학원을 나왔다고 합니다.

이런 이야기를 들으면 정말 감동이 됩니다. 가슴 절절한 사랑 이야기에 크게 감동이 되는 것입니다. '사법 고시에 합격한 남자에겐 대부분 시집오는 여자가 열쇠를 몇 개나 가져오는 요즘 세상에, 어떻게 그 남자는 초등학교밖에 못 나온 자기 집 식모를 사랑할 수 있을까? 그 남자가 얼마나 인격이 훌륭했으면 그런 여자를 사랑하고 혼인까지 할 수 있었을까? 그리고 그 식모 아가씨는 얼마나 행복한 여인인가? 참으로 신데렐라 같은 사람이 아닌가!'라고 감탄합니다. 이렇게 우리의 상식과 상상을 뛰어넘는 사랑 이야기에 우리는 감동할 수밖에 없습니다.

하나님의 절절한 마음을 전하시려고

사람들은 이런 이야기에 감동합니다. 어떻게 판사가 식모를 사랑할 수 있겠습니까? 하물며 솔로몬 왕이 술람미 여인을 사랑한다는 것이 말이 되는 이야기입니까?

다시 한번 말하지만, 아이론 사이더의 말처럼, 솔로몬은 그냥 왕이 아니라 그 당시 고대 근동의 여러 나라를 다스리는 제국의 폐하였습니다. 그런 왕이 포도원의 소작농 딸을 사랑합니다. 그저 사랑할 뿐 아니라 1천 명 가운데 가장 사랑하고, 그 여자를 위해서 자기의 모든 권위를 내려놓고 애잔하고 간절하게 구애하며 다가간 것입니다. 어느 누가 이 사랑 이야기에 감동하지 않겠습니까? 그래서 하나님은 이런 이야기를 통해서 하나님과 성도, 교회와 성도의 사랑을 가슴 절절하게 전하시려는 것입니다.

하나님은 아가서에 담긴 문학적 내러티브와 서정적 사랑을 통해서 하나님 자신과 우리의 황홀하고 신비로운 감성적 사랑을 보여주고 싶으신 것입니다. 이성적 사랑이 아닌 가슴의 사랑, 가슴 절절한 주님과의 사랑을 감동적으로 표현해 주시는 것입니다. 우리가 하나님의 사랑을 더 실감나게 느낄 수 있도록 이렇게 이야기하고 계신 것입니다. 아니, 하나님과 우리의 사랑의 관계를 더 아름답고, 더 돈독하고, 더 깊고 신비롭게 하려는 것입니다.

그런데 아가서는 입맞춤으로 시작된 사랑을 소개한다고 하였습니다.

> "(여자)나에게 입 맞춰 주세요, 숨 막힐 듯한 임의 입술로. 임의 사랑은 포도주보다 더 달콤합니다"(아 1:2, 표준새번역).

이 구절은 술람미 여인이 솔로몬에게 고백한 말입니다. 아가서에 대한 배경 지식 없이 이 구절을 읽으면 술람미 여인은 정말 천박해 보입니다. 특히 요즘은 많이 변했지만, 그래도 여전히 한국 문화로 볼 때 여자가 남자에게 입맞춤을 해 달라고 하는 경우는 드뭅니다. 아주 음란하고 천박한 여자처럼 보일 수 있습니다.

그러나 이전 장에서 솔로몬 왕과 술람미 여인이 만나게 된 배경과 그들의 사랑 이야기를 살펴보았듯이, 결코 술람미 여인의 요구는 천박한 것이 아닙니다. 그것은 너무도 아름다운 사랑의 고백이었습니다. 술람미 여인과 같은 시골뜨기, 촌뜨기 여자가 왕의 선택을 받아 1천 명 중의 하나인 후궁으로 들어갔으니 얼마나 감격했겠습니까? 소작농의 딸에 불과했던 술람미 여인은 처음에는 도망을 갔지만, 솔로몬 왕의 황홀한 사랑을 깨닫고 난 후에는 미칠 듯이 솔로몬 왕의 사랑을 원하게 된 것입니다. 그러므로 솔로몬 왕의 성은을 입기 위해 이처럼 입 맞춰 달라고 구애하고, 매달리고 노래하는 것은 어쩌면 당연하고 자연스러운 고백입니다.

♩ 부부간의 갈구

이 입맞춤은 일차적으로는 부부간에 서로를 향한 아름다운 입맞춤의 갈구를 교훈하고 있습니다. 수십억이 넘는 많은 사람 중에 두 사람이 만나 부부로 맺어지는 일은 우연이 아닙니다. 참새 한 마리도 하나님 아버지께서 허락하지 않으시면 떨어지지 않는다고 예수님은 말씀하셨습니다(마 10:29). 이 놀라운 사랑에 감격하여 남편은 아내에게, 아내는 남편에게 사랑의 갈구, 입맞춤을 구해야 합니다.

앞 장에서 말씀드린 것처럼, 자녀들 앞에서 '입 맞춰 달라'고 이야기하는 것이 민망하면 에베소서 5장에서는 부부의 관계를 예배의 연속으로 보므로 "여보, 우리 부부예배 드립시다!" 하면 됩니다. 그래서 부부의 사랑을 계속해서 가꾸어 가야 합니다.

🎵 하나님을 향한 갈구

그러나 이 교훈으로만 끝나면 너무 허무합니다. 하나님께서 이 이야기를 통해 주시는 본질적인 교훈, 즉 하나님과 우리의 사랑에 대한 가르침으로 나아가야 합니다. 우리가 언제 하나님께 사랑해 달라고 요구를 했습니까? 언제 우리를 구해 달라고 요구를 했습니까? 하나님이 우리를 이렇게 일방적으로 사랑해 주셨지 않습니까? 하나님이 세상을 이처럼 사랑하사 독생자를 주신 그 신비로운 사랑을 우리가 어떻게 알 수 있으며, 어찌 설명할 수 있습니까? 어느 시인, 어느 철학자, 어느 화가가 하나님의 그 신비하고 황홀한 사랑을 설명하며 노래할 수 있습니까?

그런데 우리가 이 하나님의 사랑을 깨닫고 받으면 그 순간부터 그 사랑에 흠뻑 빠지지 않을 수 없습니다. 그래서 주님 앞에 입맞춤의 사랑을 갈구하게 됩니다. 그렇다면 이 입맞춤의 사랑은 무엇을 의미할까요? 그것은 바로 성도들이 주님 앞에 정말 거룩한 은혜와 감격의 극치, 그리고 사랑과 기쁨의 절정을 갈구하는 것을 의미합니다.

"주여, 저는 주님의 은혜가 없이는 못삽니다. 저에게 은혜를 주옵소서. 저에게는 주님이 전부입니다. 주님이 없으면 저는 없고, 제가 있어도 주님이 없으면 저는 없고, 저는 없어도 주님이 계시면 제가 있는 것입니다. 주님이 저의 전부입니다. 주님이 저의 사랑입니다. 주님이 저의 모든 것입니다. 주여, 은혜를 주옵소서. 저에게 사랑으로 다가와 주옵소서……."

🎵 거룩한 입맞춤에서 왕의 침실로

사랑이 입맞춤으로 끝나면 그건 진짜 사랑이 아닙니다. 침실의 사랑으로 진전되어야 합니다. 침실은 부부가 한 몸이 되는 상징적인 장소이기 때문입니다. 그래서 술람미 여인은 자기를 침실로 데려가 달라고 솔로몬에게 간청합니다.

"왕이 나를 그의 방으로 이끌어 들이시니 너는 나를 인도하라"(아 2:4).

"나를 데려가 주세요, 어서요. 임금님, 나를 데려가세요, 임의 침실로"(아 2:4, 표준새번역).

육체적으로 표현하면, 이것은 술람미 여인이 솔로몬의 키스를 받자 몹시 마음이 흥분되어 사랑에 견딜 수 없는 상태로 변한 것을 고백한 것입니다. 그래서 입맞춤으로 끝나지 말고 침실로 데려가 달라고 한 것입니다. 어찌 보면 술람미 여인의 말이 거리의 창녀처럼 보이기도 합니다.

그러나 이전 장에서 설명한 것처럼, 이것은 가장 숭고하고 성스러운 고백입니다. 그 사랑이 높은 신분의 벽 때문에 결코 이루어질 수 없는 사랑이었지만, 솔로몬의 끈질기고 애절하고 애연한 사랑의 속삭임과 구애에 술람미 여인은 마음이 감동되어 결국 솔로몬의 사랑을 받아들입니다.

솔로몬 왕은 술람미 여인을 너무도 사랑하여 모든 경호원들과 군사들을 다 물리치고 은밀하게 다가왔습니다. 술람미 여인이 사과 나무 밑에서 잠이 들었거나 잠시 쉬고 있을 때, 홀로 다가와서 술람미 여인의 이마를 닦아 주었을 것입니다. 그러면서 자기를 위로해 주고 사랑한다고 프러포즈했던 솔로몬의 사랑, 그 사랑을 술람미 여인이 어찌 잊을 수 있겠습니까?

솔로몬 왕이 자기 주변에 여자가 없었겠습니까? 예쁘고 세련된 수많은 궁녀들과 여자들이 많이 있었지만, 햇볕에 그을려 게달의 장막같이 천하게 되어 버린 계집종을 사랑한다고 말하고 결국 궁궐로 데려갔습니다. 그러니 얼마나 가슴 뛰는 사랑이며, 눈시울이 적셔지는 애연한 은혜입니까?

그러므로 술람미 여인은 지금 자기 위치를 지키기 위해서라도 누구보다 많이 솔로몬 왕의 성은을 입어야 합니다. 술람미 여인은 지금껏 남자를 모르는 순결한 동정녀로 살아왔습니다. 그런데 솔로몬이 저잣거리의 남자도 아니고 건달도 아니고 자기를 끝까지 지켜 줄 수 있는 왕이었습니다. 그러니 솔로몬 왕, 그분에게 성은을 입고 싶어서 '어서 저를 침실로 데려가 달라'고 한 애원은, 당시 최고의 숭고한 고백인 것입니다. 그래서 술람미 여인은 입맞춤에 그치지 않고 솔로몬에게 침실의 사랑을 요구한 것입니다.

🎵 침실 사랑의 교훈

그러면 여기서 침실로 데려가 달라고 말하는 것은 어떤 교훈을 줍니까?

첫째, 부부 침실의 미학

일차적으로 부부간의 사랑으로 교훈 받아야 합니다. 우리는 입맞춤의 사랑을 지나서 아름다운 침실의 미학을 경험해야 합니다. 부부는 언제나 침실을 통해서 서로 하나임을 경험하고, 한 몸임을 경험하고, 부부임을 새롭게 발견하는 것입니다. 그러니 단순히 육체적 쾌락과 욕망을 해소하고 아이를 생산하기 위한 수단으로서의 침실의 미학이 아닙니다.

하나님께서 인간 창조를 통해서 애초에 의도하신 바는, 창세기 2장 23절에 나오는 태초의 부부 고백인 "이는 내 뼈 중의 뼈요 살 중의 살이라"가 실제 부부 관계 속에서 계속해서 이루어지는 것입니다. 하나님은 이 고백이 부부 관계의 원리가 되어 계속해서 에덴 동산같이 행복한 부부의 삶이 되길 원하십니다. 이것이 바로 인간 창조를 통해서 하나님께서 일차적으로 계획하시는 일입니다. 이런 깊은 단계의 사랑을 침실의 미학을 통하여 경험하라고 아가서는 솔로몬과 술람미 여인의 침실 이야기를 들려주고 있습니다.

둘째, 하나님과의 혼인, 신비로운 영적 연합

그런데 왕의 침실이 주는 교훈은 부부 관계에서만 그치지 않습니다. 만약 그렇다면 그것 또한 솔로몬이 전도서에서 고백하듯이, 너무도 헛되고 헛된 교훈에 불과할 것입니다.

에베소서 5장에 보면, 부부간의 사랑을 주님과의 신비로운 연합으로 묘사하고 있습니다. 바로 솔로몬 왕과 술람미 여인의 침실 사랑의 본질적인 교훈은, 주님과 우리의 신비로운 깊은 영적 만남에 관한 것입니다. 그것을 사모하고 추구하라는 것입니다. 주님과 우리가 더 깊은 사랑의 단계로 들어가는 것을 의미합니다. 더 깊은 사랑, 더 깊은 은혜, 더 신비로운 주님과의 관계 속으로 들어가야 함을 보여주고 있습니다.

사실, 주님과 우리는 혼인한 사이입니다. 그래서 구약과 신약을 보면, 하나님과 우리의 관계를 신랑과 신부로 비유합니다. 구약성경에는, 여호와 하나님은 이스라엘의 남편이고, 이스라엘은 여호와의 신부라고 합니다. 이것은 은유적 표현으로 그 안에는 주님과 우리의 신비로운 관계에 대한 비밀이 담겨 있습니다.

🎵 고대 근동의 혼인 관습

고대 근동 지역의 혼인 관습을 보면, 신랑이 먼저 장인에게 지참금을 주고 신부를 데려와서 혼인했습니다. 아니면 전쟁터에서 잡아온 여자를 교육시킨 후 혼인을 했습니다. 이때 남자는 여자에게 반드시 거처(신혼부부의 방)를 마련해 주어야 하고 기업을 주어야 합니다. 당시는 일부다처제가 가능했는데, 어느 신혼부부의 방이 더 행복하냐에 따라 남자는 그 여자에게 기업을 더 많이 주곤 했습니다.

구약성경에서 하나님과의 혼인 언약

하나님도 마찬가지입니다. 하나님도 애굽이라는 전쟁터에서 바로와 그의 신들을 이기고 이스라엘을 신부로 데려왔습니다. 애굽에서 종 노릇 하고 있던 이스라엘 백성을 여러 이적으로 건져내시고, 홍해 바다를 건너 시내 산까지 인도하셨습니다. 그리고 시내 산에서 이스라엘과 언약을 맺으셨습니다. 그 시내 산 언약의 중심이 바로 성막 건축이었습니다. 이 성막 건축은 실은 예레미야 31장을 보면 혼인 언약이었습니다. 그러니까 시내 산에서 하나님과 이스라엘 백성이 혼인식을 한 것입니다. 그것은 혼인 언약이었습니다.

"이 언약은 내가 그들의 조상들의 손을 잡고 애굽 땅에서 인도하여 내던 날에 맺은 것과 같지 아니할 것은 내가 그들의 남편이 되었어도 그들이 내 언약을 깨뜨렸음이라 여호와의 말씀이니라"(렘 31:32).

고대 근동의 혼인 관습과 같은 방식으로 신랑 여호와는 신부에게 신혼 방을 주어야 하고 기업을 주어야 합니다. 그래서 하나님께서 신부인 이스라엘 백성의 신혼 방으로 성막을 만들게 하고, 기업으로 젖과 꿀이 흐르는 가나안 땅을 주셨던 것입니다. 하나님은 먼저 신부 이스라엘에게 젖과 꿀이 흐르는 가나안 땅을 기업으로 주실 것을 약속하고, 하나님께서 애굽에서 은혜로 주신 금은 패물(물질)로 성막(신혼 방)을 건축하라고 명령하셨던 것입니다.

결국 성막 건축 명령의 이유는, 혼인한 신랑과 신부의 관계처럼 성막 안에서 하나님과 이스라엘이 신비로운 연합을 이루기 위한 것입니다. 즉 하나님과 이스라엘 백성과의 결혼 언약을 위해서였습니다. 신랑 되신 하나님은 성막에서 신부 된 이스라엘을 만나고, 더 깊은 지성소에서 이스라엘에게 복을 주셨습니다. 그리고 이스라엘은 성막을 통해 하나님의 모든 사랑과 은혜를 누리는 것입니다. 이와 같이 하나님과 우리의 관계는 신랑과 신부의 관계입니다.

신약성경에서 그리스도와의 혼인 언약

신약성경 고린도후서 11장 2절에 보면, 사도 바울은 목회하는 것을 중매하는 것으로 말하고 있습니다. 그래서 목회를 무엇이라고 했습니까? 목회자는 신령한 중매쟁이가 되어서 교인들을 정결하고 깨끗하며 신령한 신부로 잘 훈련시켜 그리스도께 인도하는 것이라고 합니다.

> "내가 하나님의 열심으로 너희를 위하여 열심을 내노니 내가 너희를 정결한 처녀로 한 남편인 그리스도께 드리려고 중매함이로다"(고후 11:2).

그리고 신약성경 전반을 봐도 예수 그리스도와 우리를 신랑과 신부의 관계로 설명하고 있습니다.

> "그때에 천국은 마치 등을 들고 신랑을 맞으러 나간 열 처녀와 같다 하리니"(마 25:1).

"우리가 즐거워하고 크게 기뻐하며 그에게 영광을 돌리세 어린양의 혼인 기약이 이르렀고 그의 아내가 자신을 준비하였으므로 그에게 빛나고 깨끗한 세마포 옷을 입도록 허락하셨으니 이 세마포 옷은 성도들의 옳은 행실이로다 하더라"(계 19:7-8).

"또 내가 새 하늘과 새 땅을 보니 처음 하늘과 처음 땅이 없어졌고 바다도 다시 있지 않더라 또 내가 보매 거룩한 성 새 예루살렘이 하나님께로부터 하늘에서 내려오니 그 준비한 것이 신부가 남편을 위하여 단장한 것 같더라"(계 21:1-2).

이와 같이 성경 전체에서 하나님은 자신과 우리의 관계를 신랑과 신부에 비유하여, 그것이 얼마나 깊은 사랑의 관계인지, 얼마나 신비로운 연합 관계인지 설명하십니다. 우리는 이 신비한 혼인 언약의 관계 속에서 하나님과의 인격적이고 깊은 만남을 갖는 것입니다. 그래서 지금 술람미 여인은 솔로몬에게 그 침실의 사랑을 구하고 있습니다. "왕이여! 저를 데려가 주세요, 어서요. 임의 침실로 데려가 주세요."

🎵 이 사랑을 갈구한 사람들

역사 속에 이런 은혜를 구한 사람들이 수도원의 수도사들입니다. 그들은 하나님과의 신비로운 만남을 추구했습니다. 그리스도와의 깊은 신비 속에 들어가기를 원했습니다. 물론 이런 사람들에게 단점이 하나 있다면, 사역에는 관심을 가지지 않고 오직 하나님과의 깊은 신비적 관계만을 추구했다는 것입니다. 신비적 만남과 함께 사역도 추구해야 하는데 그렇지 못했습니다. 그러나 우리는 그렇게 해야 합니다. 은혜도 받고 일도 잘해야 합니다.

그러나 은혜를 진짜로 받고 그 자체가 자신의 우상이 되지 않는 이상, 사역도 저절로 열매를 거두게 되어 있습니다. 물론 그들이 그런 은혜를 받고 수도원 운동을 함으로써 그 당시 타락해 가는 교회의 정신과 신앙, 영성의 지주가 된 것도 사실은 어떤 의미에서 주님의 사역이라 할 수 있습니다.

스코틀랜드의 언약도(Covenanter)들은 하나님과 자기들의 관계를 혼인한 부부 사이로 생각했습니다. 그래서 실제로 혼인 언약을 맺었습니다. 예수 그리스도는 왕이고, 자기들은 그를 섬기는 종으로서 말입니다. 주님은 남편이시고, 자신들은 신부로 여겼습니다. 그래서 주님의 신부로서 순결성을 지키고, 종으로서의 지조를 지키기 위해 목숨까지 바치는 삶을 실제로 살았습니다.

로마 가톨릭에 의한 개신교 핍박 때, 그들은 주님의 신부로서 순결성을 지키기 위해 차라리 매를 맞고 감옥에 갇히는 길을 택했습니다. 그 감옥은 지붕이 없었습니다. 비를 맞고 눈을 맞았습니다. 그래서 매로 인해 상처 난 살이 썩어 들어갔습니다. 감옥에 지붕이 없으니까 얼마든지 도망갈 수도 있었지만 그들은 도망가지 않았습니다. 오직 신랑 되신 주님과 맺은 혼인 언약을 생각하며 신앙의 정절을 지켰습니다. 목 베임을 당하고, 바다에 던져지고, 굶주림에 죽어 가면서도, 신랑 되신 주님을 향한 사랑을 가슴에 품고 죽어 갔습니다.

오직 교회의 머리는 예수 그리스도시라는 단 하나의 신앙고백을 지키기 위해 1만 8천여 명의 언약도들이 순교하였습니다. 그들은 주님의 신부로서 신랑 되신 주님만을 사랑하고, 주님만을 섬기기 위해 목숨까지도 바쳤던 것입니다. 그래서 영광스런 교회를 지켜낼 수 있었던 것입니다.

침실 신자가 되자

술람미 여인이 지금 이런 사랑을 구하고 있는 것입니다. 지금 솔로몬 왕을 향해 침실의 사랑을 구하는 것은 바로 이와 같은 처절하고도 깊은 사랑의 관계를 갈구하고 있는 것입니다. 마찬가지로, 성도는 하나님과 한 몸이 되는 깊은 사랑의 관계에까지 나아가야 합니다. 성령 안에서 깊은 영적 연합을 이루는 신앙이 되어야 합니다.

세 종류의 신자

그런데도 교회 안의 성도들은 그렇지 못하는 것을 봅니다. 어떤 성도는 정말 하나님과의 깊은 영적인 연합 속에서 동행하며 자라가고 열매를 맺어 가는 반면, 어떤 성도는 겨우 신앙의 명맥만 힘들게 유지하는 것을 봅니다. 오늘날에는 세 종류의 성도가 있습니다.

첫째, 마당 신자

마당 신자는 성막의 마당만 밟고 다니는 사람입니다. 오늘날로 말하면, 예배당 안에 들어오기는 해도 마당만 밟고 다니는 성도입니다. 이 사람은 한마디로 말해서 종교적인, 도덕적인, 윤리적인 신앙생활을 합니다. 신앙의 깊은 체험도 없고 은혜도 없이, 그저 형식적으로 예배당을 들락거리는 사람입니다. 요한계시록 11장에 보면 이 사람은 주님께 푸대접을 받는 사람이고, 척량의 대상에서도 제외가 됩니다.

> "또 내게 지팡이 같은 갈대를 주며 말하기를 일어나서 하나님의 성전과 제단과 그 안에서 경배하는 자들을 측량하되 성전 바깥마당은 측량하지 말고 그냥 두라 이것은 이방인에게 주었은즉 그들이 거룩한 성을 마흔두 달 동안 짓밟으리라"(계 11:1-2).

둘째, 거실 신자

성막에 들어오지만 성소 안에만 들어가는 사람입니다. 약간의 신앙 체험은 있지만 아직도 가식과 체면 중심의 신앙인입니다. 여전히 율법적인 신앙이 남아 있습니다. 그래서 경건의 모양은 있지만 능력이 없습니다(딤후 3:5). 거실에서 얌전한 척 차를 마시면서 점잔을 떨고 있지만, 아직은 생명력 있고 살아 있는 사랑이 부족합니다. 이런 사람은 데이트를 해도 거실에서만 왔다갔다하는 겉도는 데이트를 합니다.

이런 사랑은 진짜 사랑이라 할 수 없습니다. 신자가 이러면 안 됩니다. 주님 앞에서 교회에 다니면서도 얌전한 척 '에헴' 하는 사람들이 얼마나 많습니까? 그러면 절대로 신앙의 능력이 없습니다. 주님과의 깊은 사랑의 관계 속으로 들어갈 수 없습니다.

셋째, 침실 신자

이 사람은 지성소 안에까지 들어가는 사람입니다. 이 성도는 주님과 혼인한 사람입니다. 이 사람은 주님과의 신비로운 연합 관계를 이루며, 깊이깊이 사랑의 체험 속으로 들어갑니다. 주님과의 신비로운 깊은 사랑의 체험을 한 사람입니다. 그래서 주님의 사랑이 얼마나 황홀하고 감격적인가를 압니다.

정말 이 사람은 주님 앞에 체면의 옷, 율법의 옷, 가식의 옷, 자신의 걸레 같은 누더기 옷을 다 벗고 주님 앞에 기도하고 은혜를 사모합니다. 언제나 하나님의 은혜의 보좌 앞에 나아가 모든 것을 내려놓고 당당하게 요구하는 것입니다. 자신의 모든 약점과 실수를 다 내려놓고 주님 앞에 벌거벗은 몸으로 은혜와 사랑과 은총을 갈구합니다.

"주님, 저는 주님이 없으면 못삽니다. 주님이 붙잡아 주시지 않으면 못삽니다. 옛날에는 저의 의, 저의 도덕, 저의 윤리, 저의 능력으로 사는 줄 알았는데, 주님이 붙잡아 주시지 않으면 저는 1분도 살 수 없습니다. 1초도 살 수 없습니다. 정말 주님이 붙잡아 주셔야만 합니다. 은혜를 주셔야 합니다. 그래서 주님이 제 안에, 제가 주님 안에 살아야 합니다. 주님이 저를 떠나시면 저는 살 수 없습니다. 왜냐하면 저와 주님은 신비로운 연합이 되어 있고 거룩한 연합이 되어 있기 때문입니다. 그러니 물을 떠난 물고기는 살 수 있어도, 주님을 떠난 저는 살 수 없습니다. 저는 주님의 사랑을 떠나서는 살 수 없습니다. 옛날에는 저의 힘으로, 저의 능력으로 산다고 했는데, 이제는 제 안에 주님이 오셔서 제 안에 살아주셔야 제 인생이 의미 있고 가치가 있습니다. 주님, 은혜를 주옵소서……."

○ 04

입맞춤과 침실의 사랑을 구한 이유

"솔로몬의 아가라 내게 입 맞추기를 원하니 네 사랑이 포도주보다 나음이로구나 네 기름이 향기로워 아름답고 네 이름이 쏟은 향기름 같으므로 처녀들이 너를 사랑하는구나 왕이 나를 그의 방으로 이끌어 들이시니 너는 나를 인도하라 우리가 너를 따라 달려가리라 우리가 너로 말미암아 기뻐하며 즐거워하니 네 사랑이 포도주보다 더 진함이라 처녀들이 너를 사랑함이 마땅하니라" (1:1-4)

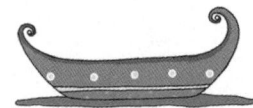 침실 사랑을 구하는 이유

아가서의 사랑은 입맞춤으로 시작하여 침실로 간 사랑입니다. 그런데 왜 술람미 여인은 이토록 입맞춤과 침실의 사랑을 사모하고 애원하며 갈구했을까요? 다시 말하면, 우리 성도들은 왜 주님의 은혜와 사랑을 그토록 갈구해야 할까요? 오늘 본문은 두 가지 교훈을 줍니다.

첫째, 그의 사랑이 포도주보다 낫기 때문입니다

"내게 입 맞추기를 원하니 네 사랑이 포도주보다 나음이로구나"(아 1:2).

 부르다가 죽을 노래, 아가

"(여자)나에게 입 맞춰 주세요, 숨 막힐 듯한 임의 입술로. 임의 사랑은 포도주보다 더 달콤합니다"(아 1:2, 표준새번역).

술람미 여인이 그토록 입 맞추기를 원하는 이유는 그 사랑이 포도주보다 낫기 때문입니다. 여기서 포도주라고 하는 것은, 이 세상의 기쁨이나 쾌락이나 향락을 의미하는 문학적 표현입니다. 성경을 보면 포도주는 주로 사람의 마음을 기쁘게 하는 것이나 세상의 기쁨을 지칭하는 표현으로 사용됩니다.

"포도나무가 그들에게 이르되 하나님과 사람을 기쁘게 하는 내 포도주를 내가 어찌 버리고 가서 나무들 위에 우쭐대리요 한지라"(삿 9:13).

"사람의 마음을 기쁘게 하는 포도주와 사람의 얼굴을 윤택하게 하는 기름과 사람의 마음을 힘 있게 하는 양식을 주셨도다"(시 104:15).

"포도주는 마음에 근심하는 자에게 줄지어다"(잠 31:6).

이처럼 성경은 일반적으로 포도주를 어떤 기쁨의 상징이나 비유로 쓰고 있습니다. 그리고 술람미 여인도 포도주를 그와 같은 뜻으로 사용했습니다. 임의 사랑이 포도주보다 더 달콤하다고 합니다. 일단 포도주는 당시의 최고 음료수였습니다.

지금도 이스라엘 가나에서 생산되는 포도주는 정말 달콤하고 맛있습니다. 요즘은 포도주를 떨떠름하게 발효시키기도 하지만, 옛날 포도주는 달콤하고 상큼하게 담가서 얼마나 맛있었는지 모릅니다. 게다가 포도주에는 약간의 알코올 성분이 있어서, 마시면 취기가 돌아 기분이 좋아집니다. 포도주가 이런 것입니다. 그러니까 포도주는 달콤하기도 하지만, 약간 취하게 하여 세상의 근심, 걱정을 죄다 잊게 만들어 줍니다. 노래가 막 나오고, 두려움과 걱정이 사라집니다. 세상 온 천하가 다 내 것 같습니다. 포도주를 먹으면 그것이 사람의 마음을 즐겁게 하고 기쁨을 주는 것입니다. 그래서 성경에서도 포도주는 마음의 근심과 고통을 지운다고 말합니다.

"포도주는 마음에 근심하는 자에게 줄지어다 그는 마시고 자기의 빈궁한 것을 잊어버리겠고 다시 자기의 고통을 기억하지 아니하리라" (잠 31:6-7).

성경에는 포도주가 세상의 기쁨을 표현하는 메타포(metaphor)로 자주 등장합니다. 그러면 다시 술람미 여인의 고백으로 돌아가겠습니다.

"(여자)나에게 입 맞춰 주세요, 숨 막힐 듯한 임의 입술로. 임의 사랑은 **포도주보다 더 달콤합니다**"(아 1:2, 표준새번역).

이 세상에도 기쁨이 있습니다. 즐거움이 있습니다. 그러나 그 끝이 무엇인 줄 아십니까? 허무입니다. 도시에는 놀 거리, 볼거리 등 즐거움과 쾌락을 주는 것들이 정말 많습니다. 다 나름대로 재미가 있습니다. 돈 버는 재미, 연애하는 재미, 각종 스포츠와 오락이 주는 재미로 이 세상은 가득 차 있습니다. 이것도 부족하여 요즘은 기괴하고 괴상한 재밋거리들이 TV에 많이 소개되는 것을 봅니다.

그런데 문제는 거기에 정말 보람이 있고, 참된 행복이 있고, 진정한 평안이 있는가 하는 것입니다. 진정한 감미로움과 달콤함이 있습니까? 끝나고 나서도 "해보기를 정말 잘했어. 너무너무 만족해. 너무 보람 있어. 너무 행복해. 내 인생이 너무 달콤해"라고 말할 수 있을까요? 다 끝나고 나면 허전하고 허탈하고 허무한 것이 인생입니다.

골프 친다고 인생이 본질적으로 변화되던가요? 골프, 여행, 낚시 다닌다고 그 사람이 은혜를 받고 변화되어 새사람이 되던가요? 나이아가라 폭포, 이과수 폭포의 웅장한 경치를 보면, 대부분의 사람들이 그냥 거기서 눌러앉고 싶어 합니다. 그 정도로 황홀함을 느끼는 것입니다. 그러나 그렇다고 해서 그의 인격이 달라지고 새사람이 되지는 않습니다. 그걸로 인해 '아, 내 인생은 너무 달콤하고 행복해!'라고 고백하지는 않습니다. 스트레스 해소와 기분전환을 위해 약간의 도움은 줄 수 있고 여유로움은 줄 수 있습니다.

그러나 그것이 그 인생을 바꾸고 변화시키고 행복하게 해주고 감미롭게 해주지는 않습니다. 다 텅 빈 허무요, 공허의 공백에 불과합니다. 헛되고 헛된 것에 불과합니다. 그래서 솔로몬이 이렇게 고백합니다.

"전도자가 이르되 헛되고 헛되며 헛되고 헛되니 모든 것이 헛되도다"(전 1:2).

"내가 해 아래에서 행하는 모든 일을 보았노라 보라 모두 다 헛되어 바람을 잡으려는 것이로다"(전 1:14).

솔로몬이 어떤 사람입니까? 고대 역사상 솔로몬만큼 인생의 쾌락과 부귀와 영화와 절대 권력을 누려 본 사람이 없습니다. 그런 모든 쾌락과 즐거움을 솔로몬은 40년 이상 누려 봤지만 결과가 결국 헛되더라는 것입니다. 그리고 바람을 잡는 것과 같았다고 합니다. 그래서 솔로몬은 일의 결국을 다 들었으니 하나님만 섬기라고 합니다. 그런데 그렇게 하나님을 경외하고 사랑하려면 입맞춤의 감미롭고 달콤한 은혜를 받아야 합니다. 그래서 술람미 여인은 포도주보다 더 달콤한 입맞춤의 은혜를 구하고 있는 것입니다.

"일의 결국을 다 들었으니 하나님을 경외하고 그의 명령들을 지킬지어다 이것이 모든 사람의 본분이니라"(전 12:13).

그러므로 우리는 '솔로몬의 사랑이 포도주보다 낫다' 는 이 말을 일차적으로는 부부 관계의 교훈으로 받아야 합니다. 세상의 금은보화 다 줘도 부부 관계가 좋아야 합니다. 부부의 사랑이 달콤해야 합니다. 아무리 돈이 많고 명예가 올라가고 승진을 해도, 부부가 정말로 화목해야 합니다. 그래야 진정한 만족이 있고 행복이 있습니다. 세상의 포도주와 같은 쾌락과 재미, 즐거움보다 부부간의 사랑이 더 귀하다는 것입니다.

그러나 이런 일차적인 교훈으로만 끝나면 안 됩니다. 우리는 주님과 우리의 사랑의 관계로 해석하고 교훈 받아야 합니다. 우리 주님과 우리의 사랑의 관계는 입맞춤의 은혜와 같습니다. 침실의 사랑과도 같습니다. 그리고 그 사랑은 진짜 달콤한 사랑입니다. 물론 이 세상의 사랑도 달콤합니다. 이 세상에서도 가장 달콤한 것이 돈이나 명예보다 사랑입니다. 그래서 세상 노래의 영원한 주제는 사랑이 아닙니까? 이처럼 술람미 여인도 솔로몬의 달콤한 사랑을 원했던 것입니다.

그러나 우리 주님의 사랑은 이 세상의 사랑을 비롯한, 이 땅의 모든 사랑과도 비교할 수 없습니다. 세상의 기쁨과는 비교할 수 없습니다. 이 세상의 기쁨이 아무리 좋다고 하고 이 세상의 사랑이 아무리 고상하고 훌륭하다 해도, 주님의 은혜에 비하면 너무도 유치하고 허무한 것입니다. 주님의 사랑과 은혜에 비하면 너무나 싱겁고 시시합니다. 유치할 정도입니다. 비교할 바가 못 됩니다.

주님의 은혜를 모를 때는 돈, 명예, 쾌락, 세상의 재미와 즐거움이 좋았습니다. 그러나 주님의 은혜를 경험하고 그 진실한 사랑을 알게 되면 세상에서 예수님을 제일 좋아할 수밖에 없습니다. 예수님이 제일 좋습니다. 이런 의미에서 술람미 여인이 솔로몬 왕에게 입맞춤의 은혜를 구한 것입니다. 침실의 사랑을 구한 것입니다. "포도주의 달콤함보다도 예수님이 좋아요. 전에는 명예와 쾌락, 세상의 즐거움이 좋았는데 이제는 예수님이 더 좋아요. 예수님이 없이는 살 수 없어요"라고 노래하는 것입니다.

예수님의 은혜를 모를 때는 세상이 주는 명예와 재미에 빠져 울고 웃으며 쾌락적인 삶을 살았지만, 이제는 예수님의 사랑과 기쁨, 그 달콤한 주님의 은혜를 깨닫고 나니까 주님의 은혜가 없이는 못 삽니다. 세상이 주는 쾌락은 보기도 싫고 오로지 주님의 사랑만을 갈구하게 됩니다. 그래서 이렇게 술람미 여인이 입맞춤과 침실의 사랑을 갈구하고 있는 것입니다.

그러므로 우리도 이제는 입맞춤의 은혜와 침실의 사랑을 구해야 합니다. 전에는 내 공명심으로, 내 의로 교회 봉사하고 전도하고 헌신한다고 했지만, 이제는 주님의 은혜로 합니다. 나의 윤리나 도덕이나 체면이나 이런 것 다 내려놓고, 완전히 벌거벗은 몸으로 주님 앞에 엎드려 은혜를 구합니다. 단 한순간도 주님의 은혜를 못 받으면 마음이 컬컬하고 답답하고 숨이 막힙니다. 그래서 주님의 은혜로 더 열심히 교회 봉사합니다. 더 전도합니다. 더 헌신합니다. 주님의 사랑이 느껴지지 않고 은혜를 못 받으면 내가 버림받은 것 같습니다. 그래서 더 은혜를 구하고 사랑을 구하며 헌신하고 봉사하고 전도하는 것입니다. 이게 바로 포도주보다도 달콤한 입맞춤의 사랑, 침실의 은혜를 구하는 까닭입니다.

둘째, 그분의 이름이 쏟은 향기름 같기 때문입니다

"네 기름이 향기로워 아름답고 네 이름이 쏟은 향기름 같으므로 처녀들이 너를 사랑하는구나"(아 1:3).

"임에게서 풍기는 향긋한 내음, 사람들은 임을 쏟아지는 향기름이라고 부릅니다. 그러기에, 아가씨들이 임을 사랑합니다"(아 1:3, 표준새번역).

술람미 여인이 솔로몬에게 입맞춤과 침실을 구한 두 번째 이유는 술람미 여인에게 있어서 솔로몬의 이름은 쏟은 향기름과 같았기 때문입니다. 아니, 술람미 여인뿐 아니라 모든 아가씨들과 모든 궁녀들에게 있어서 솔로몬의 이름은 쏟아지는 향기름이었습니다. 만약 최고급 향수 한 병을 예배당 안에 붓는다면 예배당은 그 향내로 가득하게 될 것입니다. 아무리 많은 사람들이 악취를 풍긴다 해도 그 진한 향수의 향기에 다 흡수되어 버릴 것입니다.

술람미 여인이 말하는 '쏟아지는 향기름'은 바로 이런 의미입니다. 술람미 여인에게 있어서 솔로몬의 이름 자체는 언제나 소망이요, 기쁨이요, 그윽한 향기 그 자체라는 말입니다. 솔로몬의 이름을 생각만 해도 가슴이 설렙니다. 멀리서 보기만 해도 가슴 뭉클하고, 그분이 혹시 내게 지금 오시지는 않나 하고 멀리서 지켜보는 가슴 뭉클한 이름입니다. 이렇게 술람미 여인에게 있어서 솔로몬의 이름은 소망과 기쁨이며, 그윽한 향기름 자체였습니다. 그래서 쏟아놓은 향기름이라고 노래했습니다. 생각만 해도 솔로몬은 술람미 여인의 소망이었고, 희망이었고, 설렘 그 자체였습니다.

부부도 그래야 합니다. 부부가 서로 쏟아지는 향기름이 되어야 합니다. 내 남편을 생각하면 남편 자체가 쏟아지는 향기름 같아야 합니다. 아내를 생각해도 쏟아지는 향기름 같아야 합니다. 서로의 이름을 생각만 해도 쏟아지는 향기름 같고, 그윽한 향기 자체가 되어야 합니다. 사랑하는 내 아내, 내 사랑하는 남편의 이름만 불러도 그것이 우리의 기쁨과 소망이 되어야 합니다. 바로 술람미 여인의 고백은 부부 생활에 이런 교훈을 줍니다.

그러나 이런 교훈으로만 끝날 수 있겠습니까? 바로 주님과 우리와의 관계를 생각지 않을 수 없습니다. 바로 우리 성도들에게 있어서 주님 자체가 쏟아지는 향기름이 되어야 합니다. 우리는 언제나 우리 주님을 쏟은 향기름이라고 불러야 합니다. 다시 말하면 우리 주님이 우리의 소망이요, 기쁨이요, 향기 자체가 되어야 한다는 것입니다. 주님의 이름만 생각하면 소망이 생기고, 기쁨이 생겨야 한다는 말입니다. 때로는 실망하고 절망하고 죽고 싶은 마음이 생기더라도, 주님의 이름만 생각하고 주님의 이름만 불러도 다시 살아야 할 이유가 생기고, 살아야 할 소망이 생기며, 다시 한번 소망과 기쁨과 생의 의미를 발견하게 되어야 한다는 말입니다.

그리스도인이라고 해서 어떻게 항상 기쁨으로 충만하겠습니까? 성도라고 해서 늘 성령 충만하고, 소망이 충만하고, 신바람 나는 삶만 살면 얼마나 좋겠습니까만, 환경은 그리 호락호락하지 않습니다. 우리를 가만두지 않습니다. 얼마나 우리를 시험하고 유혹합니까! 얼마나 우리를 핍박하고 넘어지게 합니까! 때로는 우리를 절망하게 하며, 좌절하게 하며, 슬프게 하고, 넘어지게 하며, 자주 자포자기하게 만듭니다. 가슴이 찢어지는 아픔과 상처를 주고 잠 못 이루게 합니다. 근심과 염려로 일어서지 못하게 합니다. 괜히 우울증 걸리게 만들고 죽고 싶은 마음만 들게 합니다.

사업하는 사람들이 항상 잘되면 좋겠지만 부도의 위기도 있고, 손해 볼 때도 있습니다. 직장 다니는 사람이 항상 승진만 하면 얼마나 좋겠습니까? 그러나 때로는 좌천당하기도 하고 해고를 당할 때도 있습니다.

가정생활이 항상 원만합니까? 그렇게 믿었던 남편이 속없는 짓을 하고 경제적으로 책임지지도 않으면서 가정폭력이나 일삼는 경우가 얼마나 많습니까! 그런 남편 의지하고 살려니 한숨만 나고 눈물만 납니다. 또 아내는 어떻습니까? 그렇게 사랑한다고 속삭였던 아내가 나에게 큰 실망과 절망을 주고 가시와 찔레처럼 콕콕 찌를 때가 있지 않습니까? 요새는 애인까지 있는 아내로 인해 고통받는 남편들도 많습니다. 이것뿐이겠습니까? 그렇게 품 안의 자식이라고 사랑했던 자식은 부모 마음을 몰라주고 나쁜 짓만 골라서 합니다. 부모 속만 썩입니다.

성도의 역할 역시 포기하고 싶고 집어치우고 싶을 때가 있습니다. 죽을 수 없어서 그렇지, 죽을 수만 있다면 인생을 포기하고 싶을 때가 있습니다. 그래서 세상 사람들은 우울증에 걸리고, 노래방 가서 노래 부르고, 술 먹고 별짓 다 해봅니다. 그렇다고 해결이 됩니까? 그러니까 세상이 요지경이 아닙니까? 밤마다 네온등의 불빛 아래서 사람들이 인생의 허무를 달래고 있는 것 아닙니까?

그러나 우리에게는 예수님이 계십니다. 그분의 이름이 우리 성도들에게는 쏟아지는 향기름과도 같습니다. 향기름 같은 예수, 언제나 나의 소망과 기쁨이 되시고 희망과 신바람 되시는 예수님이 우리에게 계십니다. 그래서 아무리 괴롭고 힘들고 포기하고 싶고 주저앉고 싶어도 우리는 다시 일어나는 것입니다. 주님의 이름만 생각하면 나도 모르게 희망이 생깁니다. 그분의 이름만 붙잡으면 나도 모르게 살아야 할 이유가 생깁니다. 그분의 이름만 붙잡으면 나도 모르게 생의 소망이 생기고 희망이 생긴다는 말입니다.

"그래, 일어나야지. 왜 이대로 내가 주저앉아야 한단 말인가? 그래, 살아야지. 왜 내가 인생을 포기한단 말인가? 나는 다시 일어나야 해. 나는 살아야 할 이유가 있어. 주님의 이름만 생각하면 이렇게 소망이 생기는 걸. 주님의 이름만 생각하면 쏟은 향기름처럼 내 안에 소망이 솟아나고 신바람이 생겨나는 걸. 주님의 이름만 붙잡으면 나도 모르게 살아야 할 이유가 생기고 가치가 생기며 새 힘이 생기는 걸. 주님, 그래서 오늘도 저는 일어섭니다. 주님의 이름 때문에 다시 시작합니다. 주님의 이름은 저의 소망이고 기쁨이기 때문에 다시 일어납니다. 다시 걸어갑니다. 다시 뛰어갑니다. 주님의 이름 때문에 달려갑니다. 주님의 이름은 오늘도 여전히 저의 소망이요 기쁨입니다. 아니, 세상 모든 인류의 소망입니다. 주님의 이름은 천국의 기쁨이요, 모든 그리스도인의 기쁨입니다."

예수님은 우리에게 쏟은 향기름입니다. 우리의 소망이요, 희망이요, 기쁨이요, 새 힘이요, 우리의 신바람입니다. 그래서 좌절하다가도 주님의 이름을 생각하면 소망이 생깁니다. 절망하고 좌절하며 포기하고 싶을 때에도 주님의 이름을 붙잡으면 다시 한번 살아야 할 이유가 생기는 것입니다. 죽고 싶고 인생 끝장내고 싶어도, 이것저것 다 포기하고 신앙생활조차 포기하고 싶을 때에도, 다시 한번 주님의 이름을 생각하면 신바람 나고 새 힘이 솟아난다는 말입니다. 왜 그렇습니까? 주님의 이름이 쏟아지는 향기름이기 때문입니다. 그래서 술람미 여인은 솔로몬의 이름을 쏟아지는 향기름이라고 불렀던 것입니다. 그리고 그녀는 솔로몬의 입맞춤의 사랑과 침실의 사랑을 구했던 것입니다.

이와 같이 성도는 포도주보다 달콤한 주님의 사랑을 갈구해야 합니다. 쏟아지는 향기름 같은 주님의 이름을 붙잡아야 합니다. 그리고 그 이름 붙잡고 다시 일어나야 합니다. 다시 걸어가며 다시 달려가야 합니다(빌 3:14). 주님과의 입맞춤의 사랑과 침실의 사랑을 경험하면서 말입니다.

예수의 이름으로 나는 일어서리라
주가 주신 능력으로 나는 일어서리라
원수가 날 향해 와도 쓰러지지 않으리
주가 주신 능력으로 주가 주신 능력으로
주가 주신 능력으로 일어서리.

05

검은 약점이 불러온 사랑

"왕이 나를 그의 방으로 이끌어 들이시니 너는 나를 인도하라 우리가 너를 따라 달려가리라 우리가 너로 말미암아 기뻐하며 즐거워하니 네 사랑이 포도주보다 더 진함이라 처녀들이 너를 사랑함이 마땅하니라 예루살렘 딸들아 내가 비록 검으나 아름다우니 게달의 장막 같을지라도 솔로몬의 휘장과도 같구나 내가 햇볕에 쬐어서 거무스름할지라도 흘겨보지 말 것은 내 어머니의 아들들이 나에게 노하여 포도원지기로 삼았음이라 나의 포도원을 내가 지키지 못하였구나" (1:4-6)

아가서의 사랑은 입맞춤으로 시작하여 침실로 간 사랑이라고 했습니다. 왜 그렇습니까? 성도는 늘 주님의 은혜를 구하고, 주님의 사랑을 사모하고 애원하며 살아야 하기 때문입니다. 입맞춤의 사랑으로만 끝나지 않고 침실의 은혜, 침실의 사랑, 주님과의 깊고 신비로운 연합을 이루어야 하기 때문입니다. 이런 성도의 사랑은 새끼 밴 어미 사슴이 시냇물 한 모금을 갈급해하는 듯한 사랑입니다.

술람미 여인은 그 갈급함을 내내 고백하고 있는 것입니다. 그런데 그 고백은 술람미 여인 개인에서 끝나지 않고 주변으로 번집니다. 한 성도의 아름다운 고백은 그 자신에게만 머무는 것이 아니라 공동체의 고백으로 확대됩니다.

🎵 술람미 여인의 고백

술람미 여인이 그토록 입맞춤의 사랑과 침실의 은혜를 사모한 이유는 두 가지였습니다. 첫째는 그분의 사랑이 포도주보다 낫기 때문이며, 둘째는 그분의 이름이 쏟은 향기름 같았기 때문이었습니다. 세상의 돈과 명예, 쾌락과 즐거움이 아무리 좋다고 해도 우리 주님의 사랑과는 비교할 수 없습니다. 그런 차원에서 술람미 여인이 입맞춤의 은혜를 구하고, 침실의 사랑을 구한 것입니다.

세상이 주는 포도주의 달콤함보다도 예수님이 더 좋고, 전에는 명예와 쾌락, 세상의 즐거움이 좋았는데, 이제는 예수님을 더 사랑합니다. 예수님의 은혜 없이는 살 수가 없습니다. 쏟아진 향기름 같은 예수님의 향기와 사랑이 없으면 결코 살 수 없는 것입니다. 그래서 광야와 같은 세상에서 좌절하다가도 주님의 이름만 생각하면 소망이 생기는 것입니다. 절망하고 좌절하며 포기하고 싶을 때에도 주님의 이름만을 붙잡으면, 다시 한번 살아야 할 이유가 생긴단 말입니다. 주님의 사랑과 은혜는 우리의 소망이요, 희망이요, 기쁨이요, 새 힘이요, 우리가 살아야 할 삶의 이유가 되기 때문입니다. 이것이 바로 술람미 여인의 아름다운 고백입니다.

🎵 모든 여인들의 고백

그런데 이런 고백은 술람미 여인만 한 것이 아니라, 술람미 여인을 지켜보고 있었던 그 친구들도 같이 하고 있습니다. 이 내용은 4

절 하반절에 나와 있습니다.

"우리가 너로 말미암아 기뻐하며 즐거워하니 네 사랑이 포도주보다 더 진함이라 처녀들이 너를 사랑함이 마땅하니라"(아 1:4).

"우리는 임과 더불어 기뻐하고 즐거워하며, 포도주보다 더 진한 임의 사랑을 기리렵니다. 아가씨라면, 누구나 임을 사랑하고 싶을 것입니다"(아 1:4, 표준새번역).

이 구절에서 보듯이 술람미 여인만 솔로몬을 그렇게 예찬한 것이 아닙니다. 술람미 여인의 친구들도 솔로몬을 포도주보다 더 진한 사랑이라고 노래하고 있습니다. 그래서 아가씨라면 누구나 솔로몬을 사랑하고 싶을 것이라고 노래한 것입니다. 그의 사랑은 포도주보다 더 진하고, 쏟아 부어진 향기름같이 아름답기 때문입니다.

지금도 그렇습니다. 우리 주님의 사랑은 나만 고백해선 안 됩니다. 내 주변에 있는 모든 성도들이 주님의 사랑이야말로 포도주보다 진하고, 주님의 은혜야말로 쏟아 부어진 향기름보다 더 향긋하게 풍기는 내음이라고 고백해야 하는 것입니다. 그래서 내가 주님을 찬양할 때 나만 혼자 찬양하는 것이 아니라, 옆에서도 함께 찬양하고 마음을 모아 주님의 사랑과 은혜를 예찬해야 합니다.

내가 주님을 노래하고 있는데 옆에서 불평하면 안 됩니다. 내가 주님을 예찬하고 있는데 옆에서 짜증내면 안 됩니다. 또한 남이 주님의 사랑을 노래하고 예찬하고 있는데 내가 주님을 불평하고 원망하고 짜증을 내고 있어도 안 됩니다. 우리는 다 함께 찬양해야 합니다. 주님의 사랑이 포도주보다 진하고, 주님의 은혜가 쏟아진 향기름보다 더 향기롭다고 노래해야 합니다. 그런 의미에서 모든 교회는 이런 아름다운 고백의 공동체가 되어야 합니다. 언제나 찬양하며, 언제나 노래하고, 언제나 주님을 예찬하는 사랑의 공동체, 그런 공동체를 이룰 때 주님은 우리에게 포도주보다 진한 사랑, 쏟아진 향기름보다 더 크고 놀라운 은혜를 넘치도록 부어주십니다.

검은 약점

이와 같이 솔로몬의 사랑을 받은 술람미 여인은 모든 여인의 부러움의 대상이 되었습니다. 술람미 여인의 고백이 그녀에게서만 끝나지 않고 모든 주변 여인들에게로 확대되어, 마치 공동체의 고백처럼 되었습니다. 소작농의 딸에 불과한 술람미 여인이 이제 고백의 주창자가 되었고, 궁궐의 모든 여인의 부러움의 대상이 된 것입니다. 모든 여인들이 술람미 여인과 같은 고백을 합니다.

그런데 본문 5-6절에 술람미 여인은 너무나 정직하고 솔직하고 진솔하고 파격적인 고백을 합니다. 모든 궁녀들의 부러움의 대상이었던 술람미 여인이 자신의 약점을 털어놓은 것입니다. 이것은 반어법으로 술람미 여인의 순수함과 술람미 여인을 향한 솔로몬의 사랑과 은혜가 얼마나 지극한지를 부각시켜 줍니다.

"예루살렘 딸들아 내가 비록 검으나 아름다우니 게달의 장막 같을지라도 솔로몬의 휘장과도 같구나 내가 햇볕에 쬐어서 거무스름할지라도 흘겨보지 말 것은 내 어머니의 아들들이 나에게 노하여 포도원지기로 삼았음이라 나의 포도원을 내가 지키지 못하였구나"(아 1:5-6).

일반적으로 역사에서 왕의 사랑을 한 몸에 받은 여자들은 절세 미인이었습니다. 솔로몬 왕이 다른 후궁들은 거들떠보지도 않고 오직 술람미 여인만을 그렇게 사랑했음을 볼 때, 이 여인은 분명 굉장히 아름다운 여인이었을 거라 상상할 수도 있습니다. 백색 피부에 주름도 하나 없고, 잡티나 기미도 하나 없고, 눈은 아름답게 쌍꺼풀이 졌고, 코는 우뚝 서고, 입술은 앵두와 같고, 그 미소는 선녀 같은 모습! 그러나 아가서는 술람미 여인의 외모를 그렇게 묘사하지 않습니다. 자신의 모습에 대한 고백을 듣는 이들은 어쩌면 매우 실망할 수도 있겠지만, 그 고백은 순수하고 진솔합니다.

"예루살렘 딸들아 내가 비록 검으나……게달의 장막 같을지라도……내가 햇볕에 쬐어서 거무스름할지라도 흘겨보지 말 것은……" (아 1:5-6).

술람미 여인은 자신의 외모를 솔직하게 공개하고 있습니다. 먼저 자신의 피부가 엄청나게 검다고 합니다. 검은 이유는 중동의 햇볕에 바싹 타 버렸기 때문이라는 것입니다. 그렇다고 해서 자기를 깔보지 말고 흘겨보지 말라는 것입니다.

햇볕에 바싹 타 버린 여자들을 보면 어딘지 모르게 초라하고 촌스럽고 가난하게 보입니다. 더구나 옛날에는 못 먹고 못살아서 더욱 그랬습니다. 기름기도 없고 메마른 여자들이 농장에서 일하다가 얼굴이 바싹 그을린 모습은 정말 볼품없습니다. 더구나 팔레스타인 땅에서 그냥 날마다 포도원을 일구느라 햇볕에 얼굴이 까만 포도알처럼 그을려 타 버렸으니, 피부는 십중팔구 나빴을 것입니다. 그러니 술람미 여인이 아름답게 보이고 예쁘게 보였겠습니까? 정말 천박하게 보이고 매력이라곤 찾아볼 수 없는 촌티가 가득한 얼굴이었을 것입니다.

뙤약볕에서 농사를 짓다 새까맣게 그을린 시골 어르신들이 결혼식에 참석하기 위해 도시에 오시면 티가 나지 않을 수 없습니다. 아무리 깔끔하게 단장하고 진하게 화장을 해도, 들녘에서 그을린 피부는 감출 수 없습니다. 마찬가지로 뙤약볕에 포도알처럼 새까맣게 그을린 술람미 여인과, 솔로몬의 궁에서 편하게 잘 먹고 잘 가꿔진 솔로몬의 후궁들과 비교가 되겠습니까? 목덜미도 시커멓게 타고, 손톱, 발톱, 피부가 다 벗겨지고 타 버렸을 것입니다.

그래서 술람미 여인은 자신의 얼굴을 '게달의 장막' 같다고 표현했습니다. '게달'은 '검다'라는 뜻을 가지고 있는데, 아브라함의 서자 이스마엘의 차남의 후예를 게달이라고 불렀습니다.

> "이스마엘의 아들들의 이름은 그 이름과 그 세대대로 이와 같으니라 이스마엘의 장자는 느바욧이요 그다음은 게달과 앗브엘과 밉삼과"
> (창 25:13).

이들은 훗날 베두인 족속으로 불렸는데, 주로 검정색 또는 암갈색의 염소 가죽으로 장막을 만들었습니다. 이 가죽 장막은 비가 오고 바람이 불고 세월이 흘러가면 더욱 검어지는 경향이 있습니다.

오랜 세월이 지나가면 염소 가죽 장막에 곰팡이도 생기고, 더 새카
맣고 추해지고 더러워집니다. 술람미 여인은 자신의 얼굴을 바로
이 게달의 장막과 같다고 고백하고 있는 것입니다. 그런데 왜 이렇
게 게달의 장막같이 자신의 얼굴이 햇볕에 그을렸다고 설명하고 있
습니까?

"내가 햇볕에 쬐어서 거무스름할지라도 흘겨보지 말 것은 내 어머
니의 아들들이 나에게 노하여 포도원지기로 삼았음이라 나의 포도원
을 내가 지키지 못하였구나"(아 1:6).

그 이유인즉, 못된 오빠들이 자기들이 맡은 포도원을 경작하지
않고 빈둥거리면서, 동생 술람미 여인에게 다 떠맡겨서 날마다 종
일 뙤약볕 아래서 일만 해야 했기 때문이라고 합니다. 그래서 얼굴
도 촌스럽게 새까맣게 타고 기미, 주근깨도 징그럽게 많이 생겨 버
렸습니다. 오빠들은 저 그늘 아래서 놀고만 있는데, 술람미 여인은
혼자 그렇게 뙤약볕 아래에서 고생했던 것입니다. 그러나 술람미
여인이 역설적인 고백을 하고 있습니다. 기가 막힌 역설적 고백입
니다.

"예루살렘 딸들아 내가 비록 검으나 아름다우니 게달의 장막 같을
지라도 솔로몬의 휘장과도 같구나"(아 1:5).

술람미 여인은 자신이 아무리 검을지라도 아름답다는 것입니다.
게달의 장막처럼 그을리고 타고 검다 할지라도 솔로몬의 휘장 같다

고 합니다. 게달의 장막과 솔로몬의 휘장은 비교도 안 됩니다. 어찌 게달의 장막이 솔로몬의 휘장과 비교될 수 있겠습니까? 왕의 휘장과 베두인 족속의 장막이 어찌 비교가 되겠습니까?

그러나 자기는 게달의 장막 같을지라도 솔로몬이 보기에는 솔로몬의 휘장 같다고 합니다. 솔로몬뿐 아니라 다른 친구들이 볼 때도 솔로몬의 사랑을 받고 있는 술람미 여인의 모습이 마치 솔로몬의 휘장과 같다는 것입니다. 자기는 자기 얼굴이 게달의 장막처럼 보이지만, 솔로몬과 그의 친구들이 볼 때는 솔로몬의 영광스러운 휘장처럼 아름답고 중후하게 보인다는 것입니다.

술람미 여인이 이렇게 말할 수 있는 이유는, 솔로몬이 그렇게 술람미 여인을 아름답게 보고 귀엽게 보고 품위 있게 보고 중후하게 보고 너무너무 기품 있게 보아주었기 때문입니다. 솔로몬 궁궐에서 피부 관리, 몸매 관리나 하고 얼굴이나 다듬고 있는 미인들보다, 솔로몬이 볼 때는 그 여인이 가장 미인으로 보였고 가장 현숙하게 보였고 가장 빼어나게 보였고 가장 아름다운 여인 중의 아름다운 여인으로 보였다는 말입니다. 오죽하면 솔로몬의 휘장으로 비유했겠느냐 말입니다.

이 점이 중요합니다. 내가 아무리 예뻐도 남편이 안 예쁘다고 하면 무슨 소용입니까? 내가 아무리 예쁘냐고 물어봐도 솔로몬이 마음에 안 들면 필요 없습니다. 아무리 3층에서 떨어진 메주같이 생기고 먹다 남은 풋과일, 타다 남은 부지깽이같이 생겼어도 솔로몬이 예쁘다고 하면 다 되는 것입니다. 남편이 예쁘다고 하면 다 된 것입니다. 술람미 여인의 경우가 그렇습니다. 솔로몬이 예쁘다고 하면 끝나는 것입니다.

🎵 검은 약점이 불러온 사랑

왜 솔로몬은 1천여 명에 달하는 미인 후궁들을 제쳐 놓고 술람미 여인을 아름답다고 합니까? 한마디로 그녀는 솔로몬의 특별한 동정심을 유발시켰기 때문입니다. 술람미 여인은 솔로몬으로 하여금 자신을 너무너무 불쌍히 여기도록 만들어 버렸습니다. 긍휼히 여기도록 만들어 버렸습니다. 그리고 그 동정심과 긍휼히 여기는 마음이 마침내 술람미 여인을 사랑하는 마음으로 나아가게 만들어 버렸습니다. 사랑하지 않으면 안 되는 마음으로 만들어 버렸습니다.

그러면 어떻게 그렇게 술람미 여인은 솔로몬의 동정심을 유발시키고 끌어낼 수 있었습니까? 그녀는 자신의 약점을 자랑했고, 자신의 어려운 처지를 자랑했기 때문입니다. 그 고백이 오늘 본문에 나와 있습니다.

> "예루살렘 딸들아 내가 비록 검으나 아름다우니 게달의 장막 같을지라도 솔로몬의 휘장과도 같구나 내가 햇볕에 쬐어서 거무스름할지라도 흘겨보지 말 것은 내 어머니의 아들들이 나에게 노하여 포도원지기로 삼았음이라 나의 포도원을 내가 지키지 못하였구나"(아 1:5-6).

술람미 여인은 자신의 약점을 인정하고 자랑했습니다. 자신의 얼굴은 게달의 장막같이 추하게 바싹 타 버렸다고 인정해 버립니다. 아이론 사이더에 의하면, 그 포도원이 솔로몬의 포도원이었습니다. 자기 포도원에서 일을 하다가 그랬으니 솔로몬이 볼 때 얼마나 불쌍했겠습니까? 그렇게 하루 종일 일을 하다 검게 되었으니 불쌍하게 보이고 긍휼히 여겨집니다. 실제 외모는 볼품없지만 포도원의 주인인 왕을 위해 온 수고를 마다하지 않는, 한 여인의 자존심과 아름다움까지 희생해 가면서 포도원을 가꾸는 그 술람미 여인의 모습이 솔로몬의 눈에 너무도 아름답게 보였습니다.

그래서 솔로몬이 먼저 술람미 여인을 보고 자기 휘장처럼 아름답다고 말했을 것입니다. 그런 솔로몬의 사랑의 고백에 감동한 술람미 여인은 게달의 장막과 같은 자신을 향해 솔로몬의 휘장이라고 말할 수 있게 된 것입니다. 사랑은 이렇게 서로를 특별한 존재로 만들어 줍니다.

아내들이여, 남편 앞에 연약해져라

솔로몬의 이러한 모습은 부부 관계에 있어서 아주 중요한 교훈을 보여줍니다. 여자가 남편의 사랑을 받으려면 남편 앞에서 한없이 연약하고 부족한 모습을 보여주어야 합니다. 어떤 부부가 조용기 목사님께 상담하러 와서 행복한 부부의 비결이 무엇이냐고 물어보았다고 합니다. 그때 조용기 목사님은 이렇게 답해 주셨다고 합니다. "부부가 행복하게 살려면 여자가 남편에게 한없이 연약해져라. 약해져라. 아무리 능력 있는 여자라 하더라도 강해지지 말고 연약한 모습, 약한 모습을 보여라. 그리고 자꾸 남편 앞에서 우는 모습을 보여라."

모든 남자는 여자를 지켜주고 싶고 보호하고 싶은 본능이 있습니다. 그런데 여자가 나보다 더 똑똑하고 더 잘나고 강하고 완벽하면, 남자가 위축되고 해줄 것도 없어서 서로의 관계가 소원해질 수 있습니다. '아, 나 없이도 잘살겠구나' 합니다. 그러다 부부 관계는 깨지는 것입니다. 여자는 남편에게 사랑받으려면 아무리 못나고 부족한 남편 같아도 남편에게 많이 기대는 게 좋습니다. 한없이 연약해 보이는 게 좋습니다. 바로 이게 남성의 보호 본능을 자극하는 사랑의 기술입니다.

그러나 여성은 사회생활에서는 강해야 합니다. 콧대를 세우고, 완벽하고, 자신을 높이고 세워야 합니다. 아무 데나 가서 다른 남자 앞에서 울어대면 남자들이 '내가 저 여자를 지켜주어야 하나?' 착각하게 됩니다. 사회에 나가서는 당당하고 강하게 활동하고, 가정에 와서는 연약한 아내가 되어야 합니다.

성도들이여, 주님 앞에 연약해져라

그러면 아가서의 교훈은 부부 관계의 교훈으로만 끝납니까? 우리 주님과의 관계로 진전시켜야 합니다. 이 교훈을 통해서 성도들도 지혜롭게 신앙생활을 해야 합니다. 그 지혜는 무엇일까요? 바로 주님의 동정심을 항상 유발시키는 것입니다. 주님의 긍휼의 마음을 발동시키고, 주님의 사랑과 은혜가 특별한 은총으로 공급되도록 주님의 마음을 움직이는 것입니다.

곧 주님 앞에서 나의 약점을 자랑하고 단점을 자랑하는 것입니다. 여자가 남편 앞에서 한없이 연약함을 보이듯이, 우리도 주님 앞에서 한없이 연약해져야 합니다. 우리 예수님이 없이는 못산다고,

난 주님이 없이는 1분 1초도 살 수 없다고 고백해야 합니다. 주님 앞에 눈물 흘리며 난 주님 없이는 걸어갈 수 없다고, 손 좀 잡아 달라고, 나의 삶을 이끌어 달라고, 붙잡아 달라고 간구해야 합니다. 나의 약점과 단점, 연약한 모습을 한없이 주님 앞에 다 보여드려야 합니다.

"주님의 은혜가 없이 나 혼자 초췌해질 정도로 율법의 의를 지키고 도덕적 의를 지킨다 할지라도, 결과는 게달의 장막과 같습니다. 새카맣게 타 버렸어요. 그래 봤자, 그 의는 걸레 조각 같은 의에 불과합니다. 난 주님이 붙잡아 주셔야 합니다. 해가 없어도 살 수 있고 달이 없어도 살 수 있고 물이 없어도 살 수 있지만, 주님 없이는 살 수 없습니다!"

이렇게 한없이 약해지고 연약해질 때 우리 주님은 우리를 향해 보호 본능이 발동하셔서 우리를 보호해 주고 싶고, 은혜를 주고 싶고, 긍휼히 여겨주고 싶고, 우리를 옷자락으로 덮어주고 싶고, 더 큰 복을 주고 싶은 것입니다. 어리석은 사람들이 예수님 앞에서 강해집니다. 사람 앞에 강하고 하나님 앞에서는 약해져야 합니다. 예수님 앞에서는 한없이 약해져야 합니다. 나는 죄밖에 없다고, 연약함밖에 없다고 고백해야 합니다.

사도 바울은 자기가 자랑할 것은 연약함밖에 없다고 했습니다. 그런데 자기가 약할 때 주님이 은혜를 주시는 거라고 고백하고 있습니다. 바울이 약할 때 오히려 주님이 붙잡아 주셔서 더 강하게 되었다고 합니다.

"나에게 이르시기를 내 은혜가 네게 족하도다 이는 내 능력이 약한

데서 온전하여짐이라 하신지라 그러므로 도리어 크게 기뻐함으로 나의 여러 약한 것들에 대하여 자랑하리니 이는 그리스도의 능력이 내게 머물게 하려 함이라"(고후 12:9).

바울이 한없이 연약하고 약해지니까 주님이 강력한 능력과 은혜로 바울을 붙잡아 주셨습니다. 신앙생활의 지혜가 이런 것입니다. 주님 앞에 더 약해지고 나약해질 때, 강함 주시는 큰 은혜를 입을 수 있는 것입니다.

술람미 여인은 솔로몬 왕 앞에서 자신의 약점을 다 드러냈습니다. 꾸미지 않았습니다. 감추지 않았습니다. 다만 그녀는 솔로몬 왕을 위하여 열심히 포도원을 가꿨습니다. 다른 궁녀들에 비하면 설수도 없이 형편없는 외모, 그러나 그것이 솔로몬에게는 문제되지 않았습니다. 술람미 여인의 약점은 오히려 사랑을 이끌어 내었습니다. 그리고 그 사랑에 술람미 여인은 자신감을 갖고 모든 약점을 고백하며 감격하고 있습니다. 이렇듯 진실하고 지극한 사랑은 감격을 불러옵니다.

사도 바울은 자신이 누구보다도 악한 죄인임을 깨달았던 사람입니다. 바울은 다메섹 사건 전에 예수 믿는 자를 돌로 쳐 죽이는 일에 앞장섰습니다. 스데반을 끌어다 공회 앞에서 죽인 살인마입니다. 최고의 학벌에 교만했고, 살기와 혈기가 가득하여 성도들을 핍박했던 인물입니다.

그런데도 하나님은 바울을 끝까지 부르셨습니다. 다메섹 도상에서 만나주셨습니다. 그래서 바울은 이렇게 큰 죄인을 사랑해 주신다는 하나님의 사랑 앞에 감격할 수밖에 없었고, 경탄할 수밖에 없었습니다. 많은 죄를 지은 자신을 사랑해 주시는 하나님 앞에, 이런 죄인 중의 괴수를 멸망시키지 않고 사랑해 주시는 하나님의 은혜 앞에 눈물 흘렸습니다. 그리고 떨리는 영혼으로 그 사랑 앞에 감격하였습니다. 그래서 목숨을 하나님께 내어 바치고 복음을 전한 것입니다.

진정으로 하나님의 은혜를 받으면 하나님의 사랑이 깨달아집니다. '나는 하나님 앞에 자랑할 것이 죄밖에 없고 허물밖에 없고 실수밖에 없는데, 이런 나를 하나님께서 사랑해 주시다니······. 이런 나 자신을 버리지 않으시며 그래도 사랑하는 아들이라, 딸이라 불쌍히 여겨 주시고 사랑해 주시다니······.' 그래서 하나님 앞에 눈물과 경탄의 감격으로 찬양하는 것입니다.

그렇습니다. 오늘도 하나님의 은혜를 받은 사람은 누구나 자신이 죄인이라는 사실과 하나님이 나 자신을 이렇게 끔찍하게 사랑하신다는 사실에 감격합니다. 바로 그런 사람에게 하나님의 은혜가 언제나 왕 노릇 하며 넘치도록 역사하는 것입니다.

한국의 그리스도인이 가장 사랑하는 찬송가가 어떤 곡인지 물어보니, 제1위가 "나 같은 죄인 살리신"이었습니다. 그런데 이 찬송을 지으신 분은 우리가 잘 아는 존 뉴턴 목사님입니다. 이분은 원래 노예선 선장으로서, 노예를 사고파는 사람이었습니다. 그런 일이 당시에 비록 합법적인 일이었다고는 하지만, 그리 좋지 않은 직업이었던 것은 사실입니다.

원래 아버지도 노예선 선장이었는데, 그는 불행하게도 어렸을 적에 어머니를 잃고 홀아버지 밑에서 자랐습니다. 성장 환경이 좋지 못하다 보니 어린 시절 학교생활에도 적응을 잘 못했습니다. 그래서 아버지가 배 안으로 데려다가 공부를 시키려 했지만, 거기서도 적응하지 못했습니다. 그래서 뉴턴이 어느 정도 자라자, 아버지는 그를 해군으로 입대시켰습니다. 그러나 그는 군에서도 탈영하고 말았습니다. 그는 잡혀가서 반노예 생활을 할 정도로 지독한 고생을 많이 했습니다. 그러다가 마침내 아버지의 대를 이어 노예선 선장을 하고 있었던 것입니다.

그러던 그가 어느 날 큰 고난을 만나면서 예수 그리스도를 영접하였습니다. 그는 구원의 감격을 체험한 후 얼마나 기쁨이 가득하던지, 노예선 선장을 때려치우고 교회에서 월급 받지 않는 사찰집사와 같은 일을 했습니다. 교회 일이라면 궂은일, 좋은 일 마다 않고 힘든 일은 다 맡아서 봉사했습니다. 그러다가 하나님의 부르심을 받아 신학교를 가게 되었고, 목사가 되었습니다.

그는 목사가 된 후 항상 회심과 구원에 관한 설교를 했다고 합니다. 죄 사함 받은 감격, 영생의 은총, 구원의 감격, 하나님의 사랑이 그의 설교의 주제였습니다. 평생을 그렇게 목회를 하다가 은퇴를 하고 천국 갈 날을 기다리고 있던 뉴턴 목사님에게, 은혜 받은 성도들이 찾아와서 이렇게 물어보았습니다. "목사님, 목사님은 정말로 파란만장한 인생을 살아오셨는데 평생을 살아오시면서 가장 기억에 남는 것이 무엇입니까? 가장 잊을 수 없는 일이 무엇이라고 말할 수 있겠습니까?"

존 뉴턴은 환한 미소를 지으면서 이렇게 대답했다고 합니다. "이 늙은이가 이 나이 먹어서 무엇을 기억할 수 있겠는가? 그저 내가 기억할 수 있는 것은 첫째로, 내가 하나님 앞에 큰 죄인이라는 사실과, 둘째로, 이런 추악한 죄인을 하나님께서 너무너무 사랑하셔서 구원해 주셨다는 사실이라네……."

　그리스도인이 죽는 그날까지 다른 건 다 잊어버려도 이것 하나만은 잊을 수 없습니다. 그것은 내가 하나님 앞에서 추악한 죄인이라는 사실과, 이런 나를 하나님이 너무나도 사랑하셔서 나를 구원하시고 하나님의 자녀로 삼아 주셨다는 사실입니다. 우리는 이 사실을 깨달을 때마다 하나님의 은혜에 더 감격할 수밖에 없고, 하나님을 찬양할 수밖에 없습니다. 모든 것이 그저 하나님의 은혜요 사랑이라고 말입니다. 바로 이렇게 말했던 뉴턴 목사님께서 이런 감격으로 "Amazing Grace"라는 찬송을 지었던 것입니다.

　　나 같은 죄인 살리신 주 은혜 놀라워
　　잃었던 생명 찾았고 광명을 얻었네.
　　큰 죄악에서 건지신 주 은혜 고마워
　　나 처음 믿은 그 시간 귀하고 귀하다.

　이렇게 하나님의 은혜를 깨닫고 감격한 사람은 언제나 하나님의 은혜를 높이는 것입니다. 모든 것이 하나님의 은혜라고, 하나님의 사랑 때문이라고, 내가 한 것은 아무것도 아니고 나는 아무것도 아니고 하나님이 다 하셨다고, 하나님의 은혜 때문이라고 고백합니다. 내가 자랑할 것은 죄요, 약점이요, 게달의 장막 같은 것일지라도 주님의 은혜가 오늘의 나를 만들었고, 오늘의 나로 이끌어 왔다고 고백합니다. 술람미 여인의 고백이 바로 이런 고백이었고 이런 노래였던 것입니다.

　어느 날 유명한 성자인 성 프란체스코에게 제자들이 찾아와 이렇게 물어보았습니다. "선생님, 선생님은 자신에 대해 어떻게 생각하십니까?"

이 질문은 제자들이 성 프란체스코를 시험하기 위함이었습니다. 그러자 성 프란체스코는 이렇게 대답했습니다. "나는 이 세상에서 가장 추악한 죄인이야. 나는 저 도둑놈, 깡패, 살인강도보다도 못한 사람이야."

제자들이 반문했습니다. "선생님, 말도 안 되는 소리 하지 마십시오. 선생님은 이 세상에게 가장 유명한 성자인데, 어떻게 그런 말씀을 하실 수 있습니까?"

그러자 성 프란체스코는 자애한 미소를 얼굴 가득 지으며 답했습니다. "아니다. 그런 소리 말아라. 그런 사람들이 비록 죄를 범하기는 했지만 인간적으로 보면 얼마나 똑똑한 사람들이냐. 만약에 하나님께서 내게 주신 은혜를 저 도둑놈이나 깡패, 살인강도에게 베풀어 주셨다면 그들이 훨씬 더 그리스도를 닮게 되고 더 큰일을 할 수 있었을 것이다. 그런데 하나님은 은혜를 저들에게 주시지 않고 나에게 주셨기 때문에 오늘의 내가 있지 않겠느냐? 그러니 나는 이 하나님의 은혜를 생각하며 더 거룩하게 살려고 노력하고, 하나님께 더 죽도록 충성하려 한단다."

제자들은 이 성 프란체스코의 말에 큰 은혜를 받았다고 합니다.

우리가 하나님의 은혜를 누리고 주님의 마음을 끌어당기는 방법은 다른 것이 없습니다. 주님 앞에서 약해져야 합니다. 한없이 연약해져야 합니다. 연약해진다는 것은 육체가 약해지듯 신앙이 약해지는 것을 의미하지 않습니다. 또 연약해짐을 핑계로 자신이 하나님의 말씀대로 살아가야 할 의무를 저버려야 한다는 뜻도 아닙니다.

연약해진다는 것은, 예수 그리스도 안에 나타난 하나님의 사랑을 신뢰하고, 자신이 갖고 있는 모든 약점을 하나님께 고백하며, 하나님의 은혜 없이는 살 수 없다고 고백하는 것을 말합니다. 잠시 스쳐가는 죄악 된 생각, 나쁜 생각조차 하나님 앞에서 숨기지 않습니다. 사소한 것까지 모두 다 하나님께 고백합니다. 그럴 때 우리도 술람미 여인처럼 감격 속에서 자신 있게 약점을 고백하며 그 사랑을 노래할 수 있습니다.

06

임 그리워 애태우는 사랑

"내 마음으로 사랑하는 자야 네가 양 치는 곳과 정오에 쉬게 하는 곳을 내게 말하라 내가 네 친구의 양 떼 곁에서 어찌 얼굴을 가린 자같이 되랴 여인 중에 어여쁜 자야 네가 알지 못하겠거든 양 떼의 발자취를 따라 목자들의 장막 곁에서 너의 염소 새끼를 먹일지니라" (1:7-8)

 오페라와 뮤지컬 같은 아가서

아가서를 읽어 보면 등장인물들이 구분되어 드러나지 않는 채 서로 고백이나 예찬을 주고받습니다. 솔로몬이 말하면 술람미 여인이 화답하고, 술람미 여인이 고백하면 주변 여인들이 이어받습니다. 그래서 마치 등장인물들이 아름다운 배경음악에 맞춰 노래하듯이 서로 주고받는 듯합니다.

그래서 아가서는 오페라 같기도 하고 뮤지컬 같기도 합니다. 오페라와 뮤지컬이 어떤 차이가 있을까요? 오페라는 고전적이고 클래식한 것만을 추구한다고 할 수 있습니다. 그러니까 변화와 발전보다는 정통 클래식만을 추구하는 음악 연출이라고 말할 수 있습니다. 반면에, 뮤지컬은 고전적인 것에다가 현대적인 것을 가미하는 것입니다. 성악이 기본이고 고전적이지만, 현대적인 춤과 음악을 가미했습니다. 그래서 뮤지컬은 계속 변화하고 발전합니다. 그러나 음악과 춤이 있고 연출이 있다는 점에서 오페라와 뮤지컬은 공통점이 있다고 볼 수 있습니다.

그런데 아가서는 오페라나 뮤지컬의 대본 같습니다. 아가서를 오페라나 뮤지컬로 이해하면서 보시면 도움이 됩니다. 무대가 열리고 조명이 밝아오면서 아름다운 목소리가 흘러나오기 시작합니다.

"♪~ 솔로몬의 아가라."

"이는 솔로몬이 지은 노래 중의 노래로서 솔로몬과 술람미 여인의
사랑 이야기를 극화한 것입니다……."

이렇게 설명이 나온다고 볼 수 있습니다. 그러면 거기에 솔로몬과 술람미 여인이 무대에 등장하면서, 술람미 여인이 솔로몬을 향해서 고백합니다.

"♪~ 나에게 입 맞춰 주세요, 숨 막힐 듯한 임의 입술로~
임의 사랑은 포도주보다 더 달콤합니다~
임에게서 풍기는 향긋한 내음~
사람들은 임을 쏟아지는 향기름이라고 부릅니다~
그러기에, 아가씨들이 임을 사랑합니다~
나를 데려가 주세요……어서요~
임금님~ 나를 데려가세요, 임의 침실로~"

(아 1:2-4, 표준새번역).

그러자 술람미 여인의 친구들, 혹은 궁녀들이 같이 흥을 돋우어 주고 뒤에서 코러스로 술람미 여인의 노래를 받쳐 줍니다.

"♪~ 우리는 임과 더불어 기뻐하고 즐거워하며~
포도주보다 더 진한 임의 사랑을 기리렵니다~
아가씨라면……누구나 임을 사랑하고 싶을 것입니다~"

(아 1:4, 표준새번역).

그런데 이미 술람미 여인이 솔로몬 왕에게 "나에게 입 맞춰 주세요, 숨 막힐 듯한 임의 입술로~"라고 고백했습니다.

성경에는 안 나와 있지만, 이렇게 노래할 때 오페라나 뮤지컬처럼 구성한다면 이미 솔로몬이 술람미 여인에게 입을 맞춰 준 것입니다. 그리고 이미 품에 안아 줍니다. 물론 더 깊은 애정 표현을 솔로몬이 술람미 여인에게 했다고 짐작할 수 있습니다. 그러자 그런 솔로몬의 포옹과 사랑을 한 몸에 받은 술람미 여인은 예루살렘의 딸들, 궁녀들한테 약간의 자부심을 가지고 노래합니다.

"♪~ 예루살렘 딸들아 내가 비록 검으나 아름다우니
게달의 장막 같을지라도 솔로몬의 휘장과도 같구나
내가 햇볕에 쬐어서 거무스름할지라도 흘겨보지 말 것은
내 어머니의 아들들이 나에게 노하여 포도원지기로 삼았음이라
나의 포도원을 내가 지키지 못하였구나~"(아 1:5-6).

술람미 여인이 게달의 장막 같은 존재였지만, 이제 솔로몬 왕의 사랑을 입은 후에 자기가 솔로몬의 휘장과도 같다며 자부심을 가지고 노래하고 있습니다. 그런데 그런 자부심을 가지고 노래 부르고 있을 때 솔로몬은 무대 뒤로 사라집니다. 그러자 사라지는 솔로몬을 바라보면서 7절에서 술람미 여인이 솔로몬을 그리워합니다. 솔로몬 왕을 너무나 그리워하고 사모하는 마음으로 7절을 노래하는 것입니다. 사라진 솔로몬, 자기를 떠난 솔로몬, 물론 자기를 싫어해서가 아니라 국사를 보기 위해 어쩔 수 없이 떠나가는 것이지만, 솔로몬을 그리워하고 사모하는 마음으로 노래하고 있는 것입니다.

"내 마음으로 사랑하는 자야 네가 양 치는 곳과 정오에 쉬게 하는 곳을 내게 말하라 내가 네 친구의 양 떼 곁에서 어찌 얼굴을 가린 자같이 되랴"(아 1:7).

"♪~ 사랑하는 그대여, 나에게 말하여 주세요~
임은 어디에서 양 떼를 치고 있습니까……
대낮에는 어디에서 양 떼를 쉬게 합니까……
양 떼를 치는 임의 동무들을 따라다니며~
임이 있는 곳을 물으며 헤매란 말입니까……"

(아 1:7, 표준새번역)

그러자 친구들, 혹은 궁녀들이 코러스로 화답송을 합니다. 그것이 8절에 나옵니다.

"여인 중에 어여쁜 자야 네가 알지 못하겠거든 양 떼의 발자취를 따라 목자들의 장막 곁에서 너의 염소 새끼를 먹일지니라"(아 1:8).

"♪~ 여인 중에 어여쁜 자야, 네가 알지 못하겠거든……"(아 1:8).

그러자 솔로몬이 그 소리를 듣고 다시 무대 앞으로 등장하여 드디어 술람미 여인을 향해 노래합니다.

"♪~ 내 사랑아 내가 너를 바로의 병거의 준마에 비하였구나~
네 두 뺨은 땋은 머리털로,
네 목은 구슬 꿰미로 아름답구나~"(아 1:9-10).

그러자 마지막으로 11절에서 궁녀들이 솔로몬의 찬사에 화답하여 술람미 여인에게 이렇게 노래하고 있습니다.

"♪~ 우리가 너를 위하여 금 사슬에 은을 박아 만들리라~"(아 1:11).

이렇게 아가서는 1-11절까지 한 막의 위대한 오페라나 뮤지컬처럼 전개되고 있습니다. 아가서를 이런 식으로 재구성해 볼 수도 있는 것입니다. 오페라나 뮤지컬처럼 아가서를 이렇게 설명하면, 아가서가 얼마나 쉽고 구조적으로 이해가 **빠르고 재미**가 있는지 모릅니다.

🎵 사랑에 애태우는 술람미 여인

지금 술람미 여인은 솔로몬이 몹시도 그립습니다. 예전에는 솔로몬을 피해 다니는 여자 아니었습니까? 나 같은 것이 왕을 사랑할 수 있겠느냐고, 나 같은 촌뜨기가, 나 같은 미천한 여자가 어떻게 왕의 사랑을 받을 수 있겠느냐고 도망 다니던 여자였습니다.

그런데 이러한 여자가 시간이 지나면서 왕의 사랑을 이해하기 시작했습니다. 왕이 자기에게 장난거리의 사랑으로 다가온 것이 아니라, 정말 순수하고 진실하고 아름다운, 목숨 건 사랑, 아주 모험적인 사랑으로 대하고 있다는 것을 깨달았습니다. 자신의 모든 체면과 자존심을 다 버리고 아주 순수하게 다가온 사랑이라는 것을 알았습니다. 포도원의 달빛보다 더 은은하고, 샤론의 수선화보다 더 아름다운 순백의 사랑이란 것을 알았습니다. 그러면서 자신의 마음이 조금씩 열리기 시작한 것입니다. 마치 드라마 "이산"에서 송연이 정조에게 다가갔던 것처럼 말입니다. 그래서 술람미 여인도 솔로몬 왕에게 조금씩 조금씩 다가가기 시작한 것입니다.

그녀는 솔로몬을 진정으로 사랑하게 되었습니다. 아니, 이제 사랑이 불붙었습니다. 술람미 여인은 예전에 미처 사랑이 이렇게 위대한 줄 몰랐을 것입니다. 솔로몬 왕을 생각하면 너무도 황홀하여 잠이 들 수가 없고 너무도 가슴이 설레어 눈을 감을 수 없습니다. 그녀는 매일 저녁마다 왕의 방문을 받았습니다. 1천 명이나 되는 후궁들이 있었지만, 솔로몬은 그런 여자들에게는 관심이 없었습니다. 매일 저녁 술람미 여인만을 찾아왔습니다. 그래서 술람미 여인은 매일 왕의 성은을 입고 사랑을 입었습니다.

그러나 아침에 왕은 국사를 봐야 하기 때문에 대전으로 갑니다. 그런데 그녀는 아침부터 왕이 또 보고 싶어집니다. 정오도 안 되었는데 왕이 또 보고 싶은 것입니다. 시도 때도 없이 보고 싶고, 또 보고 싶어집니다. 바로 그런 마음을 7절에 고백하고 있습니다.

"사랑하는 그대여, 나에게 말하여 주세요. 임은 어디에서 양 떼를 치고 있습니까? 대낮에는 어디에서 양 떼를 쉬게 합니까? 양 떼를 치는 임의 동무들을 따라다니며, 임이 있는 곳을 물으며 헤매란 말입니까?"(아 1:7, 표준새번역).

표준새번역으로 보면 얼마나 술람미 여인이 솔로몬 왕을 그리워하고 있는지 가슴 한 켠이 저리게 느낄 수 있습니다. 지금 술람미 여인은 너무도 솔로몬이 보고 싶습니다.

솔로몬이 보이지 않는 이유

그런데 이토록 그리워하는 임, 솔로몬 왕을 무엇에 비유했습니까? 목양을 하는 목자에 비유했습니다. 물론 솔로몬이 양을 치거나 실제로 목양하고 있는 것은 아닙니다. 당시 솔로몬은 이스라엘뿐 아니라 두로와 시돈, 모압, 암몬, 블레셋 지경까지의 근동 지역을 다스리는 일에 매우 바빴습니다. 그래서 솔로몬이 한가하게 가서 양이나 치고 목양을 하지는 않았습니다. 이것은 하나의 비유적, 문학적 표현입니다. 지금 솔로몬은 어디에 가 있습니까? 두 가지로 추측해 볼 수 있습니다.

첫째, 장기간 출타

솔로몬 왕은 지금 궁 밖으로 출타해서 국사를 보고 있었을 것입니다. 그런 솔로몬을 술람미 여인이 그리워하고 있습니다. 솔로몬은 이스라엘 역사상 가장 넓은 영토를 소유했던 왕입니다. 그래서 솔로몬은 궁 밖에서 해야 할 일들이 정말 많았을 것입니다. 처리해야 할 일이 많았던 것입니다.

둘째, 내정

또 다른 추측은, 솔로몬이 궁 안의 국사에 바빠서 이리저리 다니고 있다고 할 수 있습니다. 그런 솔로몬의 모습을 아가서는 목자에 비유해서 그리고 있습니다. 예를 들어 우리 궁궐로 말한다면, 아침에 잠자리에서 일어나 대전에서 보고를 받고, 편전에 나가 회의를 주재하고, 국사당, 규장각 같은 곳에서 일을 하고 있는 것과 같습니다. 그리고 잠시 정오에 대신들도 쉬고, 왕도 쉽니다. 7절은 그런 솔로몬을 표현하고 있습니다.

그런데 술람미 여인은 대낮에도 국사에 너무 바쁜 솔로몬이 너무도 보고 싶습니다. 안 보면 상사병이 날 정도입니다. 아니, 솔로몬 왕이 오수(午睡)를 즐기고 있는 곳에라도 가서 솔로몬을 보고, 그와의 사랑을 나누고 싶은 것이 지금 술람미 여인의 마음입니다. 그 정도로 보고 싶습니다. 왕이 지금 국사를 돌보느라 얼마나 바쁘겠습니까? 그런데 술람미 여인은 지금 그 대신들 가운데 끼어서라도 왕을 차지하고 싶다고 토로하고 있습니다. 그렇게 해서라도 지금 왕 앞에 가서 은밀한 사랑을 나누고 싶다는 것입니다.

우리의 아가(雅歌)

　이러한 술람미 여인의 모습을 통해서 부부에게 필요한 교훈이 있습니다. 부부간에는 서로 보고 싶어 해야 한다는 것입니다. 남편이 며칠 동안 출장을 가면 "아이고, 시원하다. 목사님, 우리 남편 출장 갔어요. 너무너무 좋아요. 항상 나를 간섭하고 구속했는데 안 보니까 속이 시원해요"라고 한다면 큰일입니다.
　"자기 언제 와? 나 벌써 자기가 보고 싶어"라고 남편이 떠난 날부터 보고 싶어야 합니다. 남편이 직장에 출근해서 11시밖에 안 되었는데 "자기, 밥 먹었어?" 묻고, 남편이 "11시밖에 안 되었는데 무슨 밥을 먹어?" 하면, 다시 "점심때 뭘 먹을 거야?" 묻고, 남편이 "김치볶음밥 먹지, 뭘 먹어. 아니, 바쁜데 왜 전화하고 그래!"라고 말해도 여자는 남편이 항상 보고 싶어야 합니다.
　남편도 마찬가지입니다. 직장에 가서도 오전에 한 번, 오후에 한 번, 저녁에 한 번 전화를 해야 합니다. 밤 1시가 되어 들어오면서도 전화 한 번 안 해서는 안 됩니다. 해외 출장 가도 항상 전화하고, 아내를 보고 싶어 해야 합니다.
　그러나 이런 교훈보다 하나님과 우리와의 관계에 대해 교훈을 더 받아야 합니다. 우리는 예수 그리스도와 성도의 관계에서 깊은 교훈을 추구해야 합니다. 그것은 바로 우리가 주님을 그처럼 간절하게 사모해야 한다는 것입니다. 우리가 주님을 어제 만났지만 오늘 또 만나야 합니다. 금요 철야 예배 드렸지만 또 주일 예배를 드려야 합니다. 어제 은혜를 받았지만 오늘 또 은혜를 받아야 합니다.

우리가 그렇게 주님을 사모할 때 주님은 은혜를 주십니다. 은혜도 거저 받는 은혜가 있고 사모해서 받는 은혜가 있습니다. 늘 은혜를 쉽게 얻으려고 하면 받는 순간은 좋지만 쉽게 사라져 버립니다. 그런데 사모해서 받은 은혜는 평생 갑니다. 그리고 주님과 우리의 관계를 돈독하게 해줍니다. 주님 앞에서 침실 신자로 만들어 줍니다. 주님과 깊고 깊은 관계를 만들어 줍니다.

"하나님이여 사슴이 시냇물을 찾기에 갈급함같이 내 영혼이 주를 찾기에 갈급하니이다 내 영혼이 하나님 곧 살아 계시는 하나님을 갈망하나니 내가 어느 때에 나아가서 하나님의 얼굴을 뵈올까"(시 42:1-2).

다윗은 지금 사울에게 쫓기고 있습니다. 그러나 다윗은 하나님께 자신을 사울로부터 구해 달라고, 자신을 고통에서 건져 달라고 기도하지 않습니다. 다윗은 오히려 하나님을 사랑한다는 고백을 하고 있습니다. 놀랍지 않습니까? 문제를 해결해 달라고 하기보다, 자기가 하나님을 사랑한다고 사랑 고백을 하는 모습은 정말 놀랍습니다. 표준새번역으로 다시 한번 보겠습니다.

"하나님, 사슴이 타도록 목말라 시냇물을 찾듯, 내 영혼이 주님을 찾아 애태웁니다. 내 영혼이 하나님, 곧 생명의 하나님을 갈망하니, 언제 내가 나아가서 하나님을 뵈올 수 있을까?"(시 42:1-2, 표준새번역).

다윗은 이토록 하나님을 사모한다는 것입니다. 그런데 무엇처럼 사모한다는 것입니까? 사슴처럼 사모한다는 것입니다.

이스라엘의 계절은 건기와 우기로 나뉩니다. 우기 때는 물이 많아 야생 동물이 살아가기에 좋습니다. 그러나 건기 때는 물이 없어 특히 새끼를 밴 암사슴에게는 너무도 혹독한 시간이 됩니다. 그러다 한두 군데 물이 고여 있는 데를 발견합니다. 그런데 그곳에는 맹수들이 사슴이 물 마시러 오는 줄 알고 숨어 있습니다. 수사슴은 빨라서 안 잡힐 확률이 높습니다. 그런데 암사슴은 새끼를 뱄기 때문에 빠르게 달리지 못합니다. 그러니 암사슴이 얼마나 두렵겠습니까? 목이 말라도 물을 마실 수 없습니다. 물을 마시려면 죽음을 각오하고 가야 합니다. 그러니까 암사슴이 목이 말라서 물을 사모하여 애타게 물을 마시고 싶어 하는 것처럼, 다윗이 하나님을 그렇게 사모하고 있다는 절규인 것입니다.

우리가 그렇게 해야 한다는 것입니다. 우리가 그렇게 주님을 사모해야 한다는 것입니다. 다윗이 그렇게 주님을 사랑했을 때 주님을 가장 사랑한 성도가 되었고, 주님이 가장 축복해 주신 성도가 되지 않았습니까? 주님과의 흔들림 없는 관계를 가질 수 있지 않았습니까?

술람미 여인이 솔로몬을 그렇게 애타게 사모한 것은 성도가 주님을 어떻게 사랑해야 하는가를 보여주는 것입니다. 우리도 주님을 그토록 간절하고 애타게 사모해야 합니다. 저도 주님을 그렇게 간절하게 사모합니다.

암사슴이 되고 싶어요

뿔이 없어 가냘프고
모가지가 길어 맹수 눈에 잘 띄던
옛적 마하나임의 암사슴

청초한 이슬을 먹으며
향수에 목말라 서럽던
그 옛날 미살 산의 암사슴

머언 하늘을 바라보고
님이 그리워 눈물이 음식 되던
옛 시절 헤르몬 산의 암사슴

주여! 오늘 그 사슴이 되고 싶어요
사슴, 사슴, 그 사슴!
당신의 암사슴이 되고 싶어요.

— 소강석 목사 등단 작품(1995)

🎵 주님을 만날 수 있는 곳

　그런데 아가서는 솔로몬의 바쁜 국사의 사역을 목양으로 비유했는데, 그런 술람미 여인의 비유를 통해서 오늘날 우리 성도들은 주님을 만날 수 있는 곳에 대한 암시적인 교훈을 얻을 수 있습니다. 아가서를 해석할 때는 역사적, 문자적, 사실적 해석을 한 후에 암시적 교훈을 발견할 수 있는 부분을 살펴봐야 합니다. 아무 곳에서나 영적인 해석을 하고, 암시적 교훈을 얻으려고 하면 안 됩니다. 그러다가는 성경 해석이 오리무중으로 빠지고 본질적인 의미에서 벗어날 수 있습니다.

첫째, 양을 먹이고 양을 치는 곳입니다

이곳이 어디겠습니까? 바로 푸른 초장, 목장입니다. 목자가 양을 치고 먹이는 곳은 초장이고 목장입니다. 그러므로 주님이 계시고 일하시고 주님을 만날 수 있는 곳이 어디라는 말입니까? 주님의 목장이요, 주님이 양을 치시는 곳, 말씀이 있는 곳이라는 것입니다. 주님이 말씀하시고 양을 먹이시는 곳, 초장과 목장은 오늘도 주님의 말씀이 선포되는 곳입니다.

그러므로 우리가 항상 주님을 만날 때는 말씀을 통해서 만나는 것입니다. 강단을 통해서 만나고, 말씀의 교훈과 가르침을 통해서 만나는 것입니다.

둘째, 정오에 쉬게 하는 곳입니다

목동이 양들을 목초지에서 배불리 먹여 놓으면 점심때에는 시원한 그늘이나 쉴 만한 물가에서 양들이 물을 마시고 쉽니다. 주님은 우리를 말씀으로 인도해 주시고 말씀 안에서 평안과 쉼을 주십니다. 그런데 우리가 주님을 만나고 안식을 얻기 위해서는 성령을 따라 살아야 합니다. 성령의 인도를 받아야 합니다. 그래야 그 안에서 진정한 안식과 쉼과 평안을 누릴 수 있습니다.

그러므로 우리가 주님을 만나기 위해서는 말씀과 성령, 성령과 말씀 안에서 주님을 만나야 합니다. 그래서 술람미 여인이 7절에서 이렇게 노래하자, 궁녀들이 코러스로 화답하는 것입니다.

"여인 중에 어여쁜 자야 네가 알지 못하겠거든 양 떼의 발자취를 따라 목자들의 장막 곁에서 너의 염소 새끼를 먹일지니라"(아 1:8).

주님을 만날 수 있는 방법

이 내용의 골자가 무엇입니까? 네가 왕을 만나는 장소와 방법을 알지 못하겠거든 어디를 따라가라는 말입니까? 두 가지를 가르쳐 주었습니다.

첫째, 양 떼의 발자취를 따라가라

솔로몬이 실제로 양 떼를 먹이고 있는 것이 아니므로 이것도 하나의 비유적인 표현입니다. 양 떼라는 표현은 역사적, 사실적으로 솔로몬 왕이 사랑하고 돌보는 자들이라고 할 수 있습니다. 혹은 솔로몬 왕을 받드는 자들입니다. 예를 든다면 내시라든지, 호위병이라든지, 솔로몬의 대신들이라고 말할 수 있습니다. 또 이것을 꼭 사람이 아니더라도 솔로몬의 통치 흔적이나 사랑의 흔적을 나타내는 말이라고 볼 수도 있습니다. '솔로몬의 통치 흔적이나 솔로몬의 하인들, 내시나 호위병을 따라가 보거라.' 이렇게 노래하는 것입니다.

둘째, 목자들의 장막 곁에서 염소 새끼를 먹여라

양 떼의 발자취를 따라가다 보면 목자들의 장막이 나온다는 것입니다. 그러면 그 장막 곁에서 염소 새끼를 치고 있으라는 것입니다. 그러면 왕을 만나게 될 거라는 것입니다. 역시 이것도 하나의 비유적, 문학적 표현입니다.

목자들은 누구를 말하는 것입니까? 솔로몬의 대신들이나 방백들을 말합니다. 그리고 거기서 염소 새끼를 먹인다는 말은 무슨 말입니까? 염소 새끼를 먹이라는 말은 아무래도 관원이나 대신이나 방백들을 찾아다니라는 말이고, 거기에 왕이 나타날 가능성이 높다는 뜻입니다. 그러니까 왕의 출입이 빈번한 곳에서 숨어 기회를 엿보고 있다가 왕이 올 때 사랑을 구하라는 것입니다.

여기서 '염소 새끼를 먹이라'는 말은 왕에게 사랑을 구하고 구애를 하는 행위에 대한 하나의 상징적인 문학적 표현입니다. 성경에 보면 염소 새끼가 왕에게 바쳐지는 예물인 경우가 있습니다.

"이새가 떡과 한 가죽 부대의 포도주와 염소 새끼를 나귀에 실리고 그의 아들 다윗을 시켜 사울에게 보내니 다윗이 사울에게 이르러 그 앞에 모셔 서매 사울이 그를 크게 사랑하여 자기의 무기를 드는 자로 삼고"(삼상 16:20-21).

그런가 하면 이 염소 새끼는 사랑 체결의 증표물이거나, 약속 체결의 증표물이나 사랑의 증거품, 혹은 표징이 되기도 했습니다.

"유다가 이르되 내가 내 떼에서 염소 새끼를 주리라 그가 이르되 당신이 그것을 줄 때까지 담보물을 주겠느냐"(창 38:17).

다말이 창녀처럼 변장하여 시아버지 유다를 유혹했습니다. 그때 유다가 염소 새끼를 주기로 하고 며느리인지도 모르고 다말과 관계를 가졌습니다. 그런데 나중에 유다가 그 여자를 찾아 염소 새끼를 주려고 하는데, 어디로 갔는지 보이지 않습니다. 그래서 유다는 그냥 집으로 돌아옵니다. 그런데 나중에 알고 보니 그 여자가 자기 며느리였습니다. 그리고 그 사건으로 말미암아 유다 가문에 후손이 있게 되었고, 그 후손을 통해 예수 그리스도가 탄생하게 되었습니다.

물론 이것은 이스라엘의 고엘 사상*의 관점에서 해석해야 하는 이야기입니다. 그때부터 이스라엘은 염소 새끼를 사랑의 증거물로, 사랑의 표징으로 이해하게 되었습니다. 사랑하는 사람에게 염소 새

---

* 고엘 : 기업 무를 자, 고엘은 '친족 구제자'(kinsman-redeemer)를 지칭하는 룻기의 핵심 사상이 담긴 단어이다. 고엘이란, 한 집안에서 대가 끊기거나 재산이 없어질 위기에 처했을 때, 그 집안을 위해 대를 이어주거나 회복시켜 주는, 도움을 주는 가깝고 영향력 있는 친척을 의미한다. 친족 구제자라는 개념은 하나님과 하나님의 백성된 이스라엘과의 관계에서도 종종 언급된다. 말하자면, 하나님은 이스라엘의 가장 가까운 친족으로서, 이스라엘이 자신들의 힘으로 무엇을 할 수 없을 때 이스라엘을 위해 행동하신다. 또 고엘은 가족 중 대를 잇지 못하고 죽은 자가 있을 때, 동생이 형수를 취하여 가문의 이름을 잇게 하는 제수혼 제도와 관련이 있다. 룻기는 파산한 나오미가 그의 이방인 며느리 룻과 그녀의 기업을 이어주는 보아스를 통해 어떻게 다시 회복되는지, 나아가서 어떻게 다윗의 가문이 이루어지는가를 역사 드라마처럼 베들레헴의 아름다운 가을 들판을 배경으로 보여주고 있다.

끼를 주고 증거를 삼았던 것입니다. 그러므로 양 떼의 발자취를 따라서 목자들의 장막 곁에서 염소 새끼를 먹이라고 말하는 것은, 왕이 하루에 몇 번씩 왔다갔다하는 곳, 출입이 잦은 길목에서 시치미 떼고 나타나서 왕에게 사랑하는 모습을 보이라는 것입니다.

이제 우리도 왕을 찾아나서야

우리는 이 장면에서 암시적인 교훈을 이렇게 받을 수 있습니다. 여기서 술람미 여인이 솔로몬을 목자로 표현했고, 또 여인들은 암시적 메타포로 노래한 것입니다. '네가 알지 못하겠거든 양 떼의 발자취를 따라 목자들의 장막 곁에서 너의 염소 새끼를 먹이라'고 비유적으로, 암시적인 교훈으로 표현하고 있습니다.

그러므로 양들의 발자취를 따라간다는 것은 무슨 말입니까? 우리의 신앙 선배들의 발자취를 따라가자는 것입니다. 우리가 주님을 만나려면 신앙의 선조들의 믿음의 발자취를 따라가야 합니다. 그래서 히브리서 11장에 많은 믿음의 영웅들이 나옵니다. 그들의 신앙을 본받아 우리도 그처럼 믿음의 한 장을 써 내려가야 합니다. 이뿐 아니라 가깝게는 주기철 목사님, 손양원 목사님과 같은 신앙의 선진들의 길도 이미 우리의 신앙의 유산이 되어 있습니다. 이 길을 우리가 따라가야 합니다. 그러면 진짜 아름다운 예수, 귀하고 존귀한 예수님을 만나게 됩니다.

말씀과 성령을 통해서 항상 주님을 만나지만, 말씀과 성령 안에서 그분들의 발자취를 따라가다 보면 주님의 호흡과 순결한 사랑을 새롭게 만날 수 있습니다. 그래서 매너리즘과 기득권에 빠져서 첫 사랑의 감격과 뜨거운 소명의 불타오름을 잊는 우를 범하지 않기 위해, 매번 신앙의 선진들이 잠들어 있는 순교자 기념관이나 양화진 같은 곳에 가서 기도하고 오는 것도 참으로 유익합니다. 그렇게 순교자 기념관이나 양화진에 가면 내 마음이 주님을 새롭게 만나게 되고, 다시 한번 마음이 뜨거워지는 것을 느낄 수 있습니다.

목자들의 장막 곁에서 염소 새끼를 먹인다는 말이 무슨 말입니까? 우리가 주님 앞에 사랑을 구하고 사랑의 증표를 보이라는 것인데, 어디에서 그것을 구하고 보이라는 것입니까? 바로 주님의 몸 된 교회에서 하는 것입니다. 나는 주님밖에 없다고, 나는 주님 한 분만을 사랑한다고, 나는 주님 없이는 살 수 없다고 주님의 몸 된 교회에서 고백하라는 것입니다.

또 주님의 몸 된 교회에서 어떻게 하면 주님의 마음을 감동시키며 주님의 마음을 기쁘시게 할 수 있을지를 생각하고, 거기에 목숨을 거는 행동을 하라는 것입니다. 주님 보시기에 예쁜 짓만 골라서 하고, 주님이 기뻐하시고 감동받으실 일만 골라서 하라는 말입니다. 그럴 때 주님은 우리에게 은혜를 주십니다. 우리에게 사랑을 주십니다. 우리가 주님을 깊이 만나고 어디에서나 깊은 은혜와 사랑을 누릴 수 있습니다.

우리는 어디에서나 주님의 사랑과 은혜를 구할 수 있지만, 가정에서보다 교회에서 더 주님의 사랑을 깊이 만날 수 있다는 것을 알아야 합니다. 그러므로 여러분의 소파나 침대에서보다 주님의 예배처소에 나와서 눈물로 기도하고 찬양하며, 주님의 은혜를 고백하고 사랑을 구하라는 것입니다. 물론 우리는 어디서나 주님을 기쁘시게 할 수 있고 주님께 예쁜 행동을 할 수 있습니다. 그러나 몸 된 교회 안에서 할 때 더 주님의 사랑과 은혜를 깊이 누릴 수 있습니다. 그렇게 할 때 주님을 더 깊이 만나고 주님을 더 아름답게 만나게 되는 것입니다.

나의 기쁨 나의 소망 되시며 나의 생명이 되신 주
밤낮 불러서 찬송을 드려도 늘 아쉰 마음뿐일세.
나의 사모하는 선한 목자는 어느 꽃다운 동산에
양의 무리와 늘 함께 가셔서 기쁨을 함께하실까.
나의 진정 사모하는 예수여 음성조차도 반갑고
나의 생명과 나의 참 소망은 오직 주 예수뿐일세.

07

애절한 고백이 불러온 사랑의 예찬

"내 사랑아 내가 너를 바로의 병거의 준마에 비하였구나 네 두 뺨은 땋은 머리털로, 네 목은 구슬 꿰미로 아름답구나 우리가 너를 위하여 금 사슬에 은을 박아 만들리라" (1:9-11)

지금까지는 술람미 여인이 솔로몬 왕을 향하여 일방적인 사랑의 예찬을 노래했습니다. 솔로몬 왕은 술람미 여인에게 단 한마디의 말도 하지 않았습니다. 쉽게 말하면, 술람미 여인이 혼자서 사랑의 수다를 다 떨었습니다. 자기 혼자 사랑한다고 말하고, 자기 혼자 솔로몬 왕이 멋있다고 예찬하며, 자기 혼자 솔로몬 왕을 사모한다고 수다를 떨었던 것입니다.

그런데 오늘 본문에 와서는 솔로몬이 드디어 입을 엽니다. 드디어 솔로몬 왕이 술람미 여인을 향하여 사랑 고백을 하고, 술람미 여인의 아름다움을 예찬하는 말을 쏟아냅니다. 잠자코 있었던 솔로몬, 아직까지는 입을 열어 말을 하지 않았던 솔로몬, 그가 드디어 술람미 여인을 향하여 입을 열어 사랑의 예찬을 합니다.

그러면 무엇이 이렇게 솔로몬의 입을 열게 했던 것일까요? 무엇이 솔로몬의 입을 열어 술람미 여인을 예찬하고 그녀를 향하여 사랑을 고백하게 했을까요? 그것은 바로 술람미 여인의 사랑 고백 때문이었습니다. 술람미 여인이 애절하게 사랑을 고백하고 예찬하는 모습에, 솔로몬이 술람미 여인을 향하여 감격의 고백을 하고 예찬하기 시작한 것입니다. 우리가 여기서 배워야 할 교훈이 있습니다. 그것은 바로 고백의 위대함입니다.

아무리 부부간에 사랑한다고 하더라도 마음으로만 사랑하면 안 됩니다. 그 마음의 사랑은 입으로 고백되어야 합니다. 고백을 할 때 사랑은 더욱더 무르익고 성숙되고 뜨거워지게 됩니다. 부부간의 사랑이 자꾸 식어지는 이유는 고백하지 않기 때문입니다. 커플들이 연애할 때는 그렇게도 수다를 떨며 늘 붙어 다니고 만나면 헤어지기 싫을 정도로 연애하다가도, 결혼하고 아이 한둘 낳고 나면 고백을 거의 안 하게 됩니다. 이제 마음으로 사랑하는데 무슨 고백을 하느냐며 말입니다. 고백이 줄어드는 만큼 사랑도 녹이 슬어 부부 싸움이 되는 것입니다. 부부간에 고백을 해야 합니다. 고백을 하면 할수록 그만큼 관계가 회복되고 깊어지고 풍성해집니다. 이것이 바로 고백의 힘입니다.

우리의 신앙은 더 그렇습니다. 초기 신앙 때는 첫사랑과 열정으로 가득하여 고백을 많이 합니다. 주님을 사랑한다고, 내가 주님을 제일 사랑한다고, 주님이 죽으라고 하시면 죽겠다고, 주님이 바다를 건너가라고 하시면 건너가고, 가시밭길을 맨발로 걸으라 하시면 걸어가겠다고 뜨겁게 고백합니다. 그런데 신앙의 연조가 깊어 가면 그런 고백이 식어집니다. 고백을 잘 하지 않습니다. '마음으로만 하면 되지, 무슨 입으로 해야 하는가? 하나님은 중심을 보시는데, 어차피 내가 바다를 건너가지도 않을 텐데 뭐 하려고 그런 고백을 해!' 이처럼 고백을 안 할 때부터 신앙이 녹슬고, 진실함과 성실함과 주님을 향한 열정과 사랑이 식어집니다. 율법적인 신앙이 되고 매너리즘에 빠지고 맙니다. 나름대로 신앙이 성숙하고 연조가 깊어지면서 신앙이 묵직해지고 깊이가 생기는 것은 사실이지만, 뜨거움이 없고 설렘이 없고 그러면서 서서히 사랑이 사라집니다. 그러므로 우리는 고백해야 합니다. 주님 앞에 고백할 때 주님도 우리에게 그렇게 사랑의 고백을 해주십니다. "내 딸아, 내가 너를 사랑한다. 내 종아, 내가 너의 마음을 안다."

그래서 바울은 고백의 중요성을 이렇게 강조합니다.

"사람이 마음으로 믿어 의에 이르고 입으로 시인하여 구원에 이르느니라"(롬 10:10).

이렇듯 우리는 고백을 해야 합니다. 주님을 사랑한다고 고백해야 합니다. 이 고백을 되찾아야 합니다. 처음 사랑으로 돌아갑시다(계 2:4-5). 고백을 회복하고 고백을 되찾아야 주님과의 첫사랑을 회복하게 되고, 또 우리를 향해서 주님이 사랑과 아름다움의 예찬을 보내주십니다. 우리를 향하여 "사랑하는 내 아들아, 내가 너를 사랑한다. 내 딸아, 내가 너를 안다. 내가 너를 안다. 내가 네 마음을 알고 네 중심을 안다"며 예찬해 주시는 것입니다.

🎵 솔로몬의 사랑 예찬

술람미 여인이 진심으로 솔로몬에게 고백했습니다. 애절하게요. 그러자 드디어 솔로몬 왕은 그 애절한 고백에 감동받아 술람미 여인을 향하여 그녀의 아름다움을 예찬하고 그 사랑을 예찬하기 시작합니다.

"내 사랑아 내가 너를 바로의 병거의 준마에 비하였구나 네 두 뺨은 땋은 머리털로, 네 목은 구슬 꿰미로 아름답구나"(아 1:9-10).

"(남자) 나의 사랑 그대는 바로의 병거를 끄는 날랜 말과도 같소. 땋은 머리채가 흘러내린 임의 두 볼이 귀엽고, 구슬목걸이 감긴 임의 목이 아름답소"(아 1:9-10, 표준새번역).

먼저 솔로몬은 술람미 여인에게 뭐라고 이야기하고 있습니까? "내 사랑아." 솔로몬은 아가서 전반에 걸쳐서 술람미 여인을 향해 "내 사랑아", "내 짝이여"라는 말을 가장 많이 쓰고 있습니다. 그다음에 자주 쓴 말이 "나의 신부여"입니다. 이것은 솔로몬이 술람미 여인을 향해 더 이상 뭐라고 표현할 수 없는 사랑의 호칭입니다.

동시에 이 호칭은 주님이 우리를 향하여 더할 나위 없는 뜨거운 사랑으로 불러주시는 애칭이라고도 할 수 있습니다. "사랑하는 나의 성도들아, 너희는 내 사랑이다. 너희는 내 짝이며 나의 신부이다. 내 사랑아, 내 짝아, 나의 신부여." 사랑하는 여러분도 이런 주님의 음성을 들으시기 바랍니다.

그렇다면 솔로몬 왕은 이런 호칭에 이어서 술람미 여인을 향해 어떤 찬사를 보내고 있습니까? 비유적인 예찬을 하고 있는데, 솔로몬은 술람미 여인을 바로의 병거의 준마에 비유하고 있습니다. 바로의 준마는 애굽의 궁중에서 전용되는 가장 뛰어난 말입니다. 준마 중의 준마입니다. 솔로몬 왕은 고대 왕들이 그랬듯이 병마를 아끼고 사랑하는 왕이었습니다. 훌륭한 병마는 왕의 명예의 상징이요, 전장에서는 왕의 생명이었습니다. 많은 조공국을 거느리고 있었던 황제 솔로몬에게는 특히 그랬습니다. 그래서 애굽에서 그 말들을 수입해 왔습니다.

> "솔로몬의 말들은 애굽에서 들여왔으니 왕의 상인들이 값 주고 산 것이며"(왕상 10:28).

그런데 솔로몬이 아무리 병마를 사랑해서 애굽에서 수입해 왔다 할지라도, 솔로몬이 탄 준마가 애굽 바로 왕의 병마와 같았겠습니까? 바로 왕의 준마가 더 훌륭했을 것입니다. 왜냐하면 말의 원산지가 애굽이기 때문입니다. 애굽에서 말을 팔 때 제일 좋은 말은 애굽 왕에게 먼저 돌렸을 것이 자명합니다. 그래서 솔로몬 왕이 아무리 제일 좋은 말들을 애굽에서 사온다 해도 바로 왕의 준마와는 비교할 수 없었을 것입니다.

어쩌면 솔로몬 왕은 말을 탈 때마다 애굽의 바로 왕의 준마는 내 말보다 조금 더 좋을 거라는 마음을 가졌을 것입니다. '내 말보다 바로의 준마는 더 윤택할지 모르고, 용기 있고 재빠르고 준수하고 싸움도 잘하고 용감할지 모른다'고 생각했을 것입니다. 그러면서

조금은 아쉬운 마음이 들었을 것입니다. '나의 말이 바로 왕의 준마와 같으면 얼마나 좋을까?'

옛날부터 장수들은 좋은 말, 좋은 검을 갖기를 원했습니다. 솔로몬도 그랬습니다. 솔로몬이 영광과 부귀와 권력을 애굽 왕보다 더 누렸을지 모르지만 말은 조금 뒤졌을 것입니다.

그런데 흥미롭게도 그런 솔로몬이 술람미 여인의 사랑과 아름다움을 애굽의 바로 왕의 준마에 비유하고 있습니다. 이것은 '내 여자들이 1천 명이 있는데 1천 명 중에서 가장 아름답고 빼어나다'는 표현과는 비교할 수 없습니다.

"솔로몬이 병거와 마병을 모으매 병거가 천사백 대요 마병이 만 이천 명이라 병거성에도 두고 예루살렘 왕에게도 두었으며"(왕상 10:26).

말이 수천 마리나 되었습니다. 열왕기상 10장 26절에 근거하여 추정하면, 적어도 2,800마리는 됐을 것입니다(1,400×2). 말의 원산지였던 애굽에는 훨씬 많은 말이 있었을 것입니다. 그런데 솔로몬이 술람미 여인을 그 많은 준마 중에서도 가장 뛰어난 애굽의 바로의 준마에 비유했습니다. 이것은 술람미 여인의 아름다움과 그 사랑은 세상의 어느 누구와도 비교할 수 없다는 감탄입니다. 천상천하에 아름다움은 너밖에 없고 유일한 내 사랑과 아름다움은 너 하나뿐이라는 고백인 것입니다.

🎵 술람미 여인의 매력적인 부분

그렇다면 솔로몬에게 술람미 여인이 구체적으로 어떻게 아름다웠을까요? 솔로몬은 바로 왕의 병거의 준마에 비유할 만큼 술람미 여인의 매혹적인 부분을 두 가지로 지적합니다.

첫째, 두 뺨

> "네 두 뺨은 땋은 머리털로, 네 목은 구슬 꿰미로 아름답구나"(아 1:10).

> "땋은 머리채가 흘러내린 임의 두 볼이 귀엽고, 구슬목걸이 감긴 임의 목이 아름답소"(아 1:10, 표준새번역).

지금 술람미 여인은 단아한 단발머리도 아니고 세련되게 살짝 웨이브를 준 머리도 아니었습니다. 그렇다고 긴 생머리를 길게 흘려 여성미를 강조한 헤어스타일도 아니었습니다. 땋은 머리, 댕기 맨 머리였습니다. 이런 면에서 보면 솔로몬은 여자를 바라보는 눈이 상당히 독특하고 코드가 다른 것 같습니다. 그녀는 게달의 장막처럼 피부가 까맣습니다. 백색 피부를 가진 미녀도 아닙니다. 게다가 아직도 촌티가 흐릅니다. 피부 마사지를 받아서 도시 티가 나는 것도 아닙니다. 그런데 솔로몬의 눈에는 그렇게 그 여자가 아름답게 보인 것입니다. "네 두 뺨은 땋은 머리털로, 네 목은 구슬 꿰미로 아름답구나."

가꾸고 잘 치장한 많은 후궁들이 있지만, 그 여자들에게서 풍기지 않는 뭔가 다른 점을 솔로몬은 느꼈던 것입니다. 이 여자는 그야말로 시골에서 있는 그대로, 하나도 꾸미지 않은 유달리 청순하고 우아하고 순결한 모습을 하고 있습니다.

이렇듯 부부간에도 끝까지 청순하고 고결하고 순결하게 보이는 게 중요합니다. 아무리 몸매 관리, 피부 관리 잘하고 몸을 청결하게 해도 서로 몸과 마음을 더럽히면 안 됩니다. 끝까지 서로 청순함을 지켜야 합니다. 그것이 부부간의 생명력이고 사랑의 힘입니다.

성도의 신앙은 더욱 그렇습니다. 겉으로는 거룩한 체, 경건한 체 하지만, 속으로는 더럽고 청순함을 잃은 그러한 신앙을 가져선 안 됩니다. 우리가 주님 앞에서 체하는 것은 아무 소용이 없습니다. 청순한 신앙과 순결한 신앙과 지조 있는 신앙을 끝까지 지키는 것이 중요합니다.

그러면 왜 그렇게 솔로몬은 술람미 여인의 그 모습이 아름답게 보이고 청순하게 보였을까요? 머리털을 땋아서 얼굴 위로 흘러내리니까 뺨이 더 드러나 보이고, 밝고 흰하고 아주 집중되게 보이며, 생명력 있게 보였을 것입니다. 이때쯤 솔로몬은 나이가 적어도 40대 후반이나 50대를 지나고 있었을 것입니다. 그러니 서서히 늙어가고 있고 갱년기를 맞고 있는 솔로몬에게는 복숭아 같은 뺨 위로 그 땋은 머리가 흘러내린 술람미 여인의 모습이 아주 단아하게 보였을 것입니다. 그리고 검으면서도 불그스름하게 익어 있는 술람미 여인의 얼굴이 생명력의 윤기가 넘치고 화사한 것으로 보였을 것입니다.

게다가 당시 고대 근동의 여성에게 있어서 길게 땋은 머리나 긴 머리는 여인의 영광과 순결을 의미했습니다. 마리아가 옥합을 깨뜨려서 긴 머리로 주님의 발을 씻겼을 때 주님이 얼마나 기뻐하셨습니까? 마리아는 옥합을 깨뜨려 향유를 붓는 헌신도 하였지만, 자신의 순결과 모든 것을 바치는 마음으로 머리카락을 사용해 주님의 발을 씻겼습니다.

> 내 주님 서신 발 앞에 옥합을 깨뜨린 후에
> 머리로 발 씻겨 드리니 주 받으옵소서
> 내 모습 이대로 주 받으옵소서
> 날 위해 돌아가신 주 주 받으옵소서.

그러자 주님은 마리아를 기뻐하여, 온 천하에 복음이 전파되는 곳마다 이 여자의 행한 일도 말하여 저를 기념하여야 하리라고 하셨습니다. 그러므로 솔로몬의 눈에는 술람미 여인의 생명력 넘치는 뺨 위로 길게 땋은 머리가 흘러내린 모습이, 풍성한 생명력이 넘치고 순결과 영광으로 덮여 있는 모습으로 보였을 것입니다. 그런데 바로 그 모습이 솔로몬에게 바로 왕의 병거의 준마와 같다는 것입니다.

오늘 우리에게도 마찬가지입니다. 신앙생활에 있어 가장 중요한 것이 무엇일까요? 바로 생명력입니다. 그리고 그 생명력 위에 우리 신앙의 지조와 순결의 영광이 덮이는 것입니다. 주님이 우리 신앙에 있어 가장 의미를 두신 것이 생명력입니다.

둘째, 아름다운 목

그런가 하면 술람미 여인의 목이 그렇게 아름답다고 합니다. 그렇다면 솔로몬은 술람미 여인의 목을 어떻게 예찬하고 있습니까?

"네 두 뺨은 땋은 머리털로, 네 목은 구슬 꿰미로 아름답구나"(아 1:10).

"땋은 머리채가 흘러내린 임의 두 볼이 귀엽고, 구슬목걸이 감긴 임의 목이 아름답소"(아 1:10, 표준새번역).

"구슬목걸이 감긴 임의 목이 아름답소"라고 합니다. 그런데 아주 흥미로운 사실은 아가서 4장 4절에서는 술람미 여인의 목을 다윗의 망대와 같다고 묘사합니다.

"네 목은 무기를 두려고 건축한 다윗의 망대 곧 방패 천 개, 용사의 모든 방패가 달린 망대 같고"(아 4:4).

그다음에 아가서 7장 4절에 보니까 상아 망대와 같다고 합니다.

"목은 상아 망대 같구나 눈은 헤스본 바드랍빔 문 곁에 있는 연못 같고 코는 다메섹을 향한 레바논 망대 같구나"(아 7:4).

솔로몬이 술람미 여인의 목이 마치 망대 같다고 합니다. 다윗의 망대, 상아 망대 같다고 합니다. 망대란 적의 침입을 탐지하기 위해 높이 세운 망루와 같은 곳입니다. 그러므로 술람미 여인의 목이 망대 같다는 말은, 술람미 여인의 목이 상당히 길었던 것을 표현하는 말이라고 생각됩니다. 그런 망대같이 긴 목에 빛나는 보석 목걸이가 걸린 모습은 매우 아름다웠을 것입니다.

그런데 이 표현에서 그치지 않고 술람미 여인은 얼마나 목이 더 가늘고 아름다웠는지 상아 망대와 같다고 더 나아갑니다. 그 목이 너무 아름다워서 "구슬목걸이 감긴 임의 목이 너무나 아름답구려"라고 예찬합니다. 이처럼 술람미 여인의 모습이 솔로몬에게 아름답게 보였던 것입니다.

그런데 이런 솔로몬의 칭찬은 술람미 여인의 육체미에 한정되지는 않습니다. 솔로몬은 술람미 여인의 상아 망대같이 예쁜 목을 보면서, 술람미 여인이 고개를 길게 늘어뜨리고 뙤약볕 아래에서 포도가지를 치고 포도를 따는 성실하고 순수한 모습을 상상했고, 이를 통해 더 나아가 술람미 여인의 목이 아주 지조 있고 고결하다고 생각한 것입니다.

오늘 우리가 주님 앞에 설 때도 마찬가지입니다. 우리는 주님과 세상 앞에 교만하게 보일 필요는 없지만 우리 신앙의 모습은 고결해야 합니다. 신앙의 지조가 있어야 합니다. 준수해야 합니다. 우리 신앙이 생명력과 더불어서 진짜 위풍당당해야 합니다. 사람들 앞에 위풍당당한 모습으로 지조를 지키고 백절불굴, 일편단심의 지조 있는 모습으로 우리의 신앙을 주님 앞에 보여드려야 합니다. 그런 모습이 바로 주님의 눈에 망대같이 보이고 굳건한 성처럼 보인다는 말입니다.

바람에도 흔들리지 않고 천둥 치고 벼락이 쳐도 좀처럼 무너지지 않는 굳건한 다윗의 망대는 얼마나 견고하겠습니까? 이것은 어떤 군대가 쳐들어와서 무너뜨리려 해도 안 무너질 것입니다. 아무리 세상의 유혹과 죄의 유혹이 우리를 무너뜨리려 하고 흔들리게 하려 한다 해도, 절대로 좌로나 우로나 치우치지 않고 무너지지 않습니다. 흔들림이 없습니다.

🎵 주변 여인들의 예찬

이렇게 솔로몬이 술람미 여인을 칭찬했습니다. 그러자 술람미 여인의 친구들이 부르는 코러스 같은 구절은 더욱 흥을 돋웁니다. 11절에서 이렇게 노래하고 있습니다.

"우리가 너를 위하여 금 사슬에 은을 박아 만들리라"(아 1:11).

솔로몬의 예찬을 같이 듣고 있는 여인네들이 술람미 여인을 위해 금 사슬에 은을 박은 목걸이를 만들어서 주겠다는 것입니다. 표준새번역을 보면, 목걸이가 아니라 귀고리라고 번역했습니다. 히브리어 원문에는 '토르'의 복수형 '토레'가 사용되었습니다. 토르는 고리가 들어가는 모든 장신구를 일컫습니다. 그러므로 목걸이뿐 아니라 귀고리, 당시 유행하는 모든 값비싼 최고급의 장신구를 만들어 주겠다는 것입니다. 솔로몬이 술람미 여인을 예찬하니까 옆에 있는 사람들도 덩달아서 예찬하는 것입니다.

우리는 신앙생활을 하면서 고백을 많이 해야 합니다. 때로는 우리가 주님 앞에 충성하고 복을 받을 때 다른 사람으로부터 시기를 받고 모함을 받고 어려움도 당합니다. 그런 때는 무조건 생명나무를 선택하면서 주님을 사랑한다고 고백해야 합니다. 그러면 드디어 주님이 우리를 예찬해 주십니다. 우리를 향해 "내 사랑아, 내 짝아, 나는 너밖에 없다. 너는 바로의 준마와 같다"고 예찬해 주십니다. 주님이 그러시면 옆에 있는 사람들까지 우리를 예찬해 주는 것입니다. 우리가 주님의 예찬을 받을 뿐 아니라 친구의 예찬도 받고, 찬가도 받게 된다는 것입니다. 뿐만 아니라 주님과 우리의 사랑이 더 깊어지고 성숙하게 되는 것입니다.

내 진정 사모하는 친구가 되시는 구주 예수님은 아름다워라
산 밑에 백합화요 빛나는 새벽별 주님 형언할 길 아주 없도다
내 맘이 아플 적에 큰 위로 되시며 나 외로울 때 좋은 친구라
주는 저 산 밑에 백합 빛나는 새벽별 이 땅 위에 비길 것이 없도다.

08
향기와 푸름 가득한 침상의 사랑

"왕이 침상에 앉았을 때에 나의 나도 기름이 향기를 뿜어냈구나 나의 사랑하는 자는 내 품 가운데 몰약 향주머니요 나의 사랑하는 자는 내게 엔게디 포도원의 고벨화 송이로구나 내 사랑아 너는 어여쁘고 어여쁘다 네 눈이 비둘기 같구나 나의 사랑하는 자야 너는 어여쁘고 화창하다 우리의 침상은 푸르고 우리 집은 백향목 들보, 잣나무 서까래로구나"(1:12-17)

 나도향 가득, 사랑 가득

드디어 솔로몬이 침대 위에 앉았습니다. 11절까지는 서로에 대한 사랑과 그리움의 고백, 아름다운 모습에 대한 예찬을 주고받았지만, 12절에 와서는 드디어 왕이 술람미 여인을 그의 침실로 데리고 갑니다. 그리고 왕이 침상 위에 앉았습니다. 술람미 여인도 당연히 침대 위에 있었을 것입니다. 그런데 바로 그때 그녀는 자신의 품에 있던 나도(nard, 나드) 기름이 향기를 진하게 뿜어냈다고 고백하고 있습니다.

"왕이 침상에 앉았을 때에 나의 나도 기름이 향기를 뿜어냈구나"
(아 1:12).

"(여자) 임금님이 침대에 누우셨을 때에, 나의 나도 기름이 향기를 내뿜었어요"(아 1:12, 표준새번역).

나도 기름은 네팔 등지에서 나는데 아주 귀한 향수로 쓰였습니다. 그리고 나도 기름은 주로 이스라엘에서 여자가 가장 존경하는 귀한 분에게 자신의 존경과 순결과 모든 사랑을 드릴 때 쏟는 향유였습니다. 그래서 주로 관습적으로 신부가 시집을 가는 날, 첫날밤에 신랑과 함께 잠자리에 들기 전에 자신의 처녀성을 바치고 순결을 바치는 의미에서 남편에게 부어줍니다. 부자 처녀는 많이 부어주고 가난한 처녀는 조금 부어줍니다.

그래서 술람미 여인도 솔로몬 왕이 침상에 앉아 있을 때 나도 기름을 쏟아 부어준 것입니다. 이 말은 자신의 순수한 사랑과 순결, 깨끗한 헌신을 전적으로 드리겠다는 의미입니다. '나는 당신의 사랑입니다, 나는 오직 당신께만 사랑과 순결과 헌신을 드리겠습니다.' 술람미 여인은 이런 마음으로 나도 향유를 쏟아 부었던 것입니다.

이와 같이 언제나 부부예배 드릴 때 아내는 사랑하는 남편에게 나도 향을 쏟는 마음으로 사랑을 주어야 합니다. 그리고 남편은 예수님처럼 온갖 헌신과 희생으로 아내를 사랑해 주어야 합니다.

요한복음 12장 3절을 보면 마리아가 한 근이나 되는 그 값비싼 나도 향유를 주님 앞에 다 부어 드립니다. 그것을 돈으로 환산하면 300데나리온이 넘습니다. 그 나도 향유가 한 근이 넘게 들어 있는 옥합을 주님의 발 앞에 탁 깨뜨리고 주님의 발을 씻겨드렸습니다.

"마리아는 지극히 비싼 향유 곧 순전한 나드 한 근을 가져다가 예수의 발에 붓고 자기 머리털로 그의 발을 닦으니 향유 냄새가 집에 가득하더라"(요 12:3).

즉, 마리아는 주님 앞에 자신의 순결한 헌신과 사랑, 순수한 희생과 충성을 아낌없이 쏟아 부었던 것입니다. 게다가 옥합만 깨뜨린 게 아니라, 옥합의 기름으로 젖은 예수님의 발을 자신의 긴 머리를 풀어서 씻겨드렸습니다. 앞에서 언급했듯이 여자의 긴 머리는 여자의 영광과 순결을 상징합니다. 유대 관습에서 나도 향유와 여자의 긴 머리가 무엇을 의미하는지 잘 아시는 예수님은 그 모습을 보고 감탄하셨습니다.

"내가 진실로 너희에게 이르노니 온 천하에 어디서든지 이 복음이 전파되는 곳에서는 이 여자가 행한 일도 말하여 그를 기억하리라 하시니라"(마 26:13).

주님이 이렇게 기뻐하신다면 우리도 주님 앞에 나도 향유를 부어야 합니다. 기도할 때도 언제나 감사하고, 찬양할 때도 감사하고, 봉사할 때도 감사하고, 주님의 이름 앞에, 주님의 임재 앞에 우리의 나도 향을 쏟아 부어야 합니다. 나도 향이 쏟아 부어지는 봉사와 헌신과 섬김이 있을 때 주님은 그 모든 것을 받으시고 기뻐하실 것입니다.

그런데 많은 사람들이 주님께 나도 향을 부어드리지는 않고 늘 입에 불평불만을 달고 신앙생활을 합니다. 봉사를 하면서도 불평하고, 기도하면서도 불평하고 원망이나 하며, 남 시기하고 질투하고 헐뜯는 사람들이 많습니다. 여러분, 언제나 나도 향을 붓는 여러분이 되시기 바랍니다.

이렇게 술람미 여인이 향기를 쏟아 부으니 솔로몬은 좋아하고 기뻐합니다. 솔로몬이 너무 좋아서 포도주를 한잔 마시고 여흥에 취했는지, 술람미 여인에게 다가오고 있는 것입니다. 사랑스런 눈빛으로 술람미 여인을 주시하고 있는 것입니다.

당신은 나의 몰약 향주머니

바로 그런 솔로몬 왕의 모습을 술람미 여인이 바라보고 13절에서 고백하기를, 솔로몬 왕이 '자신의 품 가운데 몰약 향주머니' 라고 합니다.

"나의 사랑하는 자는 내 품 가운데 몰약 향주머니요"(아 1:13).

"사랑하는 그이는 나에게 젖가슴 사이에 품은 향주머니라오"(아 1:13, 표준새번역).

당시 이스라엘 여자들은 품에다가 몰약 향주머니를 넣고 다녔습니다. 옛날에는 물도 귀하고 시설도 없어서 샤워를 자주 할 수 없었습니다. 이스라엘 여자들은 대부분 그랬습니다. 그래서 가슴 깊은 곳, 겨드랑이 깊은 곳에 땀이 차고 냄새가 나니까 몰약 향주머니를 넣고 다녔습니다. 몰약은 향료이지만, 특별히 부패를 막아주는 방부제 역할도 했습니다. 그러면서도 진한 향을 풍깁니다. 그래서 사람이 죽으면 시체에다 몰약을 뿌렸던 것입니다. 시체가 금방 썩지 않고 시체에서도 향유 냄새가 나기에 그렇게 한 것입니다.

이와 같이 부부간에도 남편이나 아내가 서로 가슴속에서 몰약 향주머니가 되어야 합니다. 남편에게는 아내가, 아내에게는 남편이 그 몰약 향주머니가 될 때 탈선의 부패를 막아주고 언제나 부부간의 순결을 지킬 수 있습니다. 그리고 부부를 생각할 때마다 언제나 향기 자체, 소망 자체가 되어서 순결하게 살아간다는 말입니다.

우리 주님 앞에서는 더욱 그렇습니다. 우리가 주님을 우리 가슴속에 깊이 모시고 살아가면 우리 심령을 향해 다가오는 유혹과 부패를 막아줍니다. 주님이 몰약 향주머니가 되어 주셔서 죄의 유혹도 이기게 하시고, 타락과 부패도 막아주십니다. 뿐만 아니라 순결하게 살도록 해줍니다. 이런 의미에서 몰약은 특별히 제사장 임직식 때 꼭 제사장에게 부어졌습니다. 제사장의 성별한 임직식에 부었던 몰약, 그처럼 몰약은 향기로 가득하면서 동시에 우리를 거룩하게 구별해 주는 것입니다.

물론 주님이 몰약 향주머니가 되어 주셔서 우리를 부패의 길에서 막아주시고 성결하게 해주십니다. 하지만 우리도 사람이기 때문에 죄의 유혹에 실패하고 넘어질 때가 있습니다. 우리도 때로는 타락하고 부패할 때가 있습니다. 죄로 인한 것뿐 아니라 우리는 인생살이에서도 실패할 때가 있습니다. 가정과 직장과 사업의 문제로 절망하고 포기하고 싶을 때가 있습니다.

그러나 여전히 주님은 우리의 몰약 향주머니가 되어 주셔서 우리의 소망이 되어 주시고, 희망이 되어 주시고, 향기 자체가 되어 주십니다. 그래서 예수님만 생각하면 희망이 생깁니다. 신바람이 생기고 살맛이 납니다. 살아야 할 이유가 생기고, 새로운 기쁨과 소망이 생깁니다.

부부도 그래야 합니다. 부부가 서로 향주머니가 되어야 합니다. 내 남편을 생각하면 남편 자체가 향주머니 같아야 합니다. 아내를 생각해도 쏟아지는 향기름 같아야 합니다. 서로의 이름을 생각만 해도 그윽한 향기 자체가 느껴져야 합니다. 사랑하는 내 아내, 내 사랑하는 남편의 이름만 불러도 그것이 우리의 기쁨과 소망이 되어야 합니다.

바로 술람미 여인의 고백은 부부 생활에 이런 교훈을 줍니다. 술람미 여인은 솔로몬 왕만 생각하면 희망이 되고 소망이 생깁니다. 절대로 부패하지 않고 순결하게 살아갈 수 있는 힘이 생깁니다. 솔로몬 왕만이 자신의 소망이고 희망이고 기쁨이고 즐거움입니다. 마음속에서 기쁨의 샘이 솟아나고 소망의 향기가 진동합니다.

🎵 당신은 나의 하나뿐인 고벨화

"나의 사랑하는 자는 내게 엔게디 포도원의 고벨화 송이로구나"(아 1:14).

몰약 향주머니로도 부족해서 그녀는 솔로몬을 엔게디 포도원의 고벨화 송이라고 고백합니다. 엔게디는 사해 바다 서쪽 한가운데 있는 오아시스입니다. 이 오아시스를 이루는 물줄기는 산기슭으로 깊은 곳에서 나옵니다. 온천도 있고, 오아시스도 있는데, 비가 올 때는 때때로 폭포가 되기도 합니다. 그래서 종려나무와 포도나무도 무성하게 자랍니다. 이 엔게디는 다윗이 주로 피난을 많이 갔던 곳입니다. 엔게디는 사슴이 살고 있는, 경치와 풍경이 정말 좋은 곳입니다.

그런데 이 사막 한가운데 있는 엔게디 오아시스 포도원에 유일하게 꽃이 피어 있습니다. 그 꽃을 고벨화(camphire)라고 합니다. 이 고벨화는 아주 은은한 향기를 풍기는 꽃인데도 2-3미터나 되는 제법 큰 나무에서 핍니다. 그리고 꽃은 약간 노란빛이 감도는 흰 꽃입니다. 이 꽃은 아주 고결하고 순결해 보입니다. 청초하고 고고한 꽃입니다. 그래서 사원에 헌화할 때 이 꽃을 주로 사용했습니다.

그런데 술람미 여인이 지금 솔로몬을 사막 한가운데 엔게디 오아시스 포도원에 유일하게 피어 있는 한 송이 고벨화라고 합니다. 이건 무슨 표현일까요? 이는 솔로몬이 누구와도 비교가 안 된다는 말입니다. 나의 사랑 솔로몬은 어떤 다른 남자와도 비교할 수 없는 존재라는 말입니다. 세상의 모든 것이 있어도 솔로몬 한 사람이 없으면 아무 의미도 없다는 뜻입니다. 밤하늘의 별이 아무리 많아도 술람미 여인에게는 솔로몬이라고 하는 별, 그 별 하나밖에 보이지 않습니다. 다른 별들은 의미가 없습니다. 오직 솔로몬밖에 없습니다. 술람미 여인은 이토록 애절하고 간절하게 솔로몬 왕이 하나밖에 없는 사랑이라고 고백하고 있는 것입니다.

부부 사이도 이와 같아야 합니다. 절대 누구와 비교하면 안 됩니다. 다른 누구와 견줘서는 안 됩니다. 아내가 남편을 존경하면 남편은 아내를 사랑하지 않을 수 없고, 남편이 먼저 아내를 잘 챙겨주고 사랑하면 아내는 자연스레 남편을 존경하게 됩니다.

주님 앞에는 더더욱 그렇습니다. 오직 한 분입니다. 내가 사랑하고 신앙하는 분은 오직 한 분입니다. 주님과 물질을 함께 사랑하면 안 되고, 주님과 권력을 함께 사랑하면 안 됩니다. 오직 주님만 사랑해야 합니다. 오로지 주님만이 나의 고벨화입니다.

이렇게 술람미 여인의 고백을 들은 솔로몬 왕은 가슴이 기쁨으로 가득 찹니다. 그리고 주체할 수 없는 기쁨으로 술람미 여인을 안아주고 사랑해 줍니다. 솔로몬이 술람미 여인을 살포시 안고 술람미 여인의 눈을 감미롭게 쳐다보며 이렇게 말합니다.

"내 사랑아 너는 어여쁘고 어여쁘다 네 눈이 비둘기 같구나"(아 1:15).

"아름다워라, 나의 사랑. 아름다워라, 비둘기 같은 그 눈동자"(아 1:15, 표준새번역).

솔로몬이 술람미 여인의 눈을 보았을 때 그 눈빛에서 빛나는 자기를 향한 아름다운 사랑을 느꼈습니다. 자기 없으면 못살고, 자기밖에 모르고, 오직 자기 자신만을 연모하는 그 간절한 사랑을 느낄 수 있었습니다. 그래서 솔로몬은 가장 아름다운 표현으로 술람미 여인의 눈이 비둘기 같은 눈망울이라고 합니다.

비둘기는 새 중에서 가장 순결하고 지조가 있는 새입니다. 새들은 일반적으로 매년 짝을 바꿔 가며 짝짓기를 합니다. 그러나 비둘기는 다릅니다. 한 번 짝을 지으면 죽을 때까지 절대로 다른 짝을 유혹하거나 바람을 피우지 않습니다. 그러다가 자기 짝이 죽으면 비둘기는 재혼도 하지 않습니다. 비둘기는 죽은 짝을 그렇게 그리워하고 연모하고 애절하게 사모하다가 상사병이 걸려 죽습니다. 이러한 비둘기에 솔로몬은 정결하고 순결한 술람미 여인을 비유하는 것입니다.

우리 눈이 비둘기 같은 눈이 되어야 합니다. 사슴 같은 눈이 되어야 합니다. 비둘기 같은 눈으로, 사슴 같은 눈으로 주님을 사랑하는 자에게 주님은 은혜를 부어주십니다. 교회에서 우리 성도들끼리도 비둘기 같은 눈으로 서로 바라보아야 합니다.

이처럼 솔로몬이 보기에 침상 아래 누워서 자기를 바라보고 있는 술람미 여인의 눈망울이 자기만을 사랑한다고 속삭이는 초롱초롱 빛나는 눈이었습니다. 솔로몬이 보기에 술람미 여인은 오매불망 솔로몬밖에 모르는 여자였습니다. 이처럼 술람미 여인은 순결하고 사랑에 목마른 눈으로 솔로몬을 바라보았습니다. 그러자 그 아름다운 눈빛에 감동한 솔로몬은 이내 온몸에 사랑의 에너지가 충만해졌습니다.

🎵 술람미 여인이 솔로몬을 예찬한 이유

침실의 사랑은 아가서에서 생략되었습니다. 그리고 곧바로 침실의 사랑이 어떠했는지에 대한 내용만이 나옵니다. 바로 술람미 여인은 그 황홀했던 시간을 회상하여 이렇게 표현합니다.

"나의 사랑하는 자야 너는 어여쁘고 화창하다 우리의 침상은 푸르고"(아 1:16).

"나의 사랑, 멋있어라. 나를 이렇게 황홀하게 하시는 그대! 우리의 침실은 푸른 풀밭이라오"(아 1:16, 표준새번역).

술람미 여인이 이렇게 표현한 데에는 두 가지 이유가 있습니다.

첫째, 솔로몬 왕이 자신을 너무나 황홀하게 해주었기 때문입니다

그냥 솔로몬 혼자 이기적인 사랑을 한 것이 아닙니다. 솔로몬은 자신의 욕망만 채운 게 아니라, 술람미 여인을 배려하면서 최선을 다해 술람미 여인을 황홀하게 해주었습니다. 그래서 술람미 여인이 솔로몬의 사랑을 너무너무 멋있고 아름답다고 표현합니다.

부부간에도 이런 사랑을 나누어야 합니다. 특별히 남편은 이기적인 사랑을 해서는 절대로 안 됩니다. 아내를 배려하는 마음, 배려하고 존중하고 이타적인 사랑을 해야 합니다. 아내를 황홀하게 해주어야 합니다. 이게 아가서가 가르쳐 주는 일차적인 교훈입니다.

그러나 본질적으로는 주님의 은혜가 언제나 우리에게 황홀하게 임한다는 교훈을 암시적으로 보여주고 있습니다. 성도가 주님의 은혜를 비둘기 같은 순결하고 정결한 눈동자로 바라보고 사모하고 앙모하면 아주 흡족한 은혜를 주신다는 뜻입니다. 은혜를 주시되 넘치는 은혜를 주셔서 만족시켜 주신다는 말입니다.

둘째, 솔로몬 왕이 침실을 언제나 푸르게 해주었기 때문입니다

솔로몬 왕은 술람미 여인과 사랑을 나눌 때나 잠잘 때마다 침상을 푸르게 해주었습니다. 여기서 침상이 푸르다는 말은, 자신과 솔로몬 왕의 사랑 관계가 푸른 초장처럼 싱그럽고 아름다웠다는 뜻입니다. 푸름은 여기서 솔로몬의 사랑의 힘과 에너지, 정력을 표면적으로 암시합니다.

그러나 본질적인 의미로는, 솔로몬이 자기를 사랑의 세계로 인도할 때 평안의 세계, 안식의 세계, 황홀한 세계로 인도했다는 말입니다. 마치 솔로몬이 사랑을 할 때 사랑의 목자로서 시편 23편의 세계처럼 자신을 푸른 목초지로, 시냇물가로 인도하는 것과 같았다는 말입니다.

이처럼 우리도 주님을 비둘기 같은 맑은 눈으로 바라보면 주님이 우리를 황홀하게 해주실 뿐 아니라 모자라지 않게 은혜를 부어 주십니다. 언제나 우리의 삶을 푸른 초장으로 인도해 주십니다. 우리의 삶을 푸르게 해주십니다.

푸름이 가득한 솔로몬의 사랑에 대한 칭찬이 끝나자, 솔로몬 왕은 술람미 여인에게 이렇게 고백합니다.

"우리 집은 백향목 들보, 잣나무 서까래로구나"(아 1:17).

"우리 집 들보는 백향목이요, 우리 집 서까래는 전나무라오"(아 1:17, 표준새번역).

백향목은 소나무과에 속한 상록수인데 40여 미터까지 자랍니다. 그것도 쭉쭉 뻗어 자라납니다. 그래서 주로 건축할 때 집 기둥으로 사용되었습니다. 전나무도 역시 곧게 자라는 나무입니다. 물론 백향목처럼 기둥이 두껍지는 않아서 서까래로 쓰였습니다.

그런데 백향목과 전나무는 다 문학적인 표현입니다. 외면적 표현으로는, 솔로몬 왕과 술람미 여인이 거하는 안식처, 침실이 너무나 견고하고 아주 영광스럽고 아주 아름답다는 말입니다. 그러나 본질적으로는, 솔로몬 왕과 술람미 여인의 관계가 너무나 견고하고 든든하고 정상적이라는 뜻입니다. 둘이 지어가는 사랑의 집이 아주 곧고 안전하고 견고하고 우아하고 기품이 있음을 함축적으로 설명하고 있습니다.

부부간에도 이런 행복한 삶이 이루어져야 합니다. 서로를 향한 뜨거우나 지속적인 사랑과 신뢰를 바탕으로 견고한 사랑의 집을 날마다 지어가야 합니다. 때로는 서로 소홀하여 그 집이 망가질 수도 있지만, 늘 살피고 살펴 사랑의 집을 잘 보수하고 유지해 나가야 합니다.

이뿐 아니라 주님 앞에서는 더욱 그래야 합니다. 성도가 주님의 사랑을 예찬하고 주님의 은혜를 항상 높이며 사모하고 앙망할 때, 주님과의 사랑의 집이 견고히 세워져 갈 수 있습니다. 그 집의 머릿돌은 예수님이 되시고(막 12:10), 성도들은 그 사랑의 집의 부분 부분이 되어 아름답게 세워져야 합니다(고전 12:27). 그러면 주님은 이렇게 말씀해 주실 것입니다. "너와 나의 사랑은 백향목 들보요 전나무 서까래와 같구나. 너와 내가 지은 사랑의 집은 솔로몬과 술람미 여인의 사랑의 집과 같구나."

빛이 없어도 환하게 다가오시는 주 예수 나의 당신이여

음성이 없어도 똑똑히 들려주시는 주 예수 나의 당신이여

당신이 있음으로 나도 있고

당신의 노래가 머묾으로 나는 부를 수 있어요

주여 꽃처럼 향기 나는 나의 생활이 아니어도

나는 당신이 좋을 수밖에 없어요 주 예수 나의 당신이여.

09

꽃 사랑 고백, 꽃 사랑 예찬

"나는 사론의 수선화요 골짜기의 백합화로다 여자들 중에 내 사랑은 가시나무 가운데 백합화 같도다 남자들 중에 나의 사랑하는 자는 수풀 가운데 사과나무 같구나 내가 그 그늘에 앉아서 심히 기뻐하였고 그 열매는 내 입에 달았도다" (2:1-3)

아가서를 언뜻 보면 순정 만화나 로맨스 소설처럼 보입니다. 그러나 순수한 부부 사랑의 이야기입니다. 그리고 부부 사랑의 교훈을 초월해서 예수 그리스도와 우리의 사랑을 교훈하고 있습니다. 어떤 사람들은 아가서를 삼류 소설처럼 취급합니다. 그러나 이런 태도는 잘못입니다. 아가서는 분명 살아 계신 하나님의 오묘한 진리의 말씀입니다. 눈과 귀와 마음이 할례 받은 사람은 이 깊고 신비로운 말씀에 감탄할 수밖에 없습니다. 우리를 향하신 주님의 그 깊은 사랑의 말씀에 감격할 수밖에 없습니다.

아가서 1장의 배경은 침실이었습니다. 이제 2장은 그 배경이 산과 들로 바뀝니다. 침실은 솔로몬과 술람미 여인이 은밀하고 달콤한 사랑을 나누는 장소였습니다. 따라서 침실은 성도들에게 하나님을 은밀하고 깊이 만나는 기도와 영적 교제의 장소입니다.

2장에 등장하는 산과 들에는 아름다운 꽃이 피고 사랑스런 노루와 사슴들이 뛰어다닙니다. 비둘기가 맑은 소리로 노래합니다. 무화과나무에는 푸른 열매가 익었습니다. 포도나무도 꽃이 피어 향을 내뿜고 있습니다. 이처럼 산과 들이라는 배경은 사랑의 역동성을 나타내 줍니다. 운동력이 있는 사랑을 보여줍니다. 그래서 이곳은 성도에게는 봉사의 장소입니다. 기도와 영적 교제 중에 주님을 만나기도 하지만, 사랑의 봉사와 충성과 헌신 중에도 주님을 만납니다. 그래서 아가서 2장은 이제 더 넓은 신앙의 배경과 경지로 우리를 이끌어 갑니다.

배경이 산과 들로 옮겨졌습니다. 이 부분에서도 역시 술람미 여인이 먼저 고백합니다. 술람미 여인은 자신을 산과 들에 있는 샤론의 수선화요, 골짜기의 백합화라고 합니다.

"나는 샤론의 수선화요 골짜기의 백합화로다"(아 2:1).

"(여자) 나는 샤론의 수선화, 골짜기에 핀 나리꽃이라오"(아 2:1, 표준새번역).

그런데 이 구절은 전통적으로 남자의 고백으로 여겨졌습니다. 솔로몬의 고백으로 생각해 왔습니다. 그러나 문맥상으로 볼 때 여자의 고백입니다. 1절은 분명 여자의 고백입니다. 그리고 아가서는 고백적 화답의 구조를 갖고 있습니다. 그러므로 2절은 남자의 고백입니다. 뿐만 아니라 문맥적으로도 남자의 고백이 분명합니다. 2절에서 솔로몬이 "진짜 당신이야말로 꽃 중의 꽃이요 가시밭의 백합화라"고 예찬하고 있는 것입니다.

"여자들 중에 내 사랑은 가시나무 가운데 백합화 같도다"(아 2:2).

1절에서 여자(술람미 여인)가 고백하고, 2절에서 남자(솔로몬)가 맞장구를 치고 있습니다. 만약에 1절에서 남자가 고백을 했다면 2절에서 남자가 이런 고백을 할 수 없습니다. 2절은 술람미 여인을 향한 찬사입니다. 그러므로 1절은 당연히 술람미 여인의 고백입니다. 뿐만 아니라 백합화라는 말이 '쇼샤나', 즉 백합화와 같다는 의미로 여성형입니다.

버나드라는 사람은 꽃이 자라는 곳이 세 곳이 있다고 합니다. 하나는 들이요, 하나는 정원이요, 하나는 침실이나 응접실입니다.

첫째, 들에서 피는 꽃이 있습니다. 이 꽃은 사람의 손길이 닿지 않는 꽃입니다. 사람이 거름도 주지 않고 가지도 다듬어 주지 않고, 자연에서 자라서 자연에서 피는 꽃입니다. 때로는 폭풍 속에서 세찬 비바람을 견뎌야 하는 꽃입니다. 그래서 이렇게 자연에서 자라는 꽃은 그 순수함과 자연미와 향기가 이를 데 없습니다.

둘째, 정원에서 피는 꽃이 있습니다. 이런 종류의 꽃은 인간이 가꾼 것입니다. 그래서 손이 많이 가서 인위적인 상태입니다. 자연미가 떨어집니다.

셋째, 침실이나 거실에 있는 꽃이 있습니다. 이것은 사실 조화나 다름없을 정도로 인공적인 꽃입니다. 그만큼 사람의 손이 많이 닿은 꽃입니다. 관상용 화초나 분재를 예로 들 수 있습니다.

🎵 들에 핀 순백의 사랑

술람미 여인은 자신이 정원이나 응접실에 핀 꽃이 아닌, 들판에서 피어나는 자연미로 가득한 꽃이라고 고백하고 있습니다. 그녀의 고백처럼 술람미 여인이라는 꽃은 자연 그대로의 꽃입니다. 들에 있는 꽃입니다. 그런데 술람미 여인은 그런 만발해 있는 꽃 가운데서 자신을 샤론의 수선화요, 골짜기의 백합화라고 고백합니다. 샤론의 수선화는 들에 있는 꽃입니다. 그러므로 이 구절은 술람미 여인 자신이 시골뜨기요 촌티가 나는 여자라는 뜻입니다.

솔로몬은 궁궐의 화려함과 요란함 속에서 완전히 인공적으로 꾸민 후궁과 궁녀들 속에서 살았습니다. 궁궐 안의 모든 행사나 연회는 꾸며진 각본 속에서 진행됩니다. 그렇기 때문에 솔로몬은 순수함과 순백의 모습을 더 귀중하게 여겼을 것입니다. 순결을 더 소중하게 생각했을 것입니다. 따라서 솔로몬은 샤론의 수선화 같은 술람미 여인의 모습이 더 순수하고 순결하게 순백의 사랑으로 느껴졌던 것입니다.

마찬가지로 부부간에는 사실 꾸미는 것보다도 순수함이 더 중요합니다. 그리고 주님 앞에서는 더욱 그렇습니다. 꾸미는 것보다 진솔함과 소박함이 있어야 합니다. 외식과 위선보다 주님을 향한 순백의 사랑이 있어야 합니다. 화려함이나 요염함보다 순수함과 순결의 향기를 주님은 원하십니다. 마치 샤론의 수선화요, 골짜기의 백합화처럼 말입니다. 그러면 술람미 여인의 고백을 조금 더 구체적으로 살펴보겠습니다.

🎵 샤론의 수선화

샤론은 감람산 남쪽에 위치한 대평원입니다. 남북이 약 80여 킬로미터, 동서가 10-20킬로미터에 달하는 넓은 평야입니다. 이 평야에 봄이 오면 야생화가 만발하는데, 그중 수선화의 향기가 가장 향기롭고 아름답습니다. 이러한 사실 때문에 성지 순례를 대부분 3-4월에 가려고 합니다. 이즈음은 비가 많이 오기 때문에 비온 후에 가장 아름다운 꽃들이 피어납니다. 이중 샤론의 들에 피어난 수선화는 정말 향기롭고 자태까지 곱습니다.

동양에는 사군자, 즉 매화, 난초, 국화, 대나무가 있습니다. 매화가 선비의 고결함과 결백을 상징한다면, 난초는 더러움이 묻지 않은 깊은 의와 우정을 상징합니다. 그리고 국화가 고상하고 밝고 큰 사람의 모습을 나타내준다면, 대나무는 선비의 굳은 절개를 상징합니다.

이스라엘에서 샤론의 수선화는 청순하고 청초한 모습을 상징합니다. 따라서 성도들은 이러한 청초한 이미지를 가져야 합니다. 부부간에도 청초하고 청순한 모습을 간직해야 합니다. 세상 사람들은 남의 야한 모습을 좋아하지만, 부부는 서로가 청초하고 청순한 모습을 좋아해야 합니다. 더구나 우리가 주님 앞에서 야하면 안 됩니다. 성도는 청초함을 지녀야 합니다. 신앙에 청초함이 없는 성도들은 사탄이 와서 꼭 유혹합니다. 선악과를 따 먹으라고 유혹합니다. 잘 삐치고 잘 넘어지고 세상적이고 육체적이고 음란을 좋아하도록 유혹합니다. 물질을 사랑하고 돈을 사랑하도록 유혹합니다.

그러므로 성도는 그 마음과 행실이 하나님의 말씀 앞에서 청초하도록 노력해야 합니다. 술람미 여인처럼, 주님 앞에 샤론의 수선화처럼 청초한 꽃으로 아름답게 피어나야 합니다.

"나는 사론의 수선화요 골짜기의 백합화로다"(아 2:1).

"(여자) 나는 샤론의 수선화, 골짜기에 핀 나리꽃이라오"(아 2:1, 표준새번역).

골짜기의 백합화

백합화를 표준새번역에서는 나리꽃으로 번역했습니다. 그러나 백합화가 나리꽃이고 나리꽃이 백합화입니다. 백합화는 순수함의 극치를 의미합니다. 우리나라와 마찬가지로 이스라엘에서도 백합화는 순수함과 순결을 의미합니다. 더구나 골짜기에 피어 있는 모습은 그야말로 순수함의 극치입니다.

정원에 피어 있는 백합화도 아니고 평야에 있는 백합화도 아니고, 저 골짜기에 있는 백합화를 생각해 보십시오. 사람의 손이나 발길이 닿지 않은, 세상의 때가 묻지 않은 골짜기에 피어 있는 한 송이 백합화를 생각해 보십시오. 때론 외롭기도 하겠지만 얼마나 고고하고 순결합니까?

하얀 꽃잎 위로 새벽의 이슬이 내리면 추위에 몸을 떨면서도 향기를 발하는 백합화, 비가 오면 젖은 눈으로 하늘을 보고, 바람이 불면 꽃잎으로 얼굴을 가리며 수줍게 피어나는 백합화, 오직 자연의 바람과 비와 햇빛만으로 피어나는 그 깊은 골짜기의 백합화는 사람의 손길이나 때가 전혀 묻지 않은 꽃입니다. 술람미 여인은 자기가 이런 꽃이라고 고백하고 있습니다.

성도들도 술람미 여인처럼 꽃이 되어야 합니다. 꽃 중에서도 골짜기의 백합화가 되어야 합니다. 부부간에도 골짜기의 백합화가 되어야 합니다. 부부 생활을 오래 하면 할수록 더 순수하고 순결한 백합화 같은 부부가 되어야 합니다. 더구나 성도는 신앙생활을 오래 할수록 더 고고하고 순수하고 기품 있는 백합화가 되어야 합니다.

믿음이 꼭 가시 달린 꽃, 독장미가 되어서 주님이 꽃 한 송이 꺾으려 하다가 손이 가시에 찔리게 해서는 안 됩니다. 주님이 가까이 오시지도 못하게 하는 그런 믿음은 안 됩니다. 초신자일 때에는 그렇게도 믿음이 순수했는데, 신앙 연조가 생기면서 신앙이 변질되는 사람들을 많이 보게 됩니다. 성도 간에 헐뜯고 제직회에서 싸우고, 목사를 못 잡아먹어서 안달하는 행태로 인해 한국 교회는 오래전부터 앓고 있습니다. 더욱 순수해져야 합니다. 샤론의 수선화같이, 골짜기의 백합화같이 더욱 순수해져야 합니다.

🎵 가시나무 가운데 백합화의 의미

1절에서 술람미 여인이 고백하니까, 솔로몬이 2절에서 받아서 예찬해 줍니다.

"여자들 중에 내 사랑은 가시나무 가운데 백합화 같도다"(아 2:2).

"(남자) 가시덤불 속에 핀 나리꽃, 아가씨들 가운데서도 나의 사랑 그대가 바로 그렇소"(아 2:2, 표준새번역).

술람미 여인은 자기를 골짜기의 백합화라고 고백했지만, 솔로몬은 한술 더 떠서 아예 가시덤불 가운데 백합화라고 합니다. 그러면 가시나무 가운데 백합화라는 말은 무슨 뜻일까요?

첫째, 술람미 여인(성도)의 고적함

가시나무 가운데 있는 백합화가 주는 이미지는 외로움과 고독함입니다. 고적하고 쓸쓸한 모습입니다. 높은 성에 갇힌 아리따운 공주처럼, 가시덤불 안에 한 송이 백합화가 갇혀 있습니다. 달빛도, 별빛도 가시에 찔릴까봐 다가가지 못합니다. 시원한 바람도, 신선한 새벽이슬도 마음껏 맞을 수 없습니다. 아무런 소리도 들리지 않습니다. 가시덤불의 음산한 숨소리와 폐허의 바람만이 황막한 벌판에 불고 있습니다.

바로 아가서 2장에 나오는 가시덤불 속의 백합화는 술람미 여인의 고적함을 의미합니다. 술람미 여인의 처지와 상황을 보면 고적하고 외로웠을 거라 짐작하고도 남습니다. 다른 여자들은 사치스러운 궁궐 생활로 잘 꾸미고 세련되어 보이는데, 술람미 여인만 검은 피부에 생머리를 땋고 촌스러운 모습이었으니 얼마나 이질감과 소외감을 느꼈겠습니까? 물론 솔로몬의 사랑을 한 몸에 받았지만 그들 무리 가운데서 고적한 존재라고 할 수 있습니다. 후궁이 1천 명이나 되는 그런 가운데 있었으니, 외롭고 쓸쓸하고 고적하다고 할 수밖에 없었을 것입니다. 그러나 그런 고적한 모습 때문에 술람미 여인은 솔로몬에게 사랑을 받은 것입니다.

부부간에도 마찬가지입니다. 특별히 여자는 고적함을 보이는 게 좋습니다. 내 남편 없으면 못살고, 내 남편이 나를 행복하게 해주고 즐겁게 해주어야만 나는 행복함을 느낄 수 있다고 해야 합니다. 그런데 "나는 남편 없이도 산다. 남편 없으면 더 좋아. 더 행복해"라고 말하는 여성들이 많습니다. 남자도 마찬가지입니다. "나는 아내 없으면 못산다"고 해야 합니다.

더구나 우리 주님 앞에서는 더더욱 그래야 합니다. 성도가 주님 앞에 좀 고적한 모습을 보여야 합니다. 주님이 없으면 살 수 없다고 해야 합니다. 주님이 기쁨 주시고 은혜 주시고 함께해 주셔야 살 수 있다고 고백해야 합니다. 그런데 "아, 나는 주님이 없이도 살 수 있어. 세상이 너무 좋아, 세상의 일락이 너무 좋아, 너무 기쁨이 넘쳐. 너무 행복해"라고 해서는 안 됩니다.

이런 사람은 샤론의 수선화, 골짜기의 백합화가 될 수 없습니다. 가시덤불 속의 백합화가 될 수 없습니다. 신자는 주님이 없으면 외로워야 합니다. 세상에서 외롭고 쓸쓸하고 고적해야 합니다. 더구나 영적인 사람은 더 그렇습니다. 세상에 어디 발붙일 데가 있습니까? 함께 어울릴 데가 어디 있습니까? 그러니 주님이 없으면 외로울 수밖에 없습니다. 아무리 돈이 많고 세상에서 갖출 것을 다 갖추어도 외로울 수밖에 없습니다.

그래서 성도는 이렇게 외로우니까 주님을 사모합니다. 그렇게 외로운 사람만이 주님 없으면 못산다고 고백할 수 있습니다. 항상 주님을 사모합니다. 이런 사람만이 주님의 임재를 사모하고, 주님과 동행함을 사모하고, 주님의 재림을 사모할 수 있습니다.

그런데 지금은 성도들이 너무나도 고적하지 않습니다. 주님이 없이도 너무 당당하고 신나게 살아갑니다. 시간이 부족해서 주님을 만나는 예배 시간까지 주님으로부터 빼앗아 갑니다. 그러니 주님이 은혜를 주고 싶어도 주실 수가 없습니다. 손양원 목사님은 주님을 위해 소록도에서 정말 외롭고 고적한 삶을 사셨습니다. 외딴 데서 외롭고 쓸쓸해도 주님을 사모하며 이런 노래를 부르셨습니다.

낮에나 밤에나 눈물 머금고
내 주님 오시기만 고대합니다
가실 때 다시 오마 하신 예수님
오 주여 언제나 오시렵니까.

고적하고 쓸쓸한 빈 들판에서
희미한 등불만 밝히어 놓고
오실 줄만 고대하고 기다리오니
오 주여 언제나 오시렵니까.

둘째, 술람미 여인(성도)이 받은 핍박

2절은 실은 술람미 여인이 처한 상황을 가장 잘 묘사해 주는 부분입니다. 그런데 이 묘사는 솔로몬의 눈을 통해서 이루어지고 있습니다. 솔로몬이 보기에 술람미 여인은 마치 가시덤불 속에 있는 백합화 같다고 합니다. 가시덤불은 무엇보다 그늘이 지고 가지가 많습니다. 바람이 불면 꽃이 가시에 찔려서 잘 자랄 수도 없습니다. 아픕니다. 상처가 납니다. 가시 때문에 새가 한 마리도 찾아오지 않습니다. 짐승들도 가까이 오지 않습니다. 너무나 아프고 상처받고 힘겨웠을, 외로웠을 술람미 여인의 삶을 솔로몬이 보고 이렇게 묘사하고 있는 것입니다.

그러나 그럴수록 꽃은 더 아름답게 피려고 안간힘을 씁니다. 그래서 그 모습이 더욱더 순결하고 청순하게 보일 수밖에 없습니다. 그리고 꽃이 가시에 찔릴수록 더욱 진한 향기를 발합니다. 향기가 온 사방에 진동합니다. 술람미 여인도 별것도 아닌 소작농 출신으로 궁에 들어왔다고 무시당하고 핍박을 당했을 것입니다. 그런데다 솔로몬 왕의 사랑을 받아서 주위로부터 더욱 시기를 받았을 것입니다. 솔로몬이 술람미 여인을 가시밭의 백합화라 불렀다는 점이 이를 뒷받침해 줍니다.

그런데 술람미 여인은 핍박을 받을수록 참고 견디며 더욱 솔로몬 왕을 사랑하는 것입니다. 마치 백합화가 가시에 찔리면 찔릴수록 더욱 그윽한 향내를 뿜어내는 것처럼, 술람미 여인은 시기와 질투와 핍박을 당할수록 더욱 인내하고 견뎌내어 청순하고 순결한 향내를 오직 솔로몬을 위해 내뿜었습니다. 그 결과 솔로몬과의 관계가 더욱 깊어집니다. 이런 술람미 여인의 모습을 보고 지금 솔로몬이 예찬하고 있는 것입니다.

여기 있는 저도 향기가 있습니다. 불신 가정에서 쫓겨나서 여기까지 오직 주님 한 분만을 사모하고 사랑하면서 달려온 향기가 있습니다. 아버지의 핍박에 한 번도 굴하지 않고 오직 주님만을 사랑한 향기가 있습니다. 비록 그 어려움과 핍박 속에서 굶고 못 입고 외면당하고 가난했지만, 주님 향한 맘으로 인해 더욱 주님께 드리는 백합화 향을 뿜어냈습니다. 그리고 지금은 섬김의 진리까지 터득해서 이렇게 향기를 발하고 있는 것입니다.

성도는 분명 향기를 지녀야 합니다. 그런데 향기는 그냥 나오는 것이 아닙니다. 핍박과 고난을 받으면서 향기가 나는 것입니다. 교회에서 누가 나를 핍박하면 그것에 감사해야 합니다. 복음을 전하다 핍박을 받으면 감사해야 합니다.

> "의를 위하여 박해를 받은 자는 복이 있나니 천국이 그들의 것임이라"(마 5:10).

> "나로 말미암아 너희를 욕하고 박해하고 거짓으로 너희를 거슬러 모든 악한 말을 할 때에는 너희에게 복이 있나니 기뻐하고 즐거워하라 하늘에서 너희의 상이 큼이라 너희 전에 있던 선지자들도 이같이 박해하였느니라"(마 5:11-12).

이 말씀처럼 핍박을 받는 일은 오히려 천국의 상급을 쌓는 축복의 기회입니다. 그러므로 견디고 인내하고 감사해야 합니다. 교회에서 자기를 핍박하고 푸대접하고 시기하고 질투하는 사람들이 있으면 오히려 감사해야 합니다. 그렇게 교회를 위해 몸 바쳐 섬겼는데도 오히려 방해와 불평의 소리를 들을 때는, 곧 하나님께 받을 상이 더욱 커진다는 사실을 기억해야 합니다.

그러므로 핍박이 와도 성도가 할 일은 감사할 것뿐입니다. 성도가 향기를 발하려면 가시에 찔려야 합니다. 가시에 찔려야 예수 향기를 나타낼 수 있습니다.

여러분이 가정생활에서 남편이나 아내한테 핍박을 받으면 받을수록 더 감사의 향기를 나타내십시오. 교회에서도 마찬가지입니다. 직장에서도 마찬가지입니다. 자신을 괴롭히고 핍박하는 사람이 있으면 더 감사해야 합니다. 가시덤불의 백합화는 가시에 찔릴수록 더욱 진한 향을 뿜어내듯이, 핍박과 고난 중에서도 향기를 나타내는 성도가 되어야 합니다.

끝으로, 핍박은 아무나 받지 않는다는 사실을 알아야 합니다. 일을 하는 사람만이 핍박을 받습니다. 주목을 받기에 질투를 받는 것입니다. 그냥 평신도로서 평범할 때는 핍박을 받지 않습니다. 그런데 담임목사님께 주목을 받고 성도의 사랑을 받으며 두드러지면 시기와 질투와 모함과 핍박을 받을 수 있습니다.

그러나 참된 성도는 그럴 때일수록 주님을 더 사랑하고 예수 향기를 더 발하게 됩니다. '아, 내게 하늘의 상이 크겠구나. 내가 이런 때일수록 예수 향기를 더 발해야겠구나.' 그러면 나를 핍박하고 질투하는 사람이 오히려 나의 공로자이고 나의 은인이 됩니다. 그래서 맘이 더 평안합니다. 이게 신앙의 역설적인 맛입니다. 그러면 술람미 여인이 솔로몬에게 더욱 사랑을 받았듯이, 주님께서 그 성도를 더 사랑해 주실 것입니다.

결국 가시밭의 백합화는 핍박받으면서 향기를 드러내는 성도의 모습을 보여줍니다. 성도가 받는 핍박의 최고 절정은 순교입니다. 백합화는 꺾어 보아야 더 진한 향기를 맡을 수 있습니다. 한 송이 꺾어서 코에 갖다 대면, 그 향기가 폐부에까지 스며들어 영원히 지워지지 않을 것만 같습니다. 정말 향기롭습니다. 마찬가지로, 성도의 진짜 향기는 자연 그대로의 모습일 때보다 꺾일 때 나타납니다. 그것이 바로 순교입니다. 주님이 꺾으셔서 코에 대면 그게 바로 순교인 것입니다.

그런데 순교는 아무나 합니까? 그래서 간접 순교, 살아 있는 순교라도 하는 것입니다. 그러니 핍박을 받을 때 잘 참아야 합니다. 감사가 안 나오면 감사가 나올 때까지 인내하고 인내해야 합니다. 어떻게 참을 수 있을까요? 주님의 십자가를 붙잡고 참아야 합니다. 가시 면류관을 보고 참아야 합니다. 주님도 십자가를 지고 로마 군병의 채찍에 맞으면서 얼마나 참으셨습니까? 그 주님의 십자가를 보고 참아야 합니다. 그게 살아 있는 순교입니다.

괴로울 때 주님의 얼굴 보라 평화의 주님 바라보아라
세상에서 시달린 친구들아 위로의 주님 바라보아라
눈을 들어 주를 보라 네 모든 염려 주께 맡겨라
슬플 때에 주님의 얼굴 보라 사랑의 주님 안식 주리라.

10

임이여, 날 품어주소서

"남자들 중에 나의 사랑하는 자는 수풀 가운데 사과나무 같구나 내가 그 그늘에 앉아서 심히 기뻐하였고 그 열매는 내 입에 달았도다 그가 나를 인도하여 잔칫집에 들어갔으니 그 사랑은 내 위에 깃발이로구나 너희는 건포도로 내 힘을 돕고 사과로 나를 시원하게 하라 내가 사랑하므로 병이 생겼음이라 그가 왼팔로 내 머리를 고이고 오른팔로 나를 안는구나 예루살렘 딸들아 내가 노루와 들사슴을 두고 너희에게 부탁한다 내 사랑이 원하기 전에는 흔들지 말고 깨우지 말지니라" (2:3-7)

그대는 수풀 속의 사과나무

아가서 1장의 배경은 침실, 2장의 배경은 산과 들로 옮겨지지만 실제로 솔로몬과 술람미 여인이 있는 곳은 침실입니다. 2장은 달콤하고 은밀한 사랑의 속삭임이 끝난 후 침실에서 솔로몬이 술람미 여인을 품에 안은 채 주고받는 예찬과 고백입니다. 서로 주고받는 그 고백은 이렇습니다.

술람미 여인이 "나는 샤론의 수선화요 골짜기의 백합화로다"라고 먼저 고백합니다. 그러자 솔로몬이 "여자들 중에 내 사랑은 가시나무 가운데 백합화 같도다"라고 답합니다. 그런데 2장 3절에 술람미 여인이 또 아주 감동적인 고백을 솔로몬에게 합니다.

"남자들 중에 나의 사랑하는 자는 수풀 가운데 사과나무 같구나 내가 그 그늘에 앉아서 심히 기뻐하였고 그 열매는 내 입에 달았도다"(아 2:3).

"(여자) 숲 속 잡목 사이에 사과나무 한 그루, 남자들 가운데서도 나의 사랑 임이 바로 그렇다오. 그 그늘 아래 앉아서, 달콤한 그 열매를 맛보았어요"(아 2:3, 표준새번역).

술람미 여인이 솔로몬을 수풀 가운데 있는 사과나무 같다고 합니다. 그 사과나무 아래 술람미 여인이 앉아 뜨거운 볕을 피해 잠시 숨을 돌리기도 하고, 향긋하고 맛있는 사과가 열리면 따서 목을 축이기도 했을 것입니다.

지금 술람미 여인은 꿈을 꾸는 것만 같습니다. 솔로몬의 품에 누워서 세상에서 가장 달콤하고 황홀한 고백과 푸름이 가득한 사랑을 한없이 받고 있으니, 꿈인지 현실인지 분간이 안 될 정도였을 것입니다. '내가 어쩌다가 이렇게 행복한 여자가 되었단 말인가? 내가 어쩌다 이런 행복한 여자가 되어 솔로몬의 사랑을 한 몸에 받고 있단 말인가?'

술람미 여인은 이렇게 황홀하게 그의 품에 누워 살며시 눈을 감고 솔로몬과의 첫 만남을 회상하는 듯합니다. 구약신학자 아이론 사이더에 의하면, 술람미 여인과 솔로몬은 사과나무 아래서 처음 만났습니다. 솔로몬 왕은 모든 군사와 경호원들을 물리치고 왕이 아닌 한 남자로서 사과나무 아래 있는 술람미 여인에게 다가갔습니다. 그리고 솔로몬은 그 사과나무 그늘 아래서 그녀와 눈을 마주치고 사랑을 처음 고백했습니다.

게다가 그 사과나무는 술람미 여인이 솔로몬을 만나기 전에도 고생하는 그녀에게 시원한 그늘과 맛있는 과실로 큰 위로가 되어주고 쉼터가 되어주었습니다. 어쩌면 힘들었던 그 시절, 사과나무가 술람미 여인의 유일한 위로요 안식처였는지도 모릅니다. 이제 술람미 여인은 그보다 더한 사랑과 위로와 안식을 솔로몬의 품속에서 누리고 있는 것입니다. 그래서 술람미 여인은 솔로몬을 수풀 가운데 있는 사과나무로 노래합니다. 지금 술람미 여인은 그 첫 만남의 순간을 회상하고 있습니다.

그런데 지금 여기서 술람미 여인이 그 고백을 하기 전에 이 말을 덧붙였습니다. "남자들 중에 나의 사랑하는 자"라고 합니다. 많은 학자들이 술람미 여인이 처녀였던 것은 사실이지만 술람미 여인에게도 첫사랑이 있었다고 합니다.

누구나 첫사랑을 경험합니다. 이것은 인간으로 태어났다면 갖게 되는 아주 보편적인 경험입니다. 첫사랑은 인간으로 태어나서 처음 경험해 보는 감정 세계라 정말 순수하고 이상적이며 아름답습니다. 이 첫사랑의 경험은 한 사람의 운명을 바꾸기도 합니다. 기억에서 평생 지워지지 않습니다.

한국인의 가슴에 가장 와 닿는 순수한 첫사랑 이야기를 꼽으라면 주저 없이 황순원의 《소나기》라 할 수 있습니다. 《소나기》에는 시골 소년과 서울 소녀의 순정 만화 같은 첫사랑의 이야기가 아주 서정적이고 아름답게 펼쳐져 있습니다. 서울 소녀는 시골 소년과 가까워지고 싶고 친해지고 싶어 합니다. 그런데 이 시골 소년은 무뚝뚝하고 감정 표현이 없고 아무것도 모릅니다. 소녀는 자기가 몸이 약하고 병에 걸려서 죽을지도 모른다는 사실을 알고 있었기 때문에 더 소년과 가까워지고 싶어 합니다.

그러다가 소녀가 소년에게 비단 조개를 보여주면서 가까워지게 되고, 함께 산에 가게 되었는데 그때 소나기가 내립니다. 이때 소나기가 내려야 이야기가 되는 것입니다. 그래야 소년이 소녀를 등에 업고 개울을 건널 때 분홍 스웨터 앞자락에 풀물이 묻는 것입니다.

이제 소년도 소녀에 대한 애틋한 그리움을 가지고 개울가에서 소녀를 기다립니다. 그런데 어느 날부턴가 소녀가 보이지 않습니다. 좀 활발하고 적극적인 아이 같으면 동네 아이들한테 물어보기라도 할 텐데, 이 소년은 아무 말도 못하고 그냥 기다리기만 합니다.

그러던 어느 날 밤, 소년이 소녀에게 주려고 했던 호두알을 만지작거리며 누워 있는데, 마을에 갔던 아버지가 돌아와서 어머니에게 이런 말을 합니다. "윤 초시네 손녀딸이 죽었대……. 어린것이 불쌍하기도 하지. 그런데 죽으면서 자기가 입던 옷을 그대로 입혀서 묻어 달라는 말을 했다는 거야……." 소년은 아버지가 하는 말을 그저 호두알을 만지작거리며 듣기만 합니다.

황순원의 《소나기》에 나오는 소녀와 소년의 첫사랑 이야기입니다. 얼마나 아름답습니까? 가슴이 너무도 아려 아픈 이야기지만, 외로운 겨울 밤하늘에 깨질 듯이 빛나는 별처럼 우리네 가슴께에 뭔가가 고입니다. 이게 첫사랑입니다.

그런데 술람미 여인의 고백을 보면 그런 순수한 첫사랑의 감정, 좋은 마음이 있어도, 아니 그것이 사실인지 아닌지도 모르지만 설령 그런 첫사랑의 마음이 있었다고 해도, 그것은 지금 아무것도 아니라는 것입니다.

"남자들 중에 나의 사랑은 수풀 가운데 사과나무 같구나." 이것은 한마디로, 솔로몬과의 사랑이 전혀 후회가 없는 사랑이라는 말입니다. 동네 목동들하고는 비교도 안 됩니다. 술람미 여인에게도 가슴 설레는 첫사랑이 있었고, 먼발치에서 힐끗 쳐다보아도 행복하고 좋았던 짝사랑하던 사내들이 있었을 것입니다. 그러나 지금은 솔로몬과 그들을 비교하기도 싫을 것입니다. 왜냐하면 지금 술람미 여인에게 솔로몬은 이 세상 최고의 남자이기 때문입니다. 유일한 위로요, 안식처요, 행복의 근원입니다. 솔로몬이 너무나도 사랑해주고 황홀하게 해주고 있기 때문입니다.

솔로몬의 사랑이 더 위대하고 좋은 이유는, 자신이 왕이라는 권위를 내세우지 않았기 때문입니다. 솔로몬은 절대 권력을 소유한 왕이었습니다. 그래서 군사를 시켜서 술람미 여인을 강제로 솔로몬의 처소에 들게 하여 잠자리를 같이할 수도 있는 위치였습니다. 마치 신관 사또가 춘향이에게 강제 수청을 명했던 것처럼 말입니다.

그러나 솔로몬 왕은 그렇게 하지 않았습니다. 솔로몬은 정말 술람미 여인에게 순수한 사랑을 느꼈기 때문에, 모든 군사와 경비병들을 물리치고 혼자 한 남자로서 술람미 여인에게 다가가서 구애했습니다. 그 사랑이 얼마나 순수하고 애절하고 가슴 설레었으면, 평생 잊지 못하고 훗날 아가서로, 노래 중의 노래로 남겼겠습니까?

처음에 솔로몬 왕이 다가갔을 때 술람미 여인은 자꾸 도망갔을 것입니다. 그런 술람미 여인의 모습에 솔로몬은 무척 긴장했을 것입니다. 그런데 부인이 1천 명이나 되는 솔로몬은 여자 경험이 많습니다. 반면에, 술람미 여인의 경우는 달랐습니다. 이상하게도 숨이 가쁘고 부자연스럽고 떨리는 게 마치 황순원의 《소나기》에 나오는 소년처럼 애틋하고 그립습니다.

그때 술람미 여인은 고개도 들지 못하고 두려워하며 이렇게 말했을 것입니다. "난 포도원에서 일하는 시골 촌뜨기 여자에 불과한데, 어찌 제가 제국을 다스리시는 폐하의 사랑을 받을 수 있겠습니까?"

그러자 솔로몬 왕은 아마 이렇게 고백했을 것입니다. "술람미 여인이여, 내가 그렇게 부담이 되오? 그렇게 내가 싫다는 말이오? 난 오늘 왕으로서 당신을 찾아온 것이 아니라 한 남자로서 찾아온 거요. 난 오늘 그대를 데려가지 않고 그대로 두고는 결코 왕궁으로 들어갈 수 없소. 지금 난 그대 앞에 왕으로서 서 있는 것이 아니라 한 남자로 순수하게 사랑을 고백하며 서 있는 거요. 그대에게 다가온 나 솔로몬을 그대가 받아주지 않는 한, 난 이곳을 떠나지 않을 것이오. 술람미 여인이여, 그렇게 내가 부담이 되오? 왜 나를 그렇게 받아주지 않는 거요?"

그랬을 때, 아니 조그만 나라도 아니고 고대 근동의 황제가 왕의 체통을 버리고 한 남자로서 찾아왔을 때 술람미 여인이 어떻게 거역하겠습니까? 술람미 여인이 자기도 모르게 그 젖은 눈동자로, 그 샤론의 수선화요 골짜기의 백합화 같은 순결한 얼굴빛으로 솔로몬을 받아들입니다.

이때, 솔로몬이 술람미 여인에게 다가가서 포옹을 했든지 입을 맞추었을 것입니다. 솔로몬이 노련하게 술람미 여인에게 다가간 것이 아닐 것입니다. 아마 긴장하고 떨렸을 것입니다. 바로 그때, 술람미 여인의 눈에 비친 솔로몬의 모습은 마치 한 그루의 사과나무처럼 보였을 것입니다. 솔로몬의 얼굴이 불그스름하게 익은 한 그루 사과나무처럼 발개졌기 때문입니다. 왕이지만 진정한 사랑 앞에서는 초조하고 긴장되고 애틋한 감정에, 자기도 모르게 얼굴이 홍당무처럼 붉게 변할 수밖에 없었습니다. 왕도 진정한 사랑을 할 때는 다 똑같습니다. 그런 모습이 술람미 여인의 눈에 한 그루의 사과나무처럼 보인 것입니다.

그런 솔로몬을 보고 술람미 여인이 너무나 감사하고 사랑의 마음이 들어서 이런 고백을 했을 것입니다. "내가 무엇이관데 이처럼 사랑을 해주시나요? 어찌 나와 같은 미천한 계집을 제국을 다스리는 지존하신 폐하께서 사랑해 주실 수 있나요? 어찌 제가 폐하의 숨결을 이처럼 가까이에서 들을 수 있나요?"

왕이 자신을 너무나 소중하게 챙겨주고 사랑해 주니 술람미 여인은 심히 기뻐합니다. 너무나 행복해서 감격해합니다. 그럴 때 아마 솔로몬이 괜히 멋쩍어서 사과를 따서 술람미 여인에게 주면서, 포도원에서 일하느라 얼마나 피곤했냐며 위로를 건넸을 것입니다. 그리고 자기도 함께 사과를 베어 먹었을지도 모릅니다. 그때 그 사과가 얼마나 맛있었겠습니까? 솔로몬이 왕으로서가 아니라 한 남자로서 다가와서 전 인격과 전 존재를 다해서 사랑해 주고 포옹해 주며, 그 어색하고 초조한 입술로 입맞춤을 해주고, 그윽한 눈동자로 사과를 따 주었을 때 그 사과가 아주 달았다는 것입니다.

아가서 2장 3절은 그 일에 대한 술람미 여인의 회상입니다.

🎵 사과처럼 달콤했던 사랑을 회상하라

부부간에도 마찬가지입니다. 싸우고 헤어지고 싶어도 처음 만났던 그 순간을 기억해야 합니다. 그러면 우리가 사랑을 할 수밖에 없습니다. 빵 사온다고 기다리고, 그냥 가도 되는데 바래다준다고 몇 킬로미터를 걸어서 함께 갔던 그런 사랑, 그 아름다운 때를 생각해야 합니다.

하물며 우리 주님 앞에는 더 그래야 합니다. 우리는 이전에 주님보다 다른 것들을 사랑했잖습니까? 지식, 돈, 권세, 향락, 자식 등에 얼마나 집착하고 매달렸습니까? 그런데 예수님을 만나서 지금 이렇게 행복하게 살아가고 있지 않습니까? 그러므로 우리도 이렇게 고백을 해야 합니다. "옛날에는 지식, 돈, 권력, 향락에 집착하고 갈망하며 그것을 맛보아 왔지만, 이제는 우리 주님이 제일 좋아요. 우리 주님보다 더 좋은 분 없어요. 우리 예수님보다 더 좋은 게 없어요." 이런 고백을 하는 사람은 술람미 여인처럼 고백할 수 있습니다. "수풀 가운데 사과나무와 같다."

우리는 수풀과 같은 황량한 세상을 살고 있습니다. 수풀에 뭐 먹을 게 있습니까? 마찬가지로, 세상에는 안식이나 기쁨이 없습니다. 참된 쉴 곳도 없습니다. 그런데 그런 수풀 속의 사과나무 되시는 예수 그리스도, 생명나무 되시는 예수 그리스도, 그 아래서만 우리는 참된 안식과 평안을 얻을 수 있습니다. 거기서만 진정한 기쁨과 평안을 얻을 수 있습니다. 그리고 여러분, 그 사과나무 아래서 여러분이 사과를 따 먹는 것을 생각해 보십시오. 얼마나 맛있겠습니까? 얼마나 달콤하며 황홀한 맛이겠습니까?

옛날에는 사과를 능금이라 불렀습니다. 시골에서 운동회를 할 때 사과 장수가 리어카에 사과를 담아 왔습니다. 그리고 그는 리어카에 있는 그 사과를 닦아 윤을 냈습니다. 사과를 닦아 놓으면 얼마나 빛나는지 모릅니다. 그냥 먼지떨이로 털고 수건으로만 닦아 놓아도 사과가 빛이 나서 정말 탐스럽고 먹음직스럽게 보입니다. 보고만 있어도 그냥 저절로 입 안에 군침이 생깁니다.

그것 하나 누가 사주면 칼로 자르지도 않고 손으로 두 동강을 내서 한입 크게 베어 먹고 싶었습니다. 한입 베어 먹을 때 과육이 터지면서 새콤한 사과즙이 입술을 적시고 혀를 감도는 맛있는 상상에, 군침이 팍 돌았습니다. 그런데 그때는 사과를 사 먹을 돈이 없었습니다. 끼니 때우기도 어려울 때인데 어디 사과를 사 먹을 수 있었겠습니까?

요새는 과수 농원에서 사과 체험 프로그램이 있어서 직접 가서 따서 바로 먹을 수 있습니다. 탐스럽게 붉게 익은 사과 하나 따서 옷에 비벼 닦은 후 한입 '확' 베어 먹습니다. 달콤하고 새콤한 과즙이 흘러나와 온 입을 적십니다. 시원한 산들바람이 불어 맘까지 개운해집니다.

성도가 예수 믿는 재미, 예수 믿는 기쁨이 바로 이처럼 달콤하고 새콤하고 너무도 황홀한 것입니다. 이 맛을 느낄 수 있어야 합니다. 그래서 우리가 정말, "나 같은 것이 무엇이관데 나를 이렇게 사랑해 주시고, 내가 무엇인데 주님이 나를 선택하고 불러 주셔서 이렇게 예수 믿게 되었을까? 나는 매번 뺀질뺀질하면서 예수 안 믿으려고 도망 다녔는데 주님이 나를 쫓아다니면서 사랑한다고 해서 예수님 믿게 되었는데, 예수 믿고 보니까 너무너무 좋아요"라고 고백할 수 있어야 합니다.

예수 안 믿는 사람들을 보면 답답합니다. 예수 믿는 재미가 사과나무 아래서 사과 따 먹는 재미보다 더 달콤하고 좋습니다. 어떤 사람은 십일조를 해도 재미가 없고, 교회 나와도 재미가 없다고 합니다. 돌감나무에서 돌감이나 따 먹고 생감이나 먹는 것처럼 그렇게 예수 믿는 사람도 있습니다. 그런데 술람미 여인처럼 솔로몬의 사랑을 깨달은 성도는 예수 믿는 재미가 있습니다. 사과나무 아래서 사랑을 속삭이며 사과를 따 먹듯, 매일매일 순간순간 즐거움과 기쁨과 환희와 감격 가운데서 예수를 믿습니다.

잔칫집 인생

이렇게 황홀한 술람미 여인은 더 나아가 이렇게 고백합니다. 솔로몬 왕이 자기를 인도하여 잔칫집에 들어갔다고 합니다. 그리고 그 사랑이 자신 위에 깃발처럼 펄럭이고 있다고 합니다.

"그가 나를 인도하여 잔칫집에 들어갔으니 그 사랑은 내 위에 깃발이로구나"(아 2:4).

"임은 나를 이끌고 잔칫집으로 갔어요. 임의 사랑이 내 위에 깃발처럼 펄럭이어요"(아 2:4, 표준새번역).

잔칫집에 들어갔다는 말은, 실은 포도주가 있는 집이라는 뜻입니다. 포도주가 있는 집이 잔칫집입니다. 언제나 이스라엘에서는 잔칫집에 포도주가 있었습니다. 포도주가 있는 곳에는 흥과 노래가 있었습니다. 궁중의 별실에는 포도주가 있었습니다. 그래서 그 포도주를 마시고 그 흥에 겨워 노래를 부르고 춤을 추었습니다.

지금 솔로몬은 술람미 여인을 사랑할 때 완전히 잔칫집으로 그녀를 인도했다는 말입니다. 어떤 사람은 사랑할 때도 초상집같이 해주는 사람이 있습니다. 울리고, 스트레스 받게 하고, 죽고 싶게 하고, 헤어지고 싶게 하는 등의 초상집 같은 사랑의 분위기를 자아내는 사람이 있습니다.

그러나 솔로몬은 잔칫집 같은 사랑을 해주었습니다. 한마디로 술람미 여인은 솔로몬의 사랑을 받고 나서 잔칫집 인생으로 바뀌어 버린 것입니다. 완전히 사랑에 취해 살아가게 되었습니다. 잔칫집의 즐거움과 기쁨에 푹 빠져서 살아가게 되었습니다.

부부 관계도 그래야 합니다. 초상집 부부가 아니라 잔칫집 부부가 되어야 합니다. 초상집 부부는 늘 '네 탓, 네 탓' 하면서 "우리는 서로 만나지 말았어야 해. 너는 어쩌면 그렇게 송장같이 생겼냐?"는 등의 말만 주고받습니다. 그러나 잔칫집 부부는 늘 흥이 돌아 있습니다. 흥이 도니까 노래가 나오고 춤이 나오고 항상 즐겁고 기쁩니다.

하물며 우리 주님 앞에서는 더 그래야 합니다. 신앙생활이 잔칫집 신앙생활이 되어야 합니다. 예수님 믿는 게 좋아서 기뻐서 울어야지, 항상 초상집 기분으로 불평하고 원망하고 짜증을 내면 안 됩니다. 언제나 주님 믿는 재미와 기쁨이 넘쳐야 합니다. 우리는 술 취한 사람보다 더 성령에 취해서 기쁨이 넘쳐야 합니다. 그래서 우리 마음이 심령 천국이 되어야 합니다. 하나님 나라는 먹고 마시는 것이 아니라 성령 안에서 의와 평강과 희락이라고 했습니다(롬 14:17). 바로 이것이 주 안에서 누리는 아름다운 잔칫집의 모습이 아니겠습니까?

성도는 모두 이런 사람이 되어야 합니다. 봉사해도 즐겁고, 십일조 해도 즐겁고, 교회 와서 청소를 해도 즐겁고, 교사 하고 전도하고 양육하고 식당 봉사, 주차장 봉사를 해도 즐거운, 잔칫집을 만들어 가야 합니다.

♩ '깃발처럼 펄럭인다' 의 의미

그러면 잔칫집의 결과가 무엇일까요? 바로 술람미 여인에게 있어 솔로몬은 자신의 깃발이라고 합니다. '님의 사랑이 내게 깃발처럼 펄럭인다' 고 합니다. 즉 솔로몬이 자신에게 깃발이 되어 준다는 말입니다. 그러면 '깃발처럼 펄럭인다' 는 말의 의미가 무엇일까요?

첫째, 경계의 의미입니다

깃발은 경계를 의미합니다. 지난번에 참전 용사 초청 행사 때 가 보았더니, 개성동 마을에는 태극기가 펄럭이고, 개성동 맞은편 ○○마을에는 인공기가 펄럭이고 있었습니다. 그쪽에는 인공군이 지키고, 여기는 국군이 지키고 있다는 뜻입니다. 이렇게 깃발은 경계를 의미합니다.

둘째, 보호의 의미입니다

깃발은 경계만을 의미하는 것이 아니라 보호를 의미합니다. 태극기가 있는 곳은 국군이 지키고, 인공기가 있는 곳은 인공군이 지켜 서로를 보호하는 것입니다.

셋째, 앞세움의 의미입니다

우리가 어디든지 나갈 때 깃발을 앞세웁니다. 옛날에 왕이나 군대가 전진할 때 왕의 깃발을 앞세우고 나갔습니다. 이렇게 깃발은 앞세움을 의미합니다.

넷째, 승리의 의미입니다

전쟁이나 운동 경기에서 승리할 때 깃발을 펄럭이지 않습니까? 마찬가지로 술람미 여인에게 지금 솔로몬은 승리의 깃발인 것입니다. 술람미 여인도 처음에는 창피했습니다. 자신의 출신 성분과 촌스러움 때문에 어색했습니다. 자기가 생각해도 자신은 저 아름다운 궁녀들 가운데 가장 촌스럽고 볼품없는데, 이렇게 왕의 사랑을 받으니 얼마나 어색했겠습니까? 그러나 솔로몬이 자기만 사랑하고 자기를 사랑하되 온몸과 온 정력을 다해서, 전 인격을 다해서 사랑하니까 자기 마음이 잔칫집이 된 것입니다. 이제는 완전히 자신감이 생겼습니다. 그래서 솔로몬 왕이 술람미 여인의 깃발이 된 것입니다.

그러므로 이 구절이 주는 교훈은 성도에게 있어서 주님이 깃발이 되어 주시면 주님이 친히 우리의 경계가 되고, 보호가 되고, 승리가 되어 주신다는 것입니다. 주님이 나의 방어가 되고, 승리가 되고, 깃발이 되십니다. 이제는 자신만만하게 주님을 앞세워 승리할 수 있습니다. 주님의 사랑을 깊이 경험하면 주님이 나의 보호가 되고, 경계가 되시고, 나를 인도해 주시고, 나의 승리가 되어 주신다는 말입니다.

출애굽기 17장 15절에 "여호와는 나의 깃발이시라" 했습니다. 아말렉 족속이 이스라엘을 급습했을 때, 이스라엘은 아말렉을 대항하여 하나님의 권능의 보호 아래 대승을 거두고, 여호와 하나님을 위해 감사의 제단을 쌓았습니다. 그리고 그 제단의 이름을 '여호와 닛시'라 했습니다.

술람미 여인처럼 주님을 사랑이라 고백하는 자, 주님의 사랑에 흠뻑 빠져 사는 자에게는 삶의 흥과 기쁨이 있고 잘되며, 주님이 친히 승리의 깃발이 되어 주십니다. 승리의 보장이 되어 주십니다. 그러므로 언제나 주님의 사랑과 깊은 은혜 가운데 살아야 합니다.

🎵 사랑의 아름다운 극치, 상사병

그런데 이런 사랑의 결과는 또 다른 극치를 낳기도 합니다. 정반대의 극치가 되기도 합니다. 그러나 이 극치는 참으로 아름다운 극치입니다. 그것은 바로 아름다운 사랑의 상사병입니다.

"너희는 건포도로 내 힘을 돕고 사과로 나를 시원하게 하라 내가 사랑하므로 병이 생겼음이라"(아 2:5).

"건포도 과자를 주세요. 힘을 좀 내게요. 사과 좀 주세요. 기운 좀 차리게요. 사랑하다가, 나는 그만 병들었다오"(아 2:5, 표준새번역).

마침내 술람미 여인은 솔로몬을 너무도 너무도 사랑하다가 솔로몬의 품에서 상사병이 나버렸습니다. 술람미 여인이 큰 사랑을 받고 나서 아주 잔칫집이고 깃발이라고 고백하고 나더니, 사랑의 극치와 절정을 경험하고 갑자기 상사병이 난 것입니다.

상사병은 무엇입니까? 너무 사랑해서 병이 난 것입니다. 지금 술람미 여인은 눈부시도록 화려한 사랑을 받았습니다. 가슴이 멈춰 버릴 정도의 감동적인 사랑을 받았습니다. 한편으로 생각할 때는 너무나 황홀하고 감격스럽지만, 다른 한편에서는 이런 생각이 들었을 것입니다. '내가 이런 사랑을 받다가 언젠가 사랑이 끝나지는 않을까? 이렇게 나를 사랑했던 솔로몬 왕이 나보다 다른 여인을 더 사랑하지 않을까? 나를 그렇게 사랑했던 것처럼 사랑이 다른 여자에게 옮겨 가지는 않을까?'

그래서 너무 사랑하다 보면, 사랑하는 사람의 품에 있으면서도 그 속에 들어가서 그리워하는 것입니다. 술람미 여인이 지금 그런 사랑 속에 있습니다. 그러니까 영적인 상사병에 걸린 것입니다. 영혼과 마음이 지쳐 버렸습니다. 그래서 건포도로 힘을 얻게 하고 사과로 시원하게 해 달라고 말하는 것입니다.

포도와 사과에는 당분이 있습니다. 이것을 먹으면 힘이 납니다. 그러나 그 때문에 지금 건포도와 사과를 갖다 달라는 말이 아니라,

10. 임이여, 날 품어주소서

그만큼 자기가 상사병이 나서 지쳐 있다는 말입니다. 이 얼마나 아름다운 모습입니까?

부부간에 이렇게만 살면 얼마나 좋겠습니까? 꿈같은 얘기입니다. "더우니까 저리 가. 입 냄새 나니까 저리 가!"라며 서로 밀어냅니다. 그러나 그렇게 짜증 내지 말고 "그대가 곁에 있어도 나는 그대가 그립다"는 류시화의 시, 술람미 여인의 시로 서로 고백해야 합니다. 그렇게 살아야 합니다.

주님 앞에서는 더욱 그래야 합니다. 우리도 주님 사랑에 너무나 미치고 감격해서 병이 날 때가 있어야 합니다. 주님을 너무 사랑해서 영적인 병이 나고 상사병이 나야 합니다. 그래서 시편 기자는 주님의 말씀을 꿀보다 더 달다고 합니다.

"주님의 말씀, 그 맛이 내게 어찌 그리도 단지요? 내 입에는 꿀보다 더 답니다"(시 119:103, 표준새번역).

또한 시편 기자는 주님의 은혜와 말씀을 너무도 사모하여 헐떡거리며 사랑한다고 합니다.

"내가 주의 계명을 너무나도 사모하므로, 입을 벌리고 헐떡입니다"(시 119:131, 표준새번역).

얼마나 깊이 사모하는지 내 마음이 상하기까지 했다고 합니다. 이뿐만 아니라 다니엘은 주님의 환상을 보고 몸에 힘이 빠졌고, 그의 아름다운 빛이 변하여 썩은 듯하였고, 그의 힘이 다 없어졌다고 고백합니다.

> "그러므로 나만 홀로 있어서 이 큰 환상을 볼 때에 내 몸에 힘이 빠졌고 나의 아름다운 빛이 변하여 썩은 듯하였고 나의 힘이 다 없어졌으나"(단 10:8).

다윗은 암사슴처럼 목마르게 주님을 사모했습니다.

> "하나님이여 사슴이 시냇물을 찾기에 갈급함같이 내 영혼이 주를 찾기에 갈급하니이다"(시 42:1).

뿐만 아니라 다윗은 주의 궁정을 너무나 사모해서 쇠약해졌다고 고백합니다.

> "내 영혼이 여호와의 궁정을 사모하여 쇠약함이여 내 마음과 육체가 살아 계시는 하나님께 부르짖나이다"(시 84:2).

이와 같이 성도는 주님을 사모해야 합니다. 주님을 너무 사모하고 주의 일을 하고 전도하고 봉사하다 병들 때도 있어야 합니다. 너무 열심히 한 나머지 몸살도 나고 감기에 걸려 끙끙거릴 때도 있어야 합니다. 또 주님을 사랑하고 너무 주님의 일을 열심히 하다가 마음이 아플 때도 있어야 합니다. 그냥 교회에 다니며 예수를 보통으로 믿으면 누가 뭐라고 하지도 않습니다. 그런데 열심히 주의 일을 하고 주목을 받으면 지탄을 받고 손가락질 받을 때가 있습니다. 그럴 때마다 마음이 너무 아픕니다. 그렇게 아플 때가 성도라면 분명히 있습니다. 속이 상하고 마음이 상하고 육체도 쇠하고 속상할 때가 있습니다.

그러나 중요한 사실은, 아무나 이런 고난을 받는 게 아니라는 것입니다. 주님을 사모하는 사람에게만, 주님을 사랑하고 죽도록 충성하는 사람에게만 이런 고난과 시련이 옵니다. 그러므로 이것은 결코 수치가 아닙니다. 오히려 큰 영광입니다. 주님 앞에 인정받을 수 있는 길입니다.

이런 사람에게 누가 위로를 해주십니까? 사람의 위로는 기대해서는 안 됩니다. 물론 사람이 위로해 주면 좋지만, 사람은 할 수만 있으면 깎아내리는 게 습성입니다. 진정 위로해 주시는 분은 주님이십니다. 그렇게 홀로 눈물 흘릴 때 주님이 위로를 해주시는 것입니다. 주님이 인정해 주시고 위로해 주시는 것입니다. 어떻게 위로해 주십니까?

"그가 왼팔로 내 머리를 고이고 오른팔로 나를 안는구나"(아 2:6).

"임께서 왼팔로는 나의 머리를 고이시고, 오른팔로는 나를 안아주시네"(아 2:6, 표준새번역).

솔로몬이 술람미 여인을 어떻게 안았습니까? 왼팔로 머리를 고이고 오른팔로 안아주었습니다. 그러니까 그 순간, 술람미 여인은 영적인 상사병, 모든 마음의 병이 다 고침을 받은 것입니다. 너무 회복되고 새로워져 황홀해진 것입니다. 언제 아팠는지 모를 정도로 지금 황홀하고 감격하고 행복해졌습니다. 그래서 7절에서 이렇게 고백합니다.

"예루살렘 딸들아 내가 노루와 들사슴을 두고 너희에게 부탁한다 내 사랑이 원하기 전에는 흔들지 말고 깨우지 말지니라"(아 2:7).

"예루살렘의 아가씨들아, 노루와 들사슴을 두고서 부탁한다. 우리가 마음껏 사랑하기까지는, 흔들지도 말고 깨우지도 말아 다오"(아 2:7, 표준새번역).

이것은 문학적 표현입니다. 노루에게 부탁한다는 말은 이런 뜻입니다. "심지어 노루도 들사슴도 부스럭거리지 말아라. 나는 이대로가 좋다. 이대로 죽어도 좋다. 왕이여, 이대로 죽어도 좋습니다. 당신이 원하시기만 한다면 아침에 밥 안 먹어도 좋습니다. 당신의 품에서 영원히 이렇게 잠들고 싶습니다." 즉, 술람미 여인은 여자의 절대 만족을 고백하고 있습니다.

이와 같이, 하나님을 사랑하여 상사병이 난 성도를 하나님께서 왼손으로 머리를 고이고, 오른손으로 안아주십니다. 왼손은 무엇입니까? 위로의 손이요, 오른손은 무엇입니까? 보호의 손이라고 표현할 수 있습니다. 주님의 피 흘린 손, 축복의 손, 사랑의 손으로 우리의 머리를 괴어 주시고 우리를 안아 주십니다. 그러면 주의 일 하다가 사람한테 들었던 핍박과 손가락질, 수군거림, 주님 일 하다가 지치고 힘들었던 모든 것이 주님이 나를 안아주시고 품어주실 때 한순간에 해결됩니다. 불평과 짜증, 원망, 상사병, 영육의 질병이 모두

다 말끔히 사라져 버립니다.

우리 주님이 안아주시면 영육 간의 병, 암, 종양도 다 고쳐집니다. 마음의 상처, 서운함, 괴로움, 슬픔 등 다 고쳐주십니다. 그래서 성도는 주님이 안아주시면 주님 앞에 술람미 여인처럼 고백합니다. "주여, 이대로가 좋습니다. 혹시라도 내가 주님을 떠날까, 주님이 나를 떠나실까 두렵습니다. 저는 이대로가 좋습니다. 주님이 이렇게 왼손으로 내 머리를 고이시고, 오른손으로 나를 안아주실 때가 저는 가장 좋습니다. 주님의 위로의 손, 평화와 구원의 손이 나를 위로하고 안아주시는 이때가 가장 행복하고 황홀합니다. 죽어도 여한이 없는 순간입니다."

사랑의 극치를 경험하지 못한 성도는 진정한 성도라고 말할 수 없습니다. 껍데기 성도일 뿐입니다. 성도는 그 사랑의 극치를 경험해야 합니다. 그리고 주님께 그 심정을 고백할 때 주님이 위로해 주십니다. 오른팔로 안아주십니다.

주여 날 품어주소서

주님께 엎딘 내 영혼 간절히 비는 말씀은
자비의 품을 여시사 영원한 평화 주소서
주의 품속은 사랑과 평화
주의 품속은 사랑과 평화
오 생명 빛 환히 빛나고 기쁨 영원하오니
주여 날 품어주소서.

무서운 광풍 일어나 물결이 거칠어 올 때
구원의 품을 여시사 내 영혼 품어주소서
주의 품속은 사랑과 평화
주의 품속은 사랑과 평화
오 생명 빛 환히 빛나고 기쁨 영원하오니
주여 날 품어주소서.

슬픔의 안개 덮이고 근심의 구름 떠돌 때
사랑의 품을 여시사 내 영혼 위로하소서
주의 품속은 사랑과 평화
주의 품속은 사랑과 평화
오 생명 빛 환히 빛나고 기쁨 영원하오니
주여 날 품어주소서.

11

창살 틈으로 엿보는 사랑

"내 사랑하는 자의 목소리로구나 보라 그가 산에서 달리고 작은 산을 빨리 넘어 오는구나 내 사랑하는 자는 노루와도 같고 어린 사슴과도 같아서 우리 벽 뒤에 서서 창으로 들여다보며 창살 틈으로 엿보는구나 나의 사랑하는 자가 내게 말하여 이르기를 나의 사랑, 내 어여쁜 자야 일어나서 함께 가자" (2:8-10)

 세상의 상사병

　황진이를 모르는 사람은 한 사람도 없을 것입니다. 활달한 성격에 뛰어난 미모, 청아한 소리에 예술적 재능이 넘쳤던 조선 최고의 명기였습니다. 황진이가 얼마나 아름다웠는지, 옆집에 사는 청년 하나가 황진이를 몰래 짝사랑하다가 그만 상사병으로 죽고 말았다고 합니다. 그러자 사람들은 상사병으로 죽은 그 남자를 묻어 주면서 황진이의 속옷을 태워 주었습니다. 이 사실을 안 황진이는 그 후로 기생이 되겠다고 작정했다고 합니다. 상사병이 이렇게 무섭습니다.

　이 세상에 사랑이 참 많습니다. 춘향이와 이몽룡의 사랑, 로미오와 줄리엣의 사랑, 키르케고르와 레기네 올센의 사랑, 영국 왕 에드워드 8세가 왕위를 포기하면서까지 심프슨 부인을 사랑했던 그 아름다운 사랑 이야기 등 참으로 많습니다.

그러나 성도는 이런 사랑을 하는 것이 아닙니다. 물론 이런 사랑도 아름답습니다. 그러나 사랑이 아무리 아름답다고 하지만 이런 사랑에 목숨 걸다가 상사병이 나서 죽을 필요는 없습니다. 사랑이 아무리 아름답다고 하지만 이런 사랑을 하다가 병나서 죽으면 별 의미가 없습니다.

그래서 사랑하다가 상처를 받거나, 사랑하다가 상사병이 나서 죽은 사람은 아름다운 사랑을 한 것이 아닙니다. 진정한 사랑은 건강을 주고 활력을 주고 삶을 아름답게 만들어 줍니다. 사랑이 우리를 우울하게 하고 병들게 하면 안 됩니다. 사랑 때문에 죽으면 안 됩니다. 이런 병들고 상처받고 죽을 사랑에 목숨 걸면 의미 없습니다.

🎵 술람미 여인(성도)의 사랑병

그런데 실은 술람미 여인도 자기가 솔로몬을 너무나 사랑하여 영적인 상사병에 걸려버렸다고 고백합니다. 술람미 여인은 자신을 감동시킬 뿐 아니라 황홀하게 만드는 솔로몬의 사랑을 혹시라도 빼앗길까봐 두려웠습니다. 그래서 솔로몬을 더 사랑하고 연모하고 그리워하다가 병이 나버린 것입니다. 그것도 솔로몬의 품 안에서 말입니다.

얼마나 아름다운 이야기입니까? 그리스도인에게 가장 아름다운 모습이 무엇일까요? 바로 주님 앞에서 영적인 상사병에 걸리는 모습입니다. 정말 죽도록 사랑하고, 상사병이 나도록 사랑해도 후회

없는 사랑을 주님과 하는 것입니다. 사랑을 하다가 백번, 천번 죽어도 후회함이 없는 사랑이 있습니다. 그 사랑이 바로 우리 예수 그리스도를 향한 사랑입니다.

그래서 그분께 우리의 모든 인생을 걸고 사랑을 할 수만 있다면 그 사랑은 가장 아름다운 사랑인 것입니다. 우리의 생명, 그 이상을 걸어 놓고도 사랑할 수 있는 사랑, 내 생명 그 이상을 불사를 정도로 숨 막히는 감동적 사랑을 할 수만 있다면 얼마나 아름답겠습니까? 사실은 이것이 모든 그리스도인의 소원이어야 합니다. "아, 내가 어떻게 하면 주님을 그렇게 사랑할 수 있을까? 아, 어떻게 하면 내가 주님을 그렇게 사모할 수 있을까? 아, 백번, 천번 죽어도 후회함이 없는 그 극치의 사랑으로 내가 과연 주님을 섬길 수 있을까? 사랑하면 사랑할수록 더 사랑하고 싶고, 섬기면 섬길수록 더 섬기고 싶은 그 주님을 내가 어떻게 더 사랑할 수 있을까?"

그렇게 몸부림치고 절규하고 연모하고 그리워하다가 영적인 병이 나고, 상사병이 난다는 말입니다. 이런 사랑은 그리스도인에게 최고의 아름다움이며 영광이고 축복입니다.

성경에 나오는 많은 신앙의 선배들이 그런 삶을 살았습니다. 에녹, 노아, 아브라함, 다니엘, 모세가 그랬습니다. 사도 바울이 그랬습니다. 특별히 사도 바울은 주님을 사모하며 사랑하다가 영적인 상사병이 나버린 사람입니다.

바울은 다메섹 도상에서 예수님을 만났습니다. 그가 예수님을 만나는 순간, 하늘로부터 내리는 강렬한 불빛에 그의 죄악의 눈은 멀어버리고 말았습니다. 그래서 식음을 전폐하는 금식을 함으로써 예전의 바울은 죽고 말았습니다. 예수 그리스도를 향한 사랑의 열병을 앓으면서 그의 죄악의 눈이 어두워져 버린 것입니다.

이렇게 해서 바울의 첫사랑이 시작되었습니다. 그리고 그는 예수 그리스도의 향기에 도취되어 예수님께 미치는 삶을 살았습니다. 그는 하나만 알고 둘은 모르는 바보처럼 사랑의 바보가 되어버렸습니다. 오직 주 예수 그리스도를 향한 사랑의 바보가 되고 노예가 되었습니다. 아니, 자신의 전 존재를 건 사랑의 도박꾼이 된 것입니다. 한마디로, 그는 위대한 시인이 되고 가수가 되었습니다. 그래서 부르다가 부르다가 죽을 노래만 부르면서 살았습니다. 그 노래의 주인공은 바로 예수 그리스도였습니다.

고린도후서 11장을 보면, 바울이 복음을 전하다가 크고 집요한 핍박을 받습니다. 교회를 세우려다가 정말 많은 수고와 고통을 겪습니다. 얼마나 많은 죽을 위험과 고비를 당했는지 모릅니다. 같은 동족에게 사십에서 하나 감한 매를 다섯 번이나 맞았으며, 세 번 태장으로 맞고, 한 번 돌로 맞고, 세 번 파선하고, 일주야를 깊은 바다에서 지냈습니다. 그뿐입니까? 여러 번 여행하면서 강의 위험과 바다의 위험과 강도의 위험에 처했습니다. 동족의 위험과 이방인의 위험과 거짓 형제 중의 위험을 당했습니다(고후 11:26). 또 수고하며 애쓰고 여러 번 자지 못하고, 주리며 목마르고 여러 번 굶고 춥고 헐벗었습니다(고후 11:27).

그래도 그는 부르다가 죽을 노래만 불렀습니다. 오직 주 예수 그리스도, 그분을 사랑하며 예찬하는 노래만 불렀습니다. 이런 바울은 디모데후서 4장에서 평생토록 주님만을 사랑하며 살아온 자신의 삶을 고백합니다.

"전제와 같이 내가 벌써 부어지고 나의 떠날 시각이 가까웠도다 나는 선한 싸움을 싸우고 나의 달려갈 길을 마치고 믿음을 지켰으니"(딤후 4:6-7).

바울은 평생을 번제와 같은 삶을 살아왔다고 합니다. 그리고 전제와 같이 자신의 생명이 이미 부어졌다고 합니다.

구약의 제사에서 번제를 드릴 때 피를 얼마만큼 남겨 놓습니다. 그리고 번제의 제물을 다 태우고 나서 마지막으로 남아 있는 피를 다 붓거나 포도주를 따라 붓습니다. 이것을 전제라고 합니다. 곧 바울은 이미 자신의 삶이 전제처럼 부어졌다고 말하고 있습니다. 즉, 평생을 번제의 삶을 살다가 마지막으로 전제의 부음이 드려졌다는 말입니다. 하나님 앞에 자신을 드리고 또 드리다가, 헌신하고 또 헌신하고 또 희생하는 삶을 살다가, 마지막으로 남아 있는 자신의 피 한 방울, 물 한 방울까지 아낌없이 하나님 앞에 전제로 부음이 되었다는 뜻입니다.

이처럼 바울은 평생을 부르다가 죽을 노래만을 부르다가 죽었습니다. 주님을 향한 사랑의 상사병에 걸려 죽었습니다. 주님을 위해 불사르는 번제의 삶을 살다가 관제의 제물이 되고, 전제의 부음이 되어 마지막 남은 물 한 방울, 피 한 방울까지 다 주님을 위해 쏟고, 그러면서도 마지막에 주님의 이름을 부르다가 죽은 것입니다.

그런데 바울은 왜 이렇게 살았을까요? 예수 그리스도를 너무도 사랑했기 때문입니다. 예수님과 진정으로 연애하는 삶을 살았기 때문에 마지막까지 주님을 향한 사랑을 외치다 죽은 것입니다. 그런 의미에서 바울의 다메섹 사건은 바울과 예수님의 연애 사건이라고 이야기할 수 있고, 바울의 인생은 예수님과 연애하는 삶이라고 할 수 있습니다. 그래서 마지막 피 한 방울, 물 한 방울을 남기지 않고 부르다가 죽을 이름을 부르면서, 주님을 찬양하고 예찬하다가 죽음을 맞이한 것입니다. 전설에 의하면, 바울은 마지막으로 참수를 당하여 죽으면서 "주 예수, 주 예수……"라고 했다고 합니다.

주님을 섬기는 성도라면 당연히 영적인 상사병을 경험해 보아야 합니다. 이 사랑의 병을 한 번 경험해 봐야 진정으로 주님을 사랑할 수 있고, 사랑의 극치를 경험할 수 있습니다. 주님을 사랑하고 사모하고 주의 일을 열심히 하다보면 정말 영적인 상사병에 걸릴 때가 있습니다. 속상하고 육체가 쇠할 때가 있습니다. 주의 일을 너무나 열심히 하고 주목을 받다 보면, 시기를 받고 오해를 받고 마음이 상할 때가 있습니다. 그것 또한 영적인 상사병이라고 할 수 있습니다.

처음에 예수님을 믿을 때는 무조건 잔칫집 분위기이고 감사와 기쁨으로만 가득할 수 있습니다. 그러나 나중에는 사명 감당하고 십자가를 지면 주님을 너무나 사랑한다고 상처받고 병들 때가 있습니다. 너무나 사명을 깊이 감당하고 뜨겁게 사랑하다 보면, 인간관계에서 오는 상처와 아픔이 있습니다. 바로 이런 병이 어떤 병인지 아십니까? 충성병입니다, 충성병.

비록 이 사랑의 열병이 견뎌내야 할 것이지만, 실상은 그리스도인에게 있어 가장 큰 영광입니다. 가장 아름다운 모습이요, 복된 모습입니다. 그럴 때 주님이 우리에게 찾아오셔서 우리를 인정해 주시고, 우리를 위로해 주신다고 약속하셨습니다(계 7:17). 우리를 왼손으로 고이시고, 오른손으로 안아주신다고 말입니다(아 2:6). "사랑하는 아들아, 사랑하는 딸아, 내가 네 마음을 안다. 내가 너의 눈물을 안다. 내가 너의 고통을 안다. 내가 너를 사랑한다. 내가 너를 인정한다. 내가 너를 보호하고 내가 너를 반드시 축복하리라……."

그러면 이때 주님의 위로와 안위는 우리의 모든 병을 고쳐주십니다. 모든 눈물과 상처를 말끔히 씻어주십니다. 이때가 사실 우리 그리스도인으로서는 가장 행복하고 황홀한 시간인 것입니다. 이때야말로 죽어도 원이 없을 정도의 순간입니다. 예수 믿어 축복받고 형통하고 기적을 경험하는 것도 중요하지만, 더 중요한 것은 이러한 영적인 깊은 사랑을 경험하는 것입니다.

술람미 여인은 이것을 알았습니다. 그래서 이대로가 좋다고, 그러니 절대로 자신을 깨우지 말라고, 자신은 이대로 영원히 죽어도 좋다고, 그러니 자기 사랑이 자신을 이렇게 품고 있을 때, 자기 사랑이 원하기 전에는 절대로 흔들지도 말고 깨우지도 말라고 부탁했던 것 아니겠습니까?

아직도 귓가에 맴도는 황홀한 임의 목소리

그래서 술람미 여인은 솔로몬의 품에 안겨 온갖 사랑을 누리고 있습니다. 이 세상 최고의 안식과 따뜻한 평안을 누리고 있습니다. 바로 그 따뜻하고 평화로운 품속에서 술람미 여인은 자기의 유일한 사랑, 솔로몬을 계속해서 노래하고 있습니다. 처음 만났던 그 시절, 자기에게 처음으로 찾아온 그 화사한 사랑을 노래하고 있는 것입니다. 바로 그 황홀한 사랑을 8절에서 이렇게 표현하고 있습니다.

"내 사랑하는 자의 목소리로구나 보라 그가 산에서 달리고 작은 산을 빨리 넘어오는구나"(아 2:8).

"아, 사랑하는 임의 목소리! 저기 오는구나. 산을 넘고 언덕을 넘어서 달려오는구나"(아 2:8, 표준새번역).

지금 술람미 여인은 솔로몬의 품에 누워서 솔로몬이 자기를 찾아오던 첫사랑의 시절을 그리며 회상하고 있습니다. 그들의 사랑은 술람미 여인이 먼저 솔로몬을 찾아간 것이 아니라, 그 반대였습니다. 남자가 사랑에게, 여자에게 찾아왔습니다.

우리의 신앙도 대부분 그렇습니다. 내가 먼저 예수를 찾은 것이 아니라, 주님이 우리를 찾아와 주셨습니다. 나는 주님에 대해 관심도 없고 또 도망 다녔는데, 주님이 나를 선택하고 불러 주셔서 구원해 주시고 사랑해 주셨습니다. 그래서 우리도 주님 품에서 그윽한 평온과 황홀한 사랑을 느낄 때 첫사랑, 첫 부르심을 회상하잖습니까? 주님이 먼저 찾아오심으로 시작된 나의 신앙과 사랑을 말입니다.

그런데 술람미 여인이 그 사랑을 회상하면서 맨 처음으로 생각한 것은 자기를 부르는 솔로몬의 목소리였습니다. "내 사랑하는 자의 목소리로구나, 아 사랑하는 임의 목소리가 저기 오는구나……"

아마 이렇게 솔로몬 왕이 자기를 부르는 소리를 떠올렸을 것입니다. 솔로몬이 술람미 여인을 찾아올 때 그냥 왔겠습니까? 술람미 여인의 이름을 부르며 왔을 것입니다. "술람미 여인아! 술람미 여인아!"

그때는 술람미 여인이 별로 못 느꼈겠지만 솔로몬의 사랑을 받고 나니까 그때 자기를 불렀던 그 음성이 정말 황홀하게 다시금 회상되는 것입니다. "술람미 여인아! 술람미 여인아!"

사랑하는 자는 목소리가 들리지 않아도 인기척만 들어도 압니다. 그래서 술람미 여인도 솔로몬 왕의 인기척과 자신을 부르던 그 감미로운 음성을 떠올리고 있는 것입니다. 대부분 연애할 때 경험해 봤을 것입니다. 사랑하는 사람이 자기에게 다가올 때 자기를 사랑하며 불러 주었던 목소리를 기억하지 않습니까? 술람미 여인은 그 음성을 기억하고 회상하고 있습니다.

주님도 우리를 찾아오실 때마다 먼저 우리의 이름을 불러주십니다. 우리의 이름을 먼저 불러주십니다. 그런데 주님의 음성은 두 가지로 구별됩니다. 하나는 죄를 지은 사람을 향해 부르시는 음성입니다. "아담아, 아담아……", "가인아, 가인아……", "사울아, 사울아……", "네가 어디 있느냐?"

그러나 정말 우리를 사랑해서 부르시는 음성이 있습니다. 사랑하는 자를 부르시는 음성이 있습니다. "사무엘아, 사무엘아……", "모세야, 모세야……", "여호수아야……."

이런 주님의 음성을 우리는 때로는 세미한 음성으로, 때로는 뇌성 같은 음성으로, 때로는 감동의 음성으로, 때로는 말씀을 통하여 듣습니다. 때로는 어떤 영감을 통하여 주님의 음성을 듣습니다. 그리고 그 음성이 우리에게 가장 위로가 되고, 힘이 되고, 소망이 됩니다.

이 세상에는 수많은 소리가 있습니다. 수많은 음성이 있습니다. 어떤 소리는 소음 공해입니다. 그러나 그런 소음 공해 속에서도 우리에게는 사랑의 소리가 있습니다. 그 소리가 주님의 소리요, 생명의 소리요, 소망의 소리입니다.

그리고 이런 감동도 있습니다. 만약 주님의 감동이 없었으면 절대로 정금성 권사님은 소강석 목사를 사위로 얻을 수 없었을 것입니다. 정 권사님은 물론 은혜 받은 분이지만 사람의 외모를 보셨습니다. 정 권사님이 눈독을 들였던 그런 키 크고 잘생긴 전도사들 중에 지금 50명 이상 목회하고 계시는 목사님이 한 사람도 없습니다. 외모보다는 내면의 됨됨이가 더 중요합니다.

그런데 주님이 정 권사님에게 "소 목사가 네 아들 노릇 할 것이다. 네 아들 노릇 하고 네 복이 될 것이다"라고 감동을 주셨습니다. 그때 권사님은 "하나님, 복덩이고 뭐고 키 큰 사위로 주세요"라고 했답니다. 그러자 하나님이 "그러면 내가 네 하나밖에 없는 영수를 칠 것이다. 그래도 안 들으면 영수를 데려가면 어떻게 할 것이냐?" 하는 주님의 감동 때문에, 울며 겨자 먹기로 저를 사위로 맞아서 지금 이런 존경과 사랑을 누리고 있는 것 아닙니까?

그런 의미에서 하나님의 감동은 진정한 희망이고 축복입니다. "아, 나의 사랑하는 자의 목소리로구나."

🎵 숨가쁘게 뛰어오는 사랑

솔로몬 왕은 지금 술람미 여인을 향한 사랑의 열정이 불타오른 나머지, 왕의 옥좌를 버리고 산을 달리고 골짜기를 넘어서 술람미 여인에게 달려가고 있습니다. 술람미 여인은 그렇게 다가오고 있는 솔로몬 왕을 지금 노래하고 있습니다. 뭐라고 합니까?

"보라 그가 산에서 달리고 작은 산을 빨리 넘어오는구나"(아 2:8).

솔로몬 왕이 어떻게 달려옵니까? 그는 절대로 걸어오지 않습니다. 숨 가쁘게 뛰어옵니다. 산을 달리고 작은 산을 넘고 언덕을 넘어서 옵니다. 차분하게 가마 타고 오는 것이 아니라, 술람미 여인이 너무 보고 싶어서 그가 직접 터질 듯한 심장으로 달려오는 것입니다. 무엇처럼 달려오고 있습니까? 노루와 사슴처럼 뛰어오고 있습니다.

"내 사랑하는 자는 노루와도 같고 어린 사슴과도 같아서"(아 2:9).

노루와 사슴은 주로 약초를 뜯어먹고 사는 동물입니다. 그런데 열이 많습니다. 발이 빠르지만 뛰면 몸에 열이 많아 자주 목이 마릅니다. 그런데 솔로몬은 목이 마르고 숨이 막히는데도 막 달려옵니다. 노루처럼, 사슴처럼 말입니다. 왜입니까? 술람미 여인을 너무도 사랑하고 보고 싶어서 숨 막히는 마음으로, 왕의 옥좌를 버리고 뛰어오고 있습니다. 그렇게 해서 두 사람의 사랑이 이루어졌지 않습니까?

도저히 자신을 사랑할 이유도 없는 솔로몬 왕이 저 산골짜기 포도원에 있는 자신에게 찾아와서 일방적으로 사랑의 순정을 바치고, 순애보를 헌사하기 위하여 노루처럼, 사슴처럼 달려오고 있는 그때의 솔로몬의 모습을 술람미 여인이 그리워하고 회상하고 있는 것입니다.

이런 솔로몬의 열정적인 사랑은 하나님의 사랑과 연결됩니다.

예수님은 나를 사랑하셔서 하늘의 영광스러운 보좌를 내버리시고 스스로 찾아오셨습니다. 본문에 그려진 솔로몬의 사랑은 예수님의 비하의 사랑을 생각나게 합니다. 우리가 언제 하나님께 우리를 구원해 달라고 했습니까? 언제 우리를 위하여 독생자 예수를 보내 달라고 했습니까?

그러나 하나님은 우리를 향하신 불가항력적인 사랑 때문에, 영원히 풀 수 없는 그 신비스러운 사랑 때문에 우리를 위해 이 땅에 오셨습니다. 참으로 그 하나님의 사랑은 이해할 수 없는 수수께끼와 같습니다. 이 러브 스토리야말로 온 인류의 수수께끼요, 아이러니요, 영원히 풀리지 않는 미스터리 중의 미스터리입니다.

이 하나님의 사랑은 전 역사적인 사랑이요, 전 우주적인 사랑입니다. 누가 이 하나님의 사랑을 제대로 설명할 수 있겠습니까? 어느 천재, 어느 학자, 어느 문학인이 이 사랑을 설명해 줄 수 있단 말입니까? 과연 어느 종교에서 이런 수수께끼 같은 사랑을 말해 준단 말입니까? 감히 어느 종교의 교주가 이런 사랑을 흉내라도 낼 수 있단 말입니까?

그 하나님의 사랑이 산을 달리고 작은 산을 넘어서 우리에게 달려오신 것입니다. 그것은 바로 우리를 향한 하나님의 어쩔 수 없는 사랑 때문이었습니다. 우리를 너무너무 사랑하셔서 우리를 구원하지 않으면 도저히 견딜 수 없고, 사랑하지 않으면 미칠 수밖에 없는 하나님의 그 어쩔 수 없는 사랑의 본성 때문이었습니다. 그래서 이 사랑을 생각할 때마다 울먹거리는 가슴으로 하나님의 사랑을 찬양하지 않을 수 없습니다. 하나님의 그 불가항력적인 신비한 사랑 앞에 우리의 사무치는 가슴과 뜨거운 감격과 경탄으로 그분을 찬양하지 않을 수 없습니다.

🎵 창살 틈에 서성이는 왕 솔로몬

이렇게 술람미 여인이 보고 싶어 심장이 터지라 달려온 솔로몬 왕은, 곧바로 술람미 여인을 찾지 않고 노루와 사슴처럼 벽 뒤에 서서 술람미 여인을 창살 틈으로 엿봅니다!

"우리 벽 뒤에 서서 창으로 들여다보며 창살 틈으로 엿보는구나"
(아 2:9).

이것은 아름다운 시적인 표현이요, 문학적인 표현입니다. 이것은 사실적인 표현일 수도 있습니다. 술람미 여인이 시골 허름한 집에서 곤히 잠자고 있는 모습을 솔로몬 왕이 살짝 엿보았을 수도 있습니다. 그러나 그런 사실적인 표현을 넘어서 문학적, 상징적 표현입니다.

술람미 여인이 솔로몬을 피해 얼마나 도망 다녔습니까? 이 사랑을 감당할 수 없다고, 자기 같은 사람은 감히 솔로몬 왕의 사랑을 받을 수 없다고 도망 다녔습니다. 그런데 솔로몬 왕이 항상 자기를 찾아다니는 것입니다. 그래서 솔로몬이 멀리서 술람미 여인의 모습을 지켜보면서 어떤 방법으로든 사랑의 마음을 전하고 싶어 했을 것입니다. 바로 그런 솔로몬의 모습을 창살 틈으로 엿본다고 표현할 수도 있습니다.

이것이 사실적인 표현이든, 문학적인 표현이든, 솔로몬이 술람미 여인의 집에 도착했는데, 유감스럽게 문이 잠겨 있습니다. 사실 왕이니까 문을 박차고 들어갈 수도 있었겠지만, 인격적으로 사랑하려면 그럴 수는 없습니다. 그래서 문이 닫혀 있으니 들어가지 못하고 벽 뒤에 서서 잠자고 있는 술람미 여인을 창살 틈을 통해 엿보고 있습니다. 사랑하는 여인의 모습을 온 사랑과 열정을 갖고 훔쳐보고 있었던 것입니다.

이렇게 엿보고 있는 솔로몬은 한 나라의 임금입니다. 주변의 수많은 나라를 통치하고 다스리는 제국의 황제입니다. 그런데 그가 한 여인을 순수하게 사랑하고 그리워하여 찾아갔는데, 방문이 잠겨 들어가지 못하자 벽 뒤에서 창살 틈으로 여인의 잠든 모습을 훔쳐보고 있습니다.

이 얼마나 애틋한 사랑입니까? 이 얼마나 애절하고 애연한 사랑입니까? 얼마나 아름다운 사랑입니까? 그러나 한편으로 생각하면 참으로 가슴 아픈 사랑입니다. 왕이 들어가지도 못하고 사랑하는 여인의 모습을 훔쳐보고나 있으니 무슨 꼴입니까? 왕의 체면이 어떻게 되겠습니까?

문 밖에서 서성이시는 주님

하나님과 우리의 사랑의 관계에서도 마찬가지입니다. 하나님이 하늘 보좌를 버리고 우리를 숨 가쁘게 찾아오셨습니다. 노루처럼, 사슴처럼 달리고 숨 가쁘게 뛰어 찾아오셨습니다. 우리를 사랑한다고, 우리를 너무너무 사랑한다시며 내려오셨습니다.

그런데 우리는 그 사랑을 모르고 마음의 문을 굳게 잠그고 있습니다. 여전히 우리는 하나님의 사랑을 향해 마음이 강퍅합니다. 우리는 하나님의 은혜에 대해 마음을 굳게 닫고 있습니다. 우리의 죄악과 정욕과 교만이 그렇게 만들어버렸습니다. 그래서 우리 주님은 우리를 향해 창살 틈으로 엿보는 사랑만 하시는 때가 자주 있습니다. 우리를 사랑하시지만 우리가 두꺼운 벽을 쳐 놓고 마음 문을 열어주지 않으니까 우리 안에 왕으로 임하시지 못합니다. 그래서 성경은 이렇게 말씀합니다.

> "볼지어다 내가 문 밖에 서서 두드리노니 누구든지 내 음성을 듣고 문을 열면 내가 그에게로 들어가 그와 더불어 먹고 그는 나와 더불어 먹으리라"(계 3:20).

이처럼 우리가 마음 문을 열면 주님이 내 안에 오시고, 내가 주님 안에 거하게 됩니다. 그러면 그와 더불어 먹고 마시는 축복된 삶을 누리게 됩니다. 그러나 마음 문을 열지 못하면, 그렇게 살지 못하고 그런 축복을 누리지 못합니다. 주님이 우리의 삶을 진정으로 통치하시고 나의 삶의 전부가 되실 수 있지만, 우리가 마음 문을 열지 않아서 주님이 우리 안에 온전히 들어오시지 못하고 창살 틈으로 엿보는 사랑을 하시는 것입니다. 주님이 우리를 향해 인내하시면서 끝까지 기다리고 계시는 것입니다. 그래도 우리를 사랑한다고, 우리의 모습을 훔쳐보시면서 5년이고 10년이고 20년이고 끝까지 기다려 주셨던 우리 예수님의 모습을 보여주고 있다는 말입니다.

물론 만물을 창조하신 주님께서 자신의 권한으로 우리의 마음 문을 여실 수도 있습니다. 그러나 그것은 마지막 방법이고 최후의 방법입니다. 지금은 기다리십니다. 우리 주님은 참고 참고 또 참으시면서 기다리십니다. 그래서 성경을 보면 하나님의 오래 참으심의 모습이 자주 나옵니다. Long Suffering of God! 하나님이 너무도 너무도 고통스럽게 참으시면서 우리를 사랑하시며 기다리시는 모습이 많이 나옵니다. 우리를 참 하나님의 사람으로 만드시기 위해서 그렇게 인고의 시간으로 기다리고 계십니다. 창살 틈으로 엿보는 하나님의 사랑이란 말입니다.

솔로몬도 참다 참다 술람미 여인의 방을 박차고 들어갈 수도 있었습니다. 그러나 솔로몬은 끝까지 참으며 인내했습니다. 우리가 이런 끈질긴 사랑에 감동을 받고 결국 예수 믿은 것이 아닙니까? 이런 인격적인 사랑 때문에 술람미 여인도 감동하고 우리도 감격하게 된 것입니다. 우리의 사랑은 내 사랑으로 시작된 것이 아니라 당신의 사랑으로 시작된 것이고, 내 사랑으로부터 찾은 것이 아니라 그대의 사랑으로부터 찾게 된 사랑이라고 노래하고 있는 것입니다.

부부도 그래야 합니다. 부부가 서로 참을 줄 알아야 합니다. 남편을 생각하면 마음이 아플 때도 있지만, 주님을 생각하며 인내해야 합니다. 아내를 생각하면 답답할 때가 왜 없겠습니까? 그러나 서로의 약점을 바라보며 동시에 주님의 이름을 생각해야 합니다. 사랑하는 내 아내, 사랑하는 내 남편의 이름을 부르면서 우리에게 이러한 길을 허락하신 주님께 감사해야 합니다. 솔로몬과 술람미 여인의 삶의 모습이 우리 부부 생활에 이런 교훈을 줍니다.

그런데 그렇게 인내하였던 솔로몬 왕이 마침내 술람미 여인을 초청합니다. 술람미 여인의 이름을 부르면서 초청합니다.

"나의 사랑하는 자가 내게 말하여 이르기를 나의 사랑, 내 어여쁜 자야 일어나서 함께 가자"(아 2:10).

"나의 사랑아, 어서 가자. 내 어여쁜 사랑아, 어서 나랑 궁으로 가자"라고 초청합니다. 애간장 타는 목소리로 솔로몬 왕이 술람미 여인을 초청하고 있습니다.

하나님도 정말 결정적이고 절묘한 타이밍에 우리를 찾아오셔서 초청하십니다. "사랑하는 아무개 성도야, 일어나라. 나와 함께 가자. 겨울도 지나고 비도 그쳤고 땅에는 꽃이 피고 새가 노래할 때가 이르렀는데, 비둘기의 소리가 우리 땅에 들리는구나. 나의 사랑, 나의 어여쁜 자야, 일어나서 함께 가자."

이렇듯 주님의 멋진 봄동산으로, 포도동산으로, 은혜의 기막힌 현장으로 우리를 초청하십니다. 그전에는 타성적으로 신앙생활 했는데, 하나님께서 어느 날 거부할 수 없는 결정적인 시간에 오셔서 은혜를 주십니다. 사랑의 초청을 하십니다.

그래서 술람미 여인은 창살 틈으로 엿본 그 솔로몬 왕의 사랑의 인내에 감동을 받고 마음 문을 열었습니다. 자기를 일방적으로 사랑해 주는 그 사랑에 감격하여 드디어 마음의 문을 열고, 감동을 받아 솔로몬의 초청에 응하여 이제 아름다운 동산으로 함께 가는 것을 볼 수 있습니다.

이와 같이, 그전에는 예수를 믿기는 믿었지만 봉사도 안 하고 인색하고 제멋대로 신앙생활을 했으나, 주님의 불가항력적인 은혜의 초청으로 주님의 진정한 사랑을 깨닫고 주님을 왕으로 모시고 주님과 동행하는 아름다운 믿음 생활이 시작되는 것입니다. 정말로 열심히 봉사하고 충성하는 신앙생활의 첫사랑이 시작되는 이야기가 펼쳐집니다. 그 이야기가 10절부터 시작됩니다.

12

황홀한 사랑의 초청

"나의 사랑하는 자가 내게 말하여 이르기를 나의 사랑, 내 어여쁜 자야 일어나서 함께 가자 겨울도 지나고 비도 그쳤고 지면에는 꽃이 피고 새가 노래할 때가 이르렀는데 비둘기의 소리가 우리 땅에 들리는구나 무화과나무에는 푸른 열매가 익었고 포도나무는 꽃을 피워 향기를 토하는구나 나의 사랑, 나의 어여쁜 자야 일어나서 함께 가자 바위 틈 낭떠러지 은밀한 곳에 있는 나의 비둘기야 내가 네 얼굴을 보게 하라 네 소리를 듣게 하라 네 소리는 부드럽고 네 얼굴은 아름답구나"(2:10-14)

술람미 여인을 향하여 숨 가쁘게 노루처럼, 사슴처럼 달려왔던 솔로몬은 벽 뒤에 서서 술람미 여인을 창살 틈으로 엿보았습니다. 문이 닫혀 있으니 들어가지도 못하고, 다만 술람미 여인의 모습을 훔쳐볼 수밖에 없었습니다. 어쩌면 솔로몬은 창살 틈으로 훔쳐보는 비유를 통해서 나름대로 술람미 여인을 짝사랑하는 야릇한 기분이나 묘한 즐거움을 맛보았을지도 모릅니다.

그러다가 마침내 술람미 여인을 초청했습니다. 드디어 용기를 내어 사랑의 초대를 합니다. "나의 사랑, 나의 어여쁜 자야 일어나서 함께 가자."

이때 솔로몬의 가슴이 얼마나 설레었을까요? 그리고 얼마나 긴장되었을까요? 위대한 왕으로서 벽 뒤에 숨어서 여인의 모습을 훔쳐보고 있다가 마침내 소리를 지르며 사랑의 동산으로 초대하는 솔로몬의 가슴은 긴장과 초조로 가득했을 것입니다. 그러나 그는 위대한 결단과 용기를 내어서 사랑하는 여인에게 말했습니다. "나의 사랑, 나의 어여쁜 자야 일어나서 함께 가자."

이것은 우리 부부간의 사랑에 교훈을 주기도 하지만, 더 나아가 우리 주님께서 우리를 사랑하시고 불러 주시는 과정을 교훈한 것입니다. 주님도 우리에게 창살 틈으로 엿보는 사랑을 했습니다. 우리가 아직 죄인이었을 때도 주님은 우리를 사랑하지 않으셨습니까? 주님은 지금만 우리를 사랑하신 것이 아니라 우리가 아직 죄인이고 여전히 죄인이었을 때도 우리를 사랑하셨습니다. 바로 그것이 우리를 향한 짝사랑이요, 훔쳐보는 사랑이요, 창살 틈으로 엿보는 사랑이었습니다. 바로 그 사실을 로마서 5장 8절이 말씀합니다.

> "우리가 아직 죄인 되었을 때에 그리스도께서 우리를 위하여 죽으심으로 하나님께서 우리에 대한 자기의 사랑을 확증하셨느니라"(롬 5:8).

"우리가 아직 죄인 되었을 때"라는 말은 우리가 아직 믿지 않았을 때라는 말입니다. 우리가 하나님께 돌아오지 않았던 시절, 우리는 아직 주님을 믿지 않고 영접하지 않았지만 주님이 우리를 여전히 사랑하셨다는 말입니다. 우리를 너무너무 사랑하셔서 주님이 우리를 위해 십자가에서 죽으시고 우리를 향한 하나님의 사랑을 확증하여 주셨다고 말씀하고 있습니다.

우리가 주님 앞에 돌아왔을 때만 주님이 우리를 사랑하신 것이 아닙니다. 돌아오기 전부터 우리를 사랑해 주셨습니다. 주님을 믿기 전에도 사랑으로 돌보아 주시고, 섭리해 주시고, 우리를 쓰시려고 준비하고 계획하여 연단해 오셨다는 것입니다.

죄인인 나를 초대하신 주님

제 자신을 봐도 정말 그렇습니다. 제 아버지는 그야말로 유교가 몸에 밴 분이셨습니다. 선영(先塋)을 위해서라면, 조상을 위해서라면 자식도 쫓아내 버리는 아버지셨습니다. 그런 아버지 밑에서 어떻게 예수를 믿을 수 있었겠습니까?

그러고 보면 옛날 마을 교회 교인들은 정말 대단했습니다. 그렇게 아버지가 무시해도 끝까지 전도하는 모습은 정말 지금 생각해도 놀라울 뿐입니다. 그분들은 아버지께, "대산 어르신, 서울에서 유명한 부흥 강사가 오셨습니다. 우리 교회에 와서 부흥회를 하니까 꼭 오세요"라고 전도했습니다. 처음에는 우리 아버지가 소금을 뿌리고, 물을 뿌렸습니다. 그래도 교인들은 계속 왔습니다. 그러면 나중에는 "부흥회를 하면 붕어를 몇 마리나 잡는당가?" 하고 말합니다. 그러면 교인들이 당해내지 못하고 가버리곤 했습니다.

그러나 주님의 부르심과 그 초청 앞에서는 그 누구도 항거할 수 없습니다. 저의 아버지가 구원받을 줄 누가 알았겠습니까? 모세, 바울, 베드로, 이사야, 예레미야, 기드온……, 모두 주 앞에서 항거할 수 없었습니다. 우리도 주님의 그 초청과 부르심을 받은 성도들인 줄 믿습니다. 그래서 이제는 주님의 사랑이 없으면 못삽니다. 주님의 사랑과 은혜가 없으면 살 수 없는 사람이 되어 버렸습니다.

주님이 위대한 초청의 음성을 들려주십니다. 황홀한 사랑의 초청, "나의 사랑, 나의 어여쁜 자야 일어나서 함께 가자." 그 황홀한 음성을 들려주십니다.

🎵 사랑의 초대 내용

그렇다면 술람미 여인을 향한 솔로몬의 사랑의 초대 내용은 구체적으로 어땠을까요? 우리가 초청장을 보면 구체적인 정보를 알 수 있듯이, 솔로몬의 사랑의 초청에도 구체적인 내용이 적혀 있습니다.

첫째, 초대 장소입니다

솔로몬이 술람미 여인과 황홀한 사랑을 나누고 싶었던 장소는 어디일까요? 솔로몬이 술람미 여인을 초청했던 곳은 바로 무화과나무 밭과 포도동산이었습니다. 꽃향기가 그윽하고 열매가 주렁주렁 맺히게 될 아름다운 포도원입니다.

> "무화과나무에는 푸른 열매가 익었고 포도나무는 꽃을 피워 향기를 토하는구나 나의 사랑, 나의 어여쁜 자야 일어나서 함께 가자"(아 2:13).

솔로몬은 포도동산과 무화과나무 밭으로 초청했습니다. 왜일까요? 포도동산과 무화과 밭은 풍성한 생명이 있는 곳입니다. 구약에서 풍성함으로 상징되는 장소입니다. 솔로몬은 술람미 여인과 아름다운 포도동산에서 그리고 무화과나무 밭에서 사랑의 밀어를 나누며 아름답고 은밀한 여로의 길을 걷기 원했던 것입니다.

얼마나 아름답습니까? 이스라엘에서 가장 아름다운 것이 뭐였냐면 에브라임의 포도나무 동산에 무화과나무 열매가 푸르게 익고 포도나무 꽃이 피어 있는 것이었습니다. 이것이 가장 아름다웠습니다. 그래서 포도동산이야말로 데이트하기에 가장 좋은 배경이었습니다. 사랑을 속삭이기에 가장 아름다운 배경입니다. 바로 솔로몬은 이런 포도원으로 술람미 여인을 초청한 것입니다.

그런데 우리 주님도 우리를 다른 곳이 아닌 포도원으로 초청하십니다. 포도원은 생명이 있는 곳입니다. 포도동산은 풍성한 생명이 넘치는 곳입니다. 그 포도동산은 바로 주님의 몸 된 교회입니다. 교회는 생명이 풍성한 동산입니다. 비록 사람이 모이는 공동체이기 때문에 완전하지는 않지만 생명의 동산입니다. 비록 거기에 가라지도 있고 잡초도 있을 때가 있지만 그러나 주님의 생명이 있고, 주님의 신비가 가득한 곳입니다.

그리고 그곳은 언제나 주님의 생명의 시내가 흐르는 곳입니다. 마치 물 댄 동산과도 같습니다. 이곳이 바로 주님의 교회입니다. 바로 주님은 우리를 이곳으로 불러 주셨습니다. 바로 이곳에서 우리 주님은 깊은 사랑과 교제를 나누기를 원하십니다. 마치 하나님이 구약 백성들을 성전으로 불러서 깊은 사랑과 교제를 나누셨던 것처럼, 오늘날 우리 주님은 우리 성도들을 주님의 몸 된 교회로 불러서 그 생명의 동산에서 은밀한 은혜와 사랑의 깊은 교제를 나누기를 원하십니다.

그러므로 생명의 동산인 교회에서 주님의 사랑을 깊이 발견하고 누리고 주님과 깊이 교제하시기를 바랍니다. 이 귀한 생명의 동산에서 주님과의 아름다운 영적인 교제가 더 깊이깊이 이루어질 수 있기를 바랍니다.

둘째, 초대한 날입니다

"겨울도 지나고 비도 그쳤고"(아 2:11).

솔로몬이 술람미 여인을 부른 때는 겨울이 지나간 후였습니다. 겨울이 지나고 비도 그친 때였습니다. 그러니까 화창한 봄날이었습니다.

히브리말로 겨울은 '세타브' 라고 하는데 '숨기다, 가리다' 라는 뜻에서 유래했습니다. 왜냐하면 비가 많이 오는 우기여서 구름이 하늘을 가리기 때문입니다. 그래서 히브리인들에게 겨울은 어두운 계절입니다. 이스라엘이 아무리 더운 나라라고 하지만 겨울에 오는 비는 을씨년스럽고 기분을 우울하게 만듭니다. 하늘은 깜깜하지요, 날씨는 우중충하지요, 거기다 비까지 옵니다. 그러니 바깥에서 무슨 데이트를 합니까? 사랑을 할 수가 없습니다.

성도의 신앙도 이와 마찬가지입니다. 죄의 먹구름이나 정욕의 먹구름, 어두움의 먹구름이 은혜의 하늘을 가려 버리면 은혜가 막힙니다. 우리 스스로 죄와 정욕과 불신의 먹구름을 내 머리 위에 띄워 놓고 하나님의 사랑을 차단하는 경우도 있습니다. 이게 어쩌면 우리의 영적인 겨울일 수도 있습니다. 그러니까 하나님의 은혜가 우리에게 오는 게 막힙니다.

그러나 이제 겨울도 지나고 비도 그쳤다는 것입니다. 드디어 화창한 봄날이 왔습니다. 구름이 걷히니 맑은 하늘이고, 비도 그쳤으니 얼마나 날씨가 화창하고 밝겠습니까? 데이트하기 좋은 날입니다. 우리도 은혜 받기 좋은 때에 은혜를 받아야 합니다. 은혜 받을 만한 때가 있습니다. 바로 그때에 하나님이 우리를 꼭 불러 주시고 은혜를 주십니다. 모든 것이 때가 있는 것입니다.

"범사에 기한이 있고 천하만사가 다 때가 있나니"(전 3:1).

이 전도서 말씀처럼 모든 것이 때가 있듯 은혜 받을 만한 때가 있습니다.

"이르시되 내가 은혜 베풀 때에 너에게 듣고 구원의 날에 너를 도왔다 하셨으니 보라 지금은 은혜 받을 만한 때요 보라 지금은 구원의 날이로다"(고후 6:2).

바로 이때 주님은 우리를 부르십니다. 지금은 은혜 주실 주님과 사랑을 나눌 결정적인 때입니다. 솔로몬이 술람미 여인을 황홀한 사랑으로 초청한 때는 화창한 봄날일 뿐 아니라 꽃이 피어 봄 향기 가득하고, 새들이 노래하며 지저귀는 때입니다. 그러니 얼마나 사랑을 나누고 데이트하기에 좋은 분위기라고 할 수 있겠습니까?

"지면에는 꽃이 피고 새가 노래할 때가 이르렀는데 비둘기의 소리가 우리 땅에 들리는구나 무화과나무에는 푸른 열매가 익었고 포도나무는 꽃을 피워 향기를 토하는구나 나의 사랑, 나의 어여쁜 자야 일어나서 함께 가자"(아 2:12-13).

화창한 봄날에 향긋한 향을 내뿜는 햇과일 사이로 새들이 날아다니며 아름답게 노래하는 이때는 얼마나 더 은혜 받을 만한 때입니까? 주님의 사랑을 더 깊이 나누고 더 간절히 경험할 수 있는 때입니다. 겨울이 지나고 꽃이 피고 새들이 지저귀고 있으면 이 얼마나 가슴 설레는 때입니까? 완전히 연애하는 젊은이들의 가슴을 들뜨게 하는 것입니다.

종교심리학에서 연령상으로 더 은혜 받을 만한 때가 특별히 있다고 합니다. 1차로 12-14세 때, 사춘기가 막 시작될 무렵 은혜 받을 시기라고 합니다.

2차로 은혜 받을 때는 18세 전후인 청소년기입니다. 저도 이때에 은혜를 받았습니다. 청소년들이 수련회에 가서 대부분 은혜 받는 이유가 여기에 있습니다. 환경이 바뀌고 영적인 분위기가 바뀌니까 이때 은혜를 받습니다. 그래서 청소년들에게 수련회는 너무도 중요합니다.

3차로는 24-25세 연애할 무렵으로 남녀들이 탐색전을 펼칠 때 은혜를 받습니다. 이처럼 주의를 요할 것은, 성의 자각과 은혜를 받는 동기 부여가 함께 온다는 것입니다. 성에 대해 자각하고 고민하게 될 때 그것이 은혜 받을 수 있는 더 큰 동기로 변할 수 있다는 것입니다.

그러면 40대가 지난 사람은 어떻게 은혜를 받습니까? 이때는 이미 굳을 대로 굳어서 다 선악과 따 먹기 좋아하고 자기 선입견이 있어서 힘듭니다. 이런 마음에 말씀을 통해 은혜를 끼치려면 보통 힘든 일이 아닙니다. 그러면 어떻게 해야 할까요? 한 가지 길이 있습니다. 아무리 40, 50, 60대라도 우리가 소녀의 영, 소년의 영을 가지면 되는 것입니다. 단순한 마음을 갖고, 사모하는 마음을 가질 때 하나님의 은혜가 옵니다. 은혜 충만한 삶을 살아가면 되는 것입니다. 이런 사람에게 하나님이 복을 주시고, 은혜를 주시고, 역전의 은총을 주시는 것입니다.

새가 노래하는 때라는 것은 봄이 왔다는 신호입니다. 얼마나 가슴 설레는 때입니까? 그런데 그때 비둘기의 노랫소리가 들립니다. 특별히 새 중에서도 비둘기 소리가 들립니다. 이것은 틀림없이 암비둘기와 수비둘기가 구애하고 사랑의 짝짓기를 하는 소리일 것입니다. 비둘기는 일부일처제의 사랑을 합니다. 오로지 내 남자, 내 여자하고만 짝짓기를 하는 새입니다.

무화과 열매가 익어가고 포도나무 꽃이 향기를 토하는 때, 이때는 모두가 봄을 알리는 때입니다. 봄은 소생의 계절, 생기의 계절입니다. 약동의 계절이요, 부활의 계절입니다. 누가 이 봄의 약동을 막을 수 있겠습니까?

바로 이 봄의 계절, 은혜의 계절에 우리가 소년의 영, 소녀의 영만 가지고 있으면 은혜 받을 수 있습니다. 주님의 사랑을 경험하기에 가장 좋은 때가 될 수 있다는 말입니다. 그래서 솔로몬은 술람미 여인을 이 봄에 불렀고, 우리 주님도 은혜 받기에 가장 좋은 때에 우리를 불러 주시는 것입니다. 그래서 우리가 주님 앞에 이렇게 나온 것입니다. 그러니 얼마나 감사합니까? 얼마나 황홀한 은혜, 황홀한 사랑을 누리고 있는 것입니까?

셋째, 초대받은 사람입니다

솔로몬은 초청장을 써 내려가듯 장소와 때를 말했습니다. 그리고 이제 초청장을 받을 사람만 적으면 됩니다. 대개 편지나 초청장에는 '누구에게' 라고 씁니다. 그러나 솔로몬은 단순히 '술람미 여인에게' 라고 하지 않고 기가 막힌 표현으로 술람미 여인을 묘사합니다. 솔로몬은 초대하고 있는 술람미 여인을 '바위틈 낭떠러지 은밀한 곳에 있는 비둘기' 라고 합니다. 그녀는 솔로몬에게 있어서 나의 사랑, 나의 어여쁜 자입니다. 그 어여쁜 자는 바위틈 낭떠러지 은밀한 곳에 있는 비둘기라고 했습니다.

> **"바위틈 낭떠러지 은밀한 곳에 있는 나의 비둘기야"**(아 2:14).

그러면 이 '바위틈 낭떠러지 은밀한 곳에 있는 비둘기' 라는 말은 어떤 의미입니까? 때 묻지 않은 순결하고 청순한 여인의 이미지입니다. 비둘기가 나무 위에 집을 지은 것도 아니고, 바위틈 낭떠러지 은밀한 곳에 살면서 새끼 낳고 은밀한 사랑을 나누고 있으니 얼마나 청순하게 보이겠습니까? 얼마나 깨끗하게 보이겠습니까?

'술람미 여인' 이라는 말은 '수넴 여자' 라는 뜻입니다. 따라서 그녀가 에브라임 산지 포도원에서 일하고 있지만 출신은 수넴 출신이었던 것 같습니다. 수넴이라는 곳은 시골 벽촌입니다. 문명이 별로 접촉하지 않은, 그러니까 때 묻지 않은 곳입니다. 그래서 다윗의 노년에도 신하들이 젊은 여인들을 다윗의 곁에 두었는데 다른 여인이 아닌 수넴 여인을 두었습니다. 그만큼 순결하고 청순한 여자를 옆에 두었다는 것입니다.

바위틈 낭떠러지 은밀한 곳에 있는 비둘기라는 말은 이런 술람미 여인의 이미지를 문학적으로 표현한 것입니다. 술람미 여인은 그런 여자였습니다. 그래서 솔로몬은 아주 순결한 동정녀인 술람미 여인을 그렇게 좋아한 것입니다.

우리 주님도 마찬가지입니다. 진정한 처녀 성도를 원하십니다. 깨끗한 처녀 성도를 원하십니다. 그래서 목회는, 우리 성도들을 주님 앞에 온전한 처녀 성도를 만들어서 주님 앞에 드리는 것입니다. 바울은 고린도후서에서 이렇게 고백하고 있지 않습니까?

"내가 하나님의 열심으로 너희를 위하여 열심을 내노니 내가 너희를 정결한 처녀로 한 남편인 그리스도께 드리려고 중매함이로다"(고후 11:2).

바울도 목회는 주님 앞에 정결한 처녀를 드리는 것이라고 했습니다. 목회는 주님 앞에 처녀를 소개하는 중매 행위입니다. 그런데 요즘은 성도들이 왜 그렇게 때가 묻었는지 모르겠습니다. 왜 이렇게 달라졌는지 모르겠습니다. 왜 그럴까요? 선악과를 선택하니까 그렇습니다. 그래서 전부 다 '영자의 전성 시대'를 누리고 있습니다.

그러면 어떤 사람이 순결한 처녀일까요? 바로 생명나무를 선택하는 사람입니다. 바로 이런 사람이 저 바위틈 낭떠러지 은밀한 곳에 사는 비둘기 같은 사람입니다.

넷째, 초대 내용입니다

솔로몬은 술람미 여인을 바위틈 낭떠러지 은밀한 곳에 있는 비둘기라고 묘사한 후, 술람미 여인의 얼굴을 보여달라고 청합니다.

"바위틈 낭떠러지 은밀한 곳에 있는 나의 비둘기야 내가 네 얼굴을 보게 하라 네 소리를 듣게 하라 네 소리는 부드럽고 네 얼굴은 아름답구나"(아 2:14).

왜 술람미 여인의 얼굴을 보고 싶다고 말하는 것입니까? 그것은 술람미 여인의 얼굴이 아름다웠기 때문입니다. 그 순결한 여인의 모습, 그 아름다운 정결한 여인의 얼굴 모습을 보여달라는 것입니다. 얼굴은 그 사람의 인격의 모양이나 모습을 말하지 않습니까? 그런데 그런 얼굴의 모습을 보여 달라는 것입니다.

연인이 데이트하고 연애할 때 얼굴을 보고 해야지, 얼굴을 보지 않고 데이트할 수는 없는 일입니다. 설교를 들을 때도 얼굴을 보고 해야지, 눈만 아래로 깔고 있고 졸고 있고 손톱 소제나 하고 있고 안경이나 호호 불고 있으면 되겠습니까? 부부간에도 대화하는데 기분 나쁘다고 자꾸 다른 데 보면 마음이 상합니다. 연애하는 사람은 더더욱 그럴 수밖에 없습니다. 얼굴을 봐야 합니다.

우리 주님도 마찬가지입니다. 주님도 여러분의 비둘기 같은 모습을 보기를 원하십니다. 성도의 변화 받은 모습을 보기를 원하십니다. 은혜 받은 모습을 보기를 원하십니다. 기도하고 찬송하고 말씀 듣고 봉사하고 충성하고 헌신하는 모습을 보기를 원하십니다. 정말 주님만을 사모할 뿐 아니라 주님으로만 살아가는 순결하고 정결하고 깨끗한 모습을 보기를 원하십니다. 주님을 위해 일하다가 죽기를 원하고, 주님 앞에 희생하는 그런 모습을 보기를 원하십니다.

얼굴을 보고 싶다던 솔로몬은 이제 술람미 여인의 소리를 듣고 싶어 합니다.

> "바위틈 낭떠러지 은밀한 곳에 있는 나의 비둘기야 내가 네 얼굴을 보게 하라 네 소리를 듣게 하라 네 소리는 부드럽고 네 얼굴은 아름답구나"(아 2:14).

왜 솔로몬이 술람미 여인의 소리를 듣기를 원합니까? 그 이유는 술람미 여인의 소리가 부드럽기 때문입니다. 부드럽다는 말은 '아레브'라는 말로, '즐거운, 달콤한, 유쾌한'이라는 뜻을 가집니다.

왕궁에서 치열한 삶에 찌들어 있는 솔로몬에게 술람미 여인의 음성은 그야말로 왕궁의 삶이 주는 것과는 다른 즐거움이었고 달콤함이었습니다. 많은 국무에 늘 신경 쓰고 거슬리는 일이 많았을 솔로몬에게 있어 사랑하는 술람미 여인은, 마음을 유쾌하게 해주는 청량제와도 같았습니다.

이와 같이 성도도 술람미 여인처럼 언제나 주님 앞에 비둘기 소리를 들려드려야 합니다. 하나님의 마음을 시원케 해드리는(잠 25:13), 즐겁게 해드리는 삶이 되어야 합니다. "주여, 우리가 주님 앞에서 비둘기가 되게 하옵소서. 언제나 비둘기 같은 얼굴이요, 비둘기 같은 마음으로 서게 하옵소서." 주님은 바로 우리의 이런 얼굴을 보기를 원하시고 이런 목소리를 듣기를 원하십니다.

　우리가 지나온 삶을 돌이켜볼 때 신앙생활은 꼭 술래잡기와 같습니다. 때로는 주님이 우리를 찾고, 우리는 도망갑니다. 그러나 결국 주님은 우리를 놓치지 않고 꼭 붙잡아 주십니다. 우리를 꼼짝 못하게 주님의 사랑 안에 살도록 꽁꽁 묶어주셨습니다. 그래서 우리는 주님의 은혜가 사슬이 되어 주님의 은혜에 꽁꽁 묶여서 살아가지 않습니까? 그러니 우리는 주님의 은혜가 아니면 살 수 없고, 주님이 우리에게 황홀한 사랑의 초청을 해주시는 것 아닙니까? "나의 사랑, 나의 어여쁜 자야 일어나서 함께 가자."
　우리 모두 주님의 포도동산으로, 더 깊은 포도동산으로 들어갑시다. 우리가 교회에 왔지만 그냥 일반적인 교회 생활을 버리고, 더 깊은 교회 생활을 하며 살아갑시다. 바로 그것이 바위틈 낭떠러지에 있는 은밀한 사랑이 되는 것입니다.

○ 13

여우 떼를 좀 잡아주오

"우리를 위하여 여우 곧 포도원을 허는 작은 여우를 잡으라 우리의 포도원에 꽃이 피었음이라" (2:15)

 지금 술람미 여인은 솔로몬의 그윽한 품에 누워서, 솔로몬이 자기를 초청해 주는 황홀한 초청의 때를 회상하고 있습니다. 그런데 그때 솔로몬이 갑작스런 말을 합니다. 황홀한 사랑의 초청의 고백이라는 분위기가 끊기고, 갑자기 긴장감이 돕니다. 염려하는 듯한 음성으로 솔로몬은 우리를 위해 여우를 잡아달라고 부탁하고 있습니다.

"우리를 위하여 여우 곧 포도원을 허는 작은 여우를 잡으라 우리의 포도원에 꽃이 피었음이라"(아 2:15).

이 말씀을 표준새번역으로 보면 의미를 더 분명하게 알 수 있습니다.

"여우 떼를 좀 잡아주오. 꽃이 한창인 우리 포도원을 망가뜨리는 새끼 여우 떼를 좀 잡아주오"(아 2:15, 표준새번역).

그러면 여기서 여우 떼를 잡아달라는 말은 무슨 말입니까? 여우 떼란, 문학적이고 상징적인 표현입니다. 실제로 여우 떼가 아니라, 솔로몬과 술람미 여인이 사랑을 하는 데 있어 교활하고 간교하게 방해하는 존재나 세력을 말합니다.

그리고 여기서 꽃이 한창 피어 있는 포도원은 실제 포도원이 아니라, 솔로몬과 술람미 여인의 사랑의 무대라고 할 수 있습니다. 사랑의 배경이요, 혹은 사랑 그 자체라고 할 수 있습니다. 이것도 하나의 문학적 표현이요, 은유적인 표현입니다.

솔로몬과 술람미 여인은 너무나 깨가 쏟아지는 사랑, 황홀한 사랑, 구름 위에 둥둥 떠다니는 사랑을 했습니다. 그런데 솔로몬이 가만히 생각해 보니까 걱정이 되기 시작합니다. '아, 이런 사랑도 변할 수 있을까? 이런 사랑도 언젠가 녹이 슬고 금이 가며 깨질 수 있단 말인가? 인생의 시련과 역경이 닥쳐오면 우리도 언젠가는 서로의 손을 놓아버리지는 않을까? 아니, 그럴 수 없을 거야. 내 마음이 변하지 않는 이상 절대로 그런 일은 없을 거야. 또 술람미 여인이 변하지 않는 이상 절대로 그런 일은 없을 거야……'

그래서 솔로몬은 어쩌면 먼저 술람미 여인에게 마음속으로 이렇게 고백했을지도 모릅니다. '술람미 여인이여, 내 마음은 언제나 변함없으니 당신도 변치 말아주오. 술람미 여인인여, 나도 변치 않을 테니 무슨 일이 있어도 우리 변치 맙시다.'

그러나 아무리 생각해 봐도 여우가 와서 이간질을 하면 소용없어 보였습니다. 그래서 지금 솔로몬은 여우를 잡아 달라고 말하는 것입니다. 이것은 아마 술람미 여인에게 말한다고 하기보다 전지적인 대상을 향하여, 문학적인 어느 누군가를 향하여 '여우 떼 좀 잡아달라'고 했을 것입니다. 한마디로 말해서, 어떤 부탁이라기보다는 희망적인 말입니다. 우리의 사랑에 제발 여우가 틈타지 않았으면 하는 그런 마음을 표현하는 말입니다.

여우의 특성

팔레스타인 땅에는 실제로 여우가 많습니다. 여우는 팔레스타인 땅의 포도원을 마구 파헤쳐서 못쓰게 만드는 아주 못된 짐승으로, 악명 높은 짐승으로 불렸습니다. 그러니까 지금 솔로몬 왕과 술람미 여인의 사랑을 포도원의 아름다움으로 은유했다면, 그 사랑의 포도원을 망쳐 놓는 존재가 무엇입니까? 바로 여우인 것입니다.

그러면 여우 떼가 어떻게 솔로몬과 술람미 여인의 사랑을 방해하고 망쳐 놓습니까? 이건 부부간의 사랑에도 교훈을 주지만 주님과 우리의 사랑에 엄청난 교훈을 줍니다. 그렇다면 우선 여우는 어떤 존재입니까?

첫째, 여우는 간사하고 간교합니다

여우는 간사하고 간교하고 교활합니다. 전래 동화나 이솝 우화에 보면, 여우는 속임수나 쓰고 교활하고 잔꾀만 부리는 짐승으로 묘사되고 있습니다. 옛날에도 "전설 따라 삼천리"라는 라디오 연속극이 있었지 않습니까? 거기에도 구미호라는 여우가 나옵니다.

곧 무슨 말입니까? 여우는 간교하다는 말입니다. 부부간의 사랑, 남녀 간의 사랑도 마귀가 아주 간교하게 이간질을 해서 틈이 벌어지게 합니다. 얼마나 간교하게 역사하는지 모릅니다. 우리 주님과 우리와의 관계는 더욱 그렇습니다. 마귀가 얼마나 간교하고 간사하게 주님과 우리 사이를 이간질하고 성도와 성도 사이를 이간질하는지 모릅니다. 백 년 묵은 구미호보다도 더 간교하고 간사하게 우리를 유혹하고 넘어지게 합니다. 스스로 넘어지게 하고 시험 들게 하고 원망하게 만들어 버립니다. 그렇게 열심히 봉사하다가도, 그렇게 주님을 사랑하다가도, 그렇게 목사님을 사랑하다가도 마귀한테 속아서 "나 교회 안 나올래, 나 헌금 안 할래, 나 전도 안 할래" 이렇게 되어 버립니다.

그래서 솔로몬이 우리를 위하여 여우를 좀 잡아 달라고 말하는 것입니다.

둘째, 여우는 의심이 많습니다

모든 동물 가운데 여우가 제일 의심이 많다고 합니다. 여우는 시간이 흘러도 먹이를 주는 주인이나 조련사조차 항상 의심한다고 합니다. 음식을 갖다주면 시험해 보고 먹고, 의심해 보고 먹는다고 합니다.

이와 같이 사탄은 의심을 통하여 우리의 사랑을 깨뜨립니다. 오늘날도 부부간에 의심하는 것, 의처증, 의부증, 이런 것이 사랑의 가장 큰 장애 요소입니다. 의처증이나 의부증이 있는 사람은 꿈만 꿔도 남편 바람피우는 꿈을 꾸고, 부인이 바람피우는 꿈을 꿉니다. 모든 행동과 사건과 이야기를 의심하며 이상하게 연관 짓습니다. 그러니 어떻게 사랑이 성립되겠습니까? 마귀가 우리 사이에 틈을 타면 그렇게 될 수밖에 없습니다.

의심하지 말고 살아야 합니다. 부모를 의심하고, 아들을 의심하고, 배우자를 의심하고, 목사님을 의심하고, 사랑하는 사람을 의심하는 것은 자기 자신조차 얼마나 피곤하게 만드는 것인지 모릅니다.

인간관계에 있어서 믿어주는 것이 얼마나 중요한지 아십니까? 그래서 저는 사람을 잘 믿어줍니다. 알고도 믿어주고, 모르고도 믿어주고, 믿어주는 것이 얼마나 좋은지 모릅니다. 이것이 사랑입니다. 의부증, 의처증, 의심하는 것, 사랑으로 다 물리치시기 바랍니다.

일제 시대 어느 여름날 채필근 목사님이 평양 서촌 칠골이란 동리에 볼일이 있어 갔다 오던 중, 소낙비를 만나 어느 농가에서 비를 피하게 되었습니다. 할 수 없이 그 농가에서 밥을 사 먹고 자게 되었는데, 밤이 상당히 깊었을 때 손님 한 명이 자기 방으로 들어왔습니다. 두 사람 모두 수중에 상당한 액수의 돈을 가지고 있었는데, 한 사람이 돌아누우며 "에헴!" 하고 헛기침을 하면, 다른 사람도 "에헴" 기침을 하면서 밤새 서로 경계하느라 잠을 잘 수가 없었습니다.

아침이 되어 세수를 하고, 조반상을 받아 겸상을 하게 됐습니다. "인사합니다. 나는 채필근이오." "나는 심 아무개입니다." 이렇게 서로 통성명을 하며 인사를 나누게 되었는데, 채 목사님의 기억력으로 상대방이 바로 심 장로라는 사람임을 알게 됐습니다. 겸연쩍게 된 두 사람은 "목사, 장로가 한방에 자면서 서로 의심이 나서 밤새도록 헛기침만 하다니" 하면서 마주 보며 웃었다고 합니다.

우리의 신앙생활도 마찬가지입니다. 마귀가 틈을 타면 우리가 얼마나 주님을 의심하는지 모릅니다. 우리가 의심을 많이 하니까 그렇게 봉사해 놓고도 불평하고 원망하고 맙니다. 기쁜 신앙은 의심하면 끝나버립니다. 왜입니까? 우리 주님은 결코 업신여김을 받지 않는 분이시기 때문입니다. 우리 주님은 절대로 변함없는 주님이십니다. 심으면 심은 대로 거두게 하시는 주님이십니다.

그런데 우리가 주님을 사랑해서 헌신하고 봉사하고 헌금하고 내 마음과 정성과 몸과 뜻을 다 바쳐 헌신한다 해도, 그 순간에 의심이 싹 들어오면 끝나는 것입니다. 그것은 우리가 주님을 의심하고 비인격적으로 대우하는 것입니다. 그러면 주님과 우리의 사랑이 바로 끝납니다. 그래서 의심해서는 안 됩니다.

왜 의심하게 됩니까? 여우 같은 마귀가 우리에게 틈타기 때문입니다. 그래서 솔로몬 왕이 포도원을 위해 여우를 잡아달라고 하는 것입니다. 우리 모두 의심을 가져다주는 여우를 잡고, 신실하신 하나님을 붙잡읍시다. 그분을 더 신실하게 의지합시다.

셋째, 여우는 잘 변합니다

여우는 하룻밤에도 열두 번씩 변한다는 말이 있습니다. 여우와 같은 마귀가 우리 속에 들어오면 "변치 말자" 해놓고도 금방 또 변해 버립니다.

그러나 성령은 변하지 않는 분이십니다. 예수 그리스도는 어제나 오늘이나 영원히 변함이 없는 분이십니다. 그러므로 그분을 굳건히 붙잡고 변함없는 믿음으로 그분을 사랑해야 합니다. 사랑은 변하지 않는 게 특징입니다. 안 변해야 합니다. 우리 주님과의 사랑은 더더욱 그렇습니다. 그러므로 변함없는 믿음과 사랑으로 우리 모두 주님을 사랑해야 합니다.

넷째, 여우는 썩고 부패한 것을 좋아합니다

옛날 시골에 가끔 무덤이 파헤쳐진 경우가 있었습니다. 그것을 본 어른들은 여우가 송장을 파먹고 갔다고 했습니다. 여우는 사람을 죽여 놓고도 그냥 안 먹습니다. 며칠 둔다고 합니다. 사람을 썩게 해서 먹는다고 합니다.

여우 같은 마귀가 우리 속에 틈타면 불평을 많이 합니다. 부정적인 소리를 많이 합니다. 그러니까 주님과 우리의 사이가 깨질 수밖에 없습니다. 상대방을 칭찬하고 격려해 줘야지, 부정적인 소리를 많이 하면 좋아하는 사람이 누가 있겠습니까? 누구 흉보기를 좋아하고 불평, 원망하는 사람은 여우 마귀가 안방에 심방 와 있는 것입니다.

주님과 우리의 관계도 마찬가지입니다. 늘 '주님, 사랑합니다. 주님, 감사합니다' 하는 감사가 나와야지, 막 불평하고 원망하면 안 됩니다. 감사하고, 기쁨이 넘치고, 찬양이 넘쳐야 합니다. 주님 앞에 원망하고 불평하고 선악과를 따 먹으면 어려움에 처하게 됩니다. 그래서 솔로몬이 우리를 위해 여우를 잡아 달라고 그런 것입니다.

다섯째, 여우는 파괴적인 것을 좋아합니다

여우는 굴을 파서 포도원의 나무뿌리를 말라 죽게 만듭니다. 이처럼 여우 같은 마귀가 우리 속에 들어오면 사랑을 파괴합니다. 과격한 말, 파괴적인 말을 하게 합니다. "당장 구청 가자, 법원 가서 끝내자, 당신 만난 것이 내 평생의 실수다, 갈라서자!" 교회 생활, 신앙생활도 마찬가지입니다. "나 교회 안 나올래, 나 십일조 안 할래, 나 예수 안 믿을래." 이런 파괴적인 말을 합니다.

파괴적인 말을 하지 마시기 바랍니다. 그 파괴적인 말 한마디가 아주 큰 상처를 줍니다.

우리가 주님 앞에나 사람 앞에서 여우를 잡고 우리의 포도원에 사랑의 꽃이 피도록 해야 합니다. 가정도 사랑이 넘치는 포도원으로 만들어야 합니다. 꽃이 피고 사랑의 향기가 풍기는 포도원이 되도록 해야 합니다.

그런데 여기서 단어를 하나 살펴볼 필요가 있는데, 여기 나오는 여우라는 표현이 다 자란 여우가 아닌 새끼 여우를 말합니다. 그러니까 어쩌면 별것도 아닌 것처럼 느껴질 수도 있습니다. 그러나 별것 아닌 것처럼 느껴지는 그런 여우가 결정적으로 우리를 넘어지게 하고, 허물어지게 역사하는 것입니다. 그래서 여우를 조심해야 하는 것입니다.

○ 14

여우를 잡은 후에

"내 사랑하는 자는 내게 속하였고 나는 그에게 속하였도다 그가 백합화 가운데에서 양 떼를 먹이는구나 내 사랑하는 자야 날이 저물고 그림자가 사라지기 전에 돌아와서 베데르 산의 노루와 어린 사슴 같을지라" (2:16-17)

 여우를 잡은 후의 상태

이런 경각심으로 이제 여우를 잡아버렸습니다. 다 쫓아냈습니다. 그러면 어떤 상태가 됩니까? 두 가지 상태입니다.

첫째, 완전한 사랑의 일치를 이루게 됩니다

"내 사랑하는 자는 내게 속하였고 나는 그에게 속하였도다 그가 백합화 가운데에서 양 떼를 먹이는구나"(아 2:16).

우리가 삶을 살면서 다른 것은 다 공유할 수 있습니다. 민족, 지역, 동문, 회사 등등. 그러나 에로스의 사랑만큼은 절대로 공유할 수 없습니다. 에로스는 유일합니다. 오직 하나입니다. "나는 너에게, 너는 나에게."

그래서 우리가 사랑할 때 고백을 합니다. 뻔히 사랑하는 줄 알면서도 "자기, 나 사랑해? 자기, 나만 생각해? 자기는 나밖에 없어?" 계속 물어봅니다. 그런데 우리 민족은 '우리' 라는 사상이 강해서 '우리 집사람, 우리 아내' 라고 합니다. '내 집사람, 내 아내' 라고 하는 게 맞습니다. 영화나 소설을 보면, 자기만을 위한 사랑을 고백해 달라고 합니다. "나만을 사랑한다고 속삭여 줘요. 당신은 내 여자라고 말해 줘요. 당신은 내 남자라고 고백해 주세요. 나는 당신 여자예요. 난 당신 남자야!" 이게 바로 16절의 말씀입니다.

"임은 나의 것, 나는 임의 것. 임은 나리꽃 밭에서 양을 치네"(아 2:16, 표준새번역).

지금 술람미 여인이 말하고 있습니다. "임은 나의 것, 나는 임의 것, 임은 나리꽃 밭에서 양을 치고 있습니다."

얼마나 아름다운 표현입니까? 이제 여우가 없으니까 완전한 사랑의 일치를 이루었습니다. 여우가 있으면 서로 의심하고 변하고 파괴하니까 사랑의 관계가 깨질 수 있습니다. 그러나 이제 방해할 게 없습니다.

마찬가지로 우리 주님과 우리의 관계도 그러합니다. 여우가 없으면 우리 주님과 나는 완전히 하나입니다. 나는 주님 안에, 주님은 내 안에, 나는 그로 더불어 먹고, 그는 나로 더불어 먹으리라는 말씀처럼, 완전한 사랑의 일치를 이룰 수 있습니다. 주님과 내가 하나가 되는 것입니다. 주님을 신랑처럼 남편처럼, 주님을 친구처럼 목자처럼, 완전히 주님과 동행하는 것입니다. 주님이 없으면 못사는 것, 주님의 사랑이 없으면 단 한순간도 살 수 없는 관계가 되는 것입니다. "나는 없어도 주님의 사랑이 있으면 나는 있습니다. 나는 있어도 주님의 사랑이 떠나시면 나는 없습니다. 주님의 사랑이 나의 호흡입니다. 나의 생명입니다. 나의 기쁨입니다. 만족이요, 영원한 소망입니다."

둘째, 오직 솔로몬(주님)만 사랑하고 사모하게 됩니다

"내 사랑하는 자야 날이 저물고 그림자가 사라지기 전에 돌아와서 베데르 산의 노루와 어린 사슴 같을지라"(아 2:17).

"날이 저물고 그림자가 사라지기 전에, 나의 임이여, 노루처럼 빨리 돌아와 주세요"(아 2:17, 표준새번역).

술람미 여인은 지금 얼마나 솔로몬 왕이 자기 품으로 돌아오기를 기다리고 있습니까? 지금 술람미 여인과 솔로몬의 사이에는 여우가 없습니다. 사랑의 일치가 이루어졌습니다. 그래서 '날이 저물고 그림자가 드리우기 전에 나의 임이여, 빨리 돌아와 달라'고 외치는 것입니다. '오늘도 사랑하는 임이, 내 방으로 오시겠지, 내 침실로 오시겠지' 하며 솔로몬을 사랑하고 그리워하고 있습니다. 솔로몬이 올 때 노루처럼, 사슴처럼 빨리 돌아와 달라고 합니다. 너무너무 사모하고 사랑하니까 사슴과 노루처럼 빨리 돌아와 달라는 것입니다.

　부부간에도 여우가 없고 사랑의 일체감을 이루면 늘 서로 기다리게 되어 있습니다. "내 남편이 언제 올까? 오늘은 빨리 퇴근하지 않나? 내 마누라, 언제 들어오나?" 항상 기다리게 됩니다. 그 기다림 속에서 사랑의 감정이 싹틉니다.

　우리 주님과 우리의 관계도 마찬가지입니다. 우리 사이에 여우가 없고 사랑의 일체감이 있으면 항상 주님을 사모합니다. 지난주 은혜를 받았는데 다음 주가 또 기다려지고, 어제 은혜를 받았는데 또 기다려지고, 항상 교회 가는 날이 그리워집니다. 구역 예배, 철야 예배, 새벽 예배에 나와서 끊임없이 기도하고 싶고 찬양하고 싶고 예배드리고 싶어집니다. 지속적으로 교회를 사모하게 됩니다. 금방 은혜 받고도 또 은혜 받고 싶습니다. 어제 은혜를 그렇게 받았는데 또 은혜를 받고 싶습니다. 그렇게 주님을 사모하게 됩니다.

　우리도 이렇게 되어야 합니다. 우리도 이렇게 주님의 은혜를 사모하고 고대해야 합니다. 그래서 십일조, 감사 헌금, 건축 헌금을 준비하며 예배를 기다리고, 목사님이 심방 오면 주님이 오시는 것처럼 고대하고, 추수 감사, 맥추 감사가 다가오면 주일이 기다려지게 됩니다.

　그런데 주님과 우리 사이에 여우가 있고 사랑의 일치가 이루어지지 않으면 "왜 주일이 이렇게 빨리 돌아오지? 가난한 집 제사 돌아오는 것처럼 빨리도 돌아오네……" 합니다. 이런 사람이 무슨 신앙생활에 재미가 있고 기쁨이 있겠습니까? 문제가 있는 것입니다.

　부부 사이에도 마찬가지입니다. 부부는 서로를 기다려야 합니다. 남편을 생각하면 귀찮고, 아내를 생각하면 짜증만 난다면 문제가 있는 것입니다. 아내를 생각하면 쏟아지는 향기름 같아야 하고, 서로의 이름을 생각만 해도 쏟아지는 향주머니 같아야 하고, 그윽한 향기 자체가 되어야 합니다. 사랑하는 내 아내, 내 사랑하는 남편의 이름만 불러도 그것이 우리의 기쁨과 소망이 되어야 합니다.

주님과 우리 사이에 여우가 사라지고 주님과의 완전한 사랑의 일치가 이루어지면 주님이 너무 좋을 수밖에 없습니다. 주님만 있으면 행복합니다. 주님만 있으면 모든 것이 감사하고, 주님만 있으면 내 삶에 향기가 넘치고 기쁨이 넘치고 감사할 수 있게 됩니다. 신앙생활은 주님을 사랑하고 사모하는 재미로 하는 것입니다. 주님을 사모하며 은혜 받고, 주님께 헌신하고 충성하는 것이 신앙생활입니다.

그래서 손양원 목사님은 소록도에서 바다 물결 출렁이는 해 뜨는 동녘 바다를 바라보며, 해 지는 서녘 바다를 바라보며 항상 주님 고대가를 불렀습니다. 주님을 얼마나 사모했으면, 주님이 언제나 오시겠느냐고, '주님, 지금이라도 오셔달라' 고 눈물로 노래하고 찬양했겠습니까?

낮에나 밤에나 눈물 머금고
내 주님 오시기만 고대합니다
가실 때 다시 오마 하신 예수님
오 주여 언제나 오시렵니까.

먼 하늘 이상한 구름만 떠도
행여나 내 주님 오시는가 해

머리 들고 멀리멀리 바라보는 맘
오 주여 언제나 오시렵니까.

15

꿈속에서도 임을 찾아

"내가 밤에 침상에서 마음으로 사랑하는 자를 찾았노라 찾아도 찾아내지 못하였노라 이에 내가 일어나서 성안을 돌아다니며 마음에 사랑하는 자를 거리에서나 큰길에서나 찾으리라 하고 찾으나 만나지 못하였노라 성안을 순찰하는 자들을 만나서 묻기를 내 마음으로 사랑하는 자를 너희가 보았느냐 하고 그들을 지나치자마자 마음에 사랑하는 자를 만나서 그를 붙잡고 내 어머니 집으로, 나를 잉태한 이의 방으로 가기까지 놓지 아니하였노라 예루살렘 딸들아 내가 노루와 들사슴을 두고 너희에게 부탁한다 사랑하는 자가 원하기 전에는 흔들지 말고 깨우지 말지니라"(3:1-5)

오늘 본문은 술람미 여인의 꿈속에서 일어난 일을 소개하고 있습니다. 물론 어떤 학자들은 이것이 꿈이 아니라 현실을 묘사하는 것이라고 주장합니다. 그러나 아무리 이 본문을 읽고 또 읽어도 이것은 꿈속에서 일어난 일입니다. 1절을 한번 보겠습니다.

"내가 밤에 침상에서 마음으로 사랑하는 자를 찾았노라 찾아도 찾아내지 못하였노라"(아 3:1).

술람미 여인은 침상에서 마음으로 사랑하는 자를 찾았다고 합니다. 이것을 표준새번역으로 보면 더 상세하게 표현되어 있습니다.

"나는 잠자리에서 밤새도록 사랑하는 나의 임을 찾았지만, 아무리 찾아도 그를 만나지 못하였다"(아 3:1, 표준새번역).

지금 술람미 여인은 솔로몬의 포근한 품속에 안겨 잠들어 있습니다. 이미 솔로몬 왕과 술람미 여인의 사이에는 여우도 제거되었고, 그들의 사랑의 포도원에도 이미 아름다운 꽃이 피어 있습니다. 그래서 그녀는 "내 사랑하는 자는 내게 속하였고 나는 그에게 속하였다"고 고백했습니다. 곧 완전한 사랑의 일치를 이룬 것입니다. 그래서 그녀는 솔로몬을 독점적으로 점유했다고 볼 수 있습니다. 수많은 여자들이 있지만, 1천 명에 달하는 후궁들이 있지만, 솔로몬의 품에 안겨 그의 사랑을 독점하고 있는 것입니다. 그런 상태에서 그녀는 솔로몬의 품에 안겨서 잠들어 있습니다.

뿐만 아니라 술람미 여인은 오직 솔로몬만 사모하고 사랑하는 여자가 되었습니다. 그래서 2장 마지막 절은 이렇게 끝납니다.

"날이 저물고 그림자가 사라지기 전에, 나의 임이여, 노루처럼 빨리 돌아와 주세요. 베데르 산의 날랜 사슴처럼 빨리 오세요"(아 2:17, 표준새번역).

이런 마음으로, 이런 상태로 그녀는 솔로몬의 품에 안겨서 잠들기 전 마음속으로 이렇게 고백했을 것입니다. '나는 없어도 임의 사랑이 있으면 나는 있습니다. 나는 있어도 임의 사랑이 나를 떠나가 버리면 나는 없는 것입니다. 임의 사랑이야말로 나의 호흡이요, 나의 생명이요, 나의 존재 그 자체입니다. 임의 사랑이 나의 기쁨이

요, 나의 만족이요, 나의 행복이요, 나의 영원한 소망입니다.'

그런데 이제 잠이 들어 꿈을 꾸게 됩니다. 임을 너무나 사랑하고 사모하는 마음으로 잠들다 보니, 꿈속에서도 임을 잃어버리는 꿈을 꾸었던 것입니다. 그녀는 너무나 임을 갈망하고 그리움으로 목말라 하면서 사모하고 찾았습니다. 그래서 2절에 보니까 꿈속에서 임을 잃어버리고, 그렇게 찾아도 찾아도 찾아내지 못하였다고 고백하고 있습니다.

"이에 내가 일어나서 성안을 돌아다니며 마음에 사랑하는 자를 거리에서나 큰길에서나 찾으리라 하고 찾으나 만나지 못하였노라"(아 3:2).

우리도 현실과 정반대의 꿈을 꿀 때가 있습니다. 너무 집착하고 생각하면 반대의 꿈을 꾸는 경우가 있습니다. 또 주님이 그것을 중요하게 생각하도록 하기 위해서, 경종과 경고를 주기 위해서 반대로 꿈을 꾸게 하시는 경우도 있습니다. 그래서 가끔 현실과는 정반대의 꿈을 꿀 때가 있지 않습니까? 술람미 여인이 바로 그런 꿈을 꾸고 있는 것입니다.

아마 술람미 여인은 그런 걱정도 했을 것입니다. 평상시에도 '나 같은 것이 무엇인데, 세상에 내가 누구라고, 나 같은 포도원지기의 천한 소작농의 딸을 이렇게 왕이 사랑해 주다니……. 정실부인도 아니고 중전도 아닌 시골뜨기 중의 촌뜨기 여자인 내가 수많은 비빈들을 제치고 왕의 사랑을 받다니……. 그런데 행여 언제 이 사랑이 끝나지는 않을까? 언제 내가 왕에게 버림받지는 않을까? 왕의 사랑이 언젠가 나를 떠나지는 않을까?' 하고 걱정하지 않을 수 없었을 것입니다.

그러니까 술람미 여인은 솔로몬 왕의 품에 안겨 있으면서도 상사병이 안 날 수가 없었던 것입니다. '이렇게 나를 사랑했던 솔로몬 왕이 나보다 다른 여인을 사랑하지는 않을까? 나를 그렇게 사랑했던 그 사랑의 뜨거움이 다른 여자에게 옮겨 가지는 않을까?' 그래서 술람미 여인은 상사병이 나서 신음하는 모습을 보여준 적이 있지 않습니까?

"너희는 건포도로 내 힘을 돕고 사과로 나를 시원하게 하라 내가 사랑하므로 병이 생겼음이라"(아 2:5).

정호승 시인의 "또 기다리는 편지"라는 시가 있습니다.

지는 저녁 해를 바라보며
오늘도 그대를 사랑하였습니다
날 저문 하늘에 별들은 보이지 않고
잠든 세상 밖으로 새벽달 빈 길에 뜨면
사랑과 어둠의 바닷가에 나가
저무는 섬 하나 떠올리며 울었습니다.
외로운 사람들은 어디론가 사라져서
해마다 첫눈으로 내리고
새벽보다 깊은 새벽 섬 기슭에 앉아
오늘도 그대를 사랑하는 일보다

기다리는 일이 더 행복하였습니다.

얼마나 애절한 사랑입니까? 술람미 여인도 그렇게 솔로몬 왕을 사랑하면서도 그리워하고, 그리워하면서도 사랑하는 애절한 사랑을 했습니다. 너무도 솔로몬 왕을 가슴 저리게 가까이하고 싶고 연모하다 보니까, 정반대의 꿈을 꾸게 된 것입니다.

그러면 꿈의 내용이 무엇이었습니까? 분명히 솔로몬 왕의 품속에서 같이 잠들었는데, 자다 보니까 사랑하는 임이 없는 것입니다. 침상에서 찾아봐도 없어서 아침에 일어나서 성안을 돌아보고, 거리를 다녀보고, 먼 길을 다니며 찾아보았습니다. 그런데 만나지 못한 것입니다. 또 성안을 순찰하는 자들을 만나서 내 사랑하는 임을 보았는지 물어보며 막 방황하고 허우적거리며 임의 이름을 부르며 다녔습니다.

"임이여, 어디에 계신단 말입니까? 나를 두고 어디로 떠나신단 말입니까? 나를 두고 떠나시면 나는 어떻게 살라는 말입니까? 그대 없는 나는 과연 어떻게 존재할 수 있단 말입니까? 그대가 있어야 내가 있고, 그대 없으면 내가 없는데 왜 나를 두고 떠나신단 말입니까?"

이렇게 부르짖으며 거리를 헤매고 다닌 것입니다. 그런데 그때 사랑하는 임이 나타났습니다! 그를 붙잡고 내 어머니의 집으로, 다시 말하면 나를 잉태한 어머니의 방으로 데려간 것입니다.

이것이야말로 진짜 사랑의 미학입니다. 이렇게 아름다운 사랑일 수가 없습니다. 얼마나 사랑하는 임을 사모하고 연모했으면 꿈속에 이렇게 반대되는 꿈을 꿀 수 있느냐는 말입니다. 온 성을 다니고 거리를 쏘다니고 임을 찾아 헤매는 한 여인의 애절함, 이 사랑 자체만 보더라도 얼마나 아름다운 사랑의 미학입니까? 그리고 얼마나 심미적인 사랑이고 아름다운 러브 스토리입니까?

🎵 주님을 사랑하고 연모하자

부부도 오늘 이렇게 평생을 아름답게 살아가면 얼마나 좋겠습니까? 이렇게 아름다운 사랑을 나누며 살아갈 수 있으면 얼마나 좋겠습니까? 그러나 아가서는 이런 사랑 이야기로만 끝나는 것이 아니라, 그렇게 주님을 사랑하고 연모하라는 교훈을 주는 것입니다. 주님을 그렇게 애모하고 가슴 저리도록 기다리고 구하라는 말입니다.

주님을 잃어버리면 우리는 아무것도 아닙니다. 만약 주님을 놓치면 우리는 너무너무 비참한 존재가 된다는 사실을 보여주고 싶었던 것입니다. 그리고 혹시라도 주님의 사랑과 은혜를 잃어버렸으면 솔로몬을 찾아나섰던 술람미 여인처럼 애절한 모습으로 주님을 사모하고, 은혜를 애타게 그리워해야 한다는 사실을 가르쳐주고 있습니다.

성도가 정말 에녹같이 주님과 동행하는 삶을 살다가도 염려가 생길 때가 있습니다. 정말 주님의 은혜 속에 폭 빠져서 살고 주님의 사랑에 감격해 살다 보면 그럴 때가 있습니다. 걱정이 생길 때가 있습니다. '아, 이렇게 은혜 생활하다가 이 은혜를 잃어버리면 어쩌나?' 하는 염려를 할 때가 있습니다.

고린도후서 7장을 보면 두 가지 근심이 있습니다. 하나는, 세상적인 근심입니다. 이 근심은 결국 사망을 이루고 맙니다. '이번 달 곗돈을 잘 부어야 할 텐데 돈이 안 생기니 어떡하나? 이번 달 이자를 잘 막아야 할 텐데 어떻게 하나? 우리 아들 성적이 올라야 할 텐데 공부는 안 하고 날마다 컴퓨터 게임이나 하고 있으니 어쩌나?' 등의 이런 근심은 사망을 이루고 맙니다.

잠언에 세상적인 근심은 뼈를 마르게 한다고 했습니다. 그러니까 육신의 사망, 영혼의 사망을 하게 하는 근심입니다. 세상적인 문제로 근심하지 마시기 바랍니다. 무엇을 먹을까, 무엇을 마실까, 무엇을 입을까 근심하지 마시기 바랍니다. 다 세상 사람들이 하는 근심이라고 예수님이 말씀하셨잖습니까?

다른 또 하나의 근심은, 신령한 근심입니다. 신령한 근심은 어떤 것입니까? '내가 어떻게 하나님을 기쁘시게 할 것인가? 내가 어떻게 하면 하나님의 은혜 안에 살 것인가? 내가 이러다 잘못하면 은혜의 줄을 놓쳐버리지는 않을까? 주님의 사랑에서 떨어져 나가버리지는 않을까? 더욱 경건하게 기도하며 은혜의 줄을 붙잡고 살아야지……' 하는 근심입니다.

이런 신령한 근심은 죄지은 자로 하여금 하나님께 회개하게 하고, 하나님께 더 가까이 나아가게 하고, 관계를 더 돈독하게 해줍니다. 우리가 근심을 하려면 이런 신령한 근심을 해야 합니다.

> "그러므로 내가 편지로 너희를 근심하게 한 것을 후회하였으나 지금은 후회하지 아니함은 그 편지가 너희로 잠시만 근심하게 한 줄을 앎이라 내가 지금 기뻐함은 너희로 근심하게 한 까닭이 아니요 도리어 너희가 근심함으로 회개함에 이른 까닭이라 너희가 하나님의 뜻대로

근심하게 된 것은 우리에게서 아무 해도 받지 않게 하려 함이라 하나님의 뜻대로 하는 근심은 후회할 것이 없는 구원에 이르게 하는 회개를 이루는 것이요 세상 근심은 사망을 이루는 것이니라"(고후 7:8-10).

그런데 우리가 그렇게 걱정을 지나치게 하다 보면 반대되는 꿈을 꿀 때가 있습니다. 물론 대부분은 그렇지 않습니다만, 그렇게 주님을 사모하고 꿈을 꾸면 좋은 꿈만 꾸기도 합니다. 주님 만나는 꿈, 기도하는 꿈, 설교하는 꿈……. 저는 쉴 새 없는 집회와 수련회를 준비하느라 시간에 쫓기니까, 꿈에서도 항상 설교 준비하고 설교하는 꿈, 기도하는 꿈, 찬송하는 꿈을 꿉니다.

제가 옛날에 그런 꿈을 꾼 적이 있습니다. 너무도 생생한 꿈이었습니다. 그래서 그것이 꿈인지도 몰랐을 정도였습니다. 성전 입당을 앞두고 하나님이 약속을 보여주시고 은혜를 부어주시는데도 그걸 모르는 성도들이 있었습니다. 저는 너무나 안타까웠습니다. 그래서 제가 막 설교를 하면서 가슴을 치고 울면서 설교하는 꿈이었습니다. "왜 그렇게 하나님의 은혜를 모르느냐? 왜 하나님의 약속을 보지 못하느냐? 프라미스 콤플렉스 성전을 통하여 영광의 가문, 축복의 명문 가문을 이루시겠다고 하시는 하나님의 그 약속을 왜 보지 못하느냐?"면서 막 울며 설교했습니다.

그런데 깨어 보니까 꿈이었습니다. 얼마나 생생했던지 제 귀에 눈물이 고일 정도로 꿈속에서 처절하게 울부짖으며 설교했던 것입니다. 또 언젠가는 선교사 한 분이 순교를 하셨는데 그 장례식을 보고 제가 꿈을 꿨습니다. '내가 죽어야 하는데, 내가 죽어서 그 영광을 먼저 차지해야 하는데……' 하는 심정을 가지고 제가 "어젯밤 꿈을 꾸었습니다"라는 시를 짓지 않았습니까?

어젯밤 꿈엔
섧디섧게 울었습니다
참으로 억울하고 원통해서
엉엉 울어댔습니다

이슬람 문화권에서
선교 활동을 하다가
수류탄 파편에 맞아 죽어 돌아온
한 선교사의 시신을 보고서 말입니다
경상도 어느 외딴섬에서
당신의 품에 그분을 안겨 드리며
온몸이 산산이 부서진 시신을 보고
저는 목을 놓아 울었습니다

내가 저렇게 죽어야 했는데
내가 먼저 순교하여
하늘나라의 영광을 차지해야 하는데
내가 저렇게 조각난 주검이 되어
하나님의 칭찬을 받아야 하는데
왜 나는 저 기회를 빼앗겼을까

나는 무엇을 하다가

저 영광을 놓치고 말았을까

내가 그여야 하는 걸

하늘 영광은 주검을 덮습니다

그의 주검은

육신 온전한 내 몸뚱어리보다 아름다웠습니다

그래서 저는

섧디섧게 울었습니다

꿈에서 깨었을 땐

그 짜디짠 것이 귓속까지 고여 있었습니다

어느덧 익어가는 세월 속에서

이제 저도 조금씩 당신을 닮아가고

한 걸음 한 걸음

당신 계신

영원한 본향에 이를 때가 가까움을 느낍니다

오늘 새벽도

저의 첫사랑으로

새롭게 당신을 선택합니다

샘솟는 기쁨으로
넘치는 감격과 기쁨으로
내 육신
부서지는 날까지
온몸과 마음으로
오직 당신을 선택하며 살렵니다.

그러나 그렇게만 꿈을 꾼 것이 아니라, 정말로 주님을 너무 사모하다 보면 진짜 주님이 떠나시는 꿈을 꿉니다. 내가 죄를 짓고 비참하게 되어 주님이 떠나 버리시는 것입니다. 그래서 꿈에서 정신 차려서 일어나자마자 기도하고 놀랄 때가 있습니다. 교회가 시험에 드는 꿈이라든지, 그것 때문에 깨어서 얼마나 기도하는지 모릅니다. 그런데 막상 그런 일은 없습니다. 그러나 그렇게 될 때 내가 더 주님을 소중하게 여기며, 교회를 더 사랑하고, 더 기도하게 되더라는 말입니다.

오늘 우리에게 이런 사랑이 있어야 합니다. 이 모습이 얼마나 아름답습니까? 내가 더 주님을 사랑하고 살아야지, 내가 더 주님을 의지하고 살아야지…….

개척 교회 때 늘 성군이 혼자 재워 놓고 새벽 기도를 갔습니다. 저는 거의 교회에서 자고, 아내는 새벽 기도에 옵니다. 하루는 새벽 기도에 갔다 오니까 아들이 새벽에 없어져 버린 것입니다. 저는 늦게 들어오지만 집사람이 일찍 들어왔는데 애가 없어져 버렸습니다. 집에 오니까 아이가 없어서 이상하게 생각하고 마을 가락동을 돌아다녀 보니까, 어떤 새벽 기도 다녀온 교인이 우리 애를 데려오더라는 것입니다. 우리 애가 다니면서 우리 엄마 안 봤냐고, 우리 엄마가 나를 떼어 놓고 어디를 갔다고, 우리 엄마 어디 가는 것 안 보았느냐고 울면서 다니더라는 것입니다.

그때가 엊그제 같은데 우리 아들이 벌써 대학교 2학년이 되었습니다. 그런데 이 녀석이 얼마나 엄마를 사모했으면 그랬겠습니까? 엄마를 얼마나 사모하고 흠모했으면 새벽에 일어나서 동네를 돌아다니면서 엄마를 찾았겠습니까?

이건 우리 아들이니까 이해되지만, 제게는 조카 배에스더가 있습니다. 처남 배영수 집사, 최은화 집사의 딸이자, 정 권사님 손녀입니다. 분당 구미동에 땅을 살 때 교회에 돈이 없으니까, 배영수 집사 전세를 교회에다 바치고 우리 집에서 같이 살았습니다. 그런데 그때는 새벽 기도가 매일같이 특별 새벽 부흥회였습니다. 날마다 새벽 기도 원고를 그렇게 정성스럽게 준비했습니다. 그때 은혜스럽게 도와준 사람이 최은화 집사였습니다.

개척 교회에 누가 와서 반주를 해주겠습니까? 은혜롭게 반주 잘하기로 누구나가 다 인정하는 최은화 집사가 해주었습니다. 최은화 집사가 키보드 켜 놓고 반주하지요, 배영수 집사가 음향을 맞추어 줍니다. 그러면 배에스더를 누가 봐줍니까? 우리 집사람이 봐주었습니다. 혼자 집에서 깰까 싶어서 집사람이 새벽 기도에 못 나오고 지키곤 했습니다. 그런데 그 에스더는 한번 깨어나면 얼마나 크게 우는지, 동네방네 "엄마, 엄마……" 울어댔습니다.

어떨 때는 엄마가 새벽 기도 나올 때 에스더도 같이 깨고 맙니다. 그러면 엄마 못 가게 얼마나 울었는지 모릅니다. 그러면 제가 "조용히 해라"고 참 많이 혼냈습니다. 그러면 무서워서 울다가도 "엉

엉엉……" 합니다. 그리고 자기 고모는 또 얼마나 무섭습니까? 자기 고모는 엄마 따라간다고 울면 입을 막아 버렸습니다.

그런데도 우리 최은화 집사는 그런 우는 아기를 떼어놓고 새벽 기도 한 번 안 빠지고 나온 것을 생각하면, 얼마나 감사한지 모릅니다. 그런 희생과 밀알이 있었기 때문에 오늘의 교회가 있는 것입니다. 그러니까 아예 에스더는 딱 4시 반이 되면 깨는 아이가 되어 버렸습니다. 엄마가 얼마나 좋은지, 분명히 어디에 도망가지 않고 아침에 오는데도 얼마나 엄마를 사모하고 그리워했으면 그렇게 떼를 쓰고 울었겠습니까?

지금 생각하면 진짜 미안합니다. 제가 우리 딸 못지않게 에스더를 사랑하는 것을 보면 우리 집사람은 이해를 못할 것입니다. 제가 그렇게도 에스더를 친딸처럼 사랑하는 이유는 그때를 생각하면 너무 미안해서입니다.

지금 술람미 여인이 이런 상태로 솔로몬의 품에 누워 있습니다. 그런 꿈을 꾼 것입니다. 여러분은 정말로 그런 꿈을 꾸어보셨습니까? 내가 실제로 신앙생활을 형편없이 해서 그런 꿈을 꾼 것이 아니라, 정말 너무도 연모해서 그런 꿈을 꾸어보셨습니까? 내가 주님을 사랑하고 그리워해서 그런 꿈을 꾸었거나 그 영상이 내 마음에 그려졌다면 그 사람은 정말로 영성이 살아 있는 사람이요, 복 받은 사람입니다. 그런 사람이 되시기를 바랍니다. 우리 모두 이런 신앙생활을 하면 얼마나 좋겠습니까? 이런 신앙생활을 하시기 바랍니다. 주님을 사모하는 신앙생활을 하시기 바랍니다.

사랑 찾기 과정

그렇다면 술람미 여인은 임을 언제 잃어버렸고, 어디서 다시 찾았으며, 찾은 임에게 어떻게 했는지 살펴보겠습니다.

첫째, 술람미 여인은 언제 임을 잃어버렸습니까?

밤에 잃어버렸습니다. 그러므로 밤을 조심해야 합니다. 밤에 사랑을 잃지 않도록 말입니다. 오늘 우리도 마찬가지입니다. 신앙적인 의미에서 밤은 시험의 때입니다. 어두운 밤에는 주의 말씀이 없을 수 있습니다. 주의 일을 하지 못하는 때가 될 수 있습니다. 그리고 쾌락이 기승을 부리는 때가 될 수도 있습니다.

그러므로 밤을 조심해야 합니다. 밤에 취해서 주의 은혜를 잃지 않도록 말입니다. 어두운 밤에 주의 사명, 우리의 거룩한 직분을 잃지 않도록 말입니다. 그래서 우리는 이런 찬송을 부르지 않습니까?

어둔 밤 쉬 되리니 내 직분 지켜서
찬 이슬 맺힐 때에 즉시 일어나
해 돋는 아침부터 힘써서 일하라
일할 수 없는 밤이 속히 오리라.

둘째, 술람미 여인은 어디를 다니며 찾았습니까?

"이에 내가 일어나서 성안을 돌아다니며 마음에 사랑하는 자를 거리에서나 큰길에서나 찾으리라 하고 찾으나 만나지 못하였노라 성안을 순찰하는 자들을 만나서 묻기를 내 마음으로 사랑하는 자를 너희가 보았느냐 하고"(아 3:2-3).

먼저, 침상에서 찾았습니다. 그러나 침상에서 아무리 찾아도 임이 보이지 않았습니다. 그래서 그녀는 꿈에서도 그런 교훈을 얻었을 것입니다. '아, 내가 침상을 더럽혀서는 안 되겠구나. 임과 함께하는 침상을 언제나 깨끗하고 성결하게 가꾸어야겠구나.'

우리의 신앙생활도 마찬가지입니다. 기왕에 침실 신자가 되었다면 주님과 우리의 침실의 사랑을 절대로 더럽혀서는 안 된다고 말입니다. 주님과 내가 누리는, 누구도 방해할 수 없는 은밀한 사랑, 이 사랑을 잘 간직하고 깨끗하고 성결하게 유지해야 한다는 교훈을 얻어야 합니다.

또 성과 거리에서 찾았습니다. 그러나 그녀는 성중에서 임을 만날 수 없었습니다. 거리에서도 만날 수 없었습니다. 얼마나 답답했을까요? 그래서 그녀는 꿈속에서 이렇게 외쳤을지 모릅니다. "성에 계시지 않은 내 사랑은 어디에 계실까? 길거리의 많은 군중 속에 계시지 않은 나의 임은 어디에 계실까?"

오늘 우리도 주님을 만나는 곳이 성중이 아니라는 사실을 알아야 합니다. 큰 길거리도 아님을 알아야 합니다. 우리 주님을 만날 수 있는 그 길은 영문 밖 골고다 언덕이라는 사실을 알아야 합니다. 주님은 우리를 복잡한 궁궐, 수많은 인파 속에서 만나지 않으십니다. 골고다 언덕에서, 혹은 좁은 이 길, 십자가의 도상에서 우리를 만나 주신다는 것입니다. 수많은 환호와 갈채와 박수 속에서 우리를 만나주시는 것이 아니라, 고독한 사명자의 길, 비록 힘들고 고달 프지만 비아 돌로로사(Via Dolorosa)와 같은 십자가의 도상에서 우리를 은밀하게 만나주신다는 사실을 알아야 합니다.

마지막으로, 순찰하는 자들에게 가서 찾았습니다. 당시 성안을 순찰하는 자들은 파수꾼을 말합니다. 깜깜한 밤중에도 깨어서 성을 지키는 자들입니다. 그런데 그들을 만나도 곧바로 사랑하는 임을 찾은 것이 아닙니다. 아마 그녀는 파수꾼에게 물어보았을 것입니다. 아마 파수꾼들이 이쪽으로 간 것 같다고 말했을 것입니다. 그러니까 술람미 여인이 울부짖었을 것입니다. 나의 임은 어디로 갔느냐고, 나의 사랑하는 임은 나를 버려두고 어디로 가셨느냐고……. 그런데 그들을 지나치자마자 바로 사랑하는 임을 만날 수 있었다고 했습니다.

"그들을 지나치자마자 마음에 사랑하는 자를 만나서 그를 붙잡고"
(아 3:4).

우리는 주님을 어떻게 해서 만납니까? 하나님의 종, 말씀의 선지자나 파수꾼을 통해서 만납니다. 오늘날 우리가 주님의 은혜를 잃어버리고 주님의 사랑을 잃어버리면, 하나님의 파수꾼인 주의 종들의 말씀을 통해 다시 깨우침을 얻고 회개하고, 하나님께로 돌아가서 주님을 만나야 합니다. 만약 술람미 여인이 파수꾼을 만났는데도 곧바로 사랑하는 임을 못 만났다 해서 실망해서 돌아가 버렸다면, 영영 사랑하는 임을 못 만났을 것입니다. 그런데 그들에게 내 사랑하는 임을 못 보았느냐고 묻고, 지나치자마자 사랑하는 임, 솔로몬을 만나게 되었다고 했습니다.

술람미 여인은 파수꾼에게 물어보기를 정말 잘한 것입니다. 성 안을 순찰하는 자들에게 안내받기를 잘했습니다. 아마 모르긴 몰라도 그 파수꾼들이 저쪽으로 가셨다고, 아마 그분이 저쪽으로 가신 것 같다고 가르쳐주었을 것입니다. 끝까지 상처 안 받고 파수꾼의 말대로 따라갔기 때문에 사랑하는 임을 만날 수 있었습니다.

오늘날도 마찬가지입니다. 제일 불쌍한 사람이 설교를 통해서 시험 든 사람입니다. 주의 종을 통해서 시험 든 사람입니다. 복음에는 구원의 요소가 있고 심판의 요소가 있습니다.

그래서 우리는 파수꾼의 말씀을 통해서, 주의 종의 메시지를 통해서 잃어버린 주님을 찾는 경우가 많습니다. 말씀을 통해서 주님과 더 가까이하고, 잃어버린 주님의 은혜를 회복하고, 주님의 사랑을 더 붙잡으시기 바랍니다.

셋째, 그러면 술람미 여인은 솔로몬을 만나자마자 어떻게 했습니까?

그를 꼭 붙잡았습니다. 그를 붙잡고 놓지 않았다고 했습니다. 붙잡는다는 말이 무슨 뜻입니까?

"그들을 지나치자마자 마음에 사랑하는 자를 만나서 그를 붙잡고 내 어머니 집으로, 나를 잉태한 이의 방으로 가기까지 놓지 아니하였노라"(아 3:4).

'붙잡다'는 말은 '아하즈'라는 말인데, 이는 창세기 25장에서 야곱이 에서의 발꿈치를 잡고 나왔다는 표현에서 사용된 말입니다. 야곱은 뱃속에서부터 축복 전쟁을 하지 않았습니까? 아마 야곱이 뱃속에서조차 에서를 이겼던 것 같습니다. 뱃속에서부터 에서와 싸웠다는 말씀은 그런 뉘앙스를 가지고 있습니다.

> "이삭이 그의 아내가 임신하지 못하므로 그를 위하여 여호와께 간구하매 여호와께서 그의 간구를 들으셨으므로 그의 아내 리브가가 임신하였더니 그 아들들이 그의 태 속에서 서로 싸우는지라 그가 이르되 이럴 경우에는 내가 어찌할꼬 하고 가서 여호와께 묻자온대"(창 25:21-22).

이 구절을 보면 둘이 태 속에서 싸웠다고 합니다. 하나님은 리브가에게 "큰 자가 어린 자를 섬기리라"고 말씀하셨습니다. 그래서 실제로 나중에 장자권 전쟁에서 이겨서 큰 자가 어린 자를 섬겼지 않습니까?

> "여호와께서 그에게 이르시되 두 국민이 네 태중에 있구나 두 민족이 네 복중에서부터 나누이리라 이 족속이 저 족속보다 강하겠고 큰 자가 어린 자를 섬기리라 하셨더라"(창 25:23).

그런데 성경을 볼 때, 야곱이 뱃속에서는 이겼던 것 같습니다. 바로 이 이야기에서 사용된 단어가 '아하즈'입니다. 그러니까 얼마나 얼마나 임을 사모하고 갈망했으면 이제는 임을 꽉 붙잡고 안 놓았다는 뜻입니다. 그러면 술람미 여인이 솔로몬 왕을 붙잡고 어떻게 했습니까?

"그를 붙잡고 내 어머니 집으로, 나를 잉태한 이의 방으로 가기까지 놓지 아니하였노라"(아 3:4).

이제 술람미 여인은 솔로몬을 붙잡고 어머니가 자기를 잉태한 방으로 들어갔습니다. 무슨 말입니까? 어머니가 자기를 낳아준 방으로 사랑하는 임을 데려갔다는 것입니다. 이것은 정말 중요하고 신비로운 문학적 표현입니다. 자신이 태어난 곳을 생가라고 하지 않습니까? 자신의 존재가 시작된 곳입니다. 어머니가 나를 잉태하고 출산한, 그녀에게 있어서 가장 소중한 장소입니다.

그러면 왜 술람미 여인은 그런 가장 소중하게 여기는 장소로 사랑하는 임을 데리고 가서 깊은 사랑을 나누기를 원했던 것입니까? 이 사랑이 무엇을 의미하는 것입니까? 이것은 여자가 꿈에 데려간 것입니다. 잠을 자려면 궁궐에서 자지, 자기를 잉태했던 방으로 데려간 것입니다. 자기를 낳아준 방으로 말입니다.

이게 무엇을 말하는 것입니까? 지금 술람미 여인은 솔로몬 왕과 뿌리 깊은 사랑을 해보고 싶다는 것입니다. 아주 실존적이고 근원적인 사랑을 하기를 원했습니다. 영혼의 원초적이고 심연의 원시적 사랑을 하고 싶은 것입니다. 끝을 알 수 없는 그 깊고 은밀한 사랑의 바다에 닻을 내리고 싶은 것입니다. 그것은 그냥 사랑이 아니라, 자신의 사랑을 어머니의 모태 속으로까지, 어머니 자궁 속으로까지 데리고 가서 황홀하고 신비로운 비원의 사랑을 하고자 한 것입니다. 이것은 고향 정도가 아닙니다. 고향으로 가서 사랑을 하고 싶은 것이 아니라, 어머니가 자기를 잉태했던 방으로 가서 사랑을 하고 싶은 것입니다. 그러니 얼마나 뿌리 깊고 은밀한 사랑입니까? 프로이트가 "고향은 어머니의 아늑한 품이다"라고 말한 것처럼, 뿌리 깊은 근원적 사랑을 표현한 것입니다.

왜입니까? 임과 나의 사랑이 세속의 사랑에 머물러 있으면 언제 여우가 나타나서 관계를 파괴할지 모르기 때문입니다. 여우가 틈을 타지 않는다 할지라도 언제 잃어버릴지 모릅니다. 아늑한 어머니의 자궁은 이 세상에서는 천국 자체가 아닙니까? 자궁은 아기씨를 위해서 모든 것을 다 공급해 줍니다. 지금 술람미 여인은 그 속에서, 그 어떤 것에도 흔들리지 않을 뿌리 깊은 사랑, 근원적 사랑을 하고 싶은 것입니다. 그래서 어머니의 방으로 데려간 것입니다.

🎵 우리도 주님을 놓치지 말자

오늘날 우리도 마찬가지입니다. 우리도 주님과의 사랑을 그렇게 해야 합니다. 우리 주님과의 사랑이 아무리 깊고, 우리가 은혜 받고 성령 충만해도 이 세상은 얼마나 요동합니까? 언제 우리가 주님의 사랑을 놓쳐버리고, 언제 주님의 은혜를 놓쳐버릴지 모릅니다.

베드로는 사탄이 밀 까부르듯 하니까 주님을 왕으로 인정하고 고백하며 칭찬을 받았다가, 금방 "사탄아, 물러가라"는 말을 들었잖습니까? 우리가 언제 그 주님의 사랑에서 떨어질지 모릅니다. 그러니까 술람미 여인처럼 주님의 은혜를 잃어버렸을 때, 또 주님의 은사를 잃어버렸을 때 주님을 죽도록 찾아야 합니다. 정말 울부짖으며 사모하고 찾아야 합니다.

어떻게 찾습니까? 술람미 여인은 침상에서도 찾고, 성과 거리를 다니면서도 찾다가, 결국은 순찰하는 자들을 만나서 찾았습니다. 그 말이 무슨 뜻입니까? 아무리 우리가 기도하고, 떼를 쓰고 붙잡으려 하고, 이 집회 저 집회 다 참석해 보고 은사 집회를 다닌다 해도, 결국 말씀을 통해서 주님을 만난다는 것입니다. 우리도 이렇게 주님을 만나려고 하는 몸부림과 발버둥을 가지고 있어야 합니다. 이런 몸부림이 있어야 할 것입니다. 그러다가 주님을 만나면 얼마나 기쁘겠습니까? 주님의 사랑을 다시 얻고 회복하는 그 기쁨, 그 감격, 그것은 경험해 본 사람만이 알 수 있습니다. 돈을 얻는 것보다, 명예를 얻는 것보다 위대한 기쁨과 감격입니다.

이렇게 해서 우리가 주님을 만났습니다. 그러면 우리가 주님을 붙잡고 술람미 여인처럼 주님과의 뿌리 깊은 사랑을 위해서 절대 주님을 놓치지 말아야 합니다. "주님! 절대로 안 놓겠습니다. 제가 주님을 왜 놓습니까? 어떤 일이 있어도 주님의 사랑만큼은, 주님의 은혜만큼은 놓지 않겠습니다."

우리도 영적이고 원시적이고 뿌리 깊은 사랑을 해야 할 것입니다. 어머니의 자궁과 같은 영혼의 밀실에서, 주님과 나만 만나고 주님과 뿌리 깊은 사랑을 하기를 원합니다. 나와 주님의 사랑은 누구도 방해할 수 없는 그런 은밀한 사랑이기를 원합니다. 어머니의 모태와 같은 영혼의 밀실에서 주님과의 원초적이고 원시적인 심연의 사랑을 원합니다.

이 얼마나 아름다운 사랑 신앙입니까? 주님과 나 사이에 있는 기도의 골방, 영혼의 골방, 어머니 모태와 같은 밀실에 들어가서 주님과 나만 만나야 합니다. 누구도 방해할 수 없는, 누구도 알 수 없는 밀실에 들어가서 사랑을 나누도록 해야 합니다. 이제는 절대로 주님과 헤어지지 않고, 이제는 무슨 일이 있어도 주님 사랑을 놓치지 않으리라고 말입니다.

🎵 나를 깨우지 말아다오

술람미 여인은 임을 데리고 어머니 방으로 갔습니다. 그리고 사랑을 나눴습니다. 다시 꿈에 솔로몬 왕의 품에 안겼습니다. 너무너무 행복했습니다. 그때도 보나마나 솔로몬이 왼팔로 술람미 여인을 베개 하고 오른팔로 안아 주었을 것입니다. 얼마나 술람미 여인은 행복했겠습니까? 너무나 황홀하지 않았겠습니까? 이제 마지막으로 술람미 여인이 뭐라고 고백합니까?

"예루살렘 딸들아 내가 노루와 들사슴을 두고 너희에게 부탁한다 사랑하는 자가 원하기 전에는 흔들지 말고 깨우지 말지니라"(아 3:5).

내 사랑이 원하기 전에는 흔들지도 말고 깨우지도 말라는 것입니다. 이것은 무슨 말입니까? '나는 이대로가 좋습니다. 당신이 원하신다면 나는 이대로 영원히 죽어도 좋습니다' 는 마음으로 흔들지도 말고 깨우지도 말라는 것입니다.

오늘 우리도 마찬가지입니다. 오늘 우리 주님이 피 흘리는 손, 그리고 능력의 손, 사랑의 손으로 우리를 베개 해주시고 안아주시면, 우리가 그보다 더 행복한 순간이 어디 있겠습니까? 무슨 고민이 있고 걱정이 있겠습니까? 우리의 영육간의 질병을 모두 다 치료해 버리는, 우리가 누리는 이 세상에서의 가장 행복한 순간이지 않겠습니까? "주여, 이대로가 좋습니다. 저는 이대로 죽어도 좋습니다. 죽어도 여한이 없는 이 순간, 이 행복하고 황홀한 저의 마음을 주님은 알고 계시는지요. 그러니 이대로 절 영원히 품어 주세요. 그리고 이 상태로 제가 타락하지 않고 주님을 떠나지 않고 영원히 주님을 섬기게 해주세요." 이렇게 고백했다는 것입니다.

부부도 마찬가지입니다. 서로에게서만 참 만족을 찾아야지 다른 데 눈 돌려선 안 됩니다. "여보! 당신 품이 제일 아늑하구려!" "당신 품에서 영원히 잠들고 싶어요!" 이러한 고백을 진심으로 할 수 있어야 합니다. 이 얼마나 아름답습니까?

결론적으로, 우리는 기억해야 합니다. 기왕에 신앙생활 하는 것입니다. 아가서는 러브 스토리로 끝나는 이야기가 아닙니다. 감칠맛 나는 솔로몬과 술람미 여인의 사랑 이야기로 끝난 것이 아닙니다. 이것은 주님과 우리의 러브 스토리를 교훈해 주는 가장 숭고한 사랑 이야기입니다.

그러므로 우리도 술람미 여인처럼 고백해야 합니다. "주님이 없으면 나는 살 수 없습니다. 부디 나를 떠나지 말아 주세요. 영원토록 나를 이렇게 품어주세요. 언제나 주님 품에서 행복함과 황홀함을 느끼면서 주님을 사랑하고 섬기게 해주세요." 그래서 이런 모습을 상상할 때마다 이런 노래를 부르지 않을 수 없습니다.

주님께 엎딘 내 영혼 간절히 비는 말씀은
자비의 품을 여시사 영원한 평화 주소서
주의 품속은 사랑과 평화
주의 품속은 사랑과 평화
오 생명 빛 환히 빛나고 기쁨 영원하오니
주여 날 품어주소서.

무서운 광풍 일어나 물결이 거칠어 올 때
구원의 품을 여시사 내 영혼 품어주소서
주의 품속은 사랑과 평화
주의 품속은 사랑과 평화
오 생명 빛 환히 빛나고 기쁨 영원하오니
주여 날 품어주소서.

16

아, 황홀한 결혼 행렬이여

"몰약과 유향과 상인의 여러 가지 향품으로 향내 풍기며 연기 기둥처럼 거친 들에서 오는 자가 누구인가 볼지어다 솔로몬의 가마라 이스라엘 용사 중 육십 명이 둘러쌌는데 다 칼을 잡고 싸움에 익숙한 사람들이라 밤의 두려움으로 말미암아 각기 허리에 칼을 찼느니라 솔로몬 왕이 레바논 나무로 자기의 가마를 만들었는데 그 기둥은 은이요 바닥은 금이요 자리는 자색 깔개라 그 안에는 예루살렘 딸들의 사랑이 엮어져 있구나 시온의 딸들아 나와서 솔로몬 왕을 보라 혼인 날 마음이 기쁠 때에 그의 어머니가 씌운 왕관이 그 머리에 있구나"(3:6-11)

결혼 행렬 예찬자에 대한 해석

아가서 3장 1-5절은 술람미 여인이 꿈속에서 일어났던 일을 고백한 것입니다. 그리고 오늘 본문 6절부터는 상황이 바뀝니다. 그런데 이 본문을 누가 말했느냐에 대한 해석이 조금 애매합니다. 전통적으로 두 가지 견해로 나뉘고 있습니다.

첫째, 시온의 딸, 혹은 예루살렘 여자들이라는 견해입니다

솔로몬이 술람미 여인을 데리고 가는 결혼 가마 행렬을 보고 너무나 부러워하고 그 환상적인 모습에 경탄한 예루살렘 여자들이 그냥 찬사하고 예찬한 내용이라고 합니다.

생각해 보십시오. 에브라임 산지, 수넴 골짜기에서 포도원이나 경작하고 있는 소작농의 딸을 왕이 직접 후궁으로 데려오는 그 모습을 보고 시온의 딸들이 얼마나 부럽게 여겼겠습니까? 그래서 그들이 나와서 이 모습을 예찬했다고 보는 견해입니다.

둘째, 솔로몬 왕과 함께 가마를 타고 예루살렘으로 가고 있는 술람미 여인이 직접 노래하고 고백하고 있다는 견해입니다

지금 술람미 여인은 솔로몬 왕과 함께 가마를 타고 왔습니다. 얼마나 영광스럽겠습니까? 동네의 모든 여자들이 다 보고, 고향 여자들도 남자들도 다 보고 있습니다. 더구나 꽃가마를 타고, 아니 왕의 영광스러운 가마를 타고 예루살렘에 입성할 때 얼마나 많은 사람들이 와서 봤겠습니까? 그때 술람미 여인이 너무나 황홀해서 이렇게 이야기하고 있다는 견해입니다.

성경의 전후 문맥을 살펴보고 동심원적으로 살펴볼 때 두 번째 견해가 맞습니다. 물론 첫 번째 견해도 일리가 있지만, 왜 두 번째 견해가 더 옳을까요? 결정적인 이유는 바로 4장에 가서 술람미 여인을 향한 솔로몬의 예찬이 바로 나오기 때문입니다. 술람미 여인이 왕과 함께 꽃가마를 타고 갈 때 가마 자체를 예찬한 것입니다. 가마 자체를 예찬하는 것은 왕을 예찬하는 것이고, 왕의 영광을 노래하는 것입니다. 그래서 그것에 화답해서 4장 1절부터는 술람미 여인을 향한 솔로몬의 예찬이 나오는 것입니다.

"내 사랑 너는 어여쁘고도 어여쁘다 너울 속에 있는 네 눈이 비둘기 같고 네 머리털은 길르앗 산기슭에 누운 염소 떼 같구나"(아 4:1).

그리고 표준새번역 성경도 이 구절을 술람미 여인이 부른 노래로 분류해 놓았습니다. 술람미 여인은 지금 솔로몬 왕의 가마를 타고 예루살렘에 입성하고 있습니다. 얼마나 가슴 설레는 일입니까? 이 여자는 아마 지금까지 예루살렘에 한 번도 와보지 못했을 것입니다. 더구나 왕궁에는 한 번도 가본 적이 없었을 것입니다. 그런데 왕과 함께 가마를 타고 왕의 부인이 되어서 지금 왕궁을 향해 가고 있는 것입니다.

자기 같은 촌뜨기 여자를 솔로몬 왕이 직접 데리러 왔습니다. 얼마나 영광스럽습니까? 옛날에 여자들이 시집갈 때, 잘생긴 신랑이 자기 동네로 자기를 데리러 오면 신부 어깨가 으쓱해지는 것을 봅니다. 더구나 직장도 좋고 지체가 높은 사람이 신부를 데리러 오면 신부의 어깨가 더 으쓱해집니다. 반면에, 못난 신랑이 신부를 데리러 오면 동네 사람들이 와서 보고 히죽히죽할 뿐 아니라 신부도 기가 죽지 않습니까?

그런데 술람미 여인의 신랑은 왕입니다. 황제가 자기를 데리러 온 것입니다. 그것도 가마를 딱 타고 60명의 특수 정예 경호원을 데리고 자기를 데리러 왔습니다. 그리고 자기와 함께 예루살렘으로 가는 것입니다. 그러니 얼마나 어깨가 으쓱해지겠습니까? 그런 자신의 감정과 느낌, 그 영광스러운 마음을 전지적인 3인칭 관점에서 기록하고 있는 것을 봅니다.

"몰약과 유향과 상인의 여러 가지 향품으로 향내 풍기며 연기 기둥처럼 거친 들에서 오는 자가 누구인가"(아 3:6).

술람미 여인이 얼마나 감격해하고 있습니까? 얼마나 문학적으로 표현하고 있습니까? 보통 사람 같으면 '왕과 함께 가마 타고 간다'라고 말할 수도 있겠지만, 술람미 여인은 지금 자기를 드러내지 않으면서 "몰약과 유향과 여러 가지 향품으로 향내 풍기며 연기 기둥처럼 거친 들에서 오는 자가 누구인가"라며 감탄사로 시작합니다.

제가 옛날에 삼풍백화점 사건으로 인해 장례식을 치른 적이 있습니다. 그 장례식을 치를 때 장례식장에서 화장터까지 교통경찰이 에스코트를 해주는데, 교통 체증이 하나도 문제되지 않고 교회로 가는 것입니다. 제가 슬픔이 생기고 애도하는 마음이 생겨야 하는데 저도 모르게 으쓱해지는 마음이 생기고, 대통령은 이렇게 다니니 얼마나 좋을까 하는 마음도 들었습니다.

얼마 전에 후진 국가에 갔는데, 길이 막힌다고 교통경찰이 사이드카를 앞세우고 에스코트 해주어 교통이 하나도 문제되지 않고 갈 수 있었습니다. 이때 아무것도 아닌 것을 가지고 으쓱해지는 것을 느꼈습니다. 갑자기 거기서 살고 싶은 마음까지 들었습니다.

그렇게 볼 때 술람미 여인은 얼마나 으쓱하고 좋았겠습니까? 지금 솔로몬의 가마는 몰약과 유향과 여러 가지 향품으로 향내를 풍기며 가고 있습니다. 연기 기둥처럼 거친 들을 거쳐서 이제 예루살렘 성으로 탁 올라오고 있습니다. 그때 술람미 여인은 가슴이 부풀었습니다. 막 들떴습니다. 그래서 그녀는 자기도 모르게 "볼지어다, 솔로몬의 가마라. 이스라엘의 용사 중 60명이 둘러쌌는데 다 칼을 잡고 싸움에 익숙한 사람들이라!"고 노래하고 있는 것입니다. 혹시라도 밤에 불한당이 기습할 일이 있을까봐 허리에 칼을 찬 빼어난 용사들이 그 가마를 지키고 있다는 것입니다. 이 사실을 술람미 여인이 노래하고 있습니다.

"볼지어다 솔로몬의 가마라 이스라엘 용사 중 육십 명이 둘러쌌는데 다 칼을 잡고 싸움에 익숙한 사람들이라 밤의 두려움으로 말미암아 각기 허리에 칼을 찼느니라"(아 3:7-8).

술람미 여인은 계속해서 솔로몬 왕의 가마를 예찬하고 있습니다. 가마를 레바논의 백향목으로 만들었다고 예찬합니다. 그리고 그 기둥은 은이요, 바닥은 금으로 되어 있습니다. 게다가 그 가마는 침대가 달린 가마입니다. 그래서 앉고 싶으면 앉고, 눕고 싶으면 눕고, 요즘 말로 하면 리무진 승용차라는 말입니다. 그리고 바닥을 덮은 자리에는 자색 깔개가 깔려 있습니다. 자색은 영광스럽고 위용스러운 것을 상징하는 것 아닙니까? 그러니 어찌 술람미 여인이 솔로몬의 가마를 예찬하고 영광스럽게 여기지 않겠습니까?

"솔로몬 왕이 레바논 나무로 자기의 가마를 만들었는데 그 기둥은 은이요 바닥은 금이요 자리는 자색 깔개라 그 안에는 예루살렘 딸들의 사랑이 엮어져 있구나"(아 3:9-10).

그리고 나서 그는 가마 예찬에 이어서 신랑 예찬을 합니다. "시온의 딸들아, 나와서 내 신랑의 모습을 한번 보라"고 합니다. 내 신랑은 바로 솔로몬 왕이라고 자랑합니다. 왕관도 다른 사람이 씌워

준 것이 아니라, 나와의 결혼을 축하해 주기 위해서 신랑의 어머니가 직접 씌워준 왕관을 쓰고 나를 맞이하고 있지 않느냐며 예찬합니다. 술람미 여인은 이것을 자랑하고 있는 것입니다.

> "시온의 딸들아 나와서 솔로몬 왕을 보라 혼인날 마음이 기쁠 때에 그의 어머니가 씌운 왕관이 그 머리에 있구나"(아 3:11).

자, 이렇게 오늘 본문은 솔로몬 왕의 영광스러운 가마를 타고 예루살렘 왕궁으로 향하고 있는 술람미 여인의 그 황홀한 감동과 설렘을 문학적으로 표현하고 있습니다. 마치 술람미 여인이 표현하지 않는 것처럼 보여도, 솔로몬 왕의 가마와 솔로몬 왕 자신을 드러내고 높이고 있습니다. 할 수만 있으면 술람미 여인의 모습을 드러내지 않고 신랑의 모습을 드러내려 하고, 자신의 영광스러움을 드러내지 않고 어떻게든지 자기를 데리러 온 솔로몬과 그의 가마를 예찬하고 있는 노력을 엿볼 수 있습니다.

🎵 주님을 어떻게 예찬할 것인가

여기서 우리는 먼저 부부간의 사랑과 관계의 교훈을 얻어야겠습니다. 우리가 결혼하기 전, 혹은 결혼할 때 남편이나 아내가 나에게 그렇게 잘해주고 그렇게 나를 높여주고 잘 대해주었던 것을 기억하고 예찬해야 합니다. 부부 생활을 하고 가정생활을 하면서 자꾸 자기주장을 내지 말고, 자기를 드러내려 하지 말고 상대를 드러내고,

상대를 높이는 삶을 살아야 합니다.

그리고 아가서는 솔로몬과 술람미 여인의 사랑을 통해서 예수 그리스도와 교회, 하나님과 성도의 아름다운 사랑의 관계를 교훈해 주고 암시적으로 가르쳐 주고 있습니다. 우리의 신앙생활과 교회생활은 주님과의 황홀한 결혼 행렬과 같습니다. 그러면 이 말씀을 통해서 우리는 주님과 우리의 관계에 대해 어떤 교훈을 받아야 합니까?

첫째, 주님이 우리를 사랑하셔서 택하시고 불러주신 것을 찬양하고 높여드려야 합니다

술람미 여인은 지금 왜 감격하고 감동하고 있는 것입니까? 자기 같은 촌뜨기를 사랑하고 찍어주고 택하고 찾아온 것에 감격하고 있습니다. 자기를 너무너무 사랑해서 수많은 후궁들을 뒤로하고, 가마를 직접 타고 왕궁으로 데려가려고 찾아와서 자기와 함께 왕궁으로 가고 있는 솔로몬의 그 사랑 때문에 감격하고 감동하고 있습니다. 그리고 그 감동적인 가슴으로 솔로몬의 사랑 자체를 노래하고 있습니다.

우리도 마찬가지입니다. 내가 언제 주님을 사랑한다고 해본 적 있었습니까? 우리가 언제 주님을 믿고 싶어서 믿었습니까? 내가 먼저 주님을 택했습니까? 주님이 우리를 택해주신 것 아닙니까? 그래서 우리가 예수 믿는 것 아닙니까? 제가 항상 물어보는 것이 있습니다. 나비가 꽃을 선택했느냐, 아니면 꽃이 나비를 선택했느냐? 얼핏 보면 나비가 꽃을 선택한 것만 같습니다. 그러나 다시 생각해 보면 그것이 아닙니다. 꽃이 어느 담장 밑에서 만발하여 향기를 풍깁니다. 즉 꽃이 향기를 풍김으로써 나비를 유혹하고 불러들이는 것입니다. 그래서 나비는 그 향기에 취해서 꽃을 찾아간 것입니다. 그러므로 나비가 꽃을 선택한 것이 아니라, 꽃이 나비를 선택한 것이지 않습니까?

그렇다면 여자가 남자를 선택했을까요? 남자가 여자를 선택했을까요? 겉으로 보면 남자가 여자를 선택한 것 같습니다. 그러나 여자가 자신의 마음에 드는 남자를 향해 사랑의 신호를 보내고 접근하고 은근히 유혹하니까 남자가 넘어온 것입니다. 그러니까 남자가 여자를 선택한 것이 아니라, 여자가 남자를 선택한 것입니다.

그런 것처럼 우리가 예수님을 선택한 것이 아니라, 주님이 우리를 선택하셨습니다. 우리는 주님을 선택한 적도 없습니다. 주님이 싫다고 귀찮다고 도망갈 뿐이었잖습니까? 그래도 주님이 우리를 사랑해서 불러주시고, 택해주시고, 사랑해 주신 것 아닙니까? 그래서 우리가 하나님의 자녀가 된 것 아닙니까?

"그러나 나의 종 너 이스라엘아 내가 택한 야곱아 나의 벗 아브라함의 자손아 내가 땅 끝에서부터 너를 붙들며 땅 모퉁이에서부터 너를 부르고 네게 이르기를 너는 나의 종이라 내가 너를 택하고 싫어하여 버리지 아니하였다 하였노라"(사 41:8-9).

"야곱아 너를 창조하신 여호와께서 지금 말씀하시느니라 이스라엘아 너를 지으신 이가 말씀하시느니라 너는 두려워하지 말라 내가 너를 구속하였고 내가 너를 지명하여 불렀나니 너는 내 것이라"(사 43:1).

"곧 창세 전에 그리스도 안에서 우리를 택하사 우리로 사랑 안에서 그 앞에 거룩하고 흠이 없게 하시려고 그 기쁘신 뜻대로 우리를 예정하사 예수 그리스도로 말미암아 자기의 아들들이 되게 하셨으니"(엡 1:4-5).

"너희가 나를 택한 것이 아니요 내가 너희를 택하여 세웠나니 이는 너희로 가서 열매를 맺게 하고 또 너희 열매가 항상 있게 하여 내 이름으로 아버지께 무엇을 구하든지 다 받게 하려 함이라"(요 15:16).

주님이 우리를 선택하셔서 우리가 주님의 자녀가 된 것 아닙니까? 우리는 주님 앞에 감사해야 합니다. 나를 택해주시고, 불러주시고, 사랑해 주신 것을 찬양해야 합니다. 술람미 여인이 솔로몬을 찬양한 것처럼 우리도 무조건 찬양해야 합니다.

"거친 들에서 오는 자가 누구인가"라는 구절은 문학적 표현입니다. 에브라임 산지에서 예루살렘까지 거친 들이 많습니다. 그러니까 솔로몬은 술람미 여인을 데려오기 위해 그 거친 들을 헤치고 온 것입니다.

마찬가지로, 우리 주님도 우리를 죄와 속박의 상태에서, 그런 거친 들에서 우리를 하나님의 자녀로 구해 주신 것 아닙니까? 그것이 하나님의 은혜가 아닙니까? 그러므로 우리는 무슨 일이 있어도 불평하지 말고 무조건 아멘 하고, 찬양하고, 예찬해야 합니다. 우리가 하나님의 자녀 된 것만 해도 감사하고, 주님의 신부 되고 주님의 종되고 동역자가 된 것만 생각해도 감사해야 합니다. 거친 들에서 우리를 하나님의 자녀로 불러주시고 구원해 주신 하나님께 감사해야 합니다. 주님의 선택이 아닙니까? 주님의 은혜와 사랑이 아닙니까? 주님과 황홀한 결혼 행렬을 하고 있는 우리가 무슨 불평이 있겠습니까? 무슨 원망이 있겠습니까?

둘째, 주님의 몸 된 교회야말로 이 땅에서 가장 영광스러운 공동체임을 인정하고 예찬해야 합니다

술람미 여인은 솔로몬 왕이 너무 좋고 왕의 은혜와 사랑이 너무나 감격적이니까 왕을 예찬할 뿐 아니라, 왕의 가마를 예찬하고 있습니다. 왕의 가마가 온갖 향기로 가득하고, 연기 기둥처럼 생겼고, 백향목으로 만들었고, 기둥이 은이고, 바닥이 금이라고 솔로몬의 가마를 최대한 높이고 예찬하고 있습니다. 솔로몬의 가마를 60명이나 되는 이스라엘의 정예병이 옹위하고 경호하고 있다는 이야기를 하고 있습니다.

그런데 신령한 의미에서 솔로몬 왕이 술람미 여인을 선택한 것을 주님이 우리를 선택하신 것으로 연결하고, 솔로몬이 술람미 여인을 왕궁으로 데려온 것을 구원과 신령한 결혼으로 비유할 수 있다면, 여기서 가마는 무엇으로, 어떤 것과 연결할 수 있을까요? 주님의 교회와 연결해 볼 수 있습니다.

그래서 우리는 주님의 사랑이 좋고 주님의 은혜가 감사할수록 주님의 몸 된 교회를 예찬해야 합니다. 주님의 은혜를 한 몸에 받고 주님의 사랑에 감격하여 감당할 수 없을 정도로 가슴에 감동이 가득하면 절대 교회를 핍박할 수 없습니다. 교회를 절대로 험담하고 원망, 불평할 수 없습니다. 술람미 여인이 가마를 그렇게 예찬한 것처럼 교회를 사랑하고 높이고 예찬하지 않을 수 없습니다.

우리가 경험적으로 봐도, 어떤 사람이 교회를 험담하고 깎아내리고 핍박합니까? 은혜가 떨어지는 사람들이 그렇게 합니다. 하나님의 사랑이 없으면 그렇게 험담하고 핍박합니다. 하나님의 사랑에 감격하고 감사하는 사람은 교회가 좋고 교회가 영광스럽다고 예찬하고 긍정적으로 말합니다. 그러나 은혜가 떨어지고 심령이 컬컬한 사람은 교회를 항상 부정적으로 말하고 선악과를 따는 행동을 합니다. 옛말에 마누라가 예쁘면 처갓집의 말뚝에도 절을 한다는 말이 있습니다. 바로 그와 같은 것입니다.

주님이 좋으면 교회가 좋을 수밖에 없고, 주님을 사랑하면 교회를 사랑할 수밖에 없습니다. 그러므로 무조건 교회를 사랑하시기 바랍니다. 항상 긍정적인 시각으로 바라보고, 사랑하고, 충성하고, 봉사하시기 바랍니다. 그것이 여러분의 복입니다.

이 세상에서 가장 영광스러운 공동체가 바로 교회입니다. 성경을 보면 우리 주님의 초림 모습은 너무도 비참했습니다. 아기 예수님이 누우실 곳이 없어 말구유에 누우셨고, 33년 동안 머리 둘 곳이 없어 이곳저곳 다니시면서 초라하게 사셨습니다. 십자가에 못 박혀 돌아가실 때에는 실오라기 하나 걸치지 않은 벌레 같은 모습으로, 조롱하는 수많은 여인네와 남정네들 앞에서 너무나 비참하게 돌아가셨습니다. 서양 화가들이 십자가에 달리신 예수님의 모습을 예우적으로 그려서 그렇지, 실제로 당시 십자가형으로 죽는 자는 다 실오라기 하나 걸치지 않은 부끄러운 모습으로 죽었습니다. 그래서 그 처참한 죽음을 본 제자들은 다 실망과 절망에 휩싸였습니다. 그러나 그 죽음이 있어야만 우리가 구원을 받기 때문에 그분은 그 고난의 길을 마다하지 않고 가셨습니다.

하지만 주님이 교회와 연관하여 나타나실 때는 형언할 수 없는 영광스런 모습으로 나타나셨습니다. 주님의 사랑을 가장 많이 받은 사도 요한, 그는 주님의 품에 안겨 심장의 고동 소리를 들었고, 주님의 팔에 기대는 육체적인 사랑을 너무나 많이 받은 사람입니다.

그런데 요한계시록 1장에 보면, 그토록 주님의 사랑을 받았던 그가 어느 날 밧모 섬에서 기도하다가 주님의 모습을 보았습니다. 그분은 발끝까지 내려오는 긴 옷을 입으시고, 가슴에 금띠를 두르고 계셨습니다. 그분의 머리와 머리털은 양털처럼, 또한 눈처럼 희고, 두 눈은 불꽃처럼 빛났습니다. 그분의 발은 용광로에서 제련된 청동 같고, 음성은 큰 물소리와 같았습니다. 그분은 오른손에 일곱 별을 쥐고 계셨으며, 양쪽에 날이 선 검이 그분의 입에서 나왔고, 그 모습을 본 요한은 마치 강렬히 타오르는 태양을 보는 듯했습니다. 그분을 보는 순간 요한은 죽은 사람처럼 그분의 발 앞에 쓰러졌습니다.

> "촛대 사이에 인자 같은 이가 발에 끌리는 옷을 입고 가슴에 금띠를 띠고 그의 머리와 털의 희기가 흰 양털 같고 눈 같으며 그의 눈은 불꽃 같고 그의 발은 풀무불에 단련한 빛난 주석 같고 그의 음성은 많은 물소리와 같으며 그의 오른손에 일곱 별이 있고 그의 입에서 좌우에 날 선 검이 나오고 그 얼굴은 해가 힘 있게 비치는 것 같더라 내가 볼 때에 그의 발 앞에 엎드러져 죽은 자같이 되매"(계 1:13-17).

이처럼 주님이 당신의 영광스러운 교회와 연관되어 나타나실 때는 감히 두려워 바라볼 수도 없을 만큼 빛나고 눈부신 모습이었습니다. 육체를 입고 계실 때, 그 사랑스럽고 친숙하게 기대고 어루만 졌던 제자조차도 바라보기조차 두렵고 위엄 가득한 모습으로 말입니다.

그리고 요한계시록 1장 바로 다음에 나오는 2장에서는 교회에 대한 말씀이 나옵니다. 그것은 교회가 가장 영광스럽다는 증거입니다. 그 주님께서 교회의 머리가 되시고 주인이 되시는 것입니다. 그 영광스런 주님께서 교회를 가리키며 "이것이 나의 몸이니라"고 하셨습니다. 그러므로 교회는 이 세상에서 가장 영광스런 공동체인 것입니다. 교회가 1만 명, 10만 명, 100만 명이 모이며 휘황찬란한 예배당을 지어 놓았기 때문에 영광스러운 것이 아니라, 예수 그리스도가 교회의 머리 되시고, 교회가 그분의 피로 사신 거룩한 몸이기 때문에 이 땅에서 가장 영광스런 공동체인 것입니다. 그리고 교회가 영원한 생명 공동체요, 구원 공동체이며, 음부의 권세가 이기지 못하기 때문입니다.

그런데 왜 교회를 헐뜯습니까? 그런 사람들은 은혜가 떨어져서 그렇습니다. 오늘날 현대인들이 왜 교회를 싫어합니까? 하나님의 사랑에 감동을 못 받아서 그렇습니다. 그런 사람들이 교회를 헐뜯는 것입니다.

이상하게 교회가 긍정적으로 보이고 느껴지는 것도 은혜입니다. 교회만 생각하면 봉사하고 싶고, 사랑하고 싶고, 충성하고 싶은 사람, 이것은 전적으로 하나님의 은혜입니다.

셋째, 우리의 왕 되신 주님을 예찬해야 합니다

"시온의 딸들아 나와서 솔로몬 왕을 보라 혼인날 마음이 기쁠 때에 그의 어머니가 씌운 왕관이 그 머리에 있구나"(아 3:11).

술람미 여인은 자기 신랑이 왕이라고 자랑합니다. 신랑의 인물도 자랑하고 외모도 자랑하고 다 그럴 수 있지만, 무엇보다 신랑이 왕이라는 사실을 자랑합니다.

오늘 우리도 교회 생활하면서 그래야 합니다. 우리 예수님이 우리를 구원하시고, 죄의 속박에서 구속하시고, 저주와 질병에서 구출하신 것도 중요합니다. 위대합니다. 언약의 주님이시요 전지전능하신 주님도 중요합니다. 그러나 그보다 더 중요한 주님의 또 다른 면이 있습니다. 그것은 바로 우리 주님은 교회의 왕이시고, 우리 자신의 왕이시라는 사실입니다.

주님이 우리를 속량하시고 우리를 언약 백성으로 삼으셨습니다. 우리 안에 공동체를 만드셨습니다. 그 공동체가 교회입니다. 그래서 주님은 그 교회 안에서 왕초 노릇, 대장 노릇을 하기를 원하십니다. 다시 말하면, 신정주의 통치를 하기를 원하신다는 말입니다. 그러므로 신앙생활 하면서 왕 되신 주님을 자랑해야 합니다. 그리고 그 왕 되신 주님을 높여야 합니다.

주님은 우리의 왕이시라고, 오늘도 나를 다스리시는 분이라고, 내 인생을 통치하시는 분이라고, 나는 내 마음대로 살 수 없다고, 주님이 나를 다스리고 이끌어 가시는 대로 사는 게 내 삶이라고 자랑해야 합니다. 나는 그 주님이 있기에 오늘도 사는 맛이 있고 사는 보람이 있다고, 그 왕 되신 주님을 자랑해야 합니다. 그분이 바로 우리의 주인이시고, 우리의 왕이시고, 신랑이시고, 통치자시라고 자랑해야 합니다. 그렇게 우리가 주님을 진정한 왕으로 고백하고 높이고 예찬하고 사랑할 때, 하나님은 영광 받으시는 것입니다. 그리고 우리를 예찬해 주십니다.

우리를 향한 예찬이 4장에서 시작됩니다. 술람미 여인이 그렇게 솔로몬 왕을 예찬하고 높였을 때 솔로몬이 술람미 여인을 예찬한 것이 아닙니까? 우리도 그렇습니다. 우리를 불러주신 주님을 높이고 몸 된 교회의 왕 되신 주님을 찬양할 때, 주님이 우리를 인정해 주시고 예찬해 주시고 격려해 주시는 것을 봅니다.

여러분, 오늘 우리 모두 이런 사람이 되시기 바랍니다. 하나님의 사랑을 한 몸에 받은 여러분이 되시기 바랍니다. 여러분이 하나님을 높이고 찬양할 때 하나님이 복을 주십니다. 빼앗아 주시는 복을 주시고, 가져다주는 복을 주시고, 절대적인 은혜와 축복을 주십니다. 언제나 우리를 택하시고 구원하신 주님을 찬양하시기를 바랍니다.

왕이신 나의 하나님 내가 주를 높이고
영원히 주의 이름을 송축하리이다.

17

아름다워라 나의 신부여 (1)

"내 사랑 너는 어여쁘고도 어여쁘다 너울 속에 있는 네 눈이 비둘기 같고 네 머리털은 길르앗 산기슭에 누운 염소 떼 같구나 네 이는 목욕장에서 나오는 털 깎인 암양 곧 새끼 없는 것은 하나도 없이 각각 쌍태를 낳은 양 같구나 네 입술은 홍색 실 같고 네 입은 어여쁘고 너울 속의 네 뺨은 석류 한쪽 같구나 네 목은 무기를 두려고 건축한 다윗의 망대 곧 방패 천 개, 용사의 모든 방패가 달린 망대 같고 네 두 유방은 백합화 가운데서 꿀을 먹는 쌍태 어린 사슴 같구나" (4:1-5)

오늘 본문은 솔로몬 왕이 술람미 여인의 아름다움을 예찬하고 찬사하는 내용입니다. 상황은 결혼식 때인 것 같습니다. 결혼식을 위해 아름답게 꾸미고 솔로몬 왕 앞에 서 있는 술람미 여인의 그 아름다운 모습에 솔로몬이 이렇게 예찬하고 있지 않습니까? "내 사랑 너는 어여쁘고도 어여쁘다." 이 구절을 표준새번역 성경에서는 이렇게 표현하고 있습니다. "아름다워라 나의 사랑! 아름다워라."

얼마나 술람미 여인이 솔로몬의 눈에 아름다웠으면 이렇게 예찬하고 있겠습니까? 솔로몬은 이렇게 술람미 여인을 서론적으로 칭찬하고 나서 다음과 같이 구체적으로 일곱 가지로 찬사를 하고 있습니다. 그 내용을 보면 솔로몬의 자상함을 엿볼 수 있습니다. 얼마나 시적이고 문학적으로 섬세하게 여자를 칭찬하고 사랑해 주는지 모릅니다. 그냥 무조건 예쁘고 아름답다고 하는 것이 아니라, 너무나 구체적이고 섬세하고 정말로 시적으로 아름다움을 표현하고 있습니다. 눈은 어떻게 생겼고, 머리는 어떻게 생겼으며, 입술은 어떻고, 뺨은 어떻고, 목은 어떻고, 두 유방은 백합화 가운데서 꼴을 먹는 쌍태 어린 사슴과 같다고 찬사하고 있지 않습니까?

여러분은 결혼해서 부부 생활하면서 배우자를 아름답다고 칭찬해 본 적 있습니까? 아내는 아내대로, 남편은 남편대로 얼마나 칭찬해 보았습니까? 우리가 솔로몬에게 배워야 할 것이 있습니다. 서로 아름답다고 찬사를 하고 칭찬하되, 아주 자상하고 세심하게 해야 한다는 사실입니다. 아내와 남편이 서로 그렇게 칭찬하시기 바랍니다. 잘생겼다고 칭찬 좀 해주시기 바랍니다. 당신의 눈은 어떻게 생겼고, 코는 어떻게 생겼고, 입술은 어떻고, 뺨은 어떻고, 머리털은 어떻고, 몸매는 어떻다는 등 자상하게 칭찬할 필요가 있습니다. 우리는 솔로몬에게서 이것을 배워야 하는 것입니다.

그러나 이 사실만 배운다면 성경이 너무 단조롭지 않겠습니까? 성경이 너무 무미건조하고 너무 얕다고 볼 수 있지 않겠습니까? 아가서는 어디까지나 1차적으로 부부 사랑의 교훈을 주지만, 더 중요한 것은 2차적인 교훈, 곧 영적인 교훈입니다. 그것은 주님과 교회의 사랑, 하나님과 성도의 서정적이고 개인적인 사랑의 교훈을 가르쳐 주는 말씀입니다.

따라서 우리는 솔로몬이 술람미 여인의 외모와 육체를 찬사하는 그런 스토리와 내러티브 안에서도 영적인 교훈을 찾고, 하나님과 우리의 사랑의 관계에 대한 교훈을 얻어야 하는 것입니다. 다시 말해, 바로 이런 솔로몬의 찬사를 통해 하나님이 우리에게 주시는 문학적이고 영적인 메시지를 찾을 수 있어야 합니다.

🎵 솔로몬의 술람미 여인에 대한 찬사

그러면 솔로몬은 술람미 여인의 아름다움을 어떻게 찬사하고 있습니까?

첫째, 술람미 여인의 눈이 비둘기 같다고 찬사합니다

"너울 속에 있는 네 눈이 비둘기 같고"(아 4:1).

술람미 여인의 눈이 비둘기 같다고 말합니다. 옛날에도 결혼식을 할 때, 여자가 신랑 앞에서 면사포를 썼던 것 같습니다. 그런데 솔로몬 왕이 면사포를 쓴 술람미 여인의 눈을 보니까, 너울 속으로 눈이 보이는데 그 눈이 영락없이 비둘기같이 아름답다는 것 아니겠습니까? 종달새 같은 눈도 아니고 제비 같은 눈도 아니고 비둘기 눈과 같다고 합니다.

앞서 말씀드린 것처럼, 비둘기는 새 중에서 가장 순결하고 지조가 있는 새입니다. 다른 새들은 주로 암컷과 수컷이 짝을 이룬 후에도 원래의 짝을 버리고 마음대로 짝짓기를 하는 경우가 많은데, 비둘기는 절대로 그렇지 않습니다. 다른 암수를 유혹하지도 않고 유혹을 받지도 않는 새라고 합니다. 일부일처제를 고집하다가 짝을 잃으면 죽은 짝을 그토록 그리워하고 사모하다가, 병들어 죽는다는 것 아니겠습니까? 죽은 짝을 밤새도록 그리워하고 연모하고 애절하게 사모하다가 상사병에 걸려 죽는 새가 바로 비둘기라고 합니다.

그런데 솔로몬이 술람미 여인의 눈을 보았을 때 바로 그 눈이 비둘기같이 순결하고 아름답게 보였던 것입니다. 왜 그렇게 보였을까요? 술람미 여인은 오로지 솔로몬만을 의지하고 그에게만 기대었기 때문입니다. 오직 솔로몬이 없으면 못살고 솔로몬밖에 몰랐을 뿐 아니라, 솔로몬만을 연모하며 애절하게 사모하는 눈빛으로 사랑을 구했기 때문입니다. 솔로몬을 향해서 아름다운 사랑을 갈구하는 그 눈빛, 그런 눈빛을 비둘기같이 아름다운 눈동자라고 예찬하였던 것입니다.

우리 주님도 마찬가지로, 성도들의 눈을 칭찬하실 때 성도들의 어떤 눈을 칭찬하시는 줄 아십니까? 바로 순결한 눈을 칭찬하시고 성결한 눈을 찬사하십니다. 오직 성도가 주님만을 바라보고 눈이 빠지도록 주님만을 그리워하고 사모하는 그런 눈을 아름답다고 칭찬하시는 것입니다. 세상을 바라보지 않고, 세상에 한눈팔지 않으며, 오직 주님을 바라보고 천국을 바라보며 신령한 세계를 바라보는 눈을 기뻐하시고 예찬하신다는 말입니다.

그러므로 이제부터 여러분의 눈을 주님께 고정시키시기 바랍니다. 세상을 주목했던 눈을 주님을 향해 묶어 놓으시기 바랍니다. 그리고 언제나 주님이 언제 오실까, 목마른 사슴이 시냇물을 찾는 것처럼 그렇게 주님을 사모하고 기다리는 눈을 가질 수 있기를 바랍니다.

눈이 얼마나 중요한지 아십니까?

"눈은 몸의 등불이니 그러므로 네 눈이 성하면 온몸이 밝을 것이요 눈이 나쁘면 온몸이 어두울 것이니 그러므로 네게 있는 빛이 어두우면 그 어둠이 얼마나 더하겠느냐"(마 6:22-23).

눈은 몸의 등불이라고 했지 않습니까? 그러니까 눈이 성하면 온몸이 밝을 것이라고 했습니다. 여기서 성하다는 말은 순전하다는 말입니다. 헬라어로 '하플루스' 인데, 이 말은 원래 '주름 없는' 이란 뜻으로 일차적으로는 '건강한', 이차적으로는 '진실한, 순전한, 풍부한, 관대한' 등의 복합적인 의미를 가지고 있습니다. 눈이 순전하고 건강하면 온몸이 밝을 것이라는 말입니다.

그런데 눈이 나쁘면 온몸이 어둡다는 것입니다. 눈이 나쁘다는 것은 눈이 병들었다는 말입니다. 헬라어로 '포네로스' 인데, 이 말은 '성하면' 과 대조되는 표현으로 흔히 '악한' 의 뜻을 가지고 있습니다.

그래서 우리가 주님을 사모하고 주님의 은혜를 사모하면, 우리 마음과 몸 안에 주님의 은혜와 빛이 가득 넘칠 수밖에 없습니다. 왜냐하면 항상 우리 눈이 주님만 바라보고 신령한 세계, 은혜의 세계를 추구하기 때문입니다. 그러나 눈이 병들면 항상 어두운 데만 좋아하고 세상의 시궁창에 굴러다닙니다. 저 더럽고 음침한 데를 굴러다닙니다. 그러니까 마음도 같이 어두컴컴해집니다. 그러니 어찌 주님이 이런 눈을 기뻐하시겠습니까?

밝은 눈, 성한 눈, 신령한 눈, 순진한 눈을 기뻐하십니다. 바로 이런 비둘기 같은 눈망울을 아름답다고 칭찬해 주십니다. 여러분, 아름답고 순진한 눈을 가지시기를 바랍니다.

둘째, 신부의 머리털이 길르앗 산기슭에 누운 염소 떼같이 아름답다고 합니다

"네 머리털은 길르앗 산기슭에 누운 염소 떼 같구나"(아 4:1).

솔로몬 왕이 술람미 여인의 머리털을 왜 이렇게 표현했을까요? 길르앗 산은 요단 강 동편에 있는 넓은 산지에 속해 있습니다. 길르앗 산 아래는 평지처럼 비스듬한 모양으로 되어 있습니다. 그런데 이곳에 검은 염소 떼가 누워 있는 모습이 바로 사랑하는 술람미 여인의 긴 머리털과 같다는 것입니다. 왜 그렇습니까?

멀리서 바라볼 때 까만 염소 떼들이 배불리 풀을 뜯어 먹은 후에 길게 열을 지어 누워 있는 그 모습이 일단 술람미 여인의 긴 머리카락처럼 보였을 것이고, 또 그렇게 길고 바글바글하게 누워 있는 염소 떼들이 가만히 누워만 있었겠습니까? 누워서 이리저리 움직였지 않겠습니까? 마치 파도가 넘실거리듯 말입니다. 바로 술람미 여인의 머리털이 그런 모습으로 보였다는 말입니다.

술람미 여인의 머리털은 참으로 길었던 것 같습니다. 고대 근동에서 긴 머리털은 여인의 영광이었습니다. 요즘처럼 단발머리나 지지고 볶은 파마 머리 같은 것은 여인의 영광을 헐어내리는 헤어스타일이었습니다.

그런데 술람미 여인의 긴 머리털이 아주 윤기 있게 보였다는 것입니다. 죽은 가발처럼 그냥 머리에 달려 있는 것이 아니라, 살아 움직이는 양 떼의 모습처럼 여인의 머리털이 윤기 있게 보였다는 것입니다. 마치 술람미 여인의 머리털이 요즘 TV에서 샴푸 선전할 때 나오는 여인의 머리털처럼 보였나 봅니다. 그래서 여인의 아름다움이 한층 업그레이드되어 보이고 신부의 분위기가 낭만적으로 보였던 것 같습니다. 솔로몬은 이 술람미 여인의 머리가 아름답게 보여서 길르앗 산기슭에 누운 염소 떼 같다고 했던 것입니다.

뿐만 아니라 솔로몬은 그 여인의 머리의 넘실거림을 통해서 구약 시대의 나실인의 머리를 상기했을지도 모릅니다. 구약에서 나실인은 절대로 머리에 삭도를 대지 않았습니다. 머리카락을 자르지 않았던 것은 신앙 때문에 그랬던 것입니다. "나의 머리는 주님께 속해 있다. 주님이 오늘도 내 머리를 주관하시고 붙잡고 계신다. 아니, 주님은 오늘도 나의 주인이 되시고 나의 왕이 되시며 나를 통치하신다."

다시 말하면, 주님이 내 삶에 주인 되시는 로드십(Lordship) 신앙을 고백하고 주님의 주재권을 인정한다는 의미에서 나실인은 머리카락을 자르지 않은 것입니다. 신앙의 순결과 지조를 고백하는 의미에서 머리를 자르지 않은 것입니다.

그렇다면 오늘도 주님은 어떤 성도를 기뻐하실까요? 어떤 머리털을 가지고 있는 성도를 기뻐하십니까? 헤드십(Headship) 사상이나 로드십 사상을 소유하고 있는 성도를 기뻐하시는 것입니다. 주님을 왕으로 모시고, 주님의 주재권을 인정하며, 철저히 주님의 다스림과 통치 아래 살아가는 성도를 인도해 주시고, 칭찬해 주시고, 사랑해 주십니다. 그런 삶의 철학과 신앙과 신념을 가지고 사는 사람을 기뻐하신다는 말입니다.

또 솔로몬은 머리털을 염소에 비유했습니다. 염소는 구약 시대에 늘 번제의 제물이나 속죄의 제물로 드려졌습니다. 그러니까 술람미 여인의 머리털을 보고 그녀의 사랑을 자기를 향한 어떤 헌신이나 희생으로 연상했을지도 모르겠습니다. 실제로 이스라엘에서 여인의 머리는 사랑하는 대상을 향해서 헌신과 희생을 의미하기도 했습니다. 그래서 여인들이 시집가면 향유를 가지고 가서, 사랑하는 남편에게 평생 사랑을 고백하고 헌신을 다짐하는 뜻으로 향유를 발에 붓고 머리를 풀어 발을 씻겨 드리는 풍습이 있었다고 하지 않습니까?

마리아가 예수님이 십자가에 죽으시기 전에 주님 앞에 300데나리온이 넘는 옥합을 깨뜨려 향유를 주님의 머리와 발에 부었고, 자신의 긴 머리털을 풀어서 눈물을 흘리며 주님의 발을 씻겨드렸는데, 이는 주님을 미리 장례하며 사랑을 진심으로 고백하고 헌신을 표하는 의미에서였습니다.

그때 마리아는 얼마나 행복하고 황홀하고 감격스럽고 가슴 뭉클했겠습니까? 아마도 그녀는 흐르는 눈물을 주체할 수 없었을 것입니다. '내가 주님 발 앞에 향유를 부어드릴 수 있다니, 내가 머리를 풀어 주님의 발을 씻길 수 있다니, 이런 영광을 내가 소유할 수 있다니……'

그래서 주님이 그렇게 마리아를 칭찬하신 것 아닙니까? 머리털을 풀어 주님의 발을 씻겼던 마리아를 얼마나 칭찬하셨습니까?

"내가 진실로 너희에게 이르노니 온 천하에 어디서든지 이 복음이 전파되는 곳에서는 이 여자가 행한 일도 말하여 그를 기억하리라 하시니라"(마 26:13).

우리도 이런 영적인 머리털을 소유해야 합니다. 다시 말하면, 헤드십과 로드십 신앙을 가지고 언제나 지조와 순결한 신앙을 가져야 합니다. 그리고 언제나 주님께 스스로 헌신의 머리털을 바치고 순종의 머리털을 드릴 수 있기를 바랍니다.

셋째, 술람미 여인의 이(teeth)가 목욕장에서 나오는 털 깎인 쌍태를 낳은 암양처럼 아름답다고 말합니다

"네 이는 목욕장에서 나오는 털 깎인 암양 곧 새끼 없는 것은 하나도 없이 각각 쌍태를 낳은 양 같구나"(아 4:2).

염소는 검지만 양은 희지 않습니까? 더구나 목욕장에서 목욕하고 털을 깎고 나온 암양은 얼마나 깨끗하고 정갈하고 하얗게 보이겠습니까? 바로 솔로몬은 술람미 여인의 하얀 이를 목욕장에서 털 깎고 나온 암양처럼 아름답다고 찬사했던 것입니다. 그런데 그냥 목욕장에서 나온 털 깎인 양이 아니라, 쌍태를 낳은 암양이라고 했습니다. 이 말은 술람미 여인의 이가 아주 균일하게 혹은 균형 잡혀 있는 아름다운 이라고 예찬하고 있는 것입니다. 쉽게 말하면, 뻐드렁니가 아니라는 말입니다.

저는 어렸을 때 소풍을 가면 어머니가 10원, 기분 좋으면 20원씩 돈을 주셨습니다. 소풍 때마다 교문 입구에 자리 잡은, 당시 빵장사 거창댁이라고 있었는데, 그 양반은 얼마나 뻐드렁니인지 가만히 있어도 뻐드렁니가 보였습니다. 그런데 그 양반이 나를 얼마나 칭찬하는지 항상 저더러 총각이라고 불렀습니다. "총각은 어쩌면 그렇게 마음씨도 좋고 성격도 시원스럽냐"면서 말입니다.

그 말을 들을 때마다 제가 그 뻐드렁니를 보고 매료되어서 "이거, 얼마예요?" 하면서 한꺼번에 20원어치를 다 써버리곤 했습니다. 그런데 학교 안에 들어오면 빨아 먹는 사탕, 솜사탕, 새로 나온 과자 등, 얼마나 사고 싶은 것이 많고 종류가 많은지 모릅니다. 얼마나 후회했는지 모릅니다.

그런데 술람미 여인은 뻐드렁니가 아니라는 것입니다. 첫째는 하얀 이지요, 균형 잡힌 이입니다. 여자의 이가 누런 것보다 하얀 이가 좋잖습니까? 그리고 균형 있게 이가 잘 나 있어야 좋습니다. 그 이를 싹 내놓으면서 살짝 미소를 지으면 얼마나 아름답게 보이겠습니까?

오늘 우리 성도들도 영적인 이를 가져야 합니다. 성경을 보면 사람이 떡으로만 사는 것이 아니라, 하나님의 모든 말씀으로 산다고 했습니다. 우리는 육신의 양식으로만 사는 것이 아니라 새 양식, 새 생명의 양식을 먹어야 합니다. 우리 영혼이 하나님의 말씀을 먹어야 합니다. 그러므로 우선 미관상으로도 영혼의 이가 좋아야 합니다. 뻐드렁니가 나면 음식 먹는 것도 힘든 것처럼, 말씀의 되새김질도 못하고 소화도 못할 수 있습니다. 그래서 영적으로 잘 체하게 됩니다. 넘어지고 시험에 들고 자빠집니다.

이가 건강해야 단단한 음식도 잘 먹고, 어떤 말씀을 들어도 잘 소화하고, 우리가 다 은혜 받고 시험에 들지 않는 것입니다. 이가 좋지 않으면 음식 먹을 때 얼마나 고통스럽고 힘듭니까? 우리 영혼에도 아름답고 건강한 이가 있어야 합니다. 그래야 단단한 음식도 잘 먹고 소화도 잘 시킬 수 있습니다. 바로 이런 건강한 이를 가져야 영적인 소화를 잘 시킬 수 있는 것입니다. 그런 영적인 이를 주님이 칭찬해 주십니다.

넷째, 술람미 여인의 입술이 홍색 실같이 아름답다고 예찬하고 있습니다

"네 입술은 홍색 실 같고 네 입은 어여쁘고"(아 4:3).

솔로몬이 술람미 여인의 입술이 홍색 실 같다고 하지 않습니까? 홍색 실 같은 입술은 빨간 입술을 말합니다. 여자 입술이 빨갛다는 것은 먼저 아름다운 입술을 말하는 것이고, 또 하나는 건강한 입술을 의미하는 것 아니겠습니까? 요즘도 여자들은 입술을 빨갛게 보이려고 루즈를 바르지 않습니까?

술람미 여인의 입술이 홍색 실처럼 빨갛고 불그스름하게 보였듯이, 여자의 입술은 빨갛고 불그스름하게 보여야 합니다.

신학교 1학년 때였습니다. 광주 금남로 5가에 있는 중앙극장에서 주기철 목사님의 순교를 소재로 한 영화 "저 높은 곳을 향하여"를 관람하게 되었습니다. 별다른 큰 기대 없이 신앙 영화라는 것 때문에 보러 갔는데, 그 영화가 얼마나 은혜스럽던지 영화를 마칠 때까지 옷깃이 축축하도록 울고 말았습니다. 그래서 우유와 빵을 사 먹으면서 같은 영화를 보고 또 보고 마지막 상영 시간까지 계속 앉아서 감상했습니다. 그 영화의 감동은 어린 신학생인 저의 마음을 사로잡아 은혜로 적셔 놓기에 충분했습니다.

특별히 주기철 목사님이 못길 위를 걷는 장면, 순교를 눈앞에 두고 산 기도를 하는 장면, 주 목사님이 출옥하여 집으로 오는데 어머님이 교회부터 다녀오라고 책망하시는 장면을 보면서 눈물을 쏟았습니다. "주여! 저도 주 목사님처럼 순교할 수 있게 하옵소서. 기왕 한 번 죽는 것, 저도 저렇게 영광스럽게 죽게 하옵소서. 저런 참 목사가 되게 하옵소서."

정말 남이 보면 창피할 정도로 주체할 수 없는 눈물이 마구 쏟아졌습니다. 마지막 영화가 끝나서야 자리에서 일어섰습니다. 벌써 밤은 깊어 아마 11시가 다 되었을 것입니다. 극장을 나왔지만, 머릿속과 가슴속에는 온통 주기철 목사님의 순교 장면으로 가득 차 있었습니다. 그 누구와 말이라도 나누면 이 감동이 사라질 것만 같은 생각이 들어 앞만 묵묵히 바라보며 마냥 서 있었습니다.

거기서 학교로 오려면 길을 건너 버스를 타야 하기에, 감동에 취한 채 길을 건너 무작정 버스를 기다리고 있었습니다. 밤이 늦어 인적이 드물었고, 버스를 기다리는 사람은 거의 없었습니다. 그때 한 아가씨가 저에게 다가오더니 요란스레 껌을 씹으면서 무엇인가를 물어보았습니다. 무슨 말인지 알아듣지 못한 저는 "예?" 하고 되물었습니다. 이 여자가 제 손을 덥석 잡더니 "이리 와! 얌전한 척하면서 아무것도 모르는 척해?" 하며 저를 저만큼 떨어진 골목 쪽으로 미는 것이었습니다.

순간 제 온몸에 소름이 쫙 끼쳤습니다. 가까이서 보니 시꺼멓게 칠한 입술과 푸르스름하게 칠한 눈이 눈에 들어왔습니다. "워메! 이 여자 창녀 아녀?" 그 순간 저도 모르게 "주여!" 하고 큰소리를 외치며 젖 먹던 힘을 다해 그 여자를 밀었습니다. 얼마나 힘껏 밀어버렸는지 여자가 뒤로 넘어져 머리가 땅에 부딪치는 소리가 '퍽' 하고 났을 정도였습니다.

그 여자가 넘어지는 것을 보고 저는 그길로 도망쳤습니다. 금남로 5가에서부터 얼마나 힘차게 뛰었는지, 일신방직 공장 옆 철도가 있는 곳까지 한 번도 쉬지 않고 단숨에 뛰었습니다. 계속 그 여자가 저를 쫓아오고 있는 것만 같았기 때문입니다. 한참을 뛰다가 뒤를 돌아보니 따라오는 사람이 아무도 없었습니다. 그제야 저는 철도가에 푹 주저앉아 숨을 몰아쉬었습니다.

"주여! 세상에! 제가 창녀에게 유혹을 받다니요. 그러나 정말 마음속에서 0.1퍼센트라도 범죄하지 않게 도와주신 하나님! 너무나 감사합니다. 정말 감사합니다."

그때 저는 보디발의 아내에게 유혹을 받아 도망가던 요셉의 심정을 이해할 수 있었습니다. 제가 그런 일에 조금이라도 상식이 있었거나 그런 유혹을 한 번이라도 경험해 보았더라면 여유 있게 농담이라도 한마디 했을 텐데, 사실 마음속으로라도 그럴 수 없었고 그럴 여유도 없었습니다. 극장에서 순교 영화를 보면서 눈물 쏟으며 충만한 은혜를 받은 상태에서 어떻게 그럴 수 있었겠습니까?

어느 정도 안정이 되자, 저는 하나님께 감사하면서 찬송을 불렀습니다. 영화의 장면들을 생각하면서, 특별히 주기철 목사님이 못판 위를 걸어가신 장면을 그리면서 "저 높은 곳을 향하여 날마다 나아갑니다"라는 찬송을 불렀습니다.

저 높은 곳을 향하여 날마다 나아갑니다
내 뜻과 정성 모두어 날마다 기도합니다
내 주여 내 발 붙드사 그곳에 서게 하소서

그곳은 빛과 사랑이 언제나 넘치옵니다.

　이 찬송에 취하다 보니 저도 모르게 철도 가에서 신발을 벗고 맨발로 왔다갔다하고 있었습니다. 12시가 가까운 시각이었으니, 아마 누가 보았더라면 분명 미친 사람인 줄 알았을 것입니다. 그러나 확실히 미친 것은 사실입니다. 예수님께 그만큼 미쳤으니까요. 그때 하나님은 그런 제 모습을 어떻게 생각하셨을까요? 저의 중심을 보신 하나님께서 말입니다. 그런데 저는 계속해서 콧노래로 찬송을 부르면서 신학교를 향해 걸어갔습니다. 그때의 기쁨, 그때의 감격! 어떻게 표현할까요? 한마디로 바람에 나는 새털 같은 기분이었습니다. 그래서 너무 좋아 뛰기도 하다가 다시 걷기도 하면서 신학교에 도착했습니다.

　"하나님! 제 평생 지금 이 마음을 품게 하소서. 죽는 그날까지 이 마음을 지키게 하소서. 지금의 이 순결, 이 깨끗한 마음, 주님 품에 갈 때까지 간직하게 도와주소서. 부디 제 마음이 더러워지지 않게 하소서. 제 마음이 음란으로 오염되지 않게 하소서."

　저는 지금까지도 그때 그 여자의 모습이 요한계시록에 나오는 바벨론의 음녀의 이미지로 남아 있습니다. 세상의 간교한 마귀의 유혹의 상으로 머릿속에 기억되어 있습니다. 그래서 저는 가끔 우리 교회 여성도들에게 이런 부탁을 합니다. "성도님들! 제발 교회 오실 때 입술을 시꺼멓게 바르지 마시고 눈을 시퍼렇게 칠하고 오지 마세요. 더구나 제발 껌은 소리 내서 씹지 말고요. 그런 모습을 보면 그때 그 여자 생각이 난다니까요."

　지금도 그때 그 여자를 생각하면, 그리고 그때 힘을 다해 도망쳤던 것을 생각하면 목이 말라서 물을 안 마실 수가 없습니다. 아무리 유행이 달라지고 세상의 패션이 달라져도 홍색 실 같은 루즈를 바르시기 바랍니다. 그래야 아름답습니다.

그뿐입니까? 입술이 홍색 실 같을 뿐 아니라 입 모양이 예쁘다고 합니다. 입 모양이 예쁘다는 것은 두 가지로 이야기할 수 있습니다. 첫째는 입술이 너무 두껍지 않다는 뜻입니다. 여자의 입술은 너무 두꺼워도 안 됩니다. 술람미 여인의 입술은 얇았던 것 같습니다. 거기다 입 모양이 스마일의 모습, 그러니까 사진기 앞에서 "김치~", "미나리~", "시금치~", "도라지~", "위스키~" 할 때의 그런 입 모양이었던 것 같습니다. 그런 술람미 여인의 입 모양을 아름답다고 칭찬했던 것입니다.

오늘 주님이 보시기에도 이렇게 입술이 붉고 얇고 예뻐야 합니다. 주님의 성령의 숯불에 지져진 이사야의 입술처럼 주님의 숯불로 지져진 입술, 예수 그리스도의 보혈에 정함을 받은 입술, 이런 성도의 영적인 입술이 주님 보시기에 아름다운 입술 아니겠습니까? 바로 이런 입술이 예수 그리스도를 구주로 고백하는 입술입니다. 그리고 자신의 죄를 언제나 고백하고 회개하는 입술이 아니겠습니까? 뿐만 아니라 주님을 나의 왕이요 통치자라고 고백하는 입술입니다. 그리고 언제나 입술을 열면 예수 그리스도의 복음을 전파하는 입술이요 하나님께 영광 돌리는 입술입니다.

그뿐입니까? 교회 안에서 말을 할 때마다 덕을 세우는 입술입니다. 남을 공격하고 불평하고 시기, 질투하는 입술이 아니라, 남을 칭찬하고 덕을 세우는 아름다운 입술입니다. 주님은 그런 입술을 격려하고 칭찬하고 사랑하십니다. 여러분, 이런 영적인 입술을 소유하시기 바랍니다.

다섯째, 술람미 여인의 뺨이 석류 한쪽같이 아름답다고 예찬하고 있습니다

"너울 속의 네 뺨은 석류 한쪽 같구나"(아 4:3).

석류 하나를 탁 반으로 잘라서 한쪽을 보셨습니까? 그 석류의 붉은 알이 얼마나 알알이 박혀 있습니까? 육색이 완연하지 않습니까? 붉은 색깔 속에서 싱싱하고 생명력의 기운이 넘치지 않습니까? 여러분, 그걸 생각만 해도 침이 확 돌지 않습니까? 이 석류의 색깔은, 화가가 채색하기에 가장 어려운 미색이라고 합니다.

그런데 솔로몬은 술람미 여인의 뺨이 석류 한쪽과 같이 아름답다고 했습니다. 왜 그랬을까요? 여자는 사랑하는 사람 앞에 서면 긴장합니다. 그래서 얼굴이 상기되고 빨개집니다. 그 모습이 진짜 아름다운 모습입니다.

부부간에도 솔직히 말해서 처음 연애하고 신혼 때가 좋은 것입니다. 조금은 부끄럽고 어색하고 긴장되고, 그래서 얼굴이 상기되어서 조금 빨개질 때, 그때가 가장 아름답고 신비스럽습니다. 그런데 술람미 여인은 솔로몬 왕 앞에서 왕하고 결혼하니까 얼마나 가슴이 두근거리고 상기되었겠습니까? 솔로몬은 그런 모습이 너무나 아름답게 보였던 것입니다.

우리도 주님만 생각하면 가슴이 뛰어야 합니다. 심장이 뛰고 피가 뜨거워지고 눈이 핑 돌아야 합니다. 그럴 때 얼굴이 석류처럼 발

갖게 상기되지 않겠습니까? 다윗이 사무엘 앞에 섰을 때 어땠습니까? 다윗은 목동으로서 들에서 양을 치고 있었는데, 사무엘이 다윗의 형들을 보니까 기름 부을 자격이 있는 자가 하나도 없었습니다. 그래서 다윗을 불렀습니다. 그 소식을 듣고 달려갈 때 다윗이 얼마나 심장이 뛰었겠습니까? '하나님이 나를 이렇게 사랑하시나? 나를 이렇게 기대하시나?' 사무엘 선지자 앞에 섰을 때 가슴이 뛰고 심장이 터질 것 같고 얼마나 얼굴이 불그스름하게 달아올랐겠습니까?

주님을 사랑하고 성령 충만한 사람은 얼굴에 생기가 넘칩니다. 생명나무를 선택하고 주님을 사모하고 주님을 앙망하는 사람은 불그스름하게 얼굴에 핏기가 넘치고 윤기가 있습니다. 그런데 항상 선악과를 선택하고 원망하고 불평하고 짜증만 내는 사람은 얼굴에 핏기가 없습니다. 눈은 독사의 눈 같고, 얼굴도 황달 뜬 사람처럼 누렇게 됩니다.

그러므로 선악과를 선택하지 말고 생명나무를 선택하고, 늘 언제나 감사하시기 바랍니다. 왜 그렇습니까? 주님을 너무도 오래 믿고 몇십 년 믿다 보니까 경건의 모양은 있으나 능력이 없어집니다. 위선과 외식의 형식적 신앙은 있으나 생명이 없습니다. 항상 남을 비판하고 판단하고 늘 신앙생활이 공격적이니 얼굴이 그렇게 되는 것입니다.

지금도 주님을 생각하면 가슴이 뜁니까? 예배 시간에 하나님이 목회자를 통해서 어떤 말씀을 주실까 하며 기대되고 그로 인해 심장이 뛰십니까? 그런 사람의 얼굴은 윤기가 흐르고, 생명력이 있고, 주님이 보실 때 아름답다고 칭찬을 받고 찬사를 받는 얼굴입니다. 모두 그런 얼굴을 소유하시기 바랍니다.

내 진정 사모하는 친구가 되시는 구주 예수님은 아름다워라
산 밑에 백합화요 빛나는 새벽별 주님 형언할 길 아주 없도다
내 맘이 아플 적에 큰 위로 되시며 나 외로울 때 좋은 친구라
주는 저 산 밑에 백합 빛나는 새벽별 이 땅 위에 비길 것이 없도다.

내 몸의 모든 염려 이 세상 고락 간 나와 항상 같이하여 주시고
시험을 당할 때에 악마의 계교를 즉시 물리치사 날 지키시네
온 세상 날 버려도 주 예수 안 버려 끝까지 나를 돌아보시니
주는 저 산 밑에 백합 빛나는 새벽별 이 땅 위에 비길 것이 없도다.

내 맘을 다하여서 주님을 따르면 길이길이 나를 사랑하리니
물불이 두렵잖고 창검이 겁 없네 주는 높은 산성 내 방패시라
내 영혼 먹이시는 그 은혜 누리고 나 친히 주를 뵙기 원하네
주는 저 산 밑에 백합 빛나는 새벽별 이 땅 위에 비길 것이 없도다.

18

아름다워라 나의 신부여 (2)

"내 사랑 너는 어여쁘고도 어여쁘다 너울 속에 있는 네 눈이 비둘기 같고 네 머리털은 길르앗 산기슭에 누운 염소 떼 같구나 네 이는 목욕장에서 나오는 털 깎인 암양 곧 새끼 없는 것은 하나도 없이 각각 쌍태를 낳은 양 같구나 네 입술은 홍색실 같고 네 입은 어여쁘고 너울 속의 네 뺨은 석류 한쪽 같구나 네 목은 무기를 두려고 건축한 다윗의 망대 곧 방패 천 개, 용사의 모든 방패가 달린 망대 같고 네 두 유방은 백합화 가운데서 꼴을 먹는 쌍태 어린 사슴 같구나"(4:1-5)

 여섯째, 술람미 여인의 목을 다윗의 망대와 같다고 예찬하고 있습니다

"네 목은 무기를 두려고 건축한 다윗의 망대 곧 방패 천 개, 용사의 모든 방패가 달린 망대 같고"(아 4:4).

망대가 무엇입니까? 높은 봉우리처럼 망루를 쌓아 적군이 쳐들어오는지 관찰하는 곳이 망대입니다. 그러면서 속에다 무기를 두거나 보관하는 곳이 망대입니다. 그런데 다윗의 망대는 더 높았습니다. 더구나 1천 방패를 달아 놓았다고 합니다. 한마디로, 방패가 1천 개나 붙어 있으니 아무리 창을 던지고 화살을 쏘고 돌을 던져도, 망대가 무너질 리 있겠습니까? 완전히 난공불락의 요새라고 볼 수 있습니다.

그런데 술람미 여인의 목이 다윗의 망대와 같다는 것입니다. 그만큼 술람미 여인의 목이 상당히 길고 아름답고 도도하게 보였나 봅니다. 이전 장에서도 술람미 여인의 목에 대해 나올 때 여자의 목은 길어야 한다고 했습니다. 아가서 7장 4절에 보니까 솔로몬이 술람미 여인의 목을 상아 망대와 같다고 했습니다.

"목은 상아 망대 같구나"(아 7:4).

여자는 일단 목이 긴 것이 좋습니다. 아무리 얼굴이 아름답고 예뻐도 목이 짧으면 별로 좋아할 사람이 없을 것 같습니다. 제가 남자로 태어나서 다행이지, 만약에 여자로 태어났으면 목이 이렇게 짧아서 어떻게 시집갔겠습니까? 제가 여자로 태어나 역도를 했으면 장미란 선수와 같았을 것입니다. 제가 요즘 살이 8킬로그램 이상 빠졌는데도 목은 여전히 두껍습니다. 목 사이즈가 44입니다. 지방에 가서 집회하는데 급하게 와이셔츠가 필요해서 사려고 하면, 팔이 짧고 모가지는 두꺼워서 맞는 게 없습니다.

그런데 술람미 여인은 얼마나 목이 길고 아름다웠는지 다윗의 상아 망대와 같다고 했습니다. 솔로몬은 그런 술람미 여인의 목을 예찬하고 있는 것입니다. 거기다가 1천 방패를 달아 놓은 망대와 같다고 했으니 얼마나 고고하고 아름다운 모습입니까? 아마 망대에 달아 놓은 방패를 술람미 여인의 목에 걸려 있는 구슬목걸이와 연관시켰는지도 모르겠습니다. 술람미 여인의 목에 그렇게 가느다란 보석을 달아 놓았으니 얼마나 더 예뻤겠습니까?

그러나 그런 아름다움으로 끝나는 것이 아니라, 여기서 우리는 솔로몬의 깊은 의중을 간파해야 합니다. 그냥 모가지만 길고 그 긴 목에 구슬목걸이를 달아서 아름답다는 의미가 아니라, 솔로몬의 진정한 의중은 술람미 여인의 목이 길고 곧기에 그녀가 아주 지조가 있고 절개가 곧은 사람임을 말하고 있는 것입니다. 긴 목의 예찬을 통해서 실제로는 술람미 여인의 아주 굳은 지조와 절개를 예찬하는 것입니다. 더구나 그런 망대에 1천 개나 되는 방패가 달려 있다고 했으니 이 여자는 누가 유혹해도 넘어가지 않을 여자입니다. 1천 개나 되는 방패가 달려 있는 다윗의 망대가 난공불락의 망루이듯이, 술람미 여인의 지조와 순결이 그렇다는 것입니다.

아무리 예쁜 여자라도 남자들이 눈짓하고 휘파람 불면 벌써 마음이 흔들리는 여자, 이런 여자가 여자입니까? 남자가 눈짓하면 같이 윙크하고 따라오는 여자는 문제 있는 여자 아닙니까? 더구나 얼굴이 잘생긴 남자가 지나가는 여자 어깨를 탁 치고 눈짓을 주면 씩 웃고 따라오는 여자, 속이 없는 여자 아닙니까? 그러나 술람미 여인은 백절불굴의 여자입니다. 누가 아무리 유혹하고 눈짓하고 휘파람 불고 어깨를 쳐도 요지부동입니다. 솔로몬보다 큰 왕이 나타나 그녀를 유혹해도 그녀는 오매불망 솔로몬뿐입니다. 오직 솔로몬밖에 모르는 여자입니다.

우리도 그래야 합니다. 부부간에도 그런 지조가 있어야 합니다. 아무리 예쁜 여자, 잘생긴 남자가 어깨를 치고 휘파람을 불어도 "No!"라고 말할 수 있어야 합니다. 남편은 아내에게, 아내는 남편에게 이런 송죽 같은 백절불굴의 지조를 가져야 합니다. 우리가 이런 교훈을 얻어야 합니다. 특별히 우리는 주님 앞에서 더 지조가 있어야 합니다. 사탄이 아무리 우리를 유혹하고 흔들어도 요지부동이어야 합니다. 우리는 주님을 향한 일편단심, 백절불굴의 믿음으로 흔들림이 없어야 합니다. 사탄은 우리를 밀 까부르듯 시험하고 유혹합니다.

"시몬아, 시몬아, 보라 사탄이 너희를 밀 까부르듯 하려고 요구하였으나"(눅 22:31).

사탄이 이렇게 밀 까부르듯 하려고 유혹하고 삼키려 해도 우리는 안 넘어가야 합니다. 옛날에 시골에서는 키질을 했습니다. 키질을 아무리 하고 까불러도 알곡들은 안으로 들어오고 쭉정이는 나가지 않습니까? 알곡은 마귀가 아무리 유혹해도 특별한 경우를 제외하고는 주님 품으로 들어갑니다. 그런데 쭉정이는 다 날아가 버립니다.

이처럼 우리는 주님 앞에서 백절불굴의 믿음으로 지조와 절개를 지켜야 합니다. 아무리 사탄이 우리를 돈으로 유혹하고, 세상 즐거움으로 유혹하고, 화려한 명예와 부와 권력으로 유혹해도, 절대로 신앙의 지조를 잃어서는 안 됩니다. 신앙의 절개를 팔아먹어서는 안 됩니다.

제 고향이 남원입니다. 그리고 남원은 《춘향전》으로 유명합니다. 《춘향전》을 보면 춘향이가 오매불망 이 도령만을 기다립니다. 변 사또가 아무리 수청을 들라 해도 거절하다가 결국 감옥에 들어갑니다. 이 사실을 언제 한양에까지 가서 알리겠습니까? 그래도 방자를 통해 편지를 보냅니다. 이몽룡이 남원으로 오는 길에서 그 편지를 보고 모든 사실을 알았지만, 모르는 척하고 가는 것입니다. 그리고 먼저 월매에게 갑니다.

그랬더니 월매가 마당에 물을 떠 놓고 손바닥이 닳도록 빕니다. 우리 식으로 하면 "하늘과 땅을 지으신 여호와 하나님이시여! 기도 하오니 응답하여 주시옵소서" 하고 말입니다. 그런데 이몽룡이 거지 차림으로 오잖습니까? 그래서 "왜 그러냐? 이 몰골이 어찌된 일이냐?"고 묻습니다. 이몽룡은 "한양에 올라가서 과거도 떨어지고, 아버지도 망하고, 집안이 다 망해서 이렇게 왔소"라며 신세타령을 하는 것입니다.

월매는 그런 이몽룡을 보고 "오호 통재라, 오호 애재라, 우리 춘향이는 이제 죽었네. 내 딸 춘향이는 진짜 죽었네……" 하고 땅바닥을 치며 한탄합니다. 그런데 이몽룡은 속도 없이 "어이, 장모! 배고파 죽겠네, 밥 좀 주소" 합니다. 월매가 식은 밥을 주니까 그것도 좋다고 찬물에 말아서 일부러 손으로 먹는 것입니다. 그러면서 "이보게, 장모, 밥 좀 더 주소" 합니다. 월매는 이 이몽룡을 보며 얼마나 밉고 속이 터지겠습니까?

그러고 나서 이몽룡은 춘향이한테 갑니다. 감옥에 있는 춘향이도 이몽룡의 남루한 모습을 보면서 절망하고 맙니다. 그래도 이 도령은 넉살 좋게 "춘향아, 절망하지 마라. 하늘이 무너지고 땅이 꺼져도 솟아날 구멍이 있느니라. 사람의 목숨이 그리 쉽게 끊어지지는 않는 법이니라"고 위로합니다. 그러자 춘향이는 처량한 모습으로 눈물을 흘리며 "서방님, 제가 죽으면 서방님의 선산에 묻어주세요"라고 마지막 부탁을 합니다. 이몽룡은 "죽긴 왜 죽느냐? 너는 안 죽는다. 하늘이 무너져도 솟아날 구멍이 있고, 땅이 꺼져도 살아남을 구멍이 있느니라"면서 웃습니다.

그리고 이튿날 변 사또 앞에 가서 이몽룡은 술 한잔 달라고 하면서 시를 짓는 것입니다.

금준미주(金樽美酒) 천인혈(千人血)이요
옥반가효(玉盤佳肴) 만성고(萬姓膏)라
촉루낙시(燭淚落時) 민루락(民淚落)이요
가성고처(歌聲高處) 원성고(怨聲高)라.

금동이의 아름다운 술은 일천 백성의 피요
옥쟁반의 아름다운 안주는 일만 백성의 기름이라
촛농이 떨어진 때 백성 눈물 떨어지고
노랫소리 높은 곳에 원망 소리 드높구나.

눈치 빠른 운봉영장은 이 시를 보고 배가 아프다면서 먼저 도망가 버립니다. 그런데 아무것도 모르는 변 사또는 이몽룡에게, 감히 거지 주제에 어디서 이런 시를 쓰느냐며 잡으려 합니다. 그러나 그 위기의 순간에 이몽룡이 마패를 보이면서 "암행어사 출두요!" 하고 외치자, 사방에서 군관들이 몽둥이를 들고 와서 변 사또도 잡고 타락한 관원들을 다 처리합니다.

그때까지도 춘향이는 아무것도 모르고 있습니다. "춘향아, 변 사또는 나쁜 놈이니까 수청을 들지 않았지만 나는 착한 어사또니까 내게 수청 들지 않겠느냐?"고 물어봅니다. 그러자 춘향이는 고개를 숙인 채로 "그러면 어사또나 변 사또나 똑같은 사람이 아니겠습니까? 아이고, 내 팔자야, 오호 통재라, 오호 애재라……" 땅을 치며 서럽게 웁니다. "차라리 저를 죽여 주세요. 저는 임자가 있는 몸이고 정을 준 서방님이 계시답니다. 비록 과거에 실패하고 집안은 망했어도 그분은 이 몸이 사랑을 주었고 정조를 주었던 이 세상에 한 분뿐인 제 임이시옵니다. 저는 임자가 있는 몸입니다."

그러니까 젊은 어사또가 눈물이 핑 도는 것입니다. 그런 춘향이의 모습이 너무나 아름답게 보이는 것입니다. 어사또가 목젖이 뜨거워 목메는 목소리로 이렇게 말합니다. "춘향아, 고개를 들어 보거라. 눈을 들어 나를 보거라."

세상에, 춘향이가 보니까 자기 서방님입니다. "춘향아, 춘향아, 내 사랑 춘향아……."

춘향이는 눈물이 글썽글썽해져서 이몽룡만 보고 있습니다. "정말 서방님이시옵니까? 진정 제가 그토록 연모하고 그리워하던 이 세상에 한 분뿐인 제 임이시옵니까? 제가 죽어서 서방님의 모습을 볼 줄 알았는데 이렇게 서방님을 뵈오니 이게 꿈이옵니까, 생시이옵니까? 서방님……."

그러자 이몽룡은 도저히 춘향이의 그 애타는 모습을 보지 못하고 어사의 자리에서 내려와 무릎을 꿇고, 피투성이가 된 춘향이의 몸을 껴안아 줍니다. "내가 너무 늦게 와서 미안하다. 내가 너를 너무 혹독하게 시험해서 미안하다. 내 그럴 줄 알았느니라. 너만은 나를 배신하지 않고 끝까지 나를 믿어주고 나를 향한 사랑의 절개를 지킬 줄 알았느니라. 이제 내가 너에게 보상해 주고 한양으로 데려가 정경부인으로 삼고 암행어사의 어부인이 되게 해주마."

그때 춘향은 어사또의 품에 안겨 "서방님, 서방님, 이리 오실 줄 알았어요. 이리 오실 줄 알았어요. 어젯밤 꿈에 보니 서방님이 어사

또 되어 오시더니……. 천지신명이여, 어젯밤 꿈이 생시가 되게 해주셨군요……. 서방님, 서방님, 내 서방님……" 하고 흐느끼며 외칩니다.

바로 그때 이 춘향이의 기다란 목이 아름답고 긴 목이요, 지조 있고 백절불굴의 절개가 있는 목이었습니다. 이 도령 외에 어느 누구의 유혹에도 넘어가지 않는 지조 있고 절개 있는 목이었다는 말입니다. 그러니까 우리가 신앙생활하면서 그러한 목을 가지고 있어야 합니다. 우리는 춘향이처럼 신앙의 자존심과 지조로 살아가야 합니다.

우리가 살면서 유연성도 중요하고 신축성도 중요합니다. 그러나 사탄의 휘파람 소리나 간질간질한 유혹이나 우리를 자극하는 소리에는 절대로 넘어가거나 타협해서는 안 됩니다. 일제 때 대부분의 목사나 장로들이 굴복하고 신사 참배를 하고 말았습니다. 그런데 그때 주기철 목사님, 손양원 목사님, 박관준 장로님, 유계준 장로님, 안이숙 여사님 같은 분들은 끝까지 일제의 핍박과 고문에도 굴하지 않고 주님 앞에서의 신앙의 절개를 지켰습니다. 이게 오늘날 한국 교회를 살린 백절불굴의 지조와 절개가 아닙니까?

제가 고신 측 장로님들의 연합수련회를 갔는데 거기는 박수도 잘 안 치고 아멘도 잘 안 하는 곳입니다. 이런 고신 측은 보수 중의 보수 교단입니다. 일제시대 신사참배를 끝까지 거부하다 순교자도 많이 나오고 신앙의 절개를 지킨 분들이 모여서 만든 교단입니다. 그래서 제가 "여러분, 신앙의 지조를 지키세요. 초기 고신교단의 그 절개와 지조의 신앙이 있어서 우리 한국교회가 이렇게 살아남을 수 있었고 부흥을 할 수 있었어요. 그러므로 여러분, 그런 자부심을 가지고 끝까지 변하지 말고 신앙의 절개와 지조를 지키세요"라고 했습니다. 그랬더니 고신 측 장로님들이 설교 중에 얼마나 박수를 치며 좋아하고 은혜를 받고 감동을 하는지 모릅니다. 자기 교단 정체성을 주지시켜 주니까 좋아서 그런 것입니다. 우리도 이렇게 신앙의 지조를 지키며 살아야 합니다.

일곱째, 술람미 여인의 가슴을 아름답다고 예찬하고 있습니다

"네 두 유방은 백합화 가운데서 꼴을 먹는 쌍태 어린 사슴 같구나"
(아 4:5).

여인의 몸매 중에서 두 가슴은 여인의 아름다움의 상징이라고 할 수 있습니다. 이것은 여자만이 가지고 있는 매력입니다. 남자는 없습니다. 아무리 예쁘고 잘생긴 남자도 가슴은 없습니다. 그래서 농담으로 목욕탕에서 앞과 뒤를 구별하기 위해서 하나님이 만들어 준 것이라고도 합니다.

여인만이 가지고 있는 매력이 가슴입니다. 그런데 솔로몬이 보니까 술람미 여인의 그 가슴이 너무 아름다운 것입니다. 어떻게 아름답다고 했습니까? 백합화 가운데서 꼴을 먹는 쌍태 어린 사슴 같다고 합니다. 쌍둥이 사슴이라는 말입니다. 백합화 가운데 꼴을 먹는 쌍둥이 어린 사슴이란 말은 은유적인 표현입니다.

한번 생각해 보십시오. 쌍태 어린 사슴이 백합화 속에서 꼴을 먹고 있습니다. 이 모습이 얼마나 아름답습니까. 그런데 술람미 여인의 가슴을 이 모습에 비유했습니다. 이는 술람미 여인의 아름답고 은밀한 곳에 감추어진 아담하고 우아한 가슴을 시적으로 표현한 것입니다.

　지금도 결혼식을 할 때 신부가 드레스를 입으면 어깨가 살짝 드러나는 드레스를 입습니다. 고대 근동에서도 신부들이 결혼식을 하면 최고로 아름답게 보이려고 어깨가 살짝 드러나는 드레스를 입고 결혼식을 합니다. 그래서 결혼식장에서 웨딩드레스를 입고 면사포를 쓰고 솔로몬 왕 앞에 서 있는 술람미 여인이, 솔로몬 보기에 그렇게 아름다웠다는 것입니다. 백합화 사이에서 쌍태 사슴이 보일락말락 풀을 뜯어 먹고 있듯이, 여인의 어깨선과 가슴선이 살며시 보일락말락 하며 아름다운 자태를 자랑했다는 것입니다. 즉 솔로몬이 보기에 보일락말락 하면서 유선형으로 우아하게 펼쳐진 어깨와 가슴 라인을 서정적 미학으로 쌍태 사슴이라고 했습니다.

　사슴은 문학자나 시인에게 있어서 아름다운 모습의 상징적 이미지라고 말할 수 있습니다. 노천명의 "사슴"이건, 아가서의 사슴이건 어디를 막론하고 사슴은 아름다움의 이미지를 가지고 있습니다.

　그런데 쌍태 새끼는 어떤 의미의 표현입니까? 짝짝이가 아니라는 것입니다. 하나는 크고 하나는 작은 것이 아니라, 볼륨이 맞고 균형 잡힌, 선이 분명하고 우아한 그런 아름다운 가슴이라는 말입니다.

🎵 술람미 여인의 아름다움이 교훈하는 것

　그러면 이렇게 아름답고 우아한 여자의 매력만을 이야기하고 있는 것입니까? 그것만 교훈 받으면 성경이 너무 얕습니다. 그러면 어떤 교훈을 주고 있습니까?

첫째, 성도의 믿음은 정적이어야 한다는 교훈입니다

우리의 믿음이 어디에서 나옵니까? 머리에서만 나오는 것이 아니라 가슴에서 나옵니다. 그래서 우리는 주님을 향한 따뜻한 감성과 정서를 풍부하게 가지고 있어야 하고 뜨거워야 합니다. 주님을 사랑하는 열정과 감정이 막 뜨거워야 합니다. 우리에게 감성적인 사랑이 없으면 안 됩니다. 신앙이 너무 이성적이기만 하면 차갑습니다. 희생이 없습니다. 진정한 하나님을 향한 사랑이 부족합니다. 로고스와 파토스가 조화를 이루어야 합니다. 감성적인 믿음이 필요합니다. 우리의 가슴이 뜨거워야 합니다.

둘째, 성도의 믿음이 생산성이 있어야 한다는 교훈입니다

우리의 신앙이 감정만 뜨겁고 정서적인 측면만 달구어지면 안 됩니다. 의지력이 없어서 금방 변하고 변덕을 부리면 안 됩니다. 우리의 신앙에는 의지적인 부분도 있고 이성적인 부분도 있습니다. 그래서 사랑을 했으면 결단을 해서 생산성 있고 열매가 있어야 합니다. 금방 은혜 받아서 눈물을 흘리고, 또 금방 삐치고 싸우고 인색한 삶을 보이면 안 됩니다. 바울도 규모 없이 행하는 사람들에게서 떠나라고 했습니다.

"형제들아 우리 주 예수 그리스도의 이름으로 너희를 명하노니 규모 없이 행하고 우리에게 받은 유전대로 행하지 아니하는 모든 형제에게서 떠나라"(살후 3:6 개역한글).

교회 안에서도 말만 많고 일만 만들고 문제만 만드는, 그런 규모 없는 사람이 되면 안 됩니다. 능률적이고 효율적이고 생산적인 사람이 되어야 합니다. 가끔 용건이 있다고 저를 찾아와서 별 내용도 없고 생산적인 생각도 없으면서, 안 그래도 바쁜데 시간만 축내는 사람들이 있습니다. 그러면 안 됩니다. 전도 모임 한다고 교회에 와서 12시까지 식사나 하고 전도는 안 하고 집에 가고 그러면 안 됩니다. 생산적인 사람이 되어야 합니다.

부부간에도 사랑을 했으면 애가 생기고 양육을 하고 살아야 하지 않습니까? 우리도 은혜를 받았으면 전도하고 양육하고 헌신하고 봉사하며 살아야 합니다. 적어도 은혜 받으면 그때만 좋고, 눈물 흘리고 돌아서서는 다시 변덕 부리는 사람은 되지 맙시다. 은혜를 받으면 '파라클레이토스', 즉 보혜사와 같은 존재가 되어야 합니다.

유대인 심리학자인 에리히 프롬은 "어머니의 가슴은 가나안 땅과 같다"고 했습니다. 가나안 땅에는 무엇이 있습니까? 성경은 가나안 땅을 젖과 꿀이 흐르는 땅이라고 했습니다. 어머니의 따뜻한 가슴속에는 젖과 꿀이 있습니다. 젖은 무엇입니까? 어린아이에게 생명을 공급하는 양식입니다. 어머니는 이 젖을 먹이며 자식을 키웁니다. 그러면 꿀은 무엇입니까? 어머니의 끝없는 사랑과 격려가 아니겠습니까? 어머니의 사랑은 자궁의 사랑으로만 끝나지 않고 젖을 물리며 젖을 먹이는 부드러운 가슴의 사랑으로 이어집니다. 그러한 사랑으로 자식을 키워야 합니다.

보혜사는 헬라어로 '파라클레이토스' 인데, 유대인들은 예나 지금이나 어머니를 때때로 '파라클레이토스' 라고 생각합니다. 그러므로 우리는 젖과 꿀이 흐르는 어머니의 가슴으로 하나님을 사랑하고 이웃을 섬겨야 합니다. 화해와 중보, 섬김과 사랑의 가슴을 가져야 합니다. 아무리 힘들고 어려워도 진득하게 씨를 뿌리고 하나님을 사랑해야 합니다. 이런 가슴을 주님은 아름답다고 칭찬하신다고 했습니다. 그런 가슴으로 하나님을 사랑하고 이웃을 섬기시기 바랍니다.

> 내 구주 예수를 더욱 사랑 엎드려 비는 말 들으소서
> 내 진정 소원이 내 구주 예수를 더욱 사랑 더욱 사랑.
>
> 이전엔 세상 낙 기뻤어도 지금 내 기쁨은 오직 예수
> 다만 내 비는 말 내 구주 예수를 더욱 사랑 더욱 사랑.
>
> 이 세상 떠날 때 찬양하고 숨질 때 하는 말 이것일세
> 다만 내 비는 말 내 구주 예수를 더욱 사랑 더욱 사랑.

19

아름다워라 나의 신부여 (3)

"날이 저물고 그림자가 사라지기 전에 내가 몰약 산과 유향의 작은 산으로 가리라 나의 사랑 너는 어여쁘고 아무 흠이 없구나 내 신부야 너는 레바논에서부터 나와 함께하고 레바논에서부터 나와 함께 가자 아마나와 스닐과 헤르몬 꼭대기에서 사자 굴과 표범 산에서 내려오너라 내 누이, 내 신부야 네가 내 마음을 빼앗았구나 네 눈으로 한 번 보는 것과 네 목의 구슬 한 꿰미로 내 마음을 빼앗았구나" (4:6-9)

 몰약 산과 유향의 언덕 같은 술람미 여인

솔로몬 왕은 결혼식장에 서 있는 신부 술람미 여인의 육체를 얼마나 예찬했는지 모릅니다. 신부의 모습이 머리끝에서 발끝까지 너무나 아름답다고 합니다. 그렇게 신부를 예찬하고 나서 솔로몬은 술람미 여인에게 아름다운 사랑의 여행을 가자고 초대합니다. 그 여행은 술람미 여인과 솔로몬만 함께하는 여행입니다. 이제 부부가 되었으니 정말 감미롭고 신비롭기만 한 사랑의 미로, 사랑의 꿀이 뚝뚝 떨어지고 향기로운 기름이 졸졸졸 흘러가는 사랑의 여로를 따라 저 깊은 사랑의 세계로 여행 가자는 것입니다.

그런데 이 사랑의 여행은 솔로몬 왕이 술람미 여인을 찾아가는 것에서부터 시작하고 있습니다.

"날이 저물고 그림자가 사라지기 전에 내가 몰약 산과 유향의 작은 산으로 가리라"(아 4:6).

"날이 저물고 그림자가 사라지기 전에, 나는 몰약 산으로 가려 하네. 유향 언덕으로 가려 하네"(아 4:6, 표준새번역).

여기서 몰약 산과 유향의 작은 산은 무엇을 뜻하는지 아십니까? 지금 아름다운 술람미 여인의 모습을 문학적으로, 시적으로 표현하고 있는 것입니다. 이것을 잘못 영해하면 문장의 전후 문맥과 중심 의미를 모르고 솔로몬의 문학적, 시적 의도를 전혀 이해 못할 수 있습니다. 어떤 사람은 몰약 산이 골고다 언덕을 의미하고, 유향 산은 기도 동산을 의미한다고 봅니다. 왜냐하면 몰약은 구약에서 시체를 바르는 향이고, 유향은 구약에서 기도를 상징하기 때문입니다. 바로 솔로몬이 술람미 여인을 이곳으로 초청하고 있다는 것입니다. 그러나 이렇게 성경을 해석하면 이단이라고 할 수는 없지만 기록자의 의도나 문학적인 흐름, 성경의 의도를 모르는 것입니다. 본문의 의도와는 전혀 다르게 멋대로 해석하는 것입니다.

아가서가 얼마나 문학적인지 아십니까? 노래 중의 노래가 아닙니까? 그래서 솔로몬은 술람미 여인을 몰약 산과 유향의 작은 산이라고 표현하고 있는 것입니다. 아가서 4장 1-5절은 술람미 여인의 육체를 부분적으로 예찬했습니다. 그런데 이제는 술람미 여인의 육체의 아름다움을 전체적으로 아름답게 표현하고 있는 것입니다.

그러면 왜 술람미 여인의 육체를 산에 비유하고 예찬한 것일까요? 왜 솔로몬은 술람미 여인을 몰약이 계곡을 이루어 흐르는 산이라든지, 유향 냄새가 진동하여 진하게 풍기는 산으로 예찬했을까요?

주로 산이라는 곳은 작은 산이건, 큰 산이건 사람들이 올라가지 않습니까? 그리고 올라가는 것은 정복한다는 의미가 있습니다. 솔로몬은 첫날밤, 술람미 여인이라는 산을 정복하겠다든지, 품겠다든지, 내 소유로 삼기 위해 그 산으로 가겠다는 것입니다. 언제요? 날이 저물고 그림자가 사라지기 전에 말입니다. 초저녁, 아니 초저녁이 아니라 해가 떨어지기도 전에 왕으로서의 모든 정사를 다 마치고 술람미 여인의 품으로 가겠다는 것입니다.

어떤 성경학자는 이 몰약 산과 유향 산이 술람미 여인의 아름다운 가슴이라고 말하기도 합니다. 그것은 솔로몬만 알지요. 아무튼 솔로몬이 술람미 여인의 품으로 가겠다는 것입니다. 거기 가서 아름다운 사랑의 여행을 경험하겠다는 것입니다. 지금까지 한 번도 경험하지 못하고 누려 보지 못한 사랑의 미로를 술람미 여인과 단 둘이서 걷고 체험하고 누려 보겠다는 것입니다. 초저녁부터 새벽녘 동이 틀 때까지 아름다운 사랑의 미로의 길을 걸어가 보겠다는 것입니다.

부부간에서도 그렇게 해야 합니다. 죽는 그날까지 부부간에 서로 사모하고 흠모하며 살아야 합니다. 물론 에로스의 사랑은 몇 년 살다 보면 싫증이 납니다. 항상 신선한 것은 아니지요. 그러나 우리는 여기에서 부부간의 성숙한 사랑을 길이길이 누려야 한다는 교훈을 받아야 합니다. 항상 남편은 사랑하는 아내를 몰약 산과 유향 산처럼 생각해야 하고, 아내는 항상 몰약 산과 유향 산의 마음과 같은 자세를 가지고 남편이 자기 품으로 달려오도록 준비하고 대기하고 있어야 합니다.

그러나 어떻게 성경의 교훈이 여기서 끝날 수 있겠습니까? 우리가 주님 앞에서 영적으로 몰약 산과 유향 산이 되어 있어야 하지 않겠습니까? 그러면 몰약 산과 유향 산이 되어 있다는 것은 무엇을 말합니까? 구약에서 몰약은 시체가 썩지 않도록 바르는 것입니다. 그러므로 우리는 언제나 주님 앞에서 불평하지 않고 원망하지 않고 감사의 향기를 풍겨야 합니다. 찬양의 향기를 풍겨야 합니다. 불평하고 원망하고 좌절하고 싶어도, 골고다 언덕을 바라보며 예수님의 죽으심과 부활하심의 은총을 상기하면서 감사의 향기, 찬양의 향기를 풍겨야 합니다. 언제나 십자가 밑에 나아가 무릎을 꿇고 찬양과 감사의 향기를 진동시켜야 한다는 말입니다. 그럴 때 우리가 몰약 산과 같은 모습으로 서 있는 것이 아닙니까?

그러면 유향 산은 무엇입니까? 유향은 구약에서 기도를 상징하거나 교훈할 때가 많았습니다. 그러므로 감사와 찬양만 할 뿐 아니라 기도하는 성도가 되어야 합니다. 힘들고 어려워도 기도하고, 낙심되고 절망되어도 십자가 밑에 나아가 우리의 모든 문제를 풀어 놓고 기도의 향을 피워야 합니다. 우리의 삶이 한마디로 기도의 삶이 되어야 합니다. 그래서 유향 산과 같은 모습으로 주님 앞에 서 있어야 합니다.

그럴 때 우리 주님께서 우리에게 달려오시는 것 아닙니까? 오셔서 우리 마음의 동산 위에 주님이 거니시고, 우리 마음속에서 진동하는 몰약 향과 유향의 향기를 마시면서 우리와 함께 사랑의 미로를 거니시게 되는 것입니다. 주님과의 깊은 만남을 우리로 하여금 누리게 하시고, 기나긴 사랑의 여로를 주님과 함께 손잡고 걸어가게 하시는 것입니다. 주는 자와 받는 자만이 아는 주님의 은혜와 축복을 경험하게 하면서 말입니다.

그러므로 술람미 여인처럼 주님이 거니시는 몰약 산, 유향 산이 되시기 바랍니다. 그렇습니다. 언제나 여러분의 삶 속에 감사와 찬양의 향기가 흘러넘치기를 바랍니다. 언제나 기도의 향기, 기도를 쉬지 않는, 기도의 향불을 끄지 않는 여러분의 삶이 될 수 있기를 바랍니다.

🎵 사랑하면 흠이 없다

솔로몬이 술람미 여인의 품으로 갔습니다. 이제 술람미 여인과 솔로몬밖에 없습니다. 결혼식장에 사회 보는 사람도 없고 아무도 없습니다. 이제 완전히 서로가 깊은 사랑을 시작하는 것입니다. 솔로몬도 그렇고, 술람미 여인도 그렇고, 이제 신랑 신부의 관계가 되어서 하나님이 주신 남녀 간의 성숙한 사랑을 나눕니다.

그런데 이때 솔로몬이 술람미 여인에게 뭐라고 예찬하고 있습니까? 7절을 보겠습니다.

"나의 사랑 너는 어여쁘고 아무 흠이 없구나"(아 4:7).

"아름답기만 한 그대, 나의 사랑, 흠잡을 데가 하나도 없구나"(아

4:7, 표준새번역).

솔로몬은 술람미 여인에게 너무너무 예쁘고 아름다워서 아무 흠이 없다고 합니다. 흠잡을 데가 하나도 없다는 것입니다. 너무너무 예쁘다고 합니다. 머리에서 발끝까지 안 예쁜 데가 없다고 합니다. 술람미 여인이 정말 미스 이스라엘의 몸매와 육체를 가져서 그랬을까요? 얼굴이 너무 아름다워서 그랬겠습니까? 아가서 1장 5-6절을 봅시다.

"예루살렘 딸들아 내가 비록 검으나 아름다우니 게달의 장막 같을지라도 솔로몬의 휘장과도 같구나 내가 햇볕에 쬐어서 거무스름할지라도 흘겨보지 말 것은 내 어머니의 아들들이 나에게 노하여 포도원지기로 삼았음이라 나의 포도원을 내가 지키지 못하였구나"(아 1:5-6).

술람미 여인이 스스로 고백하기를, 자기가 게달의 장막같이 거무스름하게 타버린 데다가 별로 얼굴도 못생겼다고 하지 않았습니까? 그런데 왜 술람미 여인이 이렇게 아름답다고, 흠잡을 데가 없다고 예찬하고 있습니까? 그것은 술람미 여인이 그렇게 아름다운 것이 아니라, 지금 술람미 여인을 바라보고 있는 솔로몬 왕의 사랑이 그렇다는 것입니다. 그 사랑이 그렇게 만든 것입니다.

옛말에 제 눈에 안경이라고 하지 않았습니까? 사랑을 하면 모든 것이 아름답게 보입니다. 쌍꺼풀이 있으면 있는 대로, 없으면 없는 대로 아름답게 보입니다. 코가 자연산이든 자연산이 아니든, 우뚝 섰으면 우뚝 선 대로, 납작하면 납작한 대로 예쁘고, 모든 것이 제 눈에 안경입니다. 그러니까 솔로몬은 술람미 여인이 거무스름하게 탔든, 게달의 장막같이 생겼든, 모든 것이 다 예쁘게 보이는 것입니다. 얼마나 술람미 여인이 행복했겠습니까? 얼마나 행복하고 그 사랑에 감격했겠습니까?

우리 부부간에도 사랑하면 항상 그렇게 보이는 것입니다. 제 눈에 안경이 되어서 내 남편이 최고요, 내 아내가 최고로 보입니다. 죄성이 많은 사람은 남의 떡이 크게 보이고 아름답게 보입니다. 그런 눈은 다 회개해야 합니다. 오늘 집에 가서 고백해 보시기 바랍니다. 아내는 남편을 향하여 "내 남편이여, 당신은 어쩌면 그렇게 아름다워요", 남편은 아내를 향하여 "내 아내여, 당신은 너무나 아름다워 흠을 찾고 싶어도 찾을 수가 없소. 당신이 방귀를 뀌어도 그 향기가 너무 아름다워요"라고 해보십시오.

그런데 사실은 우리가 이렇게 주님의 사랑을 받아 누리며 사는 것 아니겠습니까? 우리같이 주님 앞에서 버림받아 마땅한 죄인을 주님이 그렇게 사랑하셔서 우리를 위해 십자가에서 죽으신 것입니다. 성경을 보면 하나님이 우리를 이렇게 사랑하셔서 스스로 우리를 위해 오셨고 죽으셨다고 했습니다.

"하나님이 세상을 이처럼 사랑하사 독생자를 주셨으니 이는 그를 믿는 자마다 멸망하지 않고 영생을 얻게 하려 하심이라"(요 3:16).

하나님이 세상을 이처럼 사랑하사 독생자를 주셨다는 것 아닙니까? 그리고 십자가에 주님이 죽으셨다는 것 아닙니까? "하나님이 세상을 이처럼 사랑하사 독생자를 주셨다."

어찌 보면 인류의 역사는 하나님이 세상을 이처럼 사랑하신 역사라고 할 수 있습니다. 우리가 '이처럼'이라고 하는 사랑의 역사 속에 들어 있는 것이 아닙니까? "하나님이 세상을 이처럼 사랑하사", 이것을 어떻게 말로 설명할 수 있습니까? 어떤 문학자, 물리학자, 과학자도 설명할 수 없습니다. "하나님이 세상을 이처럼 사랑하사." 유감스럽게도 하나님이 세상을 이처럼 사랑하신다는 말을 제대로 설명하는 사람이 없습니다.

또한 '이처럼'이라는 말을 감동 깊게 깨달은 사람도 그렇게 많지 않습니다. 그러기에 아직도 이 '이처럼'이라는 말은 여전히 신비의 단어이며, 불가사의한 말입니다. 하늘의 별을 세는 것보다 더 어려운 단어이며, 바다의 모래를 세는 것보다 더 설명하기 힘든 말입니다.

유명한 신학자 B.B. 워필드는 '이처럼'이라는 말을 이렇게 해석했습니다. "하나님은 나를 이처럼 사랑하셨는데, 하나님은 꼭 이 세상에 나 혼자만 살아가는 것처럼 생각하고 나 하나만 사랑해 주시는 것만 같다. 그래서 주님은 나 하나만을 위해서 육신으로 세상에 오셨고, 나 하나만을 위해 벌레처럼 죽으셨으며, 나 하나만을 위해 내 안에 성령으로 오신 것이다."

유명한 일본의 신학자요 성자인 우치무라 간조는 '이처럼'이란 말을 이렇게 설명했습니다. 이분이 설교를 하면 절의 스님들까지 와서 설교를 들었다는데, 제자들에게 하나님의 구원의 도리를 열심히 설명하던 중 '하나님이 세상을 이처럼 사랑하사'라는 말이 나왔습니다. 그런데 그 말을 언급하다가 강의를 끝내고 그냥 집으로 들어가 버렸습니다. 그래서 당장 성경 공부가 중단되었습니다. 그러고는 더 이상 나오지 않는 것입니다.

　제자들은 하루를 기다리고 이틀을 기다리다가 우치무라 간조 선생의 집에 찾아가 봤습니다. 그때 그는 꼼짝을 못하고 끙끙 앓고 있었습니다. 열이 40도가 넘게 오릅니다. 그러니까 제자들이 "선생님! 왜 이렇게 되셨습니까?"라고 물었습니다. 그러자 우치무라 간조는 이렇게 대답하는 것입니다.

　"여보게들! 내가 여러분에게 '이처럼'이라는 말을 설명해 줘야 하는데 설명할 길은 없고, 내 가슴속에서는 이처럼 사랑하시는 하나님의 사랑이 부글부글 끓어오르는데, 그 감격, 그 사랑의 경탄을 내 입으로는 도저히 설명할 수가 없으니 끙끙 앓고 고민하다가 이렇게 몸살이 나버렸다네. 그러니 '이처럼'이라는 하나님의 사랑은 내 입으로가 아니라 나의 몸살의 표현으로 강의한 것으로 이해들 하게나! 바로 하나님의 사랑은 설명되는 것이 아니라 체험되어지는 것이라네."

　이것이 하나님이 우리를 '이처럼' 사랑하신다는 사랑 이야기에 대한 우리 인간의 피드백인 것입니다. 그러나 이 '이처럼'이란 말은 워필드의 '나만을 위한 사랑의 설명'과 우치무라 간조의 '몸살의 표현'으로도 다 설명할 수 없는 웅대, 무비한 말입니다. 따라서 나를 위한 하나님의 사랑 이야기는 인간의 어떤 말이나 논리로도 설명될 수 없는 영원한 사랑이요, 완전한 사랑입니다. 전 역사적인 사랑이요, 전 우주적인 신비한 사랑입니다. 우리가 그 하나님의 역사 속에 들어 있는 것입니다. 그러니 얼마나 감사합니까? 하나님이 이처럼 우리를 사랑해 주신 것입니다.

　로마서 5장 1절은 뭐라고 말씀합니까? 우리가 하나님의 사랑으로 말미암아 화목함을 누리자고 말씀하고 있지 않습니까?

"그러므로 우리가 믿음으로 의롭다 하심을 받았으니 우리 주 예수 그리스도로 말미암아 하나님과 화평을 누리자"(롬 5:1).

뿐만 아니라 로마서 8장 1-2절을 보면 우리가 그리스도 안에서 결코 정죄함이 없다고 하지 않습니까?

"그러므로 이제 그리스도 예수 안에 있는 자에게는 결코 정죄함이 없나니 이는 그리스도 예수 안에 있는 생명의 성령의 법이 죄와 사망의 법에서 너를 해방하였음이라"(롬 8:1-2).

에베소서 2장을 보면, 우리가 옛날에는 육체의 욕심을 따라 지내고 육체의 원하는 것을 하여 본질상 우리가 진노의 자녀였다고 했습니다.

"전에는 우리도 다 그 가운데서 우리 육체의 욕심을 따라 지내며 육체와 마음의 원하는 것을 하여 다른 이들과 같이 본질상 진노의 자녀이었더니"(엡 2:3).

무슨 말입니까? 하나님이 우리를 보실 때 옛날이나 지금이나 진노의 자녀입니다. 그런데 우리를 너무나 긍휼히 여기시고 사랑하셔서 예수 그리스도가 이 땅에 오셔서 죽은 것이 아닙니까? 그래서 이제는 진노의 자녀가 아니라 사랑의 자녀요, 은혜의 자녀요, 축복의 자녀로 삼아 주신 것입니다.

"긍휼이 풍성하신 하나님이 우리를 사랑하신 그 큰 사랑을 인하여 허물로 죽은 우리를 그리스도와 함께 살리셨고 (너희는 은혜로 구원을 받은 것이라)"(엡 2:4-5).

베드로전서 1장을 보면 이 사랑의 은혜를, 거룩한 은혜를 어떻게 얻게 되었다고 표현하고 있습니까? 흠도 없고 점도 없는 어린양 예수의 보배로운 피로 얻게 된 것이라고 합니다. 그래서 우리가 주님 보시기에 예수님의 흠도 없고 점도 없는 피로 구속받고 속량 받아 하나님의 자녀가 되어서, 우리를 바라보면 더 이상 진노의 자녀가 아니라 너무너무 예뻐 보이시는 것입니다. 우리가 너무도 사랑스럽습니다.

"너희가 알거니와 너희 조상이 물려준 헛된 행실에서 대속함을 받은 것은 은이나 금같이 없어질 것으로 된 것이 아니요 오직 흠 없고 점 없는 어린 양 같은 그리스도의 보배로운 피로 된 것이니라"(벧전 1:18-19).

그러니 우리가 진노의 자녀가 아니라 사랑의 자녀가 되었습니다. 주님이 보기만 해도 너무너무 사랑스럽습니다. 이리 보아도 내 사랑, 저리 보아도 내 사랑, 우리를 너무나 사랑하십니다. 잠잠히 사랑하기도 하고 감격하면서 사랑하기도 하십니다.

"너의 하나님 여호와가 너의 가운데에 계시니 그는 구원을 베푸실 전능자이시라 그가 너로 말미암아 기쁨을 이기지 못하시며 너를 잠잠히 사랑하시며 너로 말미암아 즐거이 부르며 기뻐하시리라 하리라"(습 3:17).

주님이 우리를 이렇게 잠잠히도 사랑하시고, 소리 지르며 사랑하시기도 하고, 우리가 이 사랑 속에 거하는 것입니다. 점도 없고 흠도 없는 어린양의 피로 구속을 받은 우리를 하나님께서 그렇게 사랑하시는 것입니다.

우리가 이런 주님의 언약 안에 들어가 있고 하나님의 구속의 원리, 사랑의 원리, 은혜의 원리 안에만 들어가도 이런 예찬을 받지만, 우리가 삶 속에서 찬양의 향기를 진동하게 하고 기도의 향기를 진동하게 하면 주님이 얼마나 더 사랑하시겠습니까? 몰약 산과 유향 산과 같은 모습으로 서 있다면 주님이 우리를 얼마나 더 사랑하시겠습니까?

그래서 고린도전서 2장을 보면, 신령한 사람은 모든 것을 판단할 수 있으나 자기는 아무에게도 판단을 받지 않는다는 것입니다. 주님이 그 사람을 판단할 뿐만 아니라 주님이 책임져 주시고 덮어 주신다는 것이 아닙니까?

"신령한 자는 모든 것을 판단하나 자기는 아무에게도 판단을 받지 아니하느니라"(고전 2:15).

사람이 판단할 수 없습니다. 은혜 받고 주님의 사랑 속에 깊이 들어간 사람은 다른 사람이 볼 때는 잘못이 있는 것 같아도, 주님이 아무 흠이 없다고 칭찬하십니다. 지금 술람미 여인이 솔로몬에게 그런 사랑을 받는 것처럼 우리가 주님 앞에 그런 사랑을 받을 수 있습니다. 모두 그런 특별한 사랑을 받으시기 바랍니다.

그러면 이렇게 솔로몬이 술람미 여인에게 흠도 없다고 예찬하고 나서 뭐라고 했습니까? 8절을 봅시다.

"내 신부야 너는 레바논에서부터 나와 함께하고 레바논에서부터 나와 함께 가자 아마나와 스닐과 헤르몬 꼭대기에서 사자 굴과 표범 산에서 내려오너라"(아 4:8).

이 말씀을 표준새번역으로 봅시다.

"레바논에서 오너라, 신부야! 레바논에서 오너라, 어서 오너라. 아마나 꼭대기에서, 스닐과 헤르몬 꼭대기에서, 사자들이 사는 굴에서, 표범들이 사는 언덕에서 내려오너라"(아 4:8, 표준새번역).

지금 솔로몬은 술람미 여인에게 레바논에서 오고 스닐과 헤르몬 꼭대기에서 자기에게 오라고 하는 것입니다. 지금 술람미 여인은 왕궁에서 솔로몬의 품에 있습니다. 레바논이나 스닐이나 헤르몬 꼭대기에 있는 것이 아닙니다. 그런데 왜 이렇게 오라는 것입니까? 이것도 문학적으로, 시적으로 표현하고 있는 것입니다. 레바논, 아마나, 스닐, 헤르몬, 사자 굴, 표범 산, 이것이 다 술람미 여인이 살았던 동네를 문학적으로, 은유적으로 표현한 것입니다.

여기서 레바논은 팔레스타인 북부 쪽에 솟아 있는 시리아의 산맥입니다. 여기에 백향목도 많이 있고 경관이 아주 수려하고 아름답습니다. 그리고 아마나는 레바논 산맥에 속하는 아름다운 산입니다. 아마나 강을 끼고 있는 산을 말합니다. 스닐은 신명기 3장 9절을 보면 헤르몬 산에 대한 또 다른 명칭임을 볼 수 있습니다. 헤르몬 산은 레바논 산맥 중에서 가장 높은 산으로 언제나 흰 눈으로 덮여 있습니다. 그러니 얼마나 아름다운 산이겠습니까?

그다음으로, 헤르몬 꼭대기나 사자 굴과 표범 산, 이 역시 레바논 산맥에 속해 있는 험준한 산이나 지형을 은유적으로 표현하고 있는 것입니다. 이 말은 무슨 말입니까? 아무리 수넴 지역이 아름답고, 전원적이고, 인심 좋고, 살기 좋고, 경관이 수려한 동네라 할지라도 '술람미 여인아, 그대가 나한테 시집을 왔으니까 이제는 그 모든 고향이나 옛날 생각에 대한 미련을 버리고 단념하라' 는 뜻입니다. 기왕에 나에게 시집왔으니까 고향이나 옛날 생각은 다 잊어버리고, 내가 행복하게 해줄 테니 내 품에서 나만 의지하고 내게만 기대고 만족하며 살라는 것입니다. 왕궁에서 나만 기다리고, 나 하나로 만족하며 살라는 말입니다.

오늘 우리도 신앙생활을 그렇게 해야 합니다. 우리가 예수를 믿기 전에는, 주님을 만나기 전에는 세상 것이 얼마나 좋았는지 모릅니다. 세상에 얼마나 많은 미련을 가졌는지 모릅니다. 그러나 우리가 주님을 만나고 나서는 세상 것 다 끊어야 합니다. 단념해야 합니다. 아무리 세상이 아름답고 즐겁고 기쁨을 준다 해도, 주님 안에 있는 즐거움과 기쁨으로만 살아야 합니다. 주님이 주시는 기쁨과 행복과 평안으로만 살아야 합니다. 이 사실을 우리에게 교훈하고 있습니다.

우리가 세상에서 별 기쁨과 별 재미를 다 누려도 그때뿐입니다. 지나가면 물거품입니다. 외롭게 서 있는 암초처럼 낙망하고 허탈할 수밖에 없습니다. 돈서방, 명예서방, 권력서방 이런 것들과 다 이혼하고, 이별하고, 예수님을 신랑 삼고 서방 삼고 주님이 주시는 기쁨과 행복과 감격으로만 살아가야 합니다. 기쁨 속에서 살아가야 합니다. 세상과 사람을 바라보면 만족함이 없지만, 주님을 바라볼 때 진정한 감사와 만족이 넘치지 않습니까?

그러고 나서 계속 솔로몬은 술람미 여인을 예찬합니다. 뭐라고 예찬하고 있습니까?

"내 누이, 내 신부야 네가 내 마음을 빼앗았구나 네 눈으로 한 번 보는 것과 네 목의 구슬 한 꿰미로 내 마음을 빼앗았구나"(아 4:9).

솔로몬은 술람미 여인에게 완전히 마음을 빼앗겨 버렸다고 말하고 있습니다. 술람미 여인은 솔로몬의 마음을 통째로 빼앗아 버렸습니다. 눈으로 한 번 보는 것과 그 목의 구슬 꿰미로 마음을 빼앗아 버렸습니다. 눈으로 한 번만 쳐다봐도 마음을 빼앗겨 버립니다. 아니, 쳐다보는 것은 그만두고 목에 걸고 있는 목걸이의 모습만 쳐다봐도 솔로몬의 마음이 다 빼앗겨 버렸습니다.

사람들도 그렇지 않습니까? 사랑하는 사람이 한 번만 쳐다봐도 마음을 싹 빼앗깁니다. 사랑하는 사람이 입고 있는 화려한 옷을 보고, 헤어스타일이나 목걸이, 장신구, 귀걸이, 이런 것만 봐도 색다르게 보이고 사랑스럽게 보이지 않습니까? 부부간에도 항상 이렇게 사랑하면 모든 것이 아름답게 보입니다.

그러나 우리가 주님 앞에 더 그래야 합니다. 세상 것을 다 끊고, 정리하고, 이제는 주님만 사랑하고, 주님 품에만 기대어서 주님으로만 만족하고, 그저 주님으로만 기뻐하는 삶을 사는 성도는 주님의 마음을 빼앗아가는 사람입니다. 우리 성도가 주님 앞에 "주여" 한 번만 불러도 주님의 마음을 빼앗아 옵니다. "오, 주여!" 한 번만 주님을 향해 불러도 주님의 마음을 빼앗아 올 수 있습니다. 우리가 기도하고 찬양하고 주님을 사모하면 주님의 마음이 금방 우리에게 옵니다. 주님의 마음을 송두리째 빼앗을 수 있습니다. 주님의 마음을 가져올 수 있습니다.

주님의 마음을 가져올 수 있으면 우리가 무엇을 못하겠습니까? 하늘의 보화 창고가 다 우리의 것이 됩니다. 우리가 주님의 마음을 못 빼앗아 와서 그렇습니다. 우리가 주님의 마음을 빼앗아 오기만 하면 모든 응답과 축복을 받을 수 있습니다. 사람과의 관계에서도 마음만 뺏으면 다 가져올 수 있잖습니까? 하물며 우리가 주님의 마음을 빼앗으면 무엇을 못하겠습니까? 늘 기도와 찬양과 부르짖음을 통해 주님의 마음을 빼앗아 오시기 바랍니다. 하나님 보좌의 모든 것을 다 가져오시기 바랍니다. 하나님의 응답과 기적, 축복의 역사를 다 가져올 수 있기를 바랍니다.

> 나의 힘이 되신 여호와여 내가 주님을 사랑합니다
> 주는 나의 반석이시며 나의 요새시라
> 주는 나를 건지시는 나의 주 나의 하나님
> 나의 피할 바위시요 나의 방패시라

나의 하나님 나의 하나님
구원의 뿔이시요 나의 산성이라
나의 하나님 나의 하나님
그는 나의 여호와 나의 구세주
나의 하나님 나의 하나님
그는 나의 여호와 나의 구세주.

20

아름다워라 나의 신부여 (4)

"내 누이, 내 신부야 네 사랑이 어찌 그리 아름다운지 네 사랑은 포도주보다 진하고 네 기름의 향기는 각양 향품보다 향기롭구나 내 신부야 네 입술에서는 꿀방울이 떨어지고 네 혀 밑에는 꿀과 젖이 있고 네 의복의 향기는 레바논의 향기 같구나 내 누이, 내 신부는 잠근 동산이요 덮은 우물이요 봉한 샘이로구나" (4:10-12)

솔로몬은 술람미 여인의 사랑을 계속해서 예찬해 왔습니다. 술람미 여인이 얼마나 아름답고 그 사랑이 얼마나 달콤한지, 언제나 술람미 여인은 솔로몬의 마음을 빼앗아 갈 수 있었습니다. 술람미 여인의 존재 자체와 상큼한 사랑이 언제나 솔로몬 왕의 마음을 요동치게 하고 그 마음을 빼앗아 갔습니다. 솔로몬 왕에게는 수많은 여인이 있었지만 술람미 여인이라고 하는 그 이름, 그녀의 향취, 그녀의 사랑이 솔로몬의 마음을 언제나 빼앗아 갔습니다. 그저 한 번 보는 것과 술람미 여인의 목에 걸린 구슬 꿰미만으로도 솔로몬은 당장 마음이 술람미 여인에게 가버리고 말았습니다.

그러니 술람미 여인은 얼마나 행복한 여인이었겠습니까? 한번 상상해 보십시오. 1천 명이 넘는 여자들 가운데 왕의 마음을 빼앗아 오고 총애를 받았으니 얼마나 행복했겠습니까? 오늘날 우리 성도들도, 주님이 수많은 성도들 가운데 나 하나만 사랑하시는 것처럼 그렇게 주님의 사랑과 총애를 받아야 합니다. B.B. 워필드가 말한 것처럼, 이 세상에 나 하나만 존재하는 것처럼 사랑을 받아야 합니다. 오늘날 많은 성도들이 있지만 주님이 나 하나만 바라보고 계시는 것처럼 사랑을 받고 은혜를 받아야 합니다.

그렇다고 해서 우리의 신앙이 너무 독선적이 되어서는 안 되겠지만, 그러나 어떤 의미에서는 유아독존적인 신앙이 되어서 살 필요가 있습니다. 어차피 우리의 신앙은 거룩한 착각이 아닙니까? 우리가 그렇게 주님의 사랑을 느끼고 주님의 은혜를 느껴야 합니다.

그래서 은혜를 특별히 많이 받은 사람들을 보면 약간 독선적인 믿음이 있는 것처럼 보입니다. 정말 기도 생활을 많이 하고 신비적인 은혜 생활을 해서 주님의 은혜를 깊이 느끼고 교제하는 사람은 가끔 그렇게 보일 때가 있습니다. 그러나 항상 주님은 그 사람 편이십니다. 대부분 그 사람을 인정해 주십니다. 그러니 오히려 계속해서 더 기쁨이 넘칩니다. 감사가 넘칩니다. 형통합니다. 승승장구하는 삶을 살게 됩니다. 우리가 이런 신앙생활을 해야 합니다.

♪ 누이라 부르는 사랑

계속해서 솔로몬은 술람미 여인의 아름다움에 대해 예찬하고 있습니다.

"내 누이, 내 신부야 네 사랑이 어찌 그리 아름다운지 네 사랑은 포도주보다 진하고 네 기름의 향기는 각양 향품보다 향기롭구나"(아 4:10).

솔로몬은 먼저, 술람미 여인을 누이라고 부릅니다. 자신의 사랑을 누이 같은 사랑으로 느끼는 것은 그만큼 솔로몬의 사랑이 순수하고 천진난만하다는 것을 보여줍니다. 누이는 어머니와 또 다른 사랑의 대상입니다. 누이는 어린 시절부터 동경하는 또 다른 차원의 대상이라고 할 수 있습니다.

중학교 국어 교과서에 실린 이주홍 님의 《메아리》라는 단편소설을 아십니까? 돌이는 깊은 산속 외딴집에서 아버지와 누나와 같이 살고 있었습니다. 산 너머에 산이 있고, 또 그 산 너머에도 산이 있을 뿐, 사람이 사는 집은 한 군데도 보이지 않는 곳입니다. 날마다 보는 것은 하늘과 산과 나무와 짐승뿐이었습니다. 그런데 돌이에게는 단 하나의 동무가 있었습니다. 그것은 메아리였습니다.

그러던 어느 날 하나뿐인 누이가 산 너머로 시집간다는 것입니다. 누이가 돌이를 불러 놓고 이야기합니다.

"난 내일 간다."

"어디루?"

"시집가는 거래."

"시집이 뭐야?"

"나두 몰라. 남의 집으루 가는 거래……."

아름다운 사랑을 나누던 산골의 어린 남매는 이제 이별하게 됩니다. 돌이는 누이가 시집가던 날, 멀리서 뒤따라갑니다. 다른 사람은 몰라도 돌이의 눈엔 붉은 치마를 입은 누이만 똑똑하게 보입니다. 사람들 틈에 끼여 시집가는 누이의 뒷모습을 보면서 돌이는 하염없이 눈물을 흘리기 시작합니다. 누이가 산마루에 올라서더니, 사람들의 걸음은 조금씩 느려진 것 같았습니다.

그때 누이는 첨으로 고개를 돌려 집을 내려다봤습니다. 마치 누군가를 찾는 사람처럼 애타는 눈빛으로 뒤돌아보고 서 있었습니다. 그때 돌이의 눈에서 눈물이 막 쏟아지는 사이, 그만 돌이는 누이를 놓치고 말았습니다. 그날 밤 돌이는 방에 누웠을 때 누이의 베개에서 누이의 향취가 묻어 있음을 느낄 수 있었습니다. 그래서 베개를 끌어안고 울었습니다.

"누나! 누나! 누나는 우리 집 생각 안 나?"

차디찬 눈물이 귀 안으로 흘러 들어왔습니다.

"누나야! 나는 누나가 보고 싶어서 꼭 죽겠어……."

그러던 어느 날, 돌이는 누이가 그리워 아버지가 감자를 캐러 나간 뒤, 혼자서 울고 울고 하다가 누나를 찾아 나섭니다. 가도 가도 사람이 사는 집은 보이지 않고 산뿐입니다. 날이 저물어 그만 길을 잃은 돌이가 땅바닥에 주저앉아 엉엉 울 때, 횃불을 들고 찾아 나선 아버지를 만납니다. 돌이는 아버지 등에 업혀 집으로 돌아옵니다.

그런데 아침에 깨어나 보니 돌이에게 동생이 생겼습니다. 어미 소가 송아지를 낳은 것입니다. 돌이는 외양간 안으로 기어들어가서 송아지를 안아 봅니다. 그리고 돌이는 오랜만에 그의 친구인 메아리를 찾아갔습니다. 그리고 이렇게 외쳤습니다. "내 산아-."

한참 만에 메아리가 "내 산아-" 하고 대답해 왔습니다.

"우리 집에 새끼 소 한 마리가 나왔어-."

"우리 집에 새끼 소 한 마리가 나왔어-."

그리고 돌이는 메아리가 누나 있는 곳에도 가서, 그대로 이 소식을 전해 줄 거라고 생각했습니다. 소설은 이렇게 끝이 납니다.

얼마나 우리의 눈물샘을 자극하는 아름답고 서정적인 이야기입니까? 누구에게나 누이에 대한 그리움은 이렇듯 애틋하고 아름다운 것입니다. 저도 초등학교 2학년 때 큰누님이 시집을 갔습니다. 자형이 와서 우리 집에서 하룻밤 자고 누나를 데려가는데, 우리 동네까지는 택시가 못 들어오고 척동이라는 곳에 신작로가 있는데 그 신작로로 택시가 들어왔습니다. 그 택시를 타고 남원 읍내까지 가서 또 임실로 가는데, 제가 그 척동까지 따라갔습니다.

그런데 우리 누님이 자형과 함께 택시를 타고 가는 그 모습이 초등학교 2학년 때 얼마나 섭섭하고 가슴이 허전한지, 분명히 어머니가 계시고 아버지가 계시고 형님이 있는데, 큰누나가 시집갈 때 섭섭하고 허전해서 눈물이 났습니다. 그래서 엉엉 울고 왔습니다. 처음에는 그냥 서글퍼서 울었는데, 나중에는 눈물을 주체할 수 없을 정도로 흘렸습니다.

그러니까 사람들이 "우리 대산댁네 막내아들이, 누나가 시집가니까 너무나 슬퍼서 우는가 보다!"고 하는 것입니다. 그 말을 듣고 제가 엉엉 울어버렸습니다. 그리고 제가 우는 것을 보고 우리 어머니도 우셨습니다. "네가 뭘 아냐!"면서 저보다 더 우셨습니다.

사실 저희 누나가 시집가기 전에 그렇게 집안 식구들이 싸웠습니다. 나중에 보니 너무너무 시집을 잘 갔는데, 그전에 결혼을 하니 안 하니 하면서 울고불고 난리였습니다. 그런데 그런 누나가 시집을 가니까 어머니, 아버지가 싸워도 싸움 말리는 우리 막둥이가 우는 통에 어머니까지 울어버린 것입니다. 제가 우리 어머니를 울려

버렸습니다.

   큰누나가 어머니처럼 저에게 그렇게 잘해 주었습니다. 어머니가 집에 안 계시면 누나가 엄마 노릇 하면서 돌봐주었습니다. 그런데 큰누나가 시집가고 그날 저녁에 잠을 자는데, 그날 정말 누님의 베개에서 누님의 냄새가 나는 것입니다. 그런데 가끔 어쩌다가 제가 누님 집을 갑니다. 누님 집에 갔다 올 때 그렇게 섭섭하고 허전해서 누님도 울고 나도 울고, 내가 우니까 같이 간 큰형도 울고 그랬습니다. 이처럼 누님과의 애틋한 정이 있었습니다. 그런 것을 경험해 보신 적 없습니까?

   그런데 그 후로 어렴풋이 생각납니다. 초등학교 4학년 때가 되어서 누님이 첫아들을 낳았습니다. 그 소식을 듣고 제가 얼마나 좋은지 방을 데굴데굴 굴렀습니다. 너무 좋아서 눈물이 날 정도였습니다. 누님이 조카를 낳고 우리 집에 데려오면, 제가 남자지만 동네방네 업고 다녔습니다. 그리고 또 방학이 되어 누님 집에 가면 애기를 못 데려가게 했습니다. 누나는 밭 매러 가니까 애기가 젖 달라고 울었습니다. 그런데 누나는 조금이라도 더 일하려고 늦게 옵니다.

   그래서 제가 아기에게 손을 물려주었습니다. 그때는 손도 씻지 않아서 손톱 속에 때도 시커멓게 끼어 있는데, 그놈은 제 손가락을 쪽쪽 빨아 먹는 것입니다. 손가락이 맛이 짭짤하니까 그것을 빨아 먹는 것입니다. 그것을 다 빨아 먹고 나면 또 웁니다. 또 울면 이번에는 찬장에 가서 손가락에 미원을 묻혀서 넣으면 그것을 또 빨아 먹었습니다. 제가 그렇게 손가락을 빨려서 애를 봤습니다. 그런데 그 조카 녀석이 공무원이 되어서 서울시청에 근무합니다. 그 정도로 제가 누님의 아들을 예뻐했습니다.

이렇게 누님이 되었건 여동생이 되었건, 누이에게는 이런 또 다른 동경의 사랑이나 정이 느껴집니다. 특별히 소년기 때의 누이는 자연적인 사랑의 느낌이요, 혹은 아주 순수하고 천진난만한 이상적인 사랑이요, 뭐라고 표현할 수 없는 사랑을 느끼게 해주는 대상입니다. 그러니 솔로몬이 술람미 여인을 얼마나 순수하고 이상적으로 사랑했겠습니까?

♩ '신부' 라는 말 속에 담긴 사랑의 의미

그런데 누이라고만 한 것이 아니라 신부라고도 합니다. "나의 신부야."

신부라는 칭호는 무엇입니까? 이것은 성숙한 사랑입니다. 소년기의 애틋하고 자연적인 순진한 사랑이 아니라, 장년기의 성숙하고 무르익은 사랑입니다. 성을 알고 육체를 알고 은밀하고 깊은 사랑을 하는 대상이라는 말입니다. 여기서 솔로몬이 술람미 여인을 신부라고 부른 사랑의 의미를 두 가지로 생각해 볼 수 있습니다.

첫째, 꿰매진 사랑입니다

아무리 누이 같은 자연적 사랑을 느끼고 순진한 사랑을 느껴도 신랑, 신부의 관계가 이루어지지 않으면 그건 아무 소용없습니다. 연애할 때 아무리 이상적인 사랑을 해도 결혼으로 결합되지 않으면 안 됩니다. 남편이 되거나 아내가 되어야 합니다. 절대로 찢어져서는 안 됩니다. 완전히 온전한 관계가 되어야 합니다. 완전히 꿰매진 관계가 되어야 합니다. 그래서 에베소서 4장 12절을 보면 이런 구절이 있습니다.

"이는 성도를 온전하게 하여 봉사의 일을 하게 하며 그리스도의 몸을 세우려 하심이라"(엡 4:12).

목사는 성도를 온전케 하는 자입니다. 여기서 '온전케 하다'라는 말은 '꿰매다'라는 의미가 있습니다. 헬라어로 '카타르티스몬'인데 '완전한 공급, 완전한 설치'라는 뜻입니다. 이 단어는 동사 '카탈티조'에서 파생되었는데, '완전히 하다', 즉 '수리하다, 조정하다, 맞추다, 틀을 만들다, 다시 꿰매다' 등의 뜻을 가지고 있습니다. 그러니 목회가 무엇입니까? 하나님과 여러분의 관계가 찢어진 것을 꿰매주는 것입니다. 흩어진 것을 모아주고 나눠진 것을 하나 되게 하는 것입니다. 하나님과의 잘못된 관계를 바르게 잡아주는 것이 목회입니다.

둘째, 완성된 사랑입니다

사랑은 꿰매질 뿐 아니라 성숙하고 무르익어야 합니다. 아주 깊고 푸른 밤에는 은밀하고 은은하며 달콤한 사랑이 있어야 합니다. 그래서 솔로몬은 그런 의미에서 "나의 누이, 나의 신부야!"라고 예찬한 것입니다.

우리가 하나님 앞에서 하나님과 온전한 관계에 있을 때 주께서 우리를 이렇게 사랑하신다는 말입니다. 주님이 내 안에, 내가 주님 안에, 우리 안에 거하시는 하나님과 우리의 온전한 관계, 아름다운 관계가 이뤄지면 주님이 이런 은혜를 베풀어 주십니다. 마치 주님이 우리를 누이처럼 생각해 주시고, 또 성숙한 신부를 사랑하는 것처럼 그런 사랑으로 예찬해 주신다는 말입니다. 우리를 아주 이상적이고 낭만적인 사랑으로 품어주시고 또 현실적인 사랑, 성숙한 사랑으로 안아주십니다. 성숙한 신부 같은 사랑으로 우리를 안아주십니다.

그럴 때 우리도 신앙생활하면서 주님의 사랑을 때로는 낭만적으로, 자연적이고 아주 순수한 사랑으로 느끼게 됩니다. 동경의 사랑처럼 느끼게 됩니다. 그리고 때로는 이런 성숙한 사랑으로, 실제적인 사랑으로 느끼고 누리게 된다는 말입니다. 바로 이런 우리를 바라보실 때마다 주님은 그렇게 아름답고 사랑스럽게 느끼십니다.

솔로몬은 술람미 여인의 사랑이 포도주보다 진하고, 술람미 여인의 몸에 뿌려진 향수는 그 어떤 향취보다 향기롭다고 합니다. 술람미 여인의 사랑이 포도주보다 진하다고 합니다. 사람이 포도주를 마시면 포도주의 향취에 취해 기분이 좋아집니다.

물론 저는 체질이 알코올이 안 받는 체질이기 때문에 약술도 못합니다. 숟가락으로 먹어야 합니다. 그런데 적포도주가 심장에도 좋고 혈액 순환에도 좋다고 해서 가끔 마셔 볼 때가 있습니다. 특히 우리 정 장로님이 비싼 포도주를 선물로 주시면서, 주무실 때 성찬식 하는 마음으로 조금씩 조금씩 드시라고 하시어 몇 숟갈씩 먹을 때가 있습니다. 그래도 알코올이 안 받기 때문에 얼굴이 벌게지고 심장이 두근거리는 경우가 많습니다.

그런데 알코올이 몸에 잘 흡수되는 사람은 포도주를 먹고 나면 얼큰하고 향취가 아주 좋다고 합니다. 옛날에는 더 그랬을 것입니다. 더구나 옛날에 술을 마시는 왕 같은 경우는, 마시고 나면 기분이 야릇하고 얼큰하고 그랬을 것입니다. 그러니까 네 사랑이 포도주보다 진하다는 말은, 포도주의 그 향취보다도 술람미 여인의 사랑이 훨씬 더 진하다는 문학적이고 시적인 표현인 것입니다. 그뿐입니까?

"내 누이, 내 신부야 네 사랑이 어찌 그리 아름다운지 네 사랑은 포도주보다 진하고 네 기름의 향기는 각양 향품보다 향기롭구나"(아 4:10).

여기를 보면 술람미 여인의 기름의 향기가 각양 향품보다 향기롭다고 했습니다. 물론 기름의 향기 자체를 말할 수도 있지만, 술람미 여인의 사랑을 문학적으로 표현한 것이라 할 수 있습니다. 이 기름 자체도 술람미 여인의 사랑을 말하는 것입니다. 그러니까 술람미 여인의 향수 냄새가 더 그윽하고 향기롭게 느껴진다는 것입니다. 다른 여자한테는 향수가 없었겠습니까? 오히려 다른 여자는 더 진한 고가의 향수를 뿌리지 않았겠습니까? 부잣집에서 시집왔으니까 더 좋은 향수를 몸에 많이 뿌렸을 것입니다.

요즘도 여자마다 다 향수를 자기 취향에 맞게 쓰지 않습니까? 어떤 사람은 샤넬, 크리스티앙 디오르, 구찌, 니나 리치, 베르사체, 블루진 등 다 자기 취향대로 사용합니다. 그런데 사실은 몰라서 그렇지, 내 취향도 취향이지만 남편의 취향을 생각해야 합니다. 요즘 여자들은 잘 몰라서 다 자기 취향을 따라 합니다. 그런데 술람미 여인은 머리가 좋은 여자였던 것 같습니다. 솔로몬이 어떤 향기를 좋아하는지 다 알아보고 그것을 발랐던 것입니다. 물론 이런 지혜도 중요하지만 더 중요한 사실은, 솔로몬이 술람미 여인을 너무 사랑하니까 술람미 여인이 하는 것이 다 좋은 것입니다. 그러니 솔로몬은 술람미 여인이 뿌린 향수는 다 좋습니다.

우리도 마찬가지입니다. 주님 안에만 거하면 우리가 하는 것이 다 예쁜 것입니다. 주님만 사모하고 주님만 사랑하고 주님 안에만 거하면, 우리의 존재와 서 있는 모습까지도 주님 앞에 아름답게 보입니다. 우리의 찬양, 우리의 감사, 우리의 제물 자체가 다 향기로 받아들여집니다. 또 우리의 삶 자체가 다 향기로 받아들여집니다. 이 세상 어떤 향기로운 제물보다도 아름답게 받으시고 그것을 흠향하십니다. 우리가 주님과 이런 관계에서 살아가면 얼마나 좋겠습니까? 얼마나 행복하겠습니까? 얼마나 신앙이 행복하고 신바람 나겠습니까? 모두 이런 신앙생활을 할 수 있기를 바랍니다.

계속해서 솔로몬은 술람미 여인을 예찬하고 있습니다.

"내 신부야 네 입술에서는 꿀방울이 떨어지고 네 혀 밑에는 꿀과 젖이 있고 네 의복의 향기는 레바논의 향기 같구나"(아 4:11).

이건 한마디로 무슨 말입니까? "네 입술에서는 꿀방울이 떨어지고", 술람미 여인이 말하는 것도 예쁘다는 것입니다. 말할 때마다 꿀방울을 떨어뜨리는 것만 같습니다. 말을 할 때 꿀방울이 뚝뚝 떨어지고 혀 밑에서는 꿀과 젖이 흘러나오는 것입니다. 이것은 술람미 여인이 말하는 모습이 너무 예쁘고 아름답게 보인다는 문학적 표현입니다.

우리 부부간에도 사랑이 멀어지면 말하는 것이 싫어집니다. 수다 떠는 것으로 느껴집니다. 그런데 솔로몬에게는 술람미 여인이 말하는 모습이 너무너무 예쁩니다. 물론 술람미 여인이 솔로몬에게 불평이나 짜증의 말은 한마디도 안 했을 것입니다. 술람미 여인이 보나마나 솔로몬을 예찬하고 다 사랑한다고 했을 것입니다. 그런 것 때문에도 그랬겠지만, 솔로몬이 술람미 여인과 완전히 사랑으로 꿰매지고 연합되었기 때문에 모든 것이 다 예쁘게 보인 것입니다. 입 모양도 예쁘고 말 자체도 예쁩니다.

그뿐입니까? "네 의복의 향기는 레바논의 향기 같구나." 옷 입는 모습도 예쁘다고 합니다. 옷 입는 자태가 그렇게 사랑스럽고 아름답게 보인다고 합니다. 우리도 사랑하는 사람이 무슨 옷을 입는다 해도 예쁘게 보지 않습니까? 앉아 있는 모습도 예쁘고, 서 있는 모습도 예쁘고, 걸어가는 모습도 예쁩니다.

주님과 내가 이렇게 사랑 속에 거하면 우리도 그렇다는 것입니다. 우리도 무슨 말을 하든지 불평할 수가 없습니다. 무조건 주님께 사랑한다고만 고백합니다. 한마디 불평과 짜증 없이 그저 우리의 입술에서는 꿀방울이 뚝뚝 떨어지고 혀 밑에서는 꿀과 젖이 솟아납니다. 언제나 찬양과 감사와 기쁨이 넘칩니다. 그러니까 이런 사람은 언제 어디서 어떤 처지에 있어도 하나님이 사랑하고, 편이 되어주시고, 예찬해 주신다는 것입니다. 우리가 앉아 있든 서 있든, 우리가 어디에 가든지 우리의 모습 자체가 아름답게 보인다는 것입니다. 이런 사랑은 절대 지루하지 않고 싫증나지 않습니다. 날마다 새롭고 신비롭습니다.

🎵 술람미 여인에 대한 솔로몬의 계속된 예찬

주로 남녀의 에로스적인 사랑은 조금 시간이 지나면 싫증이 납니다. 그러나 진짜 영혼의 사랑, 정말 가슴속에서 우러나오는 사랑은 오래가도 싫증이 날 수가 없습니다. 육체적인 에로스는 싫증이 날 수 있습니다. 그러나 영혼과 정신을 담은 차원 높은 사랑은 갈수록 신비롭고 만족스럽습니다. 그래서 솔로몬은 술람미 여인을 또 예찬하고 있는 것입니다.

"내 누이, 내 신부는 잠근 동산이요 덮은 우물이요 봉한 샘이로구나"(아 4:12).

술람미 여인을 잠근 동산이요, 덮은 우물이요, 봉한 샘이라고 했습니다.

첫째, 잠근 동산이라고 예찬했습니다

여기서 '잠근 동산'이라는 말은 비원이라는 말입니다. 공원과 비원은 다르지 않습니까? 공원은 아무나 갈 수 있는 곳입니다. 그러나 비원은 그렇지 않습니다. 우리나라도 창경궁에 비원이 있지 않습니까? 비원은 왕만 거닐 수 있는 곳입니다. 누구도 들어올 수 없습니다. 왕이 데리고 가거나 초청해야만 갈 수 있습니다. 곧 술람미 여인이 이런 비원 같다는 것입니다. 우리도 부부간에 서로 비원이 되어야 합니다. 남편도 아내에게 비원이 되고, 아내도 남편에게 비원이 되어야 합니다.

하나님 앞에는 더욱 그렇습니다. 우리 성도는 비원이 되어야 합니다. 공원이 되어서는 안 됩니다. 아무에게나 문을 열어주면 안 됩니다. 예수님 오실 때만 문을 열어야 합니다. 신앙의 순정, 사랑의 순정을 지켜야 합니다. 우리가 세상에서 자연법적으로나 도덕적으로 죄를 안 지어도 이 사람, 저 사람에게 마음의 문을 열어주면 마음이 도둑맞은 것처럼 허탈하고 죄지은 것 같습니다.

우리가 비원을 이루려면 주님을 내 마음에 왕으로, 사랑의 왕, 은혜의 왕으로 모셔야 합니다. 먼저 주님을 내 마음의 동산으로 삼아야 합니다. 그럴 때 우리가 주님의 거룩한 비원이 되는 것입니다. 주님께만 마음의 문을 열고 마음 관리를 잘해야 합니다.

히스기야는 내탕고를 잘못 보여주었다가 자손들이 바벨론으로 끌려가는 비참한 일을 당하지 않았습니까? 마음의 자물통을 채워 놓고 누구도 우리 안에 못 들어오게 해야 합니다. 주님이 열라고 하실 때 열고, 잠그라고 하실 때 잠가야 합니다. 주님이 잠그라 하실 때 잠그고, 열라고 하실 때 열면 우리가 진정한 주님의 동산, 주님의 비원이 되는 것입니다.

둘째, 덮은 우물이라고 예찬했습니다

덮은 우물도 마찬가지입니다. 우물은 덮어 놓아야 온갖 부정한 것이 차단되어 깨끗합니다. 부정한 물을 먹고 살면 안 됩니다.

우리 부부 관계에 있어서도 덮어야 합니다. 남편도 덮은 우물, 아내도 덮은 우물이 되어야 합니다. 우물을 덮어 놓으면 다른 이물질이 들어가지 않습니다. 새로운 생수가 계속 콸콸 솟아납니다. 더구나 주님 앞에 우리 성도는 더욱 덮은 우물이 되어야 합니다. 그래서 세상을 향해서는 문을 잠가 놓고 요한복음 4장 13절 말씀처럼 우리 속에서 계속해서 날마다 생수가 솟아나야 합니다.

> "예수께서 대답하여 이르시되 이 물을 마시는 자마다 다시 목마르려니와 내가 주는 물을 마시는 자는 영원히 목마르지 아니하리니 내가 주는 물은 그 속에서 영생하도록 솟아나는 샘물이 되리라"(요 4:13-14).

계속해서 새로운 생수가 솟아나고 철철 흘러넘쳐야 합니다. 그래서 생수의 강이 흘러넘쳐야 합니다. 어떤 사람에게 가능합니까? 우물을 덮어 놓아야 합니다. 이는 우리가 세상이 주는 기쁨과 재미로 살아서는 안 된다는 말입니다. 주님이 주시는 기쁨과 재미로 만족을 누리며 살아야 한다는 말입니다. 주님이 우리의 마음을 독점하고 점령하셔서, 주님이 주시는 기쁨과 은혜로만 만족하고 행복하게 살아야 합니다.

절대 속지 마시기 바랍니다. 세상 영광에 마음을 빼앗기지 마시기 바랍니다. 세상을 향하여 마음 문을 열어 놓고 세상이 주는 기쁨과 재미로 살아보면 우리의 심령은 허탈해서 당장 죽습니다. 당장 망합니다. 우리 마음이 도적질당하고 우리 속에 별 이물질이 다 들어오면 우리는 못삽니다. 우리가 덮은 우물이 되려고 이 밤에 나온 것이 아닙니까? 하나님이 주시는 기쁨과 행복을 맛보려고 온 것이 아닙니까? 우리 속에서 날마다 솟아나는 샘물이 터지고 철철 흘러 넘쳐나도록 오늘 이 밤에 오신 것이 아닙니까? 주님은 이런 사람을 기뻐하시고 예찬하십니다.

셋째, 봉한 샘이라고 예찬했습니다

비슷한 의미입니다만, 이 말은 콸콸 치솟는 물을 넘치지 못하게 막아버린다는 뜻입니다. 사실 샘은 흘러야 합니다. 흘러야 좋은 것입니다. 그런데 샘이 흐르도록 놔둬 버리면 아무나 와서 마셔 버립니다. 그래서 흐르는 샘을 막아버린다는 것입니다.

무슨 말입니까? 우리 안에 있는 예수님의 생명, 예수님의 은혜를 정말 돼지에게 진주를 주는 것처럼 싸구려로 관리하지 말고, 그 생명과 은혜를 비밀로 간직하고 감추라는 말입니다. 무조건 내탕고를 열어 보이지 말라는 것입니다. 왜냐하면 그 은혜를 빼앗기기 때문입니다. 신앙의 깊은 비밀을 싼 입으로 빼앗기지 말라는 것입니다. 신앙의 깊은 비밀로 신비스럽게 간직해야 한다는 말입니다.

이들 영적인 교훈을 한마디로 총정리해서 살펴본다면, 솔로몬이 술람미 여인을 그렇게 신비롭고 경이로운 존재로 느낀 것처럼, 우리도 주님 앞에 그렇게 느껴져야 합니다. 날마다 주님 보시기에 우리가 항상 신비롭고 경이롭게 느껴지도록 해야 한다는 말입니다. 그러려면 항상 마음 문을 잘 잠그고 비원이 되고 봉한 샘물이 되어야 합니다. 다시 말하면, 우리가 신앙생활을 정숙하게, 아주 신사 숙녀처럼 할 때 우리는 주님 앞에 날마다 신비스럽고 신선한 존재로 서 있게 된다는 뜻입니다.

또 그런 사람은 항상 삶이 지루하지 않고, 언제나 새롭고, 언제나 신선하고, 날마다 상큼합니다. "똑같은 해가 동에서 뜨는데 오늘따라 새롭구나. 똑같은 예배에 왔는데 오늘따라 새롭구나." 이러니 신앙생활이 승리하지 않겠습니까? 언제나 승승장구하고 형통하지 않겠습니까? 모두 이런 사람이 되시기 바랍니다.

○ 21

아름다워라 나의 신부여 (5)

"내 누이, 내 신부는 잠근 동산이요 덮은 우물이요 봉한 샘이로구나 네게서 나는 것은 석류나무와 각종 아름다운 과수와 고벨화와 나도 풀과 나도와 번홍화와 창포와 계수와 각종 유향목과 몰약과 침향과 모든 귀한 향품이요 너는 동산의 샘이요 생수의 우물이요 레바논에서부터 흐르는 시내로구나 북풍아 일어나라 남풍아 오라 나의 동산에 불어서 향기를 날리라 나의 사랑하는 자가 그 동산에 들어가서 그 아름다운 열매 먹기를 원하노라" (4:12-16)

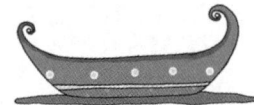 솔로몬의 술람미 여인 예찬

계속해서 솔로몬은 술람미 여인을 예찬하고 있습니다. 동산이라고 예찬하고 있습니다. 먼저는 몰약 산과 작은 유향 산으로 예찬하더니, 오늘 본문에서는 잠겨 있는 동산이요, 덮은 우물과 봉한 샘이 있는 동산이라고 예찬하고 있습니다. 그리고 꽃이 피고 과일을 맺는 생산의 동산이라고 노래하고 있습니다.

넷째, 생산의 동산이라고 예찬합니다

"네게서 나는 것은 석류나무와 각종 아름다운 과수와 고벨화와 나도 풀과 나도와 번홍화와 창포와 계수와 각종 유향목과 몰약과 침향과 모든 귀한 향품이요"(아 4:13-14).

이 아름다운 동산에서 꽃이 피고 열매를 맺고 향기를 토한다고 하지 않습니까? 그야말로 생산성이 풍부한 희망의 동산이요, 생명의 동산입니다. 누가 그렇다는 말입니까? 바로 술람미 여인 자체가 그렇다는 말 아닙니까?

'생산의 동산'이라는 말은 크게 두 가지로 설명될 수 있습니다.

하나, 향기를 토하는 꽃이 만발하다는 것입니다.

나도 풀이라든지, 고벨화, 번홍화, 창포와 계수와 각종 유향목과 몰약과 침향, 이런 것들은 다 향기를 발하는 꽃이나 나무입니다. 이 나무와 꽃들이 동산에서 언제나 향기를 풍겨줍니다.

부부도 마찬가지입니다. 아내는 남편에게, 남편은 아내에게 언제나 향기를 풍겨주어야 합니다. 원망과 불평의 가스를 살포하고 악취를 풍기면 안 됩니다. 아내는 언제나 가정의 향기로운 꽃이 되어야 합니다. 남편도 아내에게 언제나 든든하고 변함없는 남자의 향기를 풍겨야 합니다. 마찬가지로, 우리도 주님을 사랑하는 신부로 존재하면 언제나 그리스도의 향기가 되는 것입니다. 그래서 우리가 정말 주님의 신부요, 주님의 사랑을 받는 자녀라면 그리스도의 향기로 살아야 합니다.

"우리는 구원받는 자들에게나 망하는 자들에게나 하나님 앞에서 그리스도의 향기니"(고후 2:15).

은은한 장미의 향기를 싫어하는 사람은 아무도 없을 것입니다. 사랑하는 사람에게 장미를 주는 이유는 그 꽃의 자태가 지니고 있는 아름다움 때문이기도 하지만, 그 꽃이 지니고 있는 향기로움 때문이기도 합니다. 그 향기는 마치 사랑하는 사람의 향기와도 같은 것입니다.

바울은 고린도후서 2장 15절에서 그리스도의 향기를 말할 때, 로마 시대의 승전한 장군들의 개선식을 염두에 두고 있습니다. 당시 로마에서는 전쟁에서 승리하고 돌아온 장군에게 주어지는 최고의 영예가 개선식을 베풀어 주는 것이었습니다. 당시 개선식은 장엄하고 너무도 영광스러웠습니다. 이 개선식의 코스는 로마 거리를 지나 주피터 신전까지 이어졌는데, 먼저 정부 요인들과 로마의 원로원들이 앞장서서 걸어갑니다. 그다음에는 나팔수가 나팔을 불고 가며, 그 뒤에 점령지에서 빼앗아 온 전리품들을 싣고 갑니다.

예를 들어서, 티토 장군이 주후 70년 예루살렘을 점령했을 때는 예루살렘 성전에서 빼앗아 온 성전의 성물들이 운반되어 갔던 것입니다. 그 뒤로는 점령지를 그린 큰 지도나 정복한 요새의 그림, 혹은 선박의 모형 등을 싣고 갑니다. 그리고 그 뒤로 주피터 신전에 제물로 드릴 황소가 뒤따르고, 드디어 그 뒤에 잠깐 옥에 갇혔다가 곧 처형되고 말 적국의 왕족들, 지도자들, 장군들 같은 불쌍한 전쟁 포로들이 쇠사슬에 매인 채 걸어갔습니다. 그 뒤로는 회초리를 든 병정들이 그들을 채찍질하며, 또한 그 뒤에서 거문고를 든 악사들이 거문고를 타며 행진하였습니다. 또한 거문고를 타는 악사들 뒤에 제사장들이 행진했는데, 그들은 향기로운 향을 태우는 향로를 흔들며 행진하였습니다.

그리고 나서 그 거문고 소리를 듣고 향기로운 향로의 냄새를 맡으며 미소를 짓는 개선장군 자신이 행진하였습니다. 그때 개선장군의 모습은 실로 천하의 영광을 누리는 것이었습니다. 장군은 네 마리의 흰 말이 이끄는 황금마차에 서서 행진합니다. 그는 금실로 종려나무 잎을 수놓은 자줏빛 군복을 입고, 그 위로는 황금별이 달린 겉옷을 걸쳤습니다. 그 손에는 로마의 독수리가 달려 있는 상아의 홀이 들려졌습니다. 뿐만 아니라 그의 머리 위에서는 노예 두 명이 주피터의 관을 받들고 있습니다. 그리고 그 뒤에는 장군의 가족들이 말을 타고 뒤따랐으며, 맨 마지막에는 승전한 그의 군인들이 승리의 함성으로 "이웃 드리움페(만세, 만세)" 외치며 행진하였습니다. 얼마나 영광스럽고 장엄한 개선식입니까? 로마 장군들에게 있어서는 이 개선식이 최고의 영광이고 영예였던 것입니다.

지금 사도 바울은 당시 이러한 로마의 영광스러운 개선식을 연상하면서 그리스도의 향기에 대해 이야기하고 있습니다. 우리도 그리스도의 향기가 되어야 합니다. 바울은 로마의 개선 행렬 가운데 승전한 장군 앞에서 제사장들이 향기로운 향냄새를 피우며 갔던 것처럼, 자신도 복음의 전선에서 승전한 장군이 되어 예수 그리스도의 향기를 발하는 삶을 살아왔다고 당당하게 고백하며 하나님께 감사하고 있지 않습니까?

솔로몬에 의하면, 술람미 여인도 자신의 동산(몸, 삶)에서 각종 향기를 발하고 있다는 것입니다. 그러므로 오늘 우리도 그리스도의 향기가 되는 삶을 살아야 합니다.

둘, 각종 과실을 맺는 나무가 가득하다는 것입니다.

여기 석류나무를 비롯해서 각종 과실은 풍요로운 생명력을 강조합니다. 석류는 알맹이가 알알이 박혀 있기 때문에 유대의 전설에 의하면, 생명나무의 열매가 석류라고 했습니다. 여기에는 생명이 아주 가득합니다. 생명이 가득한 동산이라는 말입니다. 그 말이 무슨 말입니까? 술람미 여인에게서 여인의 향기만 가득한 것이 아니라, 생명의 윤기가 넘쳐난다는 것입니다.

그런 것처럼 부부간에도 언제나 생명력이 풍성하게 넘쳐야 합니다. 죽이는 말, 상처 주는 말로 죽음의 언어, 죽음의 분위기를 조성하면 안 됩니다. 언제나 생산성이 있는 말, 생명이 풍성한 분위기를 조성해야 합니다. 남편은 아내에게, 아내는 남편에게 생명이 되고, 희망이 되고, 생명의 빛을 타오르게 하는 등불이 되어야 합니다.

주님 앞에서도 마찬가지입니다. 우리도 정말 주님 앞에 사랑받는 신부요 주님을 사랑하는 자녀라면, 우리 속에 풍성한 생명력이 있어야 합니다. 강물이 흘러넘치는 것처럼, 댐이 넘치는 것처럼, 생명이 철철 흘러넘쳐야 합니다.

육신의 생명에는 두 종류가 있습니다. 그 하나는 자기 혼자 힘으로는 생명을 지탱하기도 힘든, 꺼져 가는 생명이 있습니다. 지금도 병원의 중환자실에 가보면 산소 호흡기를 꽂고 연명하는 사람들이 있습니다. 자기 힘으로는 산소 하나 들이마실 수 없어서 인공호흡기로 산소를 공급받습니다. 그리고 병으로 인해 밥 한 술 뜰 수 없어서 코를 통해 위까지 도관을 집어넣어 영양분을 받아 사는 사람들이 있습니다. 안타깝게 생명은 유지되지만 풍성한 생명이라고 할 수는 없습니다.

그다음으로는, 건강과 생명의 에너지가 철철 넘치는 풍성한 생명이 있습니다. 우리 교회에 국가대표 농구 감독이나 배구 감독이 있지만, 운동선수들을 보십시오. 그렇게 뛰는데도 지치지 않고 계속 달리지 않습니까? 특히 축구 선수들을 보십시오. 박지성이나 이영표 같은 선수들은 그렇게 뛰는데도 도무지 지치지 않습니다. 지치면 잠깐 쉬고, 또 잘 먹으면 언제나 힘과 에너지가 철철 넘치니 말입니다. 아무리 뛰어서 숨이 가빠도 내 코로 내가 숨을 쉬고, 내 입으로 내가 음식을 먹고 잠시 쉬면, 다시 금방 힘과 에너지가 회복됩니다.

우리 안에 이런 풍성한 생명이 철철 흘러넘쳐야 합니다. 이런 사람이 언제 불평하고 원망하고 시험 들 틈이 있겠습니까? 언제나 기쁨이 넘치고, 감사가 넘치고, 감격과 신바람이 넘칩니다. 언제 불평하고 언제 원망할 틈이나 있겠습니까? 그저 감사하고 기뻐하고 찬양하며 하나님께 영광만 돌릴 뿐입니다. 정말 불평할 일이 있고 절망하고 원망할 상황에서도, 하나님만을 사랑하는 일에 더 목숨을 겁니다. 그저 주님만 사랑하고 주님께 감사할 뿐입니다. 기쁨으로 하나님을 섬기며 감격으로 하나님을 섬길 뿐입니다. 나의 힘이 되신 여호와여, 내가 주님을 사랑한다고 고백하면서 말입니다.

그러니 이런 사람이 지치겠습니까? 언제 피곤하겠습니까? 걸어가도 피곤치 않고 뛰어가도 고단치 않은 삶을 살 뿐입니다.

우리 생명이 바로 이처럼 풍성하게 흘러넘쳐야 합니다. 걸핏하면 시험에 들고 그러면 안 됩니다. 언제나 풍성한 생명이 넘치시기를 바랍니다.

다섯째, 생수가 흐르는 동산이라고 예찬합니다

"너는 동산의 샘이요 생수의 우물이요 레바논에서부터 흐르는 시내 로구나"(아 4:15).

솔로몬은 또다시 술람미 여인을 동산의 샘이요, 생수의 우물이라고 반복해서 예찬하고 있습니다. 그런데 그 물이 레바논에서 흐르는 시냇물처럼 깨끗한 물이고 시원한 물이며, 아름다운 물이라는 것입니다. 이런 생수로 동산을 촉촉하게 적시고 시원하게 해주니, 얼마나 꽃들이 향기를 토하고 과실이 풍성한 열매를 맺겠습니까?

우리 부부간에도 마찬가지입니다. 언제나 생명력이 넘치고 향기가 넘쳐나 풍성한 생명과를 생산해야 하지 않겠습니까?

특히 주님 앞에 신앙생활을 할 때에는 더욱 은혜로 해야 합니다. 우리 속에서 은혜가 넘쳐야 합니다. 생수가 넘쳐야 합니다. 생수가 넘쳐흐르는 신앙생활을 해야 합니다. 복락의 강수가 흐르는 신앙생활을 해야 합니다. 우리 속에서 은혜가 넘치고 생수의 강이 흘러넘쳐야 합니다. 그럴 때 우리 속에서 향기도 넘치고 생명의 열매를 주렁주렁 맺는 생명나무 우거진 삶이 되는 것입니다.

이렇게 예찬하자 술람미 여인이 화답을 합니다. 뭐라고 고백하고 화답합니까?

"북풍아 일어나라 남풍아 오라 나의 동산에 불어서 향기를 날리라 나의 사랑하는 자가 그 동산에 들어가서 그 아름다운 열매 먹기를 원하노라"(아 4:16).

술람미 여인이 뭐라고 노래합니까? "북풍아 일어나라 남풍아 오라!"고 노래합니다. 북풍은 이스라엘에서 시원한 바람이고, 남풍은 따뜻한 바람입니다. 그래서 북풍과 남풍이 적절하게 불어오면 식물 성장에 좋습니다. 그러니 밤에 꽃들이 향기를 토할 수밖에 없습니다. 바람에 향기가 불어올 수밖에 없고, 나무들은 꽃이 떨어지고 나서 열매를 잘 맺습니다. 이것은 하나의 문학적 표현인데, 실제적으로는 사랑의 바람이 불어오라는 것입니다.

그래야 내 몸에서 향기가 더할 것이고, 그 향기에 취하여 솔로몬이 더 찾아올 것 아닙니까? 그리고 사랑의 향취를 맡고 자기에게 와서 생명의 열매를 따 먹게 될 것이라는 말입니다. 여기서 생명과를 딴다는 것은 무슨 말입니까? 사랑의 결실을 따 먹는다는 말입니다. 달콤한 사랑의 열매를 따 먹게 되는 것을 문학적으로 표현한 것입니다.

그렇다면 오늘날 우리도 마찬가지입니다. 주님 앞에서 아무리 은혜로 살고 주님의 향기를 발하고 싶고, 또 우리 안에 복락의 강수가 흐르게 하고 싶어도, 성령의 바람이 불어와야 합니다. 북풍이 불어오고 남풍이 불어와야 합니다. 그런데 성령의 바람은 그냥 오는 것이 아니라 생기를 가지고 와야 합니다. 그래서 내 속에서 나를 통하여 주님의 향기가 나타나고, 나를 통하여 주님의 아름다운 사랑의 꽃이 피는 것입니다. 그리고 나서 주님의 성령의 거룩한 열매가 맺힙니다.

그럴 때 주님은 나에게 항상 심방 오시고 찾아오실 수밖에 없습니다. 나에게 찾아오시고 또 찾아오시고, 내게서 사랑의 열매를 맺고 나를 통하여 영광과 찬양과 기쁨을 받으시고 사랑의 향취를 받으십니다. 그러면 주님과 우리의 사랑은 더욱 성숙하고 무르익어 가고 깊어만 갑니다. 완전한 사랑을 누리고 깊은 사랑을 누리며, 은밀하고 성숙한 사랑을 누리면서 주님과의 사랑이 성숙해 가고 완성되어 갑니다.

그러므로 언제나 성령을 사모해야 합니다. 매일매일 성령이 우리에게 오시기를, 바람으로 오시고 향기로 오시고 성령이 오시기를 원해야 합니다. 남풍으로 오시고 북풍으로 오시고, 향기를 토하고 주님의 생명과를 얻게 해야 합니다.

>오소서 진리의 성령님 이 땅 흔들며 임하소서
>거짓과 탐욕 죄악에 무너진 우리 가슴 정케 하소서
>오소서 은혜의 성령님 하늘 가르고 임하소서
>거룩한 불꽃 하늘로서 임하사 타오르게 하소서 주 영광 위해
>부흥의 불길 타오르게 하소서 진리의 말씀 이 땅 새롭게 하소서
>은혜의 강물 흐르게 하소서 성령의 바람 이 땅 가득 불어와
>흰옷 입은 주의 순결한 백성 주의 영광 위해 이제 일어나
>열방을 치유하며 행진하는 영광의 그날을 주소서.

22 빼앗길 수 없는 나의 사랑이여 (1)

"내 누이, 내 신부야 내가 내 동산에 들어와서 나의 몰약과 향 재료를 거두고 나의 꿀송이와 꿀을 먹고 내 포도주와 내 우유를 마셨으니 나의 친구들아 먹으라 나의 사랑하는 사람들아 많이 마시라 내가 잘지라도 마음은 깨었는데 나의 사랑하는 자의 소리가 들리는구나 문을 두드려 이르기를 나의 누이, 나의 사랑, 나의 비둘기, 나의 완전한 자야 문을 열어 다오 내 머리에는 이슬이, 내 머리털에는 밤이슬이 가득하였다 하는구나 내가 옷을 벗었으니 어찌 다시 입겠으며 내가 발을 씻었으니 어찌 다시 더럽히랴마는 내 사랑하는 자가 문틈으로 손을 들이밀매 내 마음이 움직여서 일어나 내 사랑하는 자를 위하여 문을 열 때 몰약이 내 손에서, 몰약의 즙이 내 손가락에서 문빗장에 떨어지는구나 내가 내 사랑하는 자를 위하여 문을 열었으나 그는 벌써 물러갔네 그가 말할 때에 내 혼이 나갔구나 내가 그를 찾아도 못 만났고 불러도 응답이 없었노라 성안을 순찰하는 자들이 나를 만나매 나를 쳐서 상하게 하였고 성벽을 파수하는 자들이 나의 겉옷을 벗겨 가졌도다 예루살렘 딸들아 너희에게 내가 부탁한다 너희가 내 사랑하는 자를 만나거든 내가 사랑하므로 병이 났다고 하려무나" (5:1-8)

 세기의 결혼식과 비원의 첫날밤

솔로몬 왕이 술람미 여인과 세기의 결혼식을 했습니다. 그야말로 이루어질 수 없는 결혼을 한 것입니다. 에브라임 산지 포도원, 솔로몬의 포도원지기 딸과 솔로몬 왕이 어떻게 사랑을 이룰 수 있겠습니까? 어찌 천한 시골 여자와 고대 근동의 여러 나라를 다스리

는 황제 중의 황제인 솔로몬 왕이 사랑을 한단 말입니까?

그래서 술람미 여인은 도망가고 도망을 갔습니다. 그래도 솔로몬 왕은 포기하지 않고 쫓아가고 쫓아가서 결국 사랑의 프러포즈를 하였고, 결혼을 했으니 이것이야말로 세기의 결혼식이 아니었겠습니까? 예루살렘 모든 여인들의 관심사요, 남정네들의 관심사였습니다. 솔로몬에게 다른 여자가 없었을까요? 솔로문 왕궁에 여자들이 얼마나 많았습니까? 그것도 얼굴도 예쁘고 몸매도 아름다운 여자들이 많았을 것입니다. 그런데 저 에브라임 산지 시골에서 밭이나 일구고, 포두원이나 일구고, 머리도 촌스럽게 길게 땋아 내린 여자가 뭐가 좋다고 사랑을 줍니까? 거기다 피부도 게달의 장막처럼 거무스름합니다.

그런데 솔로몬 왕이 왕궁과 천하의 모든 여자들을 버려두고 그 술람미 여인을 사랑하고 선택해서 결혼식을 올린다고 하니, 그것을 본 남자들이 얼마나 관심을 가졌겠습니까? 이것이 세기의 결혼식입니다. 얼마나 휘황찬란하고 황홀하게 결혼을 했겠습니까?

그리고 드디어 솔로몬 왕과 술람미 여인이 사랑의 첫날밤을 보냈습니다. 문학적으로 솔로몬은 술람미 여인이라고 하는 동산에 들어갔습니다. 그리고 술람미 여인이라고 하는 동산은 온갖 몰약과 사랑의 향기를 내뿜으면서 솔로몬을 자신의 비원으로 모신 것입니다. 그러니 얼마나 깨가 쏟아지는 밤이요, 행복한 밤이었겠습니까? 이런 사랑의 밤을 지내고 난 다음에, 솔로몬이 한 고백이 5장 1절 상반절에 나와 있습니다.

"내 누이, 내 신부야 내가 내 동산에 들어와서 나의 몰약과 향 재료를 거두고 나의 꿀송이와 꿀을 먹고 내 포도주와 내 우유를 마셨으니"
(아 5:1).

무슨 말입니까? 솔로몬이 술람미 여인과의 첫날밤을 지내고 난 후에 사랑을 나눈 느낌을 표현한 것입니다. 그런데 그 사랑이 어떻다고 했습니까? "내 누이, 내 신부여, 내가 나의 동산으로 갔었지."

여기서 동산은 비원이요, 덮은 우물이 있고 봉한 샘이 있는 은밀하고 신비스러운 동산이라는 말입니다. "나의 동산인 그대에게 내가 갔었지. 그런데 그 사랑이 어땠는지 아오? 그 사랑은 한마디로 몰약의 향기를 거두고 온갖 향 재료를 내가 다 소유한 것 같구려. 그리고 그대로부터 꿀 같은 사랑, 아니 꿀송이를 먹는 사랑을 느꼈소. 사랑의 포도주와 기름진 우유를 마셨다오. 밤이 깊어도 밤이 아니요, 아침이 밝아 와도 아침이 아니었소. 이 세상에는 오직 그대만이 가득하였다오."

한마디로 솔로몬은 대만족을 했다는 것입니다. 아주 달콤한 사랑의 꿈을 꾼 것입니다. 왜 그랬을까요? 아가서 초반부에 언급하지 않았습니까? 술람미 여인이 어디가 예쁘다고 그랬겠습니까? 그러나 솔로몬은 술람미 여인에게서 무엇을 느꼈습니까? 술람미 여인만이 가지고 있는 그 비밀한 순결, 그 순정의 사랑을 느꼈습니다. 황순원의 《소나기》에서나 볼 수 있는 그런 순결한 사랑, 청초하고 백합 같은 순결의 순정을 느꼈다는 말입니다. 남정네들의 손길조차 스쳐가지 않고 그 마음조차 그랬던 순결함과 청초함을 그녀에게서 느꼈습니다.

성경을 보십시오. 그 술람미 여인을 표현했던 솔로몬의 이야기를 들어봅시다.

"내 사랑아 내가 너를 바로의 병거의 준마에 비하였구나 네 두 뺨은 땋은 머리털로, 네 목은 구슬 꿰미로 아름답구나"(아 1:9-10).

술람미 여인이 어디가 예쁘다고 바로의 병거에 비하겠습니까? 그런데 두 뺨은 땋은 머리털로 아름답다고 합니다. 그 여인의 청순함, 순결함을 아름다운 머릿결로 표현하고 있는 것입니다.

"내 사랑아 너는 어여쁘고 어여쁘다 네 눈이 비둘기 같구나"(아 1:15).

또 술람미 여인의 눈을 비둘기 같다고 노래하고 있지 않습니까? 술람미 여인의 눈이 그만큼 순정으로 가득하고 청초하다는 표현입니다.

"여자들 중에 내 사랑은 가시나무 가운데 백합화 같도다"(아 2:2).

여자들 중에 내 사랑은 가시나무 가운데 백합화 같다고 노래합니다. 참으로 순결하고 청초함 중에서 청초함으로 가득한 술람미 여인의 모습을 가시나무 가운데 있는 백합화에 비유하여 노래한 것입니다.

"바위틈 낭떠러지 은밀한 곳에 있는 나의 비둘기야 내가 네 얼굴을 보게 하라 네 소리를 듣게 하라 네 소리는 부드럽고 네 얼굴은 아름답구나"(아 2:14).

"바위틈 낭떠러지 은밀한 곳에 있는 나의 비둘기야." 이 얼마나 청순하게 보이고 신비스러울 정도로 은밀하고 정결하게 보입니까?

"내 누이, 내 신부는 잠근 동산이요 덮은 우물이요 봉한 샘이로구나"(아 4:12).

그야말로 때 묻지 않은 여인의 이미지가 아닙니까? 솔로몬은 술람미 여인의 미모와 아름다운 외모, 이런 것에 혹한 것이 아니라 정말 순수하고 이상적인 사랑을 갈구하는 것입니다. 지금껏 수많은 사랑을 해보았지만, 이번만큼은 정말 순결한 비둘기 같은 눈망울을 가진 여인과 이상적인 백합의 사랑을 해보고 싶었던 것입니다. 그런데 이런 솔로몬 왕의 꿈이 실제로 이루어진 것입니다. 그 꿈이 이루어져서 술람미 여인과 첫날밤을 보내고 난 후에 너무너무 만족했습니다. 왜 만족했습니까? 자기가 기대한 잠근 동산이었고 덮은 우물이었고 봉한 샘이었습니다. 어느 누구도 들어가 보지 않았던 동산이고 떠먹지 않았던 우물이었고 샘이었습니다. 그래서 그 샘물을 마셨을 뿐 아니라 그 동산에서 몰약과 향 재료를 거두고 꿀송이를 따 먹었습니다.

여자의 진정한 무기는 순결 아닙니까? 여자의 꽃은 순결성을 소유하는 것입니다. 요즘은 순결까지도 위장하는 경우가 있지만 순결은 순결로 증명되는 것 아닙니까? 순결은 순결로 이야기해야 합니다. 물론 우리가 사람들 앞에서 순결한 척할 수 있고 깨끗한 척할 수 있습니다. 이 세상에서는 어떤 변명과 꾸밈으로 가능할 수 있을지 모르겠습니다.

그러나 주님 앞에서는 변명할 수 없습니다. 천국에 가서는 변명할 수 없습니다. 어떤 수단으로 변명해도 할 수가 없습니다. 부부간에도 중요한 것이 순결이고, 특별히 우리 주님 앞에 중요한 것이 순결입니다.

여기 솔로몬의 고백을 인간적인 고백으로, 부부 사랑의 고백으로만 받아들여서는 절대로 안 됩니다. 우리 주님 앞에 순결의 교훈으로 받아야 합니다. 주님은 어떤 사람을 좋아하십니까? 순결한 성도, 영적인 정결에 목숨을 거는 성도를 좋아하십니다.

그런데 이 시대는 정결과 순결을 싫어하는 시대입니다. 요즘 사람들이 그렇지 않습니까? 정결, 순결이라는 이야기를 하면 왠지 싫어합니다. 거리와 거리를 보십시오. 골목과 골목을 보십시오. 화려한 네온 불빛 아래서 얼마나 많은 쾌락과 환락이 춤을 추고 있습니까? 우리가 사는 이 시대, 이 사회는 소돔과 고모라같이, 혹은 노아의 시대처럼 말로 할 수 없을 만큼 타락해 있습니다. 아니, 그보다 더 타락했다고 해도 과장은 아닐 것입니다.

그래서 지금은 정말 정결을 필요로 하는 시대입니다. 정결의 긴박성을 절실하게 느끼고 있는 때입니다. 특별히 우리 주님 앞에는 더더욱 그렇습니다. 정말 세상의 쾌락과 환락에 물들지 않고 타락하지 않은 그런 눈동자, 그런 순결한 신부를 찾고 계십니다. 우리 주님은 그런 정결한 신부, 정결한 성도에게 찾아오셔서 이렇게 고백하십니다. 정결한 성도들이 모여서 드리는 기도회와 예배 속에 오셔서 고백하십니다. "내가 내 동산에 들어와 나의 잠근 동산, 덮은 우물, 봉한 샘과 같은 교회에 와서 예배를 흠향하니 꿀과 꿀송이를 먹고 가는 기분이구나, 향기로운 포도주와 우유를 마시고 가는 기분이구나."

우리 주님으로 하여금 우리 앞에 이런 고백을 하시도록 그런 삶을 살아보고 싶지 않습니까? 주님이 우리 교회를 바라보시면서 "사랑하는 나의 성도들아, 너희들이 성결한 삶을 살고 깨끗한 삶을 사니 내 마음이 기쁘구나. 내 마음이 만족스럽구나. 이런 순결하고 향기 넘치는, 신령과 진정으로 드리는 순결한 예배를 보니 내 마음이 너무 기쁘도다. 앞으로도 너는 이런 목회를 하거라. 성도들을 이런 성도들로 만들거라. 그리고 바벨론의 음녀가 주는 포도주 잔에 혼취하는 교회가 되지 말고 목숨을 다해서 정결 목회를 하거라. 너는 성도들에게 순결한 성도의 삶이 무엇인가를 가르치는 목회를 하거라. 나는 순결한 교회를 기뻐한다. 나는 이런 성도를 기뻐한다. 그런데 오늘 이러한 정결한 예배, 정결한 기도의 향연이 열리니 내 마음이 만족스럽고 즐겁도다. 앞으로도 이런 교회, 이런 성도가 되어 이 시대 정결의 표상이 되고 모델이 되거라."

주님이 이런 고백을 해주시면 얼마나 기쁘고 감격스럽겠습니까? 마음이 뿌듯하고 감격이 넘치지 않겠습니까? 바로 그런 것을 말하는 것입니다. 바울은 이것을 알았습니다. 순결의 중요성을 알았습니다. 그래서 교인들을 정결한 처녀로 남편 되신 주님께 드리려고 한다고 했습니다.

"내가 하나님의 열심으로 너희를 위하여 열심을 내노니 내가 너희를 정결한 처녀로 한 남편인 그리스도께 드리려고 중매함이로다"(고후 11:2).

그래서 저는 큰 목회보다 더 중요한 것이 정결 목회라고 봅니다. 물론 큰 목회도 중요합니다. 그러나 그전에 먼저 정결 목회를 해야 합니다. 이 시대, 정결이 무색하고 음란함과 쾌락으로 가득한 때에, 우리는 정결한 영성으로 살아갑시다. 주님 앞에 정결한 백합을 피우고 삽시다. 순결한 백합화가 됩시다. 가시밭의 백합화는 꽃잎이 바람 앞에 찔리면서 더 주님의 향기를 날리지 않습니까?

여러분, 비둘기 같은 눈망울로 주님만을 섬기는 성도, 그런 성도들로 모인 그런 교회를 이루고 싶은 꿈이 없습니까? 그래서 이 시대에 정결한 교회, 깨끗한 교회, 바벨론의 음녀가 금잔을 내밀고 들릴라가 유혹의 잔을 마시라고 해도 주님만을 사모하는 비둘기 같은 교회가 됩시다. 들릴라의 잔, 음녀의 잔이 황금으로 된 잔이요, 아무리 요염하고 감미롭고 달콤한 포도주가 있는 잔일지라도, 주님이 주시는 거룩한 은혜의 생명수와 하늘에서 내리는 만나만을 바라보며 사는 교회가 되어야 합니다.

그럴 때 진정한 교회가 되는 것이고 예배가 진정한 예배 되는 것 아닙니까? 교회가 교회 되고 예배가 예배 될 때 주님이 진정으로 기뻐하시고 영광 받으시는 것 아니겠습니까? 그리고 우리를 사랑하고 인정한다고 말씀해 주시지 않겠습니까? 칭찬해 주시지 않겠습니까? 우리는 이런 꿈을 꾸며, 이 시대를 전진하고 주도해 가는 교회가 되어야 합니다.

이렇게 솔로몬이 술람미 여인에게 고백하고 나서 이제 궁궐에

가서 연회를 마련하는 것을 볼 수 있습니다. 너무나 사랑에 만족하고 흡족해서 큰 잔치를 베풀어, 상다리가 부러지도록 음식을 준비해 놓고 대신들과 조정의 신료들을 불러 놓고 연회를 즐깁니다.

"나의 친구들아 먹으라 나의 사랑하는 사람들아 많이 마시라"(아 5:1).

솔로몬은 아마 기분이 좋았을 것입니다. 그래서 저렇게 음식을 준비해 놓고 먹고 마시라고 하지 않겠습니까? 솔로몬이 연회를 준비해 놓고 신료들을 초청해서 연회를 즐기고 있는 모습을 상상해 보십시오. 얼마나 만족하고 행복하며 여유 있는 모습이겠습니까?

"하하하, 신료들이여, 많이 드시오. 많이 마시오. 내, 오늘은 기분이 좋은 날입니다. 여러분도 만수무강하시고 행복한 가정을 이루시오. 인생 한 번 사는 건데 절대 부부간에 싸우지 마시오. 우리 남자들이여, 절대로 여자 너무 나무라지 마시오. 특별히 여기 계신 귀부인들이여, 절대 남편들에게 바가지 좀 긁지 마시오. 남편이 하는 일은 절대로 반대하지 마시오. 우리가 사랑을 하면 젊어지고 예뻐지고 인생이 즐거워지는 것 아닙니까? 한 번 사는 인생, 두 번 다시 살 수 없는 인생, 연습이 없는 인생, 꿀이 뚝뚝 떨어지는 그런 인생을 사시기 바라오."

어디 솔로몬만 그러겠습니까? 우리 주님이 이렇게 순결한 예배를 받으시고 영광을 받으시면 하늘나라에서 잔치를 하시고 얼마나 기뻐하시겠습니까? 우리 교회를 보고 이렇게 말씀하시지 않겠습니까? "여러 천사들이여, 여러 천상의 성도들이여, 보거라. 저렇게 이

시대에도 순결한 삶을 사는 성도들이 있지 않으냐? 이렇게 순결한 예배를 드리고 있는 교회가 있지 않으냐? 사람 중심이 아니라 하나님 중심인 예배, 저 향기로운 내음이 이 보좌에까지 진동하지 않느냐? 요즘 열린 예배니, 현대 예배니 하면서 전도한다고 하지만, 너무나 사람들을 즐겁게 하고 사람 중심의 엔터테인먼트적인 예배가 많은데, 이렇게 하나님 중심이고, 영적인 예배를 드리고 있는 저 새에덴교회를 바라보거라. 새에덴교회의 철야 기도를 보거라. 얼마나 성도들이 하나님의 보좌를 사모하느냐? 그러니 내가 기뻐서 잔치를 열지 않을 수 있겠느냐?"

우리가 이렇게 상상하노라면 더 순결한 삶, 정결한 예배를 드려야 하지 않겠습니까?

솔로몬이 이렇게 자신을 향해서 만족의 노래를 부르고 행복의 연가를 불렀습니다. 그리고 신료들에게까지 잔치를 베풀었습니다. 그러니 술람미 여인이 얼마나 감격했겠습니까? 진짜 이 세상에서 최고로 행복한 여자입니다. 1천 명의 후궁들을 다 물리치고, 자기가 솔로몬 왕의 사랑을 독점하고 있으니 얼마나 행복했겠습니까? 그래서 술람미 여인은 아마도 이런 고백을 백번이고 천번이고 했을 것입니다.

"오 전하시여, 폐하시여, 저는 너무너무 행복합니다. 제가 누구인데 이런 사랑을 받을 수 있단 말입니까? 이제부터 저는 저의 인생을 사는 것이 아닙니다. 왕의 인생을 사는 것입니다. 왕의 인생을 살고 왕에게 속한 인생을 사는 것입니다. 이제부터 저라는 인생은 없습니다. 이제 제 삶은 모두 당신의 인생입니다. 그러므로 저는 없어도 임만 있으면 저는 있는 것입니다. 저라는 존재는 없어도 임의 사랑만 있으면 저는 있는 것입니다. 그러나 저는 있어도 임의 사랑이 없으면 저는 없는 것입니다. 임의 사랑이 저를 버리면 저의 사랑도 없고 저의 존재도 없는 것입니다. 그러니 임의 사랑이야말로 저의 호흡이요, 저의 생명입니다. 저의 모든 존재, 그 자체입니다. 이제부터 임의 사랑만이 저의 기쁨, 저의 행복, 저의 만족이요, 저의 영원한 소망입니다."

술람미 여인의 예시적인 꿈

술람미 여인은 이런 고백을 백번, 천번도 하고 남았을 것입니다. 그런데 이야기가 여기까지만 되면 얼마나 좋겠습니까? 그런데 이런 사랑 이후에 또 술람미 여인에게 근심이 생겼습니다. 걱정이 생겼습니다. 가만히 생각해 보니까 불안한 마음이 드는 것입니다. 왜입니까? '아, 세상에 나 같은 것이 무엇인데 내가 이런 왕의 사랑을 받는단 말인가? 세상에 내가 누구라고, 에브라임 산지 포도원의 소작농의 딸에 불과한 내가 왕의 사랑을 받다니, 왕이 한순간에 정신이 나가서 그런 것 아닐까? 다시 왕의 마음이 변하지 않을까? 그래서 나를 사랑해 준 것처럼 또 다른 여자에게 왕의 사랑이 옮겨지는 것은 아닐까?'

너무 솔로몬을 사모하고 이제 솔로몬의 사랑이 아니면 살 수 없는 상태가 되니까 걱정을 했습니다. 사실, 얼마 전에 자살한 유명한 국민 탤런트도 세기의 결혼식을 올렸지만, 사랑을 잃어버리고 이혼하면서부터 우울증을 앓다가 자살하게 된 것 아닙니까? 술람미 여인도 이런 걱정을 하고 있는 것입니다.

그랬더니 그날 밤 술람미 여인이 잠을 자다가 또 꿈을 꿨습니다. 그 꿈은 솔로몬 왕을 잃어버리고 솔로몬 왕의 사랑을 잃어버리는 불길하고 불길한 꿈이었습니다. 그런데 이것은 절대로 현실은 아닙니다. 분명히 꿈이라고 말하지 않습니까?

"내가 잘지라도 마음은 깨었는데 나의 사랑하는 자의 소리가 들리는구나"(아 5:2).

이 꿈은 현실이 아니라 일종의 예방적인 꿈입니다. 절대로 이런 일이 일어나서는 안 된다고 하는 예시적인 꿈이라는 말입니다. 술람미 여인이 그렇게 상사병이 나도록 솔로몬 왕을 사모하고 사랑하니까 하나님께서 절대로 이런 일이 일어나서는 안 된다는 것을 깨닫게 하시려고 선험적으로 꿈을 꾸게 하신 것입니다. 이런 신령한 근심, 이런 근심은 많이 해야 합니다. '나는 주님 사랑을 놓치면 안 돼. 무슨 일이 있어도 주님 사랑을 빼앗기면 안 돼. 나는 주님의 은혜를 빼앗기면 안 돼. 주님 안에 감추어진 보화, 이것을 빼앗기면 안 돼. 무슨 일이 있어도 그 사랑을 굳게 쥐고 이 사랑을 빼앗겨서는 안 돼.'

저도 가끔 기도가 부족하거나 이래서는 안 된다는 생각이 들 때는 이런 꿈을 꿉니다. 고등학교 시절 수학 공부 못할 때, 수학 시험을 보는 꿈을 꾸곤 했습니다. 그러면 바로 아침에 일어나서 기도합니다. 또 산을 올라가는데 너무나 헉헉거려서 중도에 쉬는 꿈, 오토바이나 승용차를 타고 가는데 고장이 나는 꿈, 주님이 나타나서 뒤

돌아 가시는 모습이나 인상을 쓰시는 모습, 또 어떨 때는 내가 걸어 가다가 더러운 뱀을 밟고 음란한 뱀이 물려고 달려드는 꿈, 또는 똥을 밟고 내 옷에 똥이 묻고 똥간에 발이 빠지는 꿈을 꿉니다.

그런 때는 얼마나 기도하고 말씀을 보는지 모릅니다. 그런 꿈을 통해서도 내 생각과 영적 상태가 앞으로 이렇게 될 수도 있다고 예시적으로 보여주심으로써, 미리 그런 일이 없도록 예방해 주시는 것입니다. 그래서 우리 주님은 사랑하는 성도들의 꿈을 통해서 예시하시고 예방도 하게 하십니다. 술람미 여인은 이렇게 꿈을 통해서 예시적으로 보여주고 예방하게 해주니 얼마나 복이 많은 여자입니까?

그러면 꿈의 내용이 무엇입니까? 어느 날 밤 술람미 여인이 깊이 잠이 들어 있었습니다. 솔로몬은 항상 초저녁에 왔는데 그날 저녁은 밤 2, 3시가 되어서 깊은 밤에 찾아온 것입니다. 솔로몬은 문을 두드리며, "내가 왔다, 술람미 여인아, 나의 누이, 나의 사랑, 나의 비둘기, 나의 완전한 자여, 문 좀 열어주오" 했습니다. 아마 솔로몬 왕의 정무가 늦게 끝났든지, 아니면 자다가 깼든지 갑자기 술람미 여인이 보고 싶어서 밤늦게 2시가 넘어서 오게 됐습니다.

그런데 그날따라 술람미 여인은 꿈이었지만 일어나기 싫었던 것입니다. 그래서 미적미적, 꾸물거리며 나갔습니다. 사랑하는 사람이 오면 벌떡 일어나서 "어서 오세요" 해야 하는데, 늦게 일어나서 꾸물꾸물하다가 문을 열어주었습니다. 그랬더니 솔로몬 왕이 안 보이는 것입니다. 왕이 낙심해서 가버린 모양입니다. 그래서 문을 열고 나가 아무리 "왕이시여, 제가 문을 열었으니 어서 오세요, 어디 계십니까?" 불러도 안 보입니다.

술람미 여인은 그제야 "내가 어리석은 여자지, 어리석었지. 왕이여, 소첩을 이해하시고 불쌍히 여기셔서 어서 돌아오세요"라고, 궁궐을 정신없이 다니면서 소리쳤습니다. 그래서 순찰하는 자들한테 겉옷이 벗겨지고 뺨도 맞았습니다. 왜냐하면 밤에 무슨 여자가 잠옷 바람으로 소리를 치고 다니니 이상하게 생각할 거 아닙니까?

술람미 여인은 미친 여자처럼 소리치며 찾아다녔습니다. "빼앗길 수 없는 나의 사랑이여, 죽어도 빼앗길 수 없는 나의 사랑이여, 나는 무슨 일이 있어도 사랑을 빼앗기지 않으리. 내가 열 번 죽고 백번 고쳐 죽는다고 해도 사랑을 빼앗길 수 없으리……."

달밤에 잠옷을 걸치고 머리는 헝클어져서 궁 바깥에서 미친 여자처럼 소리치고 다니니, 순찰하는 사람들이 "이 여자가 누구인가?" 하고 겉옷을 빼앗고 뺨을 치며 희롱을 했지 않겠습니까? 겉옷을 빼앗기고 뺨을 맞았으니 얼마나 창피한 꿈입니까?

"이 소첩은 전하의 사랑을 빼앗길 수 없나이다. 죽어도 저는 빼앗길 수 없습니다." 미친 여자처럼 밤길을 쏘다녔습니다. 어떤 여자가 서방을 너무나 사랑해서 몽유병에 걸린 것처럼 밤길을 다녔습니다. "예루살렘의 딸들아, 내 사랑하는 자를 만나거든 내가 상사병이 났다고 전해주오" 하면서 말입니다.

"예루살렘 딸들아 너희에게 내가 부탁한다 너희가 내 사랑하는 자를 만나거든 내가 사랑하므로 병이 났다고 하려무나"(아 5:8).

그런데 이것은 현실이 아니고 꿈이었습니다. 꿈을 통해서 술람미 여인이라는 여자가 이런 걸 깨닫고 결단했다는 말입니다. "나는 죽어도 왕의 사랑을 빼앗기면 안 돼. 나는 어떤 일이 있어도 전하의 사랑을 양보해서는 안 돼. 나는 절대로 이 사랑을 빼앗기지 않으리. 꿈속에서도 나는 이 사랑을 빼앗기지 않을 거야. 언제나 상사병에 걸린 여자처럼 나의 왕으로 만족할 거야. 왕을 기쁘게 할 거야. 왕의 사랑을 독차지할 거야."

우리의 부부관계도 마찬가지입니다. 서로의 사랑을 독차지하려고 해야 합니다. 자식도, 부모도 이 사랑에 끼어들지 못하게 해야 합니다. 우리는 하나님이 우리에게 거룩한 질투심을 가지시듯이, 부부인 서로에게 질투심을 가질 줄 알아야 합니다.

결론적으로 말씀드리면, 궁극적으로 우리에게 이런 영적인 상사병, 거룩한 열망과 신령한 근심이 있어야 한다는 것입니다. "나 무엇과도 주님을 바꾸지 않으리. 이 세상의 어떤 것과도 바꾸지 않으리. 주님을 빼앗기지 않으리."

우리는 꿈을 안 꿔도 됩니다. 우리는 이런 말씀만 들어도 됩니다. 술람미 여인을 통해서 "나는 다른 것은 다 빼앗겨도 주님의 사랑만은 꿈에서도 빼앗기지 않으리" 이런 열망만 가지면 됩니다. 이런 순결, 이런 극성맞은 열정을 가져야 이 시대 백합의 성도, 비둘기 같은 눈망울을 가진 깨끗하고 순결한 성도가 되는 것입니다.

그래서 우리는 꿈에도 소원이 늘 찬송하는 것 아닙니까? 여러분의 희망은 숨질 때 되도록 늘 찬송하는 것 아닙니까? 여러분의 소망, 여러분의 인생은 주님께 더 가까이 나아가고 주님 앞에 노래하며 찬양하는 것이 아닙니까? 그것이 진정한 여러분의 기업이요, 본업이 되시기 바랍니다. 시편 기자의 말처럼 우리의 사업, 직장은 부업입니다. 진짜 본업은 말씀대로 살고, 주님 사랑하고 언제나 기도하고 찬양으로 주님을 섬기는 것, 이것이 우리의 본업입니다. 이것이 우리의 진정한 기업이 되게 하시고 우선순위가 되게 하옵소서. 오늘 우리가 현대의 술람미 여인이 되게 하시고, 이 시대의 술람미 여인 성도가 되게 하옵소서. 꿈에도 소원은, 숨질 때 되도록, 주님 찬양하며 섬기게 하옵소서.

내 주를 가까이하게 함은 십자가 짐 같은 고생이나
내 일생 소원은 늘 찬송하면서 주께 더 나가기 원합니다.

내 고생하는 것 옛 야곱이 돌베개 베고 잠 같습니다
꿈에도 소원이 늘 찬송하면서 주께 더 나가기 원합니다.

23

빼앗길 수 없는 나의 사랑이여 (2)

"내가 잘지라도 마음은 깨었는데 나의 사랑하는 자의 소리가 들리는구나 문을 두드려 이르기를 나의 누이, 나의 사랑, 나의 비둘기, 나의 완전한 자야 문을 열어다오 내 머리에는 이슬이, 내 머리털에는 밤이슬이 가득하였다 하는구나 내가 옷을 벗었으니 어찌 다시 입겠으며 내가 발을 씻었으니 어찌 다시 더럽히랴마는 내 사랑하는 자가 문틈으로 손을 들이밀매 내 마음이 움직여서 일어나 내 사랑하는 자를 위하여 문을 열 때 몰약이 내 손에서, 몰약의 즙이 내 손가락에서 문빗장에 떨어지는구나 내가 내 사랑하는 자를 위하여 문을 열었으나 그는 벌써 물러갔네 그가 말할 때에 내 혼이 나갔구나 내가 그를 찾아도 못 만났고 불러도 응답이 없었노라 성안을 순찰하는 자들이 나를 만나매 나를 쳐서 상하게 하였고 성벽을 파수하는 자들이 나의 겉옷을 벗겨 가졌도다 예루살렘 딸들아 너희에게 내가 부탁한다 너희가 내 사랑하는 자를 만나거든 내가 사랑하므로 병이 났다고 하려무나 여자들 가운데에 어여쁜 자야 너의 사랑하는 자가 남의 사랑하는 자보다 나은 것이 무엇인가 너의 사랑하는 자가 남의 사랑하는 자보다 나은 것이 무엇이기에 이같이 우리에게 부탁하는가" (5:2-9)

술람미 여인은 예방적인 꿈을 꾸었습니다. 절대로 그런 일이 일어나서는 안 된다는 예시적인 꿈을 꾸었습니다. 왜냐하면 솔로몬과 결혼하고 깨가 쏟아지는 밤이고 꿀이 뚝뚝 떨어지는 그런 첫날밤을 경험하고 나니, 너무 너무 행복하고 마음이 감격스러웠습니다. 이제는 솔로몬이 사랑의 존재이고 호흡이고 생명입니다. 이렇게 행복했던 술람미 여인에게 근심이 생겼던 것입니다. 언제 나의 사랑을 다른 여자에게 빼앗기지 않을까 하는 염려가 들었습니다. 염려를 하다 보니까 예방적인 꿈을 꾸게 된 것입니다. 그래서 그런 일이 일어나서는 안 된다는 예시적인 꿈을 꾼 것입니다.

사랑을 빼앗긴 이유

그러면 왜 술람미 여인은 꿈속에서라도 솔로몬의 사랑을 빼앗겼는가에 대한 문제를 생각해 봐야 합니다.

첫째, 술람미 여인의 방심 때문이었습니다

"내가 옷을 벗었으니 어찌 다시 입겠으며 내가 발을 씻었으니 어찌 다시 더럽히랴마는"(아 5:3).

지금 술람미 여인은 잠을 자고 있습니다. 깊은 잠을 자고 있습니다. 그런데 그때 신랑 솔로몬이 찾아온 것입니다. 잠결에 신랑의 목소리가 들렸습니다. 술람미 여인이 꿈결에 들어보니까 솔로몬 왕의 목소리 같습니다. 이때 어떻게 표현합니까? "나의 누이, 나의 사랑, 나의 비둘기, 나의 완전한 자야!" 라고 부르고 있습니다.

"내가 잘지라도 마음은 깨었는데 나의 사랑하는 자의 소리가 들리는구나 문을 두드려 이르기를 나의 누이, 나의 사랑, 나의 비둘기, 나의 완전한 자야 문을 열어 다오 내 머리에는 이슬이, 내 머리털에는 밤 이슬이 가득하였다 하는구나"(아 5:2).

솔로몬은 지금 술람미 여인에게 온갖 사랑의 애칭을 다 표현한 것입니다. 솔로몬 왕은 모든 애칭을 다 동원하여 표현하고 있습니다. 그런데 문제는 이 소리가 술람미 여인의 귓전에 들리기는 했는데 잠결에 들리는 것입니다. 잠결에 들리니까 바로 일어나지 못했습니다. 잠결에 방심한 것입니다. 그래서 문을 곧바로 안 열어준 것입니다. '조금 있다가 열어줘도 되겠지. 조금 있다가 열어줘도 되겠지. 내 사랑하는 사람이니까 이해해 주시겠지.'

그래서 잠결에 정신이 몽롱해서 문을 안 열어주고 있었습니다. 우리 꿈에도 그런 경우가 있지 않습니까? 마음은 있는데 몸이 안 따라서 안 하는 경우 말입니다.

그런데 솔로몬이 낙심하여 다른 여자에게 가버렸습니다. 물론 꿈에서 일어난 일입니다. 그러니까 술람미 여인은 꿈에서 깨어 몇 번이고 다짐하고 다짐했을 것입니다. '아, 이제 방심하지 않으리. 절대로, 무슨 일이 있어도 사랑에 방심하지 않으리. 꿈속에서도 내 사랑을 빼앗기지 않으리.'

오늘 우리도 그렇습니다. 방심하면 안 됩니다. 부부간에도 방심하면 안 됩니다. 국가도 방심하면 안 됩니다. 더구나 우리 신앙이 방심하면 안 됩니다. '이 정도는 괜찮겠지. 나 정도야 괜찮겠지. 이 정도야 주님도 이해해 주시겠지'하고 방심하다가 우리도 주님의 은혜와 사랑을 빼앗길 수 있습니다. 그러므로 항상 깨어 있기 바랍니다. 경성하고 근신해 있기 바랍니다. 그래야 받은 은혜를 빼앗기지 않습니다. 받은 축복을 빼앗기지 않습니다.

둘째, 술람미 여인의 나태와 안일함 때문이었습니다

"내가 옷을 벗었으니 어찌 다시 입겠으며 내가 발을 씻었으니 어찌 다시 더럽히랴마는"(아 5:3).

처음에는 술람미 여인이 정신이 몽롱해서 자기 신랑의 목소리인지도 몰랐습니다. 이제는 그 음성이 솔로몬 왕의 음성인지를 확실하게 인식했습니다. 솔로몬 왕이 얼마나 자기를 기다렸는지, 솔로몬의 머리에 얼마나 밤이슬이 내렸는가 알게 되었습니다. 그러나 술람미 여인은 게을러서 일어나지 않은 것입니다. 물론 꿈속에서 일어난 일이지만 말입니다. 이유가 무엇이라고 합니까? 3절에 잘 나와 있습니다.

내가 옷을 벗었으니 어찌 다시 입겠느냐는 말입니다. 내가 발을 씻었는데 어찌 다시 더럽히겠느냐는 말입니다. 그러니까 완전히 나태한 모습이고, 핑계만 대고 있습니다. 물론 꿈의 상황이지만 얼마나 게을렀으면 그랬겠습니까? 술람미 여인은 이렇게 나태했습니다. 자기의 사랑하는 자의 음성인지 알면서도 일어나지 못했습니다. 물론 이것은 경고성 교훈입니다.

우리 주님은 우리에게 경고성의 교훈을 주실 때가 많이 있습니다. '주님도 이 정도는 이해해 주시겠지. 주님도 여기까지는 이해해 주시겠지. 지금은 내가 헌신하지 못하고 있지만 조금씩 조금씩 다음에 할 거야.'

사실은 이런 게 큰일입니다. 얼마나 큰일인지 알 수 없습니다. 이렇게 하면 안 됩니다. 그러다가 큰일 납니다. 우리는 이런 경고성 교훈을 자주 받아야 합니다. 술람미 여인이 이런 경고성 교훈을 받은 것입니다. '절대로 이래서는 안 된다. 절대로 주님을 놓쳐서는 안 된다'는 교훈을 받은 것입니다.

오늘 우리의 신앙이 그래야 합니다. 나태와 안일 때문에 우리가 맡은 직무에 불충실해서도 안 되고, 게을러서도 안 됩니다. 항상 우리는 깨어 있어야 합니다. 게으르지 말고 부지런해야 합니다. 나태하고 안일한 다섯 처녀는 기름을 준비하지 않고 졸고 있다가 신랑이 왔는데도 맞이하지 못했잖습니까? 그러나 슬기로운 다섯 처녀는 깨어 있고 경고성의 교훈을 잘 받아들여서 결국 주님을 만나지 않았습니까?

그러므로 우리 모두 깨어 일어납시다. 부지런히 기도하고 사명을 감당합시다. 열심을 품고 주님을 섬깁시다. 우리가 나태하고 게으르면 주님을 만날 수 없습니다. 주님이 떠나십니다. 주님의 사랑, 은혜, 감격을 빼앗겨 버리고 맙니다. 주여, 우리에게 열심을 주옵소서. 부지런함을 주옵소서. 깨어 기도하며 부지런히 충성하게 하옵소서. 경성하여 일하게 하시고 주님 사랑을 붙잡게 하옵소서.

셋째, 술람미 여인의 무관심 때문이었습니다

솔로몬 왕은 그토록 문을 열어달라고 졸랐습니다. 그런데 술람미 여인은 잠결에 무관심을 보이고 있었습니다. 잠결이 아니면 벌떡 일어나서 왕의 인기척 소리만 나도 문을 열어주었을 텐데 '조금만 더 자고 열어주어야지' 하고 잠결에 무관심하게 된 것입니다. 그래서 술람미 여인은 무관심 때문에 꿈속에서 사랑하는 임을 잃어버렸습니다.

오늘 우리도 이렇게 무관심하면 안 됩니다. 주님과의 사랑에 무관심하면 안 됩니다. 영적인 일에 무관심하면 안 됩니다. 사명에 무관심으로 자꾸 연기하면 안 됩니다. 관심을 가져야 합니다.

오늘날 우리 성도들에게 있어서 가장 무서운 게 뭔지 아십니까? 무관심입니다. 도대체 관심이 없습니다. 교회 일에도 관심이 없고, 은혜 받는 일에도 관심이 없습니다. 부흥회를 해도 관심이 없고, 철야 기도에도 관심이 없고, 교회 행사에도 관심이 없습니다. 그러니까 요즘 성도들이 신앙에 감격이 없는 것입니다. 주님 사랑, 주님 은혜를 빼앗겨 버리니 무슨 감격이 있겠습니까?

무관심을 버립시다. 이제 거룩한 관심을 회복합시다. 거룩한 관심을 소유합시다. 주님만 생각하면 가슴이 뭉클하고, 주님의 은혜, 사랑, 그분이 주신 사명과 소명만 생각하면 심장이 벌렁거리고 피가 뜨거워지고 눈시울이 뜨거워지는 거룩한 관심을 회복합시다.

넷째, 술람미 여인이 기회를 놓쳐 버렸기 때문입니다

"일어나 내 사랑하는 자를 위하여 문을 열 때 몰약이 내 손에서, 몰약의 즙이 내 손가락에서 문빗장에 떨어지는구나 내가 내 사랑하는 자를 위하여 문을 열었으나 그는 벌써 물러갔네 그가 말할 때에 내 혼이 나갔구나 내가 그를 찾아도 못 만났고 불러도 응답이 없었노라"(아 5:5-6).

이제 술람미 여인이 하도 문을 안 열어주니까 신랑이 문틈으로 손을 들이밉니다. 그런데 술람미 여인이 정신을 차려서 음성을 들어보니까 솔로몬의 음성입니다. 그제야 막상 문을 열어보니까 왕이 없는 것입니다. 솔로몬 왕이 어디론가 사라져 버렸습니다. 아무리 아무리 찾아도 없습니다. 밤새껏 찾아도 없습니다. 기회를 놓쳐 버렸습니다. 이것 역시 술람미 여인에게 주는 경고성 꿈입니다.

우리도 주님이 우리에게 경고성 꿈을 주실 때가 있습니다. 확실히 예수님을 만나는 것도 기회가 있습니다. 항상 주님이 우리를 기다려주시는 것이 아닙니다. 기다리다 기다리다 주님이 가버리실 때가 있습니다. 우리가 마음 문을 안 열고 주님을 영접하지 않으면 떠나 버리실 때가 있습니다. 그러면 우리는 주님 만나는 기회를 놓쳐 버립니다. 진정한 주님의 첫사랑, 은혜와 감격을 잃어버리고 신앙의 비극을 만날 수 있습니다. 정말 우리가 은혜 생활 하면서 방심하고 나태하고 무관심하면 안 됩니다. 이것들이 주님을 기분 나쁘게 만듭니다. 이것 때문에 주님을 만나고 진정한 사랑의 관계를 회복하는 기회를 놓쳐 버립니다.

주님은 우리를 끝까지 인내하며 기다려주시지만, 때로는 기다리시지 않을 때가 있습니다. 우리는 그것을 주님 앞에서 축복 받을 기회, 은혜 받을 기회를 놓쳤다고 합니다. 그럴 때 신앙의 비극을 당하게 됩니다. 주님과의 깊은 이별의 결과를 낳게 되는 것입니다. 얼마나 비참한 일이고 억울한 일인지 모릅니다. 그럴 때 우리가 첫사랑을 잃고 신앙에 방황하고 고뇌하게 됩니다.

이별의 결과

그렇다면 술람미 여인의 방심과 안일함과 무관심으로 인해 솔로몬과 이별하게 된 결과는 무엇입니까?

첫째, 최고의 수치와 창피를 당하게 되었습니다

"내가 내 사랑하는 자를 위하여 문을 열었으나 그는 벌써 물러갔네 그가 말할 때에 내 혼이 나갔구나 내가 그를 찾아도 못 만났고 불러도 응답이 없었노라"(아 5:6).

술람미 여인은 솔로몬 왕을 잃고 나서 깜짝 놀라 밖으로 나와 사랑하는 자를 찾아다녔습니다. 그러나 불러도 불러도 사랑하는 임은 대답이 없었습니다.

"성안을 순찰하는 자들이 나를 만나매 나를 쳐서 상하게 하였고 성벽을 파수하는 자들이 나의 겉옷을 벗겨 가졌도다"(아 5:7).

그래서 온 성안을 쏘다니고 길거리를 방황하며 다녔습니다. 그러다 행순하는 자들을 만나게 된 것입니다. 그리고 창피를 당하게 되었습니다. 무슨 창피를 당했습니까?

먼저, 두들겨 맞았습니다. 옛날에는 통행금지가 있었습니다. 통행금지가 있었을 때 길을 다니다 잡히면 파출소에 끌려가 온갖 창피를 다 당했습니다. 술람미 여인이 지금 붙잡혀서 창피를 당하고 두들겨 맞았습니다. 무슨 여자가 이 야밤에 혼자 돌아다니느냐고, 혹시 매춘부가 아니냐고 조롱당하고 창피를 당하는 것입니다.

그다음으로는, 겉옷을 벗김을 당했습니다. 왜 겉옷을 벗겼을까요? 진짜 매춘부인지 확인하려고 그런 것입니다. 당시 매춘부는 루디스라는 너울을 드리우고 다녔습니다. 당시 이스라엘에서 머리를 감싸고 온몸을 드리우는 너울을 말합니다. 그러니 술람미 여인이 얼마나 창피합니까? 술람미 여인은 자기를 설명하기도 힘듭니다. "너 이놈들, 내가 누구인 줄 아느냐? 그래도 솔로몬 왕의 가장 사랑을 받는 왕비인데 너희 이놈들이 이럴 수 있느냐? 내가 궁으로 돌아가면 너희들을 혼을 내겠다!"고 말하기도 힘듭니다.

어떻게 왕비가 혼자 밤에 미친 여자처럼, 매춘부처럼 잠옷 바람에 겉옷만 걸치고 돌아다닐 수 있겠습니까? 그러니 술람미 여인이 말해 보았자 더 망신만 당할 수밖에 없는 상황이었습니다. 그래서 말도 못하고 일국의 왕비가 저녁에 행순하는 자들한테 두들겨 맞고 겉옷 벗김을 당했습니다. 왜 이렇게 된 것입니까? 술람미 여인이 왕을 놓쳐서 그렇게 된 것 아닙니까? 사랑하는 자를 놓쳐서 이렇게 된 것 아닙니까?

우리도 마찬가지입니다. 우리가 주님을 놓치면 영적으로 창피한 일을 당합니다. 주님이 떠나가시면 언제나 창피를 당하는 일만 일어납니다. 그러므로 주님을 놓치면 안 됩니다. 주님이 우리를 떠나가시면 이런 창피를 당합니다. 엄청난 수치와 모욕을 당합니다. 우리가 주님만 모시고 내 맘에 주님의 사랑과 은혜가 가득하면 사탄을 짓밟고 이깁니다. 하나님의 자녀, 신부의 권세를 누립니다. 그러나 주님의 사랑을 빼앗기면 아무것도 아닙니다. 그러므로 항상 주님을 빼앗기면 안 됩니다.

둘째, 몸에 병이 나 버리고 말았습니다

"예루살렘 딸들아 너희에게 내가 부탁한다 너희가 내 사랑하는 자를 만나거든 내가 사랑하므로 병이 났다고 하려무나"(아 5:8).

여기서 8절을 보면, 주님을 너무나 사랑해서 영적인 상사병이 난 것으로 볼 수 있습니다. 그러나 이 한 단어만 보지 말고 전체적인 문맥을 보아야 합니다. 여기에 나오는 상사병은 아가서 2장 5절에서 나오는 영적인 상사병과 다릅니다.

"너희는 건포도로 내 힘을 돕고 사과로 나를 시원하게 하라 내가 사랑하므로 병이 생겼음이라"(아 2:5).

여기서 나오는 상사병은 주님을 너무도 사랑하고 사모하다 보니까 영적인 상사병이 난 것입니다. 그런데 아가서 5장 8절에 나오는 상사병은 원래부터 주님을 사랑해서, 너무나 사모해서 걸린 상사병이 아니라, 늦게야 자기 잘못을 깨닫고 회개하고 주님의 사랑을 갈구하고 사모해서 발병한 병입니다.

이 병은 우리에게 어떤 교훈을 줍니까? 하나님의 은혜와 사랑을 회복하지 못할 때 일어나는 약한 심적인 상태나 영적인 병을 깨닫게 해주는 교훈입니다. 그러므로 이런 병은 안 걸리는 것이 좋습니다. 왜 안 걸리는 것이 좋습니까? 기회를 잃어버린 후에 얻은 병이기 때문입니다. 애당초부터 주님 사랑해서 얻은 영적 상사병이야 얼마나 좋습니까? 그러나 기회를 잃어버린 후 저 사막 같은 마음, 광야 같은 황폐한 마음으로 다시 주님을 찾으려고 울부짖고 몸부림치다가 얻은 영혼의 질병은 좋은 것이 아니지 않겠습니까? 그러므로 이런 일이 없는 것이 좋습니다.

셋째, 자기의 사랑이 폄하당하는 수치를 당했습니다

술람미 여인은 행순하는 자들에게 말할 수 없는 창피를 당했습니다. 그리고 나서 술람미 여인은 다시 임을 찾아 나섰습니다. 그러자 이번에는 예루살렘 여인들의 아주 냉소 어린 대꾸를 들어야 했습니다.

"여자들 가운데에 어여쁜 자야 너의 사랑하는 자가 남의 사랑하는 자보다 나은 것이 무엇인가 너의 사랑하는 자가 남의 사랑하는 자보다 나은 것이 무엇이기에 이같이 우리에게 부탁하는가"(아 5:9).

여자들이 얼마나 비아냥거리는지 모릅니다. "너의 사랑하는 자가 남의 사랑하는 자보다 나은 것이 무엇이냐? 너의 사랑하는 자가 남의 사랑하는 자보다 나은 것이 무엇인데 우리에게 부탁하느냐?" 얼마나 비아냥거리는 소리입니까? "너의 신랑, 너의 애인이 잘난 것이 무엇이냐?" 세상에, 이게 말이나 되는 소리입니까? 술람미 여인이 이 세상에서 자기 목숨보다도 사랑하는 소중한 솔로몬 왕을 이렇게 폄하할 수 있습니까?

오늘날 우리 주님도 나 때문에 얼마든지 이런 경우를 당할 수 있습니다. 내가 주님의 사랑을 잃고, 은혜를 잃고, 첫사랑을 잃으면 주님이 나 때문에 조롱당할 수 있습니다. 영적으로 볼 때도 우리가 은혜의 감격이 넘칠 때는 세상도 나를 함부로 못하고 나를 우러러보는데, 은혜를 잃고 첫사랑을 잃으면 괜히 조롱거리가 되고 이웃들에게 창피를 당할 수 있습니다. 나만 창피를 당합니까? 우리 주님까지 무시당하고, 우리 사랑이 나은 게 뭐가 있냐고 수모와 창피를 당하게 됩니다.

오늘날 우리 한국 교회가 사회로부터 비난받는 것은 다 우리의 책임입니다. 우리가 예수 믿는 감격과 행복과 능력을 상실해서입니다. 언론의 지탄을 받는 것은 교회가 힘을 잃어서 그런 것입니다. 진정으로 주님을 만나고 생명의 주님, 감격의 주님만 붙잡고 오뚝이처럼 일어나야 합니다.

조롱을 당할 때 방법은 딱 한 가지입니다. 우리가 주님을 찾는 것입니다. 우리가 주님의 사랑을 찾는 것입니다. 세상으로부터 조소를 당하고 손가락질을 당했을 때 우리가 사는 길은, 주님의 신앙과 사랑과 은혜를 찾는 것입니다. 아무리 친척과 이웃과 성도가 조롱하고 사회나 방송, 언론이 비난하고 뭐라 해도, 우리는 성명서 발표하는 것 해서는 안 됩니다. 무슨 사회사업 잘하고 구제 잘하고 착한 일을 잘한다고 해서 해결되는 것이 아닙니다. 도덕적으로, 윤리적으로 생활한다고 해서 되는 게 아닙니다. 그것은 비본질입니다. 그것은 우리가 세상으로부터 조롱당하고 창피를 당하는 본질적인 문제가 아닙니다.

우리가 도덕성을 회복하고 올바로 사는 것도 중요하지만, 그보다 더 중요한 본질이 있습니다. 그것은 잃었던 주님을 찾는 것입니다. 주님의 사랑을 회복하는 것입니다. 주님의 은혜를 회복하고 주님의 사랑과 감격을 회복하는 것입니다. 그러므로 우리가 주님을 찾아야 합니다. 밤낮으로 주님의 사랑을 찾고 주님의 은혜를 찾아야 합니다.

> 나의 기쁨 나의 소망 되시며 나의 생명이 되신 주
> 밤낮 불러서 찬송을 드려도 늘 아쉰 마음뿐일세.
>
> 나의 사모하는 선한 목자는 어느 꽃다운 동산에
> 양의 무리와 늘 함께 가셔서 기쁨을 함께하실까.
>
> 나의 진정 사모하는 예수여 음성조차도 반갑고
> 나의 생명과 나의 참 소망은 오직 주 예수뿐일세.

24

사랑을 찾으러 가요 (1)

"여자들 가운데에 어여쁜 자야 너의 사랑하는 자가 남의 사랑하는 자보다 나은 것이 무엇인가 너의 사랑하는 자가 남의 사랑하는 자보다 나은 것이 무엇이기에 이같이 우리에게 부탁하는가 내 사랑하는 자는 희고도 붉어 많은 사람 가운데에 뛰어나구나 머리는 순금 같고 머리털은 고불고불하고 까마귀같이 검구나 눈은 시냇가의 비둘기 같은데 우유로 씻은 듯하고 아름답게도 박혔구나 뺨은 향기로운 꽃밭 같고 향기로운 풀언덕과도 같고 입술은 백합화 같고 몰약의 즙이 뚝뚝 떨어지는구나 손은 황옥을 물린 황금 노리개 같고 몸은 아로새긴 상아에 청옥을 입힌 듯하구나 다리는 순금 받침에 세운 화반석 기둥 같고 생김새는 레바논 같으며 백향목처럼 보기 좋고 입은 심히 달콤하니 그 전체가 사랑스럽구나 예루살렘 딸들아 이는 내 사랑하는 자요 나의 친구로다" (5:9-16)

술람미 여인은 주님을 잃어버리고 나서 최고의 창피를 당했습니다. 그리고 이별의 결과로 영적인 질병에 걸렸습니다.

먼저, 술람미 여인은 최고의 수치와 창피를 당하게 됩니다. 성안에서 순찰하는 자들을 만나 겉옷 벗김을 당하고 두들겨 맞았습니다. 또한 몸에 병이 나 버리고 말았습니다. 이것은 주님을 너무도 사랑하고 사모해서 생긴 영적인 상사병과는 다른 것이었습니다. 애당초 주님을 사랑해서 얻은 영적 상사병이라면 얼마나 좋겠습니까? 그러나 기회를 잃어버린 후 저 사막 같은 마음, 광야 같은 황폐한 마음으로 다시 주님을 찾으려고 울부짖고 몸부림치다가 얻은 영혼의 질병이었으니 좋은 것이 아닙니다.

그리고 자기의 사랑이 폄하당하는 수치를 당했습니다. 술람미 여인은 순찰하는 자들로부터 말할 수 없는 창피를 당했습니다. 그러고 나서 술람미 여인은 다시 임을 찾아 나섰습니다. 그러자 이번에는 예루살렘 여인들이 비아냥거리고 폄하하고 아주 냉소어린 대꾸를 했습니다.

"여자들 가운데에 어여쁜 자야 너의 사랑하는 자가 남의 사랑하는 자보다 나은 것이 무엇인가 너의 사랑하는 자가 남의 사랑하는 자보다 나은 것이 무엇이기에 이같이 우리에게 부탁하는가"(아 5:9).

보십시오. 술람미 여인이 주님을 찾자고 예루살렘 여자들한테 이야기해도 조롱을 했습니다. 우리도 주님의 사랑을 잃어버리면 이렇게 조소당할 수도 있고 조롱을 당할 수도 있습니다. 그러나 그래도 그런 모습이 아름답습니다. 주님을 한순간 잃어버렸어도 주님을 찾아 나서는 성도의 모습이 아름답습니다. 옷 벗김을 당하고 창피를 당하고 조롱을 당해도, 주님을 찾아 나서는 성도의 모습이 아름다운 것입니다.

오늘 우리가 그렇습니다. 문제가 생기면 여기저기 허둥지둥 인간적인 방법을 찾고, 세상을 찾고, 사람을 찾아나서는 것이 아니라, 주님을 찾아나서는 그 모습이 정말 아름답습니다. 그러면 주님을 어떻게 찾습니까? 그 비결이 무엇입니까?

오늘 본문에 보니까 술람미 여인은 사랑하는 임에 대한 고백이 확실했습니다. 그리고 자기 사랑에 대한 찬사가 확실했습니다. 너무나 확실하고 분명하게 찬사합니다. 그러자 친구들이 감동받고 함께 찾자고 하지 않습니까?

"여자들 가운데에서 어여쁜 자야 네 사랑하는 자가 어디로 갔는가 네 사랑하는 자가 어디로 돌아갔는가 우리가 너와 함께 찾으리라"(아 6:1).

우리 부부간에도 마찬가지입니다. 사랑이 식어지면 먼저 고백을 해야 합니다. 배우자에 대해서 확실하게 사랑의 찬사를 해야 합니다. 그래야 남편의 마음을 돌리고, 아내의 마음을 돌려서 다시 부부의 사랑을 회복하고 찾을 수 있습니다. 하물며 우리 주님 앞에는 더더욱 그래야 합니다. 술람미 여인이 솔로몬의 사랑을 잃어버린 후에 예루살렘 여자들, 자기 친구들한테 조롱당하고 비아냥거림을 당한 것처럼, 우리도 어느 한순간에 주님의 사랑을 잃어버리고 주님의 은혜를 놓쳐 버리는 경우가 있습니다. 주님의 임재와 주님의 사랑이 내 마음에서 떠날 때가 있습니다. 그러면 우리가 세상에서 비참해지고 창피를 당합니다.

우리가 주님의 사랑이 가득한 주님의 임재 속에서 살아가면 하나님의 자녀로서 권세를 누리고, 주님의 신부로서 권세를 누리며 살아갈 수 있습니다. 그러나 하나님의 사랑과 은혜를 빼앗겨 버리면 세상과 마귀로부터 조롱당하고 핍박당하고 손가락질을 당한다는 말입니다. 그러나 그럴지라도 절대 불평을 하면 안 됩니다. 원망을 하면 안 됩니다. "내가 주님을 사랑하는데 어떻게 이럴 수 있느냐? 그래도 하나님을 사랑하고 살아왔는데 어떻게 이런 일이 일어날 수 있느냐?"라고 원망하고 불평하면 안 됩니다.

오히려 하나님을 더 확실하게 고백하고 찬양해야 합니다. "하나님, 이것은 내 잘못입니다. 내 실수입니다. 나는 조롱당하고 핍박받았지만, 주님의 사랑은 변함이 없습니다. 주님의 영광만은 변함이 없습니다." 오히려 이렇게 주님에 대한 칭송과 영광의 고백이 확실해야 합니다. 주님을 사랑하고 주님의 은혜를 사모하는 찬사가 더 확실해야 합니다. 그랬을 때 술람미 여인의 고백을 듣고 예루살렘 여자들이 감동을 받고 함께 신랑을 찾자고 했던 것 아닙니까?

🎵 술람미 여인의 고백

우리도 역설적인 믿음, 초월적인 고백과 감사로 찬양할 때 주님이 감동받는 것입니다. 당연히 우리를 조소하고 핍박하는 자들까지도 감동받게 됩니다. 그리고 우리의 초월적 믿음에 동의하고 주님 만나는 길을 도와준다는 말입니다. 그러면 마침내 주님을 찾게 되는 것입니다.

술람미 여인은 사랑하는 임에 대해서 어떤 고백을 합니까? 어떤 사랑의 찬사를 합니까? 그 사랑의 찬사를 잘해서, 사랑의 고백을 잘해서 사랑하는 임을 어떻게 찾습니까? 이것이 우리의 신앙생활에 아주 귀한 교훈을 줍니다.

첫째, 순백과 정열의 사랑을 고백하고 있습니다

"내 사랑하는 자는 희고도 붉어 많은 사람 가운데에 뛰어나구나"
(아 5:10).

사랑하는 임은 희고도 붉다고 했지 않습니까? 솔로몬은 굉장히 살결이 희고 깨끗했나 봅니다. 술람미 여인이 자기의 피부는 까맣지만 솔로몬의 피부는 굉장히 하얗다고 고백하고 있습니다. 거기다 솔로몬 왕이 자신을 만날 때는 얼굴이 상기되어 있습니다. 왜 그렇습니까? 술람미 여인을 너무도 사랑하니까 설레고 흥분되어서 얼굴이 붉었다는 말입니다.

그런데 여기서 술람미 여인이 솔로몬의 피부 색깔만 이야기했겠습니까? 그 피부 색깔을 이야기함으로써 자신을 향한 솔로몬의 순백의 사랑과 정열의 사랑을 말하고 있는 것입니다. 솔로몬은 정말 자기를 향한 순백의 사랑을 해주었습니다. 샤론의 수선화요, 골짜기의 한 송이 백합 같은 티 없는 사랑을 해주었습니다. 육신의 사랑을 초월해서 영혼의 사랑을 했다는 것입니다.

그도 그럴 것이 자기가 예쁜 것도 아니고, 훌륭한 집안에서 태어난 것도 아닌데 말입니다. 참으로 장군이나 대신의 딸로 태어난 것도 아니고, 저 에브라임 산지 골짜기에 있는 소작농의 딸인데도 불구하고 자기를 사랑해 준 것입니다. 그러니 얼마나 황홀한 순백의 사랑입니까?

그런데 솔로몬 왕의 사랑이 순백의 사랑으로만 끝이 납니까? 제국의 황제가 자기만 보면 흥분되고 설레서 얼굴이 붉게 상기되었습니다. 이것은 정열의 사랑을 표현한 것이 아닙니까? 술람미 여인은 지금 이 정열의 사랑을 예찬하고 있습니다. 솔로몬이 지금 이렇게 불타는 마음으로 순백의 사랑과 정열의 사랑을 하고 있는 것 아닙니까? 지금껏 솔로몬 왕과 술람미 여인이 이런 사랑을 나누어 왔다는 것입니다. 그걸 술람미 여인이 예찬하고 있습니다.

이것은 우리 주님이 순백의 주님이요, 완전무결하고 순결하신 주님이요, 정열의 사랑으로 우리를 위해 십자가에 죽으시고 사랑해 주신 주님으로 교훈 받을 수 있습니다. 그러니까 우리도 술람미 여인처럼 이렇게 주님 앞에 고백하고 찬사를 해야 합니다. "제 잘못 때문입니다. 저의 실수 때문입니다. 우리 주님은 아무 잘못이 없습니다. 언제나 주님은 무결하고 순결하십니다."

이렇게 주님을 확실하게 고백하고 찬양할 때 흠과 티와 주름이 없는 그 주님이 나에게 찾아오셔서 언제나 순백의 사랑을 해주시고, 하얗고 깨끗하고 티 없는 사랑을 해주신다는 말입니다. 그리고 우리 주님이 나를 정열적으로 사랑해 주셨지 않습니까? 정열의 사랑으로 나를 사랑해 주신, 정열의 주님이 아니십니까? 그래서 그 정열의 주님이 우리를 위해 십자가에서 행복하게 죽어 주신 것이 아닙니까? 그러니까 우리는 이렇게 고백해야 합니다.

"나는 오늘도 당신의 순백의 사랑과 정열의 사랑을 찬양합니다. 주님, 제가 주님의 사랑을 잃어버렸을 때 얼마나 속이 상하셨습니까? 얼마나 마음이 아프셨습니까? 그러나 나를 향한 우리 주님의 사랑은 순백의 사랑입니다. 정열의 사랑입니다. 당신의 사랑이야말로 얼마나 하얗고 깨끗하고, 또 얼마나 붉은 정열의 사랑인지 그 어느 것과도 비교할 수 없습니다."

이 사랑은 사랑 중의 사랑이요, 뛰어난 사랑입니다. 애당초 우리 주님은 나를 조건적으로 사랑하신 것이 아니라 무조건 사랑하신 것입니다. 주체할 수 없는, 일방적 사랑으로 내게 다가오신 것이 아닙니까? 그래서 주님의 사랑이 뛰어난 사랑이요, 사랑 중의 사랑이요, 위대한 사랑입니다. 그러니 오늘도 우리는 주님의 이 사랑을 찬양합니다. 고백합니다.

둘째, 영광과 생명력이 가득하며 불변하는 사랑을 고백하고 있습니다

"머리는 순금 같고 머리털은 고불고불하고 까마귀같이 검구나"(아 5:11).

여기에 보면 머리는 순금 같다고 했습니다. 순금 같다는 말은, 솔로몬 왕이 순금 왕관을 쓰는 모습을 이야기하고 있습니다. 술람미 여인이 보기에는 순금 관을 쓴 왕은 그의 머리까지도 순금처럼 보였다는 것입니다. 한마디로, 그런 영광스러운 모습을 표현하고 있습니다. 함부로 자기를 대하는 것이 아니라, 왕의 품격과 권위와 영광으로 자신을 사랑해 준다는 말입니다.

거기다가 그의 머리는 고불고불하고 까마귀같이 검다고 했습니다. 그러니까 솔로몬 왕의 머리털이 곱슬머리라고 생각할 수도 있습니다. 그런데 여기 '고불고불하다'는 말은 히브리 말로 '탈탈림'인데, 원뜻은 '종려나무 새싹 가지'입니다. 이것은 솔로몬 왕 머리털 모양을 묘사한 것입니다. 원뜻은 종려나무 새싹 가지가 나올 때 모습이 약간 구불구불하게 나오는 것을 연상하게 하기에, 이 말은 실제 곱슬머리라고도 해석할 수 있지만 그 의미를 더욱 살리기 위해서는 종려나무 가지 새싹의 모습을 연상해 보는 것이 좋을 것입니다.

즉 솔로몬의 머리털이 완전히 돼지털 곱슬머리는 아니고, 종려나무 새싹이 나오는 것처럼 약간 웨이브가 있고 파도를 타는 것처럼 보였다는 것입니다. 그런데 그 머리 색깔은 까마귀같이 검습니다. 그러므로 술람미 여인이 표현한 것은 곱슬머리라는 것을 강조한 것이 아니라, 종려나무 가지 새싹이 나올 때 생명력이 넘치는 것처럼, 풍성한 생명력을 말하는 것입니다.

거기다가 까마귀같이 검습니다. 검은 머리는 젊음의 기상과 생명력이 충만한 것을 상징합니다. 솔로몬의 머리는 종려나무 새싹처럼 쏙쏙 나옵니다. 웨이브는 있는지 모르지만 까마귀같이 검고 생명력이 넘칩니다. 이것은 머리털과 머리에 온갖 영화로움과 생명력이 불변하게 충만한 것을 보여주는 것입니다. 그 모습을 지금 술람미 여인이 예찬하고 찬사했습니다.

그러면 오늘 우리가 여기서 무엇을 교훈 받을 수 있습니까? 어떤 영적인 교훈을 발견할 수 있습니까? 주님은 언제나 영광스러운 분이시고 아주 생명력이 충만하고 변함없는 분이시라는 사실을 교훈 받을 수 있습니다. 술람미 여인의 고백을 통해서, 마치 어제나 오늘이나 동일하신 예수 그리스도의 모습을 연상할 수 있습니다. 주님은 마치 그런 속성과 성품으로 우리를 사랑하셨습니다. 지저분하게 사랑하는 것이 아니라, 고품격으로 영광스럽게 사랑해 주십니다. 천에 하나, 만에 하나인 것처럼 우리를 품격 있게 사랑하시고, 영광스럽게 사랑해 주신다는 말입니다. 그리고 생명력이 충만한, 그것도 불변하는 사랑으로 우리를 사랑하십니다. 그래서 우리는 그 주님을 찬양해야 합니다.

셋째, 순애보와 독점적 사랑을 고백하고 있습니다

"눈은 시냇가의 비둘기 같은데 우유로 씻은 듯하고 아름답게도 박혔구나"(아 5:12).

솔로몬 왕의 눈이 어떻다고 합니까? 술람미 여인은 그 눈을 시냇가에 흐르는 물, 그 깨끗한 물가로 왔다갔다하는 비둘기에 비유했습니다. 그런데 이 비둘기는 시냇가에 흐르는 물로 씻는 것도 아까워서, 어머니 젖으로 씻은 것처럼 그 눈동자가 청명하고 깨끗하다는 것입니다. 그 눈동자의 동공의 흰자위가 백색이었다는 말입니다. 우윳빛같이 희고 깨끗하게 보였다는 말입니다.

그뿐입니까? 우윳빛 같은 흰자위 가운데 아주 검은 눈동자가 아름답게 박혔다고 합니다. 솔로몬의 눈은 동공의 흰자위가 깨끗합니다. 핏발 하나 서지 않고 우윳빛 같은 백색으로 빛이 납니다. 그리고 그런 백색의 흰자위에 아주 검은 눈동자가 박혀서는 그런 눈으로 자기를 사랑하고 주시했다는 말입니다. 그 눈동자는 다른 사람한테 가지도 않고 언제나 자기만 바라보고 사랑해 주며 술람미 여인에게만 고정되어 있습니다.

아름답게 박혔다는 말을 통해서 이런 의미를 부여하고 싶었던 것입니다. 그리고 흰자위 백색의 눈동자를 통해서 자기만을 사랑하는 사랑을, 순결과 독점적인 사랑을 표현하고 있습니다. 이것은 아주 순백의 깨끗한 사랑이고, 독점적 순애보의 사랑인 것입니다. 포도원 소작농의 딸에게 제국의 황제가 순애보의 사랑으로 다가왔지 않습니까? 그리고 결혼한 이후에도 다른 사람한테 한 번도 눈 돌리지 않고 자신에게 시선이 고정되어 있는 것처럼 순애보와 독점적인 사랑을 한 것입니다.

그러니까 우리도 주님의 사랑을 진짜 예찬해야 합니다. 절대로 절망하지 말고, 불평하지 말고, 원망하지 말아야 합니다. 나에게 순애보의 사랑으로 다가오신 주님, 나에게 질투하는 사랑, 독점적인 사랑으로 나를 차지하려고 했던 사랑, 언제나 그 사랑의 주님을 찬양해야 합니다. 그 주님의 순애보와 독점적인 사랑을 노래해야 합니다.

넷째, 안식과 평화의 사랑을 고백하고 있습니다

"뺨은 향기로운 꽃밭 같고 향기로운 풀언덕과도 같고"(아 5:13).

솔로몬 왕의 뺨이 향기로운 꽃밭 같고 향기로운 풀언덕과 같다고 예찬하고 있습니다. 향기로운 꽃밭이란 안식과 평화가 조화롭게 공존하는 이미지를 줍니다. 향기로운 풀언덕이라는 표현은 다함이 없는 사랑, 생명이 풍성하게 넘치는 사랑의 이미지를 보여주지 않습니까? 그래서 술람미 여인은 솔로몬의 두 뺨을 볼 때마다 안식과 평화를 느꼈습니다. 왜냐하면 솔로몬의 뺨에는 언제나 다함이 없는 생명의 풍성함이 있었기 때문입니다. 그래서 품에 안기는 것은 그만두고라도 그 얼굴을 보는 것만으로도 참된 안식을 느끼고 평화를 느꼈다고 고백하고 있습니다. 보는 것만으로도 풍성한 사랑과 안식을 전이받았다는 것입니다.

오늘 우리도 마찬가지입니다. 주님의 얼굴은 언제나 우리에게 안식과 위로를 줍니다. 평화와 소망을 줍니다. 우리가 힘들고 어려울 때 주님만 바라보면 안식과 평화가 넘칩니다. 소망이 넘칩니다. 왜 그렇습니까? 주님의 얼굴에는 주님의 광채가 있고 안식과 평화의 광채가 있기 때문입니다.

> "어두운 데에 빛이 비치라 말씀하셨던 그 하나님께서 예수 그리스도의 얼굴에 있는 하나님의 영광을 아는 빛을 우리 마음에 비추셨느니라"(고후 4:6).

그 광채의 얼굴로 주님이 우리 마음에 빛을 비추셨다고 했지 않습니까? 그러면 왜 이렇게 주님의 얼굴은 광채가 빛납니까? 그리고 그 광채를 어떻게 우리에게 주셨습니까? 그것은 주님이 십자가에서 뺨 맞고 수염이 뽑히고 침 뱉음을 당하셨기 때문입니다. 그런 수치를 당해서, 그런 수치를 당한 결과로 주님의 얼굴은 광채의 얼굴이요, 은혜의 얼굴이요, 영광의 얼굴이 되었다는 말입니다. 그래서 그 얼굴이 우리에게 빛과 사랑을 준다는 말입니다.

> "나를 때리는 자들에게 내 등을 맡기며 나의 수염을 뽑는 자들에게 나의 뺨을 맡기며 모욕과 침 뱉음을 당하여도 내 얼굴을 가리지 아니하였느니라 주 여호와께서 나를 도우시므로 내가 부끄러워하지 아니

하고 내 얼굴을 부싯돌같이 굳게 하였으므로 내가 수치를 당하지 아니할 줄 아노라"(사 50:6-7).

이렇게 고난당하신 주님은 얼굴에 침 뱉음을 당하고, 수염이 뽑히고, 얼굴이 부싯돌같이 굳어 버렸습니다. 그러나 마침내 영광의 얼굴이 되고 은혜의 광채의 얼굴이 되셨습니다. 그래서 마침내 그 광채는 우리에게 안식과 희망과 용기를 주십니다.

하나님의 그 은혜의 광채가 주님의 얼굴을 둘러싸고 있다고 합니다. 그리고 그 광채가 우리 마음을 비추게 한다고 말씀합니다. 그러면 어떤 사람에게 그 은혜를 주십니까? 주님을 바라보는 사람에게 주십니다. 힘들고 어렵고 괴로워도 주님의 얼굴을 바라보는 사람에게 그 영광과 광채와 평안과 안식의 사랑을 주십니다. 그래서 오늘도 우리는 주님의 은혜를 바라보아야 합니다. 우리가 이렇게 힘들고 어려울 때 더욱 주님의 얼굴을 바라보면서 찬양해야 합니다. "당신의 뺨은 향기로운 꽃밭 같고 풀언덕과 같습니다. 주님의 얼굴은 언제나 내게 평화와 안식입니다. 기쁨과 생명입니다."

다섯째, 순결한 소망과 감미로움의 사랑을 고백하고 있습니다

"입술은 백합화 같고 몰약의 즙이 뚝뚝 떨어지는구나"(아 5:13).

솔로몬 왕의 입술은 백합화 같고 몰약즙이 뚝뚝 떨어진다고 했지 않습니까? 여기서 말하는 백합화는 흰 백합화가 아니라 붉은 백합화를 말합니다. 솔로몬 왕의 입술을 붉은 백합화로 표현하고 있습니다. 그리고 붉은 백합화 같은 입술에서는 몰약즙이 뚝뚝 떨어집니다. 그러니까 술람미 여인은 솔로몬 왕이 자기에게 사랑을 고백하는 입술 모습이 붉은 백합화처럼 아름다운 것입니다. 그리고 그 입술로부터 고백된 한마디 한마디의 사랑 이야기가, 어쩌면 그렇게 감미롭고 달콤한 이야기로 들렸는지 모릅니다. 그래서 꿀송이처럼 달콤하고 향기롭게 몰약의 즙이 뚝뚝 떨어진다고 이야기하고 있습니다.

몰약즙이 뚝뚝 떨어진다는 것은 솔로몬의 사랑의 언어와 그 고백들이 몰약즙이 뚝뚝 떨어지는 것처럼 달콤하고 황홀하게 느껴졌다는 말입니다. 그리고 이것은 솔로몬 왕이 자신에게 입맞춤해 주는, 그 입맞춤의 감미로움까지 연상하고 있는 것입니다.

오늘날 솔로몬 왕의 입술이 백합화 같고 몰약즙이 뚝뚝 떨어진다는 말은 무슨 말입니까? 우리 주님의 사랑이 그렇다는 말입니다. 주님이 우리에게 말씀하실 때 주님의 붉은 입술이 백합화처럼 느껴져야 합니다. 말은 제가 하지만 주님이 여기 저를 통해서 말씀하시는 것처럼, 그 주님의 입술이 붉은 백합화처럼 느껴져야 합니다. 그리고 강단에서 외치는 이 말씀이 몰약즙이 뚝뚝 떨어지고 꿀방울이 뚝뚝 떨어지는 것처럼 느껴져야 합니다. 시편 기자는 오죽하면, 주의 말씀이 내 입에 꿀송이보다 더 달다고 말씀했겠습니까?

옛날 저희 어린 시절에는 꿀이 얼마나 귀했습니까? 엿도 귀하고 설탕은 꿀 다음으로 귀한 것이었습니다. 그래서 명절이 되면 설탕을 선물로 주고받는데, 귀한 선물에 속했습니다. 그때는 옥수수 줄기도 베어서 껍질을 까서 씹어 먹기도 했습니다. 거기에서 나오는 단물이 정말 달콤하여 빳빳한 줄기를 먹다가 입술을 베어도 아랑곳

하지 않고 흡족한 표정을 하며 먹었습니다. 그때는 꿀이 너무나 귀해서 감히 먹어볼 수도 없었습니다.

그러니 이 성경이 기록된 3,000-3,500년 전의 꿀은 얼마나 귀한 식품이었겠습니까? 그렇게 꿀이 귀하던 때이니 그 맛은 또 얼마나 달콤하게 느껴졌겠습니까? 술람미 여인은 그렇게 꿀이 귀하던 때에 지금 솔로몬의 입술에서 나오는 한마디 한마디 사랑 고백이 몰약즙이 꿀방울처럼 뚝뚝 떨어지는 것과 같다는 것입니다. 그만큼 황홀하고 달콤하다는 것입니다.

우리도 하나님의 꿀 같은 말씀, 꿀 같은 사랑, 꿀 같은 은혜를 사모하시기 바랍니다. 그리고 주님의 꿀 같은 사랑, 꿀 같은 말씀을 예찬하시기 바랍니다.

이처럼 주님의 사랑을 확실하게 예찬하니까 주님을 찾게 되었습니다. 우리도 무슨 일이 있어도 절대 불평하지 말고 무조건 주님을 찬양합시다. 주님을 원망하고 불평하지 말고, 감사하고 찬양하고 사랑한다고 고백합시다. 아멘의 사랑, 아멘의 감사, 아멘의 순종을 합시다. 성경에서 하나님의 사람들이 그랬지 않습니까? 그래야 주님을 만날 수 있습니다. 주님의 사랑을 찾을 수 있습니다. 축복과 기적을 얻을 수 있습니다. 그러므로 주님께 아부해도 확실하게 하십시오. 우리 하나님 앞에 아부를 확실하게 해야 합니다.

> 나의 힘이 되신 여호와여 내가 주님을 사랑합니다
> 주는 나의 반석이시며 나의 요새시라
> 주는 나를 건지시는 나의 주 나의 하나님

나의 피할 바위시요 나의 방패시라
나의 하나님 나의 하나님
구원의 뿔이시요 나의 산성이라
나의 하나님 나의 하나님
그는 나의 여호와 나의 구세주
나의 하나님 나의 하나님
그는 나의 여호와 나의 구세주.

25

사랑을 찾으러 가요 (2)

"내 사랑하는 자는 희고도 붉어 많은 사람 가운데에 뛰어나구나 머리는 순금 같고 머리털은 고불고불하고 까마귀같이 검구나 눈은 시냇가의 비둘기 같은데 우유로 씻은 듯하고 아름답게도 박혔구나 뺨은 향기로운 꽃밭 같고 향기로운 풀언덕과도 같고 입술은 백합화 같고 몰약의 즙이 뚝뚝 떨어지는구나 손은 황옥을 물린 황금 노리개 같고 몸은 아로새긴 상아에 청옥을 입힌 듯하구나 다리는 순금 받침에 세운 화반석 기둥 같고 생김새는 레바논 같으며 백향목처럼 보기 좋고 입은 심히 달콤하니 그 전체가 사랑스럽구나 예루살렘 딸들아 이는 내 사랑하는 자요 나의 친구로다" (5:10-16)

이 세상에서 가장 아름다운 것은 성도가 주님을 찾는 모습입니다. 주님이 더 좋아서, 주님을 더 사랑해서 주님을 찾는 모습이든지, 죄짓고 방황하다가 깨닫고 다시 주님을 찾는 모습이든지, 주님을 찾는 모습이 가장 아름다운 모습입니다. 주님의 사랑이 좋아서, 주님의 은혜가 좋아서 주님을 찾아 나서는 그 모습, 그런 성도가 가장 아름다운 것입니다.

오늘 본문이 그런 모습을 보여주고 있습니다. 그러므로 우리도 솔로몬 왕을 찾는 술람미 여인의 모습처럼, 절대로 불평이나 원망하지 말고 무조건 주님을 찾아야 합니다. 술람미 여인은 주님을 잃어버리고 나서 최고의 창피를 당했습니다. 그러나 절망하지 않고, 원망하거나 불평하지 않고 주님을 찾았습니다. 그런데 주님을 어떻게 찾았습니까? 술람미 여인은 사랑하는 임에 대한 고백이 확실했습니다.

🎵 술람미 여인의 사랑의 예찬

그러면 술람미 여인은 사랑하는 임에 대해서 어떤 고백을 합니까? 어떤 사랑의 찬사를 합니까? 그 사랑의 찬사를 잘해서, 사랑의 고백을 잘해서 사랑하는 임을 어떻게 찾습니까? 이것이 우리의 신앙생활에 아주 귀한 교훈을 줍니다.

첫째, 순백과 정열의 사랑을 찬사하고 있습니다

"내 사랑하는 자는 희고도 붉어 많은 사람 가운데에 뛰어나구나"(아 5:10).

이것은 우리 주님이 순백의 주님이요, 완전무결하고 순결하신 주님이요, 정열의 사랑으로 우리를 위해 십자가에 죽으시고 사랑해 주신 주님임을 우리에게 교훈해 주는 말씀입니다. 그러니까 우리도 술람미 여인처럼 이렇게 주님 앞에 고백하고 찬사해야 합니다.

둘째, 영광과 생명력이 가득하며 불변하는 사랑을 찬사하고 있습니다

"머리는 순금 같고 머리털은 고불고불하고 까마귀같이 검구나"(아

5:11).

주님은 언제나 영광스러운 분이시고 아주 생명력이 충만하고 언제나 변함없는 분이시라는 사실을 교훈 받을 수 있습니다. 술람미 여인의 고백을 통해서 마치 어제나 오늘이나 동일하신 예수 그리스도의 모습을 연상할 수 있습니다.

셋째, 순애보와 독점적인 사랑을 예찬하고 있습니다

"눈은 시냇가의 비둘기 같은데 우유로 씻은 듯하고 아름답게도 박혔구나"(아 5:12).

그러니까 우리도 주님의 사랑을 진짜 예찬해야 합니다. 절대로 절망하지 말고, 불평하지 말고, 원망하지 말아야 합니다. 나에게 순애보 사랑으로 다가오신 주님, 나에게 질투하는 사랑, 독점적인 사랑으로 나를 차지하려 했던 사랑, 언제나 그 사랑의 주님을 찬양해야 합니다.

넷째, 안식과 평화의 사랑을 예찬하고 있습니다

"뺨은 향기로운 꽃밭 같고 향기로운 풀언덕과도 같고"(아 5:13).

오늘 우리에게도 주님의 얼굴은 언제나 안식과 위로를 줍니다. 평화와 소망을 줍니다. 우리가 힘들고 어려울 때 주님만 바라보면 안식과 평화가 넘칩니다. 그리고 주님의 얼굴을 하나님의 그 은혜의 광채가 둘러싸고 있습니다. 그 광채가 우리 마음을 비추게 한다고 말씀합니다(고후 4:6).

그러면 어떤 사람에게 그 은혜를 주십니까? 주님을 바라보는 사람에게 주십니다. 힘들고 어렵고 괴로워도 주님의 얼굴을 바라보는 사람에게 그 영광과 광채와 평안과 안식의 사랑을 주십니다. 그래서 오늘도 우리는 주님의 은혜를 바라보아야 합니다.

다섯째, 순결한 소망과 감미로움의 사랑을 찬사하고 있습니다

"입술은 백합화 같고 몰약의 즙이 뚝뚝 떨어지는구나"(아 5:13).

오늘 우리 주님의 사랑이 그렇다는 말입니다. 주님이 우리에게 말씀하실 때 주님의 붉은 입술이 백합화처럼 느껴져야 합니다. 시편 기자는 오죽하면 이렇게 말했겠습니까? 주의 말씀이 내 입에 꿀송이보다 더 달다고 말입니다. 그만큼 주님의 말씀은 황홀하고 달콤하다는 것입니다. 그래서 우리는 무슨 일이 있어도 절대 불평하지 말고, 무조건 주님을 찬양해야 합니다.

여섯째, 절대 언약과 주권의 사랑으로 품어준 사랑을 예찬하고 있습니다

"손은 황옥을 물린 황금 노리개 같고"(아 5:14).

보십시오. 손은 황금 노리개 같다고 했습니다. 황금 노리개라는 말은 두 가지로 해석이 가능합니다. 황옥을 물린 황금 노리개란 말은 히브리어로 '겔릴레 자하브'인데, 황옥이 박혀 있는 황금 반지라는 의미가 있고, 그다음에 황옥이 박혀 있는 황금 홀이나 황금 막대기(지휘봉)라는 의미가 있습니다. 그러니까 솔로몬의 손은 굉장히 가지런하고 예쁘고 자상했던 것 같습니다. 거기다 가락지를 끼었으니 얼마나 아름다웠겠습니까? 그 아름다운 손을 예찬하고 있다는 해석이 있습니다.

그렇다면 이 구절을 솔로몬 왕이 가지런한 손에 반지를 끼고 있는 모습으로 해석한다면, 우리가 어떤 영적인 교훈을 얻을 수 있습니까? 주님의 자상하고 부드러운 모습, 그리고 언약의 주님을 예찬하고 있는 것으로 볼 수 있습니다. 한 번 언약하시면 반드시 이루시는 하나님, 한 번 약속하시면 반드시 지키시는 하나님, 이런 신실하고 언약적인 사랑을 보여주고 있는 것입니다. 그래서 술람미 여인이 솔로몬의 아름다운 손을 예찬하는 표현이었다면 아마 이런 말일 것입니다.

'솔로몬은 나를 절대로 버리지 않을 거야. 왕은 나를 절대로 버리지 않을 거야. 왕께서 나에게 절대로 너를 버리지 않는다고 반지를 끼워 주시고, 당신도 반지를 끼셨던 그 언약의 사랑을 말씀해 주셨어. 내가 이렇게 찾으러 다니면 반드시 나의 사랑은 내게 다시 돌아올 거야. 나는 그것을 믿어. 나는 그 절대 주권과 언약의 사랑을 믿어.'

우리 주님도 마찬가지입니다. 이런 부드럽고 자애로운 사랑으로 우리를 사랑해 주십니다. 그런데 그것은 순간에 이랬다저랬다 변덕을 부리는 사랑이 아니라 한 번 정하면 변하지 않는 사랑, 결코 변 개되지 않는 사랑으로 우리를 사랑하신다는 말입니다.

"에브라임이여 내가 어찌 너를 놓겠느냐 이스라엘이여 내가 어찌 너를 버리겠느냐 내가 어찌 너를 아드마같이 놓겠느냐 어찌 너를 스보임같이 두겠느냐 내 마음이 내 속에서 돌이키어 나의 긍휼이 온전히 불붙듯 하도다"(호 11:8).

"그러나 나의 종 너 이스라엘아 내가 택한 야곱아 나의 벗 아브라함의 자손아 내가 땅 끝에서부터 너를 붙들며 땅 모퉁이에서부터 너를 부르고 네게 이르기를 너는 나의 종이라 내가 너를 택하고 싫어하여 버리지 아니하였다 하였노라"(사 41:8-9).

"야곱아 너를 창조하신 여호와께서 지금 말씀하시느니라 이스라엘아 너를 지으신 이가 말씀하시느니라 너는 두려워하지 말라 내가 너를 구속하였고 내가 너를 지명하여 불렀나니 너는 내 것이라"(사 43:1).

우리도 이렇게 주님의 언약적인 사랑을 생각해야 합니다. 주님의 은혜를 사모하고 언약을 생각하며 부르짖어야 합니다. 그 언약적 사랑을 생각하고 기억하며, 언약적인 사랑에 근거해서 호소하고 예찬해야 합니다. 솔로몬을 예찬하는 술람미 여인에게서 이런 교훈을 배우는 것입니다.

그다음 또 하나는, 황옥을 물린 황금 노리개를 황금 막대기나 금 홀로 해석하는 견해가 있습니다. 고대 근동에서는 왕의 권위와 절대 주권을 상징하는 금홀이 있었습니다. 그 금홀을 가지고 사람을 살리기도 하고 죽이기도 했습니다. 솔로몬에게도 그런 금홀 막대기가 있었습니다. 그러니까 금홀 막대기를 든 솔로몬의 손을 예찬하고 있는 것입니다. 이럴 때는 왕의 손이 아름답다고 예찬하기보다는, 권위가 있고 권력이 있고 무소불위의 힘이 있음을 예찬하고 있다고 볼 수 있습니다.

그 절대 권력의 손으로 술람미 여인을 사랑하고, 다정하고 자상하게 술람미 여인을 품어주는 사랑으로 말할 수 있습니다. 물론 반지로 해석이 가능하지만 박혀 있는 황옥이라는 것이 그 당시 절대 권력의 상징이기 때문에 저에게는 황금 노리개를 황금 반지가 아닌 황금 홀로 해석하는 게 나아 보입니다.

이런 금홀의 배경을 알려면 에스더서를 보면 됩니다. 모르드개가 하만에게 절을 하지 않아서 하만이 계략을 꾸며 이스라엘 민족 전체가 몰살당할 위기에 처했지 않습니까? 민족 전체가 몰살당하고 씨조차도 말라 버리게 될 지경에 놓였습니다. 그때 모르드개는 이 사실을 에스더 왕후에게 알립니다. 그러나 에스더는 모르드개에게 난색을 표합니다. 자기도 어쩔 수 없으니 입장이 곤란하다고 합니다. 왜냐하면 왕이 부르지도 않았는데 왕에게 나아가면 자기도 죽음을 당할 수 있기 때문입니다. 만일 왕이 자기에게 금홀을 내밀면 살지만 그렇지 않으면 자기도 죽기 때문입니다.

그러자 모르드개가 "지금 네가 왕후가 된 것은 바로 이때를 위해서 왕후가 된 것이다. 네가 지금 하나님 앞에서 정말 남달리 특별하게 하나님의 기적적인 은혜와 축복을 받은 것은 지금 이때의 일을 감당하고 사명을 이루게 하기 위해서이다. 그러므로 지금 이때, 이

기회를 놓치지 말라"면서 설득합니다.

이 말을 듣고 하는 에스더의 말이 또 명대답입니다. "오라버니! 좋소이다. 그러면 오라버니가 날 위해 기도해 주십시오. 오라버니도 잘 아시다시피, 왕후란 왕이 부르지 않는데 왕 앞에 갈 수 없습니다. 잘못되면 무조건 사형입니다. 그러나 내가 죽을 각오를 하고 왕에게 나아가 보겠습니다. 하나님께서 부모 없이 자란 불쌍한 내게 이 엄청난 왕후의 축복을 주신 것은 바로 이때를 위함인 줄 알겠습니다. 그러나 그렇다고 내 힘으로만 되는 것이 아닙니다. 하나님께서 함께해 주셔야 합니다. 그러니 저를 위해 기도해 주세요."

그 당시는 왕의 허락 없이 왕 앞에 나아가면 누구든지 죽게 되어 있었습니다. 왕에게 처첩들이 많아서 서로 시기하고 질투하기도 하고, 왕을 음해하고 독살하기 위해서 접근하는 사람들도 있어서 절대로 왕이 부르기 전에는 올 수 없었습니다. 왕이 자기 방으로 부르거나 왕이 처소를 직접 찾아가기 전에는 절대로 왕 앞에 가서는 안 되었습니다. 그것이 고대 근동의 절대 권력을 가진 왕의 권한이었습니다. 그래서 에스더는 죽으면 죽으리라는 결심으로 왕 앞에 나아갔던 것입니다.

그런데 단 하나, 만일 왕이 오라고 하지 않았는데 갔을지라도 왕이 그녀를 불쌍히 여겨서 왕의 금홀, 즉 왕의 금 지휘봉을 내밀면 살 수 있고, 왕에게 말을 할 수 있는 길이 있었습니다. 바로 에스더는 이것에 희망을 걸고 기도하며 나아갔던 것입니다. 그런데 왕 앞에 나아갔을 때 왕이 불쌍히 여기고 금홀을 내밀어서 에스더에게 자비를 베풀어 주었습니다. 그래서 에스더가 살 수 있었고, 이스라엘 민족도 몰살의 위기에서 구원받을 수 있었습니다.

고대 근동의 왕에게는 이런 금홀이 있었습니다. 이토록 절대 권력을 나타내는 금홀이 있었습니다. 그런데 솔로몬 왕은 절대 권력을 가진 고대 근동의 제왕으로서 술람미 여인에게 얼마나 자상하고 부드럽고 따뜻하게 다가왔습니까? 절대 권력을 가진 왕이 술람미 여인을 너무나 부드럽고 애잔하게 사랑했잖습니까? 그래서 술람미 여인은 이런 마음으로 예찬했을 것입니다. '아무리 나를 힐난하고 고소하고 이간질을 해도, 누가 아무리 아무리 나를 무시하고 조소한다 해도, 솔로몬 왕은 나를 버리지 않을 거야. 내가 어떤 어려움 속에 빠져 있고 어떤 고통을 당하고 있다 해도, 솔로몬 왕은 왕의 그 절대 권력의 사랑으로 나를 건져 주고 회복시켜 줄 거야.'

우리 주님도 절대 주권의 주님이십니다. 참새 한 마리도 주님이 허락하지 않으시면 팔려가지 않고, 땅에 떨어지지 않습니다. 하나님은 우리를 살리기도 하시고 죽이기도 하시고, 부하게도 하시고 가난하게도 하시고, 존귀하게도 하시고 비천하게도 하시는 절대 권력의 하나님이십니다. 그런 주님이 우리를 사랑해 주시고 절대 주권의 사랑으로 찾아와 주신 것입니다. 그래서 요한계시록에 보면, 우리 주님이 철장의 권세를 갖고 만국을 다스리신다고 말합니다. 이것은 하나님의 절대 주권을 말하는 것입니다.

"그가 철장을 가지고 그들을 다스려 질그릇 깨뜨리는 것과 같이 하리라 나도 내 아버지께 받은 것이 그러하니라"(계 2:27).

그러므로 절대로 마귀가 우리를 빼앗아 갈 수 없습니다. 하나님의 사랑을 경험한 자는 죽고 싶어도 죽을 수 없고, 자살할 수 없습니다. 절대 주권의 사랑으로 우리를 구원해 주십니다. 보호해 주시고 건져 주십니다.

그러므로 모든 것이 하나님의 섭리요, 하나님이 허락하지 않으시면 절대로 어떤 일도 일어날 수 없다는 것을 믿어야 합니다. 우리는 무조건 그 사랑을 예찬하며 주님을 찾아야 합니다. 내가 하는 일이 잘 안 되었다고, 떨어졌다고 절대 절망하거나 불평하거나 원망하지 말고, 무조건 주님을 예찬해야 합니다. 그럴 때 하나님은 언약적인 사랑과 절대 불변적인 사랑으로 우리를 붙들어 주십니다.

이 하나님을 무조건 예찬하고 찬양하시기 바랍니다. 열면 닫을 자가 없고 닫으면 열 자가 없는 그 절대 권력을 가지신 하나님을 찬양하시기 바랍니다. 그러므로 우리에게는 잘된 것도 하나님의 사랑이요, 못된 것도 무조건 은혜요 사랑입니다. 무조건 감사하고 찬양하시기 바랍니다. 수능생 학부모들이여, 점수가 높게 나오건 낮게 나오건, 합격하건 떨어지건 무조건 여러분이 하나님을 찬양하면, 그분의 사랑을 경험하고 은혜가 충만하게 됩니다. 하나님을 사랑하면 됩니다. 하나님을 예찬하면 됩니다.

일곱째, 우아하고 기묘한 사랑을 예찬하고 있습니다

"몸은 아로새긴 상아에 청옥을 입힌 듯하구나"(아 5:14).

솔로몬의 몸을 보십시오. 아로새긴 상아에 청옥을 입힌 듯하다고 합니다. 여기서 몸이라는 말은 '메아이브'인데, 히브리어로 '복부'를 가리킬 때가 많습니다. 또 아로새긴 상아라는 말은 아주 상아를 잘 다듬은 장식판이라는 말입니다. 그러니까 여기서 솔로몬의 몸이라는 말은 솔로몬의 복부를 비롯해서 솔로몬의 몸이 상아를 다듬은 장식품 같다는 것입니다. 마치 상아를 다듬은 장식품처럼 보이니까 청옥을 솔로몬의 몸에 입힌 것 같다고 합니다.

정말 술람미 여인은 대단한 여자입니다. 술람미 여인은 솔로몬의 몸이 상아 장식판처럼 보이고 청옥을 두른 것 같다고 예찬합니다. 저를 주의 사자로 존경한다고 해도 우리 목사님 몸이, 똥배가 상아 장식품 같고 청옥을 두른 것 같다고 예찬하는 사람이 어디 있습니까? 이러니 솔로몬이 한마디로 술람미 여인에게 넋을 잃지 않을 수 있겠습니까? 솔로몬을 노래하는데 그냥 보통 남자가 아니라 한마디로 기묘자라고 합니다. 기묘한 몸, 기묘한 마음을 갖고, 기묘한 사랑을 갖고 다가오는 사랑이라고 예찬하고 있습니다. 이것을 솔로몬이 알면 어찌 감동에 감동을 안 받겠습니까?

술람미 여인이 어떻게 이러한 감동적인 표현을 할 수 있었겠습니까? 술람미 여인은 솔로몬의 자태만 보아도, 솔로몬의 몸만 보아도 우아해서 눈이 먼 것입니다. 모습만 보아도 솔로몬의 그 자태에 놀라 버린 것입니다. 그러니까 솔로몬의 배가 분명히 술도 마시고 좋은 것 다 먹어서 상아 장식품은 아니었을 텐데도, 상아 장식품 같고 청옥을 입힌 것처럼 아름답다고 표현하는 것 아닙니까? 이런 표현은 이 세상에 없습니다. 아가서가 그래서 아름답습니다. 기묘하고 원더풀한 것입니다.

그러면 우리가 이제 무엇을 교훈 받을 수 있습니까? 우리 주님은 언제나 우아하시고 우리 주님은 원더풀하신 분이시라는 것입니다. 보기만 해도 놀랍고, 보기만 해도 우아하고, 보기만 해도 원더풀한 주님이라는 말입니다. 성경을 보면 우리 주님이 기묘자라고 나와 있습니다.

> "이는 한 아기가 우리에게 났고 한 아들을 우리에게 주신 바 되었는데 그의 어깨에는 정사를 메었고 그의 이름은 기묘자라, 모사라, 전능하신 하나님이라, 영존하시는 아버지라, 평강의 왕이라 할 것임이라"(사 9:6).

우리 주님의 모습은 기묘자이십니다. 우리 주님은 언제나 놀랍습니다. 기묘자라! 기가 막힌 번역입니다. 영어 성경을 찾아보면 그냥 'wonderful' 이라고 되어 있습니다. 무슨 말입니까? 우리 주님 자체가 '놀랍다' 라는 말입니다. 하나님이 사람이 되시고 말씀이 육신이 되어 오신 주님은 한마디로 원더풀, 원더풀한 사건의 주인이십니다. 그래서 이사야는 그 주님의 이름을 원더풀, 원더풀로 지칭했던 것입니다.

또한 그분의 생애가 얼마나 놀랍습니까? 참으로 그분의 생애는 원더풀의 연속이었습니다. 그분의 모든 삶이 경이로운 간증으로 가득 차 있습니다. 그분의 말씀이 기이하였으며, 그 가르침이 기이하였습니다. 또한 그분의 기적과 표적이 기이하였습니다. 진짜 우리 주님은 원더풀이십니다. 우리 주님은 항상 보기만 해도 원더풀한 분이십니다. 어떤 남자보다 멋있고, 천국에서 우리를 따뜻한 가슴으로 안아 주시는 주님의 모습을 생각해 보면 우리가 미치는 것입니다. 발에 끌리는 환하고 아름다운 옷을 입고 우리에게 다가오시는 주님, 그 모습을 상상해 보십시오.

그것뿐입니까? 우리에게 다가오시고 사랑해 주시는 그 원더풀한 사랑, 우리 주님의 사랑은 날마다 원더풀입니다. 우리 주님의 사랑은 항상 기적입니다. 그래서 우리를 놀라게 하고 감동하게 하고 원더풀하게 하는 것 아닙니까? 우리가 주님의 사랑 속에 살고, 주님의 은혜 속에만 살면 늘 원더풀한 사랑, 원더풀한 기적, 원더풀한 축복 속에서 살아갈 수 있습니다.

그러니 우리는 주님을 찬양해야 합니다. 특별히 우리는 무조건 원더풀한 은혜를 찬양해야 합니다. 불평하고 원망하고 따지지 말고, 주님의 사랑을 고백해야 합니다. 주님의 원더풀한 사랑을 고백하고 찬양해야 합니다. 오늘도 주님 앞에 고백합시다. 우리 주님의 사랑은 언제나 원더풀입니다.

여덟째, 견고하고 부서질 수 없는 사랑을 예찬하고 있습니다

"다리는 순금 받침에 세운 화반석 기둥 같고"(아 5:15).

솔로몬의 다리를 정금 받침대에 둔 화반석이라고 합니다. 이걸로 봐서 솔로몬의 하체가 상당히 견고했던 것 같습니다. 아니, 견고하지 않았다고 해도 견고하다고 표현하는 술람미 여인의 예찬을 볼 수 있습니다. 역대상 29장 2절을 보면, 다윗이 성전 건축을 할 때 기둥으로 쓸 화반석을 준비하는 것을 볼 수 있습니다.

"내가 이미 내 하나님의 성전을 위하여 힘을 다하여 준비하였나니 곧 기구를 만들 금과 은과 놋과 철과 나무와 또 마노와 가공할 검은 보석과 채석과 다른 모든 보석과 옥돌이 매우 많으며"(대상 29:2).

솔로몬은 실제로 야긴과 보아스, 그 두 기둥들을 비롯해서 솔로몬 성전의 여러 기둥들을 화반석 기둥으로 세웠습니다. 그것은 무엇입니까? 솔로몬의 다리가 그만큼 고귀하게 보였을 뿐 아니라 견고하게 보였다는 것입니다. 더구나 정금 받침대에 세운 화강석 같다고 그랬으니 다리가 얼마나 고귀하게 보였겠습니까? 품격 있게 보였겠습니까? 그냥 기둥도 아니고 정금 받침대로 세웠습니다. 거기다 화반석 기둥이 강하니까 솔로몬 성전 기둥이 절대로 무너질 수 없었습니다.

그런데 요한계시록 1장을 보면 우리 주님의 다리를 무엇이라고 표현했습니까? 풀무불에 단련한 빛난 주석 같다고 합니다.

"그의 발은 풀무불에 단련한 빛난 주석 같고"(계 1:15).

이것은 주님의 견고함을 표현한 것입니다. 부서질 수 없는 사랑, 음부의 권세가 이길 수 없고, 그 어떤 것도 빼앗아 갈 수 없는 빛나는 주님의 사랑을 표현한 것입니다. 그래서 오늘 우리 주님도 깨질 수 없는 사랑, 우리가 찢어졌어도 주님은 다시 꿰매어 주시고, 우리가 박살났어도 다시 새롭게 조성하시고 회복하시는 분이시라는 말입니다.

"오라 우리가 여호와께로 돌아가자 여호와께서 우리를 찢으셨으나 도로 낫게 하실 것이요 우리를 치셨으나 싸매어 주실 것임이라"(호 6:1).

우리가 아무리 상처받고 찢어지고 걸레처럼 갈기갈기 찢겨졌다고 해도, 주님은 다시 싸매어 주십니다. 주님의 사랑은 절대로 부서질 수 없습니다. 견고한 사랑입니다. 그러니까 아무리 악한 마귀가 우리를 공격한다 해도 주님은 그 견고하고 부서질 수 없는 튼튼한 사랑으로 우리를 붙들어 주십니다. 이것을 우리가 알아야 합니다. 그래서 언제나 이 견고하신 주님을 찬양하고 하나님께 영광 돌려야 합니다.

아홉째, 자연미와 지조가 넘치는 사랑을 예찬하고 있습니다

"생김새는 레바논 같으며 백향목처럼 보기 좋고"(아 5:15).

솔로몬의 풍채와 외모의 이미지를 이야기하고 있는데, 무엇이라고 했습니까? 생김새는 레바논 같으며 백향목처럼 보기 좋다고 예찬하고 있습니다. 술람미 여인은 왜 솔로몬을 레바논의 백향목이라고 했습니까? 레바논과 예루살렘은 완전히 반대입니다. 예루살렘은 인공미가 가득합니다. 사람들이 돌을 옮겨서 지었습니다. 예루살렘은 만들어진 도시입니다. 그런데 레바논은 완전히 자연적입니다. 꼭대기는 설산으로 눈으로 덮여 있습니다. 그 아래는 백향목이 울창하게 드리워져 있습니다. 그러니 참으로 소박한 자연미로 넘칩니다. 솔로몬이 그렇게 격식을 차리지 않고 너무나 소박하다는 말입니다.

그다음에 백향목은 쭉쭉 뻗은 의인의 지조와 믿음의 절개를 표현하는 은유적인 표현으로 많이 쓰였지 않습니까? 아가서 1장 17절에서 우리 집은 백향목 들보, 잣나무 서까래라고 노래했지 않습니까?

"우리 집은 백향목 들보, 잣나무 서까래로구나"(아 1:17).

이것은 신랑의 지조, 신부의 지조, 순수함과 청순함을 이야기하는 것입니다. 정상적인 부부의 순결하고 지조 있는 관계를 은유적으로 표현하는 것입니다. 술람미 여인은 지금 솔로몬 왕이 지조가 넘치는 사랑을 가지고 끝까지 자기를 버리지 않을 것을 믿고 예찬하는 것입니다.

마찬가지로, 주님도 얼마나 우리를 자연스럽게 사랑하십니까? 얼마나 소박하게, 꾸미지 않는 사랑을 해주십니까? 끝까지 우리 주님은 우리를 배반하지 않고 우리를 사랑해 주시지 않습니까? 우리가 주님을 배반하고 주님을 떠나서 그렇지, 우리 주님은 절대로 그렇지 않습니다. 우리는 그런 주님을 예찬해야 합니다. 잘못은 내게 있고 변덕은 내게 있어도 주님은 절대 나를 떠나시지 않는다고 말입니다.

열째, 달콤한 언어의 사랑을 예찬하고 있습니다

"입은 심히 달콤하니 그 전체가 사랑스럽구나"(아 5:16).

여기서 입은 입술이라는 표현이 아닙니다. '헤크'라는 말인데, 입천장이나 목구멍을 의미합니다. 이것은 언어를 발성하는 기관입니다. 그래서 벌게이트 라틴역에서는 '말씀' 으로 번역합니다.

무슨 말입니까? 솔로몬은 마음으로만 사랑한 것이 아니라 입으로도, 말로도 사랑했다는 말입니다. 솔로몬 왕이 자기를 사랑한다고 말하고 늘 속삭인다고 예찬하는 것입니다. 그러니 솔로몬의 사랑 고백이 너무 아름답습니다. 마찬가지로 우리가 여기서 무엇을 교훈 받을 수 있습니까? 주님의 그 말씀, 주님의 입에서 나오는 그 말씀이 그렇게 사랑스럽게 들리고, 황홀하게 들리고, 꿀송이보다 더 달콤하게 들려야 한다는 것입니다.

"주의 말씀의 맛이 내게 어찌 그리 단지요 내 입에 꿀보다 더 다니이다"(시 119:103).

이렇게 찬양하고 예찬해야 합니다. 이것을 우리가 술람미 여인을 통해서 배워야 하는 것입니다. 무조건 주님을 찬양하고 예찬하는 것을 말입니다. 그리고 나서 술람미 여인은 뭐라고 고백합니까?

"예루살렘 딸들아 이는 내 사랑하는 자요 나의 친구로다"(아 5:16).

술람미 여인이 솔로몬 왕을 향해 이렇게 확실하게 사랑을 고백하고 예찬하였을 때, 드디어 예루살렘 여인들이 감동을 받은 것입니다(아 6:1). 그리고 함께 솔로몬을 찾자고 합니다. 우리도 무슨 일이 있어도 주님을 찬양해야 합니다. 주님의 사랑을 예찬해야 합니다. 그럴 때 주님이 드디어 술람미 여인(성도)에게 오셔서 술람미 여인(성도)의 사랑을 예찬하기 시작하십니다.

내 진정 사모하는 친구가 되시는 구주 예수님은 아름다워라
산 밑에 백합화요 빛나는 새벽별 주님 형언할 길 아주 없도다
내 맘이 아플 적에 큰 위로 되시며 나 외로울 때 좋은 친구라
주는 저 산 밑에 백합 빛나는 새벽별 이 땅 위에 비길 것이 없도다.

내 몸의 모든 염려 이 세상 고락 간 나와 항상 같이하여 주시고
시험을 당할 때에 악마의 계교를 즉시 물리치사 날 지키시네
온 세상 날 버려도 주 예수 안 버려 끝까지 나를 돌아보시니
주는 저 산 밑에 백합 빛나는 새벽별 이 땅 위에 비길 것이 없도다.

내 맘을 다하여서 주님을 따르면 길이길이 나를 사랑하리니
물불이 두렵잖고 창검이 겁 없네 주는 높은 산성 내 방패시라
내 영혼 먹이시는 그 은혜 누리고 나 친히 주를 뵙기 원하네
주는 저 산 밑에 백합 빛나는 새벽별 이 땅 위에 비길 것이 없도다.

26

사랑을 찾은 행복 (1)

"여자들 가운데에서 어여쁜 자야 네 사랑하는 자가 어디로 갔는가 네 사랑하는 자가 어디로 돌아갔는가 우리가 너와 함께 찾으리라 내 사랑하는 자가 자기 동산으로 내려가 향기로운 꽃밭에 이르러서 동산 가운데에서 양 떼를 먹이며 백합화를 꺾는구나 나는 내 사랑하는 자에게 속하였고 내 사랑하는 자는 내게 속하였으며 그가 백합화 가운데에서 그 양 떼를 먹이는도다 내 사랑아 너는 디르사 같이 어여쁘고, 예루살렘같이 곱고, 깃발을 세운 군대같이 당당하구나 네 눈이 나를 놀라게 하니 돌이켜 나를 보지 말라 네 머리털은 길르앗 산기슭에 누운 염소 떼 같고 네 이는 목욕하고 나오는 암양 떼 같으니 쌍태를 가졌으며 새끼 없는 것은 하나도 없구나 너울 속의 네 뺨은 석류 한쪽 같구나 왕비가 육십 명이요 후궁이 팔십 명이요 시녀가 무수하되 내 비둘기, 내 완전한 자는 하나뿐이로구나 그는 그의 어머니의 외딸이요 그 낳은 자가 귀중하게 여기는 자로구나 여자들이 그를 보고 복된 자라 하고 왕비와 후궁들도 그를 칭찬하는구나" (6:1-9)

술람미 여인이 솔로몬 안에 있을 때는 참으로 당당하고 어엿한 왕후였습니다. 그러나 솔로몬을 놓치고 나니까 얼마나 비참해졌습니까? 순찰하는 자에게 얻어맞고 예루살렘 여자들한테도 조롱까지 받게 되었습니다.

"성안을 순찰하는 자들이 나를 만나매 나를 쳐서 상하게 하였고 성벽을 파수하는 자들이 나의 겉옷을 벗겨 가졌도다"(아 5:7).

"여자들 가운데에 어여쁜 자야 너의 사랑하는 자가 남의 사랑하는 자보다 나은 것이 무엇인가 너의 사랑하는 자가 남의 사랑하는 자보다 나은 것이 무엇이기에 이같이 우리에게 부탁하는가"(아 5:9).

🎵 사랑의 찬사로 인한 변화

그럼에도 불구하고 술람미 여인은 계속해서 불평하지 않고 그저 자신의 사랑을 찾아다녔습니다. 그러면서 솔로몬 왕을 감동시키고, 감동시키고, 또 감동시킬 정도로 찬사만 하였습니다. 그러자 무엇이 달라졌습니까? 두 가지가 달라졌습니다.

첫째, 예루살렘 여자들이 감동을 받고 태도가 달라졌습니다

"여자들 가운데에서 어여쁜 자야 네 사랑하는 자가 어디로 갔는가 네 사랑하는 자가 어디로 돌아갔는가 우리가 너와 함께 찾으리라"(아 6:1).

처음에는 술람미 여인을 조롱하고 조소하던 예루살렘 여자들이 사랑하는 임을 찾고 또 찾는 술람미 여인의 모습을 보고 감동을 받았습니다. 원망하고 불평하지 않고 그저 사랑하는 임을 예찬하는 그녀의 모습을 보고 마음이 움직인 것입니다. 그래서 "우리가 같이 찾아주겠다. 우리가 함께 너의 사랑하는 임을 찾아주겠다"면서 그들의 태도가 달라졌습니다.

우리도 어느 한순간에 주님의 사랑을 잃어버리고 주님의 은혜를 놓쳐 버리는 경우가 있습니다. 주님의 임재와 주님의 사랑이 내 마음에서 떠날 때가 있습니다. 그러면 우리가 세상에서 비참해지고 창피를 당할 수 있습니다. 우리가 주님의 사랑으로 가득하고 주님의 임재 속에 살아가면 하나님의 자녀로서 권세를 누리고, 주님의 신부로서 권세를 누리며 살아갈 수 있습니다. 하나님의 사랑과 은혜를 빼앗겨 버리면 세상과 마귀로부터 조롱당하고 핍박당하고 손가락질을 당한다는 말입니다.

그러나 그럴지라도 우리는 절대 불평하면 안 됩니다. 원망하면 안 됩니다. "내가 주님을 사랑하는데 이럴 수 있느냐? 그래도 하나님을 사랑하고 살아왔는데 어떻게 이런 일이 일어날 수 있느냐?" 하고 원망하고 불평하면 안 됩니다. 오히려 하나님을 더 확실하게 고백하고 찬사해야 합니다. "하나님, 이것은 내 잘못입니다. 내 실수입니다. 나는 조롱당하고 핍박을 받았지만, 주님의 사랑은 변함이 없습니다. 주님의 영광만은 변함이 없습니다."

오히려 이렇게 주님에 대한 칭송과 영광의 고백이 확실해야 합니다. 주님을 사랑하고 주님의 은혜를 사모하는 찬사가 더 확실해야 합니다. 그랬을 때 술람미 여인의 고백을 듣고 예루살렘 여자들이 감동을 받고 함께 신랑을 찾자고 하는 것입니다. 우리가 주님을 버리고, 주님 사랑 잃어버리며, 절망하고 자포자기하고 원망하는 것은 아무 소용이 없습니다. 아무리 조롱당하고 핍박당해도, 그래도 주님을 찬양해야 합니다. 주님을 예찬해야 합니다. 처음에는 미쳤다고 하고 핍박해도, 나중에는 저들이 감동을 받습니다. 그리고 함께 주님을 찾자고 합니다. 함께 주님을 예찬하고 영광 돌리게 되어 있습니다.

역설적인 믿음, 초월적인 고백과 감사로 찬양할 때 주님이 감동받는 것이고, 당연히 우리를 조소하고 핍박하는 자들까지도 감동받습니다. 그리고 우리의 초월적 믿음에 동의하고 주님 만나는 길을 도와준다는 말입니다. 마침내는 주님을 찾게 되는 것입니다.

둘째, 그토록 찾아 나섰던 사랑의 대상이 어느 순간 자신 앞에 나타났습니다

"내 사랑하는 자가 자기 동산으로 내려가 향기로운 꽃밭에 이르러서 동산 가운데에서 양 떼를 먹이며 백합화를 꺾는구나"(아 6:2).

술람미 여인이 궁 안에서 솔로몬 왕을 찾다가 없으니까, 나중에는 궁 바깥에까지 나가서 찾았습니다. 그러다가 성안을 순찰하는 자들에게 잡혀서 겉옷이 벗기고 뺨을 맞는 수모를 당했습니다. 왕후가 되어서 이게 무슨 창피한 일입니까? 미친 여자처럼 잠옷만 걸치고는 "왕이시여, 왕이시여, 어디 계시나요? 전하, 어디 계시옵니까?" 애타게 찾아 나섰습니다. 그러다가 순찰하는 자들에게 잡혀서 수치를 당한 것 아닙니까?

그리고 예루살렘 여자들에게 "나의 사랑하는 임이 어디에 있느냐?"고 물어보았다가 "네 신랑이 뭐가 그리 대단하냐? 네 사랑이 우리 사랑보다 뭐가 그리 잘나고 대단해서 찾아달라고 하느냐?"며 무시당하고 조롱당하기까지 합니다. 물론 꿈결이었지만 술람미 여인은 그렇게 사랑하는 임을 찾아다녔습니다.

그렇게 어려운 일을 당해도 그저 끝까지 원망하지 않고, 불평하지 않고, 찾고 또 찾으며 열심히 솔로몬 왕을 예찬했더니, 어느 순간에 자기의 사랑이 자기 앞에 와서 자기를 품어 주고 사랑해 주고 인도해 준 것입니다. 그것을 6장 2절에서 아주 문학적으로 표현해 주고 있습니다.

이것은 문학적으로 표현하고 있는 것인데 "내 사랑하는 자가 자기 동산으로 내려간다"고 할 때, 여기서 내 사랑은 솔로몬을 말합니다. 그리고 자기 동산은 아가서 4장 12, 16절에서 말한 잠근 동산을 말합니다.

"내 누이, 내 신부는 잠근 동산이요 덮은 우물이요 봉한 샘이로구나"(아 4:12).

"북풍아 일어나라 남풍아 오라 나의 동산에 불어서 향기를 날리라 나의 사랑하는 자가 그 동산에 들어가서 그 아름다운 열매 먹기를 원하노라"(아 4:16).

무슨 의미입니까? 자기 동산으로 내려갔다는 말은 직역하면, 자기 정원이나 비원으로 내려갔다고 말할 수 있습니다. 그러나 아가서 4장부터 지금까지 "잠근 동산"이란 술람미 여인 자체를 의미했으므로 "자기 동산으로 내려갔다"는 말은 의미상으로 볼 때, 술람미 여인이 솔로몬 왕을 찾고 또 찾았더니 어느 순간에 술람미 여인 곁에 와서 딱 있는 것을 말합니다. 꿈에 찾아 헤매었는데 어느 순간에 와 버린 것입니다. 솔로몬 왕이 자기 곁에, 자기 동산에 내려온 것입니다.

26. 사랑을 찾은 행복 (1)

그리고 향기로운 꽃밭은 술람미 여인의 얼굴을 의미합니다. 지금 솔로몬 왕이 찾아와서 술람미 여인의 얼굴을 비벼 준다든지, 입을 맞추어 준다든지 사랑을 나누는 그런 표현입니다. 동산 중앙에서 양 떼를 먹이며 백합화를 꺾는다는 것은 술람미 여인을 사랑해 주고 포옹해 주고 예뻐해 주면서 만족을 느끼고 쾌감을 주는, 은유적이고 상징적인 표현입니다.

특별히 백합화를 꺾는다는 말은, 진짜 노루나 양이 백합화를 끊어 먹을 때 얼마나 맛있겠습니까? 그처럼 솔로몬 왕이 술람미 여인과 첫사랑의 관계가 회복되어서 술람미 여인에게 다시 와서 향취를 맡고, 사랑의 포옹을 해주고, 입맞춤을 해주고, 스킨십을 해주고 안아주는 것을 의미합니다. 그런 것을 통해서 향기로운 쾌감을 느끼고, 순백의 기쁨을 느끼고 즐거워하며 사랑의 카타르시스를 느끼는 문학적 표현을 백합화를 꺾는다고 말하는 것입니다.

솔로몬 왕을 찾고 또 찾으며 예찬했더니 어느 순간에 자신에게 와서 사랑을 주었습니다. 그냥 말로만 하는 것이 아니라 이렇게 행위로, 수많은 여자들이 보는 데서 사랑을 확인해 주었습니다. 그때 솔로몬 왕이 뭐라고 표현했겠습니까? "나를 찾느라고 얼마나 고생을 했느냐? 얼마나 힘들었느냐? 내가 네 마음을 안다. 나도 네 사랑을 안다. 나는 네 중심을 안다. 나밖에 모르고 나만 사랑하는 네 마음을 안다." 이런 모습을 문학적으로, 시적으로 표현한 것이 바로 '동산에 내려오는 것'이고, '꽃밭에 내려오는 것'이고, '양 떼 가운데서 먹이고 백합화를 꺾는 것'입니다. 이럴 때 술람미 여인이 얼마나 황홀했겠습니까?

우리가 때로는 주님을 놓치고, 우리 잘못으로, 우리 실수와 허물로 주님의 사랑과 은혜를 놓칠 때가 있습니다. 그래도 원망하면서 "주님, 왜 나를 버렸습니까? 이럴 수 있습니까?" 하고 불평하지 말고, 끝까지 주님을 예찬하고 찬양하고 그저 주님만 붙잡고 사모하고 찬양하고 나가면 주님이 나를 사랑해 주시는 것입니다. 어느 날 주의 은혜가 홀연히 임한다는 것입니다. 불현듯, 놀랍게 임한다는 말입니다.

그때 우리가 감격하지 않습니까? 그래서 주님을 만나고 나서 주님의 사랑을 회복하고 주님의 은혜를 회복하고 나면 우리가 감격하지 않습니까? 그때 우리가 뭐라고 고백합니까? "주님이 나를 떠나시면 나는 아무것도 아니에요. 나는 주님 안에 있어야지 주님 바깥에 있으면 아무것도 아닙니다. 주님 사랑 떠나면 아무것도 아니에요. 주님 품에 있어야지, 세상의 부귀영화, 재물이 아무리 좋아도 나는 주님 안에 있어야 해요. 주님 품에 있어야 해요."

그러면서 주님이 나를 붙잡아 달라고, 주님이 나를 품어 달라고 애원하면서 주님의 품은 황홀하고, 주님의 품은 사랑과 평화라고 절규하면서 하나님 앞에 부르짖는다는 말입니다.

이런 감격 속에서 술람미 여인은 자기도 모르게 고백한 것입니다. 솔로몬의 품 안에서 첫사랑을 회복하고 사랑의 감격 속에 있을 때 자기도 모르게 고백한 것입니다. 그것이 3절입니다.

"나는 내 사랑하는 자에게 속하였고 내 사랑하는 자는 내게 속하였으며 그가 백합화 가운데에서 그 양 떼를 먹이는도다"(아 6:3).

술람미 여인이 얼마나 감격했겠습니까? 그렇게 찾고 또 찾으며 예찬하던 솔로몬 왕이 어느 순간 자기 곁에 와서 품어주고 안아주고 사랑해 주는 모습을 보면서 얼마나 감동했겠습니까? 그 사랑의 절정의 순간에 이런 고백을 한 것입니다. "나는 내 사랑하는 자에게 속하였고 내 사랑하는 자는 내게 속하였다."

이것은 소속의 사랑입니다. 이것은 이미 2장 16절에서 한 번 살펴보았습니다. 술람미 여인은 솔로몬에게 속하였고, 솔로몬은 술람미 여인에게 속하였다는 것입니다. 완전한 사랑의 소속감과 일치감을 느끼게 되었단 말입니다. 진정한 사랑이란 먼저 완전한 소속과 독점적 점유가 있어야 합니다. '나는 그대에게, 그대는 나에게' 라는 관계가 이루어져야 합니다.

그래서 미국의 인본주의 심리학자인 매슬로우는 인간의 욕구에 대해 5단계로 구분했습니다(① 생리적 욕구 ② 안전 욕구 ③ 소속 욕구 ④ 존경 욕구 ⑤ 자아실현 욕구). 가장 기초적인 욕구인 생리적 욕구부터 가장 마지막 단계인 자아실현의 욕구까지 5단계로 구분했는데, 그 중에서 중간 단계인 3단계는 소속의 욕구로 정의했습니다. 그만큼 인간에게 있어 사랑의 소속감을 갖는 것은 매우 중요한 일입니다.

에리히 프롬은 《사랑의 기술》이라는 책에서, 사랑은 '관심' 으로 나타난다고 합니다. 그리고 책임을 지는 것이고 존중히 여기는 것이라고 합니다. 또한 윌리엄 글래서는 현실 치료 요법을 제안한 사람으로, 인간은 다섯 가지의 기본 욕구에 의해 끊임없이 행동해야 한다고 합니다. 그에 의하면, 인간의 유전적인 속성 안에 내재해 있는 다섯 개의 기본적인 욕구 중 두 번째가 바로 소속 욕구입니다. 그가 주장한 다섯 가지 욕구는 다음과 같습니다. 생존에 대한 욕구, 소속 욕구, 힘에 대한 욕구, 자유에 대한 욕구, 즐거움에 대한 욕구.

그러므로 사랑에의 소속이 얼마나 중요한지 모릅니다. 술람미 여인도 그것을 알았습니다. "나는 내 사랑하는 자에게 속하였고 내 사랑하는 자는 내게 속하였으며." 그뿐만 아니라 그가 백합화 가운데 양 떼를 먹인다는 것은 자기를 사랑한다는 사랑의 표현입니다. 소속하는 것으로 끝나는 것이 아니라 자상하게 사랑해 주는 표현입니다.

우리와 주님과의 관계도 마찬가지입니다. 이처럼 주님과 내가 완전히 하나가 되는 것입니다. 그래서 주님을 신랑처럼, 남편처럼 모시고 삽니다. 주님을 친구처럼, 목자처럼 완전히 주님만 따라 살아가게 됩니다. 완전히 주님과 함께 동행하게 됩니다. 주님이 없으면 이제 살아갈 수 없습니다. 주님의 은혜와 사랑이 없으면 단 한순간도 살아갈 수 없게 됩니다. 마치 포도나무 가지가 줄기를 떠나면 말라비틀어져 아궁이에 들어가기 때문에 줄기에 꼭꼭 붙어 있어야 하는 것처럼, 나는 주님을 떠나서는 아무것도 할 수 없다고 고백하는 것입니다. 그러니 주님을 더 의지하고 사랑할 수밖에 없습니다. 주님의 축복을 받고 기적을 경험할수록, 더 겸손하고 더 은혜를 사모하며 더 주님만을 붙잡으려고 몸부림칠 수밖에 없는 것입니다.

그렇습니다. 우리는 이렇게 생각하고 고백해야 합니다. 나는 없어도 주님의 사랑이 있으면 나는 있다고, 그러나 나는 있어도 주님의 사랑이 내 안에서 떠나가 버리면 나는 없는 것이라고 고백해야 합니다. 주님의 사랑이 바로 우리의 호흡입니다. 주님의 사랑이 나의 호흡이고, 나의 생명이고, 나의 존재 자체입니다. 주님의 은혜가 우리의 기쁨이요 만족이요 영원한 소망인 것입니다.

솔로몬 왕의 예찬

그러자 솔로몬 왕이 드디어 입을 열어 만인 앞에서 술람미 여인을 예찬하는 것입니다. 뭐라고 예찬합니까?

첫째, 디르사같이 어여쁘고 예루살렘같이 곱다고 예찬했습니다

"내 사랑아 너는 디르사같이 어여쁘고, 예루살렘같이 곱고"(아 6:4).

'디르사' 란 아름다움과 즐거움이란 뜻으로, 사마리아에서 동쪽으로 약 13킬로미터에 위치한 성읍입니다. 북왕국 이스라엘의 수도였는데, 솔로몬 왕 당시 이 성읍에는 관개 시설을 통해 조성된 아름다운 정원이 있었다고 합니다. 이런 아름다움에 술람미 여인의 아름다움을 비유했습니다.

그다음에 예루살렘같이 곱다고 했습니다. 예루살렘은 평화의 기초라는 뜻입니다. 거룩한 성으로도 불렸습니다. 법궤가 옮겨진 이후에 이스라엘의 중심이었습니다. 이스라엘의 심장이었습니다. 그러니 아름다움 중의 최고를 의미합니다. 특별히 석양이 질 무렵 예루살렘의 모습은 진짜 황금 도시와 같았습니다.

이게 무슨 말입니까? 여기 술람미 여인의 아름다움을 디르사와 예루살렘에 비유한 것은, 여자 중에 최고로 아름답다는 뜻입니다. 누구와 비교할 수도 없다는 것입니다. 수많은 여자가 있지만 그 여자 가운데 술람미 여인이 가장 곱고 아름답고 빼어나다는 것입니다. 그냥 예쁘다는 것이 아니라 최고로 예쁘다는 것입니다. 술람미 여인한테 이렇게 선언한 것입니다.

성도도 마찬가지입니다. 주님이 보실 때 "내가 보니 너의 모습이 가장 아름답구나. 너의 충성이 가장 아름답구나. 너의 서 있는 자리가 가장 아름답고, 너의 헌신이, 너의 섬김이 가장 아름답구나"라고 칭찬해 주시고 선언해 주시는 성도가 되어야 합니다.

둘째, 아름다우면서도 자태가 어엿하다고 예찬했습니다

"깃발을 세운 군대같이 당당하구나"(아 6:4).

여자가 예쁘기는 한데 어딘가 조금 부족해서 조금만 꾀면 넘어가고, 자존심도 없고, 어깨만 쳐도 따라오는 그런 여자면 되겠습니까? 예쁘면서도 자태가 있어 꼿꼿하고 어엿하고 품격이 있고 당당한 지체와 절개가 있어야 합니다.

그런데 오늘 술람미 여인은 깃발을 세운 군대같이 당당하다고 합니다. 깃발을 세운 군대, 진을 치고 있는 군대의 모습이 얼마나 기상이 있고 기개가 있어 보이겠습니까? 절대로 흔들리지 않고, 기개가 있고 당당하게 보입니다. 술람미 여인이 그렇게 예쁘면서도 꼿꼿하고 자태가 어엿했다는 것입니다. 그렇게 솔로몬을 잃어버렸어도 찾고 또 찾아다녔던 술람미 여인은 그런 말을 들을 만한 자격이 있지 않습니까?

우리도 그래야 합니다. 주님 사랑한다고 하면서도 시험이 오고 어려움을 당하면 금방 마음이 변하고 세상 좋아하고 그러면 안 됩니다. 줏대가 있어야 합니다. 아주 자존심이 있어야 합니다. 주님이 우리의 그런 군대의 깃발과 같은 당당한 모습을 보시고 우리를 인정해 주고 칭찬해 주십니다.

셋째, 티 없이 맑은 눈을 예찬하고 있습니다

"네 눈이 나를 놀라게 하니 돌이켜 나를 보지 말라"(아 6:5).

왜 이렇게 술람미 여인의 눈을 예찬합니까? 오직 솔로몬밖에 모르기 때문입니다. 잠시 솔로몬 왕을 잃어버렸어도 불평하지 않고 원망하지 않고 오직 솔로몬 왕만을 찾고 바라보니까 그런 것입니다. 순결한 비둘기의 눈처럼 오직 솔로몬 왕만을 찾고 바라보기 때문에 그렇습니다. 솔로몬 왕은 아가서 4장 1절에서도 술람미 여인에게 네 눈이 비둘기 같다고 예찬한 적이 있습니다. 면사포를 쓴 술람미 여인의 눈을 보니까, 너울 속으로 눈이 보이는데 그 눈이 영락없이 비둘기같이 아름답다는 것 아니겠습니까? 비둘기는 새 중에서 가장 순결하고 지조가 있는 새입니다.

그런데 솔로몬이 술람미 여인의 눈을 보았을 때 바로 그 눈이 비둘기같이 순결하고 아름답게 보였던 것입니다. 왜 그렇게 보였을까요? 술람미 여인은 오로지 솔로몬만을 찾고 그에게만 기대었기 때문입니다. 솔로몬이 없으면 못살고 솔로몬밖에 몰랐을 뿐 아니라, 오직 솔로몬만을 연모하며 애절하게 사모하는 눈빛으로 찾고 또 찾았기 때문입니다. 솔로몬을 향해서 아름다운 사랑을 갈구하는 그 눈빛, 그 환상적인 사랑을 갈구, 애모하는 눈빛, 그런 눈빛으로 솔로몬 왕을 찾고 또 찾아서 이제 어느새 그 품에 안겨 있으니, 얼마나 술람미 여인의 눈이 아름답게 보였겠습니까? 그러나 술람미 여인은 너무 미안하고 황송해서 차라리 나를 보지 말라고 합니다.

우리도 그렇습니다. 주님이 어떤 눈을 칭찬하시는지 아십니까? 오직 주님과의 첫사랑을 회복하고 오직 주님만을 바라보고 눈이 빠지도록 그리워하고 사모하는 눈을 아름답다고 칭찬하시는 것입니다. 세상을 바라보지 않고, 세상에 한눈팔지 않으며, 오직 주님을 바라보고 천국을 바라보며 신령한 세계를 바라보는 눈을 기뻐하시고 예찬하신다는 말입니다.

그러므로 이제부터 여러분의 눈을 주님께 고정시키시기 바랍니다. 세상에 주목했던 눈을 주님을 향하여 묶어 놓으시기 바랍니다. 잠시 우리 주님의 사랑을 잃어버리고 떠났더라도 다시 사랑을 회복하고, 목마른 사슴이 시냇물을 찾는 것처럼 그렇게 주님을 사모하고 기다리는 눈을 가질 수 있기를 바랍니다.

넷째, 생명력이 넘치는 머리털을 예찬하고 있습니다

"네 머리털은 길르앗 산기슭에 누운 염소 떼 같고"(아 6:5).

술람미 여인이 사랑을 회복한 후에, 솔로몬 왕이 술람미 여인의 머리털을 길르앗 산기슭에 누운 염소 떼 같다고 예찬하고 있습니다. 길르앗 산은 요단 강 동편에 있는 넓은 산지를 말합니다. 길르앗 산 아래는 평지처럼 비스듬한 모양으로 되어 있습니다. 그런데 이곳에 검은 염소 떼가 누워 있는 모습이 바로 사랑하는 술람미 여인의 긴 머리털 모습과 같다는 것입니다.

오늘도 주님은 어떤 성도를 기뻐하십니까? 주님과의 첫사랑을 회복하고 넘치는 생명력으로 가득한 성도, 넘치는 기쁨과 감격으로 가득한 성도, 주님을 향한 풍성한 사랑과 생명으로 가득한 성도를 기뻐하시는 것입니다. 그런 성도들을 예찬하는 것입니다.

다섯째, 술람미 여인의 이[齒]를 목욕하고 나오는 쌍태를 가진 암양 떼 같다고 예찬하고 있습니다

"네 이는 목욕하고 나오는 암양 떼 같으니 쌍태를 가졌으며 새끼 없는 것은 하나도 없구나"(아 6:6).

염소는 검지만 양은 희지 않습니까? 더구나 목욕장에서 목욕하고 털을 깎고 나온 암양은 얼마나 깨끗하고 정갈하고 하얗게 보이겠습니까? 바로 솔로몬은 첫사랑을 회복한 술람미 여인의 하얀 이를 목욕장에서 털 깎고 나온 암양처럼 아름답다고 찬사했던 것입니다. 그런데 그냥 목욕장에서 나온 털 깎인 양이 아니라, 쌍태를 낳은 암양이라고 했지 않습니까? 이 말은 술람미 여인의 이가 아주 균일하게 혹은 균형 잡혀 있는 아름다운 이라고 예찬하고 있는 것입니다.

먼저는 하얀 이입니다. 균형 잡힌 이지요, 건강한 이라는 것입니다. 오늘 우리 성도들도 주님과의 사랑을 회복하고 영적인 이를 가져야 합니다. 성경은 사람이 떡으로만 사는 것이 아니라 하나님의 입에서 나오는 모든 말씀으로 산다고 말씀합니다. 우리는 육신의 양식으로만 사는 것이 아니라 새 양식, 새 생명의 양식을 먹어야 합니다. 우리 영혼이 하나님의 말씀을 먹어야 합니다. 그래서 우리의 영혼에도 아름답고 건강한 이가 있어야 합니다. 그래야 단단한 음식도 잘 먹고 소화도 잘 시킬 수 있는 것입니다. 바로 이런 건강한 이를 가져야 영적인 소화를 잘 시킬 수 있습니다. 그런 영적인 이를 주님이 칭찬해 주십니다.

여섯째, 술람미 여인의 뺨이 석류 한쪽같이 아름답다고 예찬하고 있습니다

"너울 속의 네 뺨은 석류 한쪽 같구나"(아 6:7).

석류 하나를 탁 반으로 잘라서 한쪽을 보면 붉은 석류가 얼마나 알알이 박혀 있습니까? 붉은 색깔 속에서 싱싱하고, 생명력의 기운이 넘치지 않습니까? 그런데 솔로몬은 술람미 여인의 뺨이 석류 한쪽같이 아름답다고 했습니다. 왜 그랬을까요? 솔로몬 왕을 찾고 또 찾느라 상기된 얼굴, 그리고 사랑하는 임을 찾아서 너무나 좋고 행복해서 얼굴이 상기되고 빨개진 것입니다. 사랑으로 가득한 술람미 여인의 모습이 진짜 아름다운 모습입니다.

우리도 마찬가지입니다. 주님과의 첫사랑을 회복하고 다시 찾은 사람은 얼굴에 생기가 넘칩니다. 생명나무를 선택하고 주님을 사모하고 주님을 앙망하는 사람은 불그스름하게 얼굴에 핏기가 넘치고 윤기가 있습니다. 그런데 주님과의 사랑을 잃어버리고, 선악과를 선택하고, 원망하고 불평하고 짜증만 내는 사람은 얼굴에 살기가 넘칩니다.

지금도 주님을 생각하면 가슴이 뜁니까? 오늘도 예배에 오면서 '우리 목사님이 어떤 말씀을 주실까?', '하나님이 목사님을 통해서 어떤 말씀을 주실까?' 기대하고 심장이 뛰었습니까? 그런 얼굴이 윤기 있는 얼굴이요, 생명력으로 가득한 얼굴이요, 주님께 아름답다고 칭찬받고 찬사를 받는 얼굴입니다. 주님과의 첫사랑을 회복하시고 영적인 아름다운 뺨을 소유하시기 바랍니다.

일곱째, 순수하고 완전한 사랑을 예찬하고 있습니다

"왕비가 육십 명이요 후궁이 팔십 명이요 시녀가 무수하되 내 비둘기, 내 완전한 자는 하나뿐이로구나 그는 그의 어머니의 외딸이요 그 낳은 자가 귀중하게 여기는 자로구나 여자들이 그를 보고 복된 자라 하고 왕비와 후궁들도 그를 칭찬하는구나"(아 6:8-9).

당시 왕비가 60명, 후궁이 80명, 시녀가 무수하게 많았지만 비둘기 같은 자, 완전한 자는 하나밖에 없다는 것입니다. 오직 술람미 여인 하나밖에 없다는 것입니다. 그리고 솔로몬만 그렇게 술람미 여인을 칭찬하는 것이 아니라, 다른 후궁들도 술람미 여인을 칭찬하고 있습니다. 술람미 여인은 그만큼 다른 누구와도 비교할 수 없는 사랑의 모범이 된 것입니다.

우리도 그래야 합니다. 이렇게 주님을 사랑하고, 주님께 속해 있고, 주님께 칭찬을 받으면 주님께만 칭찬받는 것이 아니라 다른 성도들에게도 칭찬을 받습니다. 우리 주님께만 칭찬받는 것이 아니라 성도들에게도 칭찬을 받는다는 말입니다.

"하나님의 나라는 먹는 것과 마시는 것이 아니요 오직 성령 안에 있는 의와 평강과 희락이라 이로써 그리스도를 섬기는 자는 하나님을 기쁘시게 하며 사람에게도 칭찬을 받느니라"(롬 14:17-18).

하나님을 잘 섬기면 하나님께만 칭찬받는 것이 아니라 사람에게도 인정받고 칭찬을 받는 것입니다. 이 사실을 우리에게 가르쳐 주고 있습니다. 주님과의 첫사랑을 회복하면 그렇게 됩니다. 주님과의 사랑을 회복하면 주님께도 인정받고 사람에게도 인정을 받습니다. 그럴 때 우리의 영혼이 잘되고 범사가 잘되고 강건한 축복을 받는 것입니다. 우리의 가정, 직장, 사업이 잘되는 축복을 받는 것입니다. 그런 여러분이 될 수 있기를 바랍니다.

부부도 그래야 합니다. 부부가 서로를 이렇게 칭찬해야 합니다. 내 남편과 아내를 이처럼 아름다운 언어로 칭찬해야 합니다. 말에서 그치는 것이 아니라 마음으로도 그렇게 생각해야 합니다. 서로의 이름을 생각만 해도 가슴이 뛰고 항상 새로운 사랑이 싹터야 합니다. 사랑하는 내 아내, 사랑하는 내 남편의 이름만 불러도 그것이 우리의 기쁨과 소망이 되어야 합니다. 바로 솔로몬의 찬사와 고백은 부부 생활에도 이런 교훈을 줍니다.

27

사랑을 찾은 행복 (2)

"왕비가 육십 명이요 후궁이 팔십 명이요 시녀가 무수하되 내 비둘기, 내 완전한 자는 하나뿐이로구나 그는 그의 어머니의 외딸이요 그 낳은 자가 귀중하게 여기는 자로구나 여자들이 그를 보고 복된 자라 하고 왕비와 후궁들도 그를 칭찬하는구나 아침 빛같이 뚜렷하고 달같이 아름답고 해같이 맑고 깃발을 세운 군대같이 당당한 여자가 누구인가 골짜기의 푸른 초목을 보려고 포도나무가 순이 났는가 석류나무가 꽃이 피었는가 알려고 내가 호도 동산으로 내려갔을 때에 부지중에 내 마음이 나를 내 귀한 백성의 수레 가운데에 이르게 하였구나 돌아오고 돌아오라 술람미 여자야 돌아오고 돌아오라 우리가 너를 보게 하라 너희가 어찌하여 마하나임에서 춤추는 것을 보는 것처럼 술람미 여자를 보려느냐" (6:8-13)

술람미 여인은 회복의 은총을 입었습니다. 솔로몬 왕과의 사랑이 회복되는 특별한 은총을 입었습니다. 사랑이 회복되니까 솔로몬 왕이 만인들 앞에서 술람미 여인을 예찬하기 시작했던 것입니다. 먼저 술람미 여인을 디르사같이 예쁘고 예루살렘같이 곱다고 했지 않습니까? 또한 깃발을 세운 군대같이 자태가 고고하고 당당한 모습을 예찬했습니다. 티 없이 맑은 눈을 예찬했을 뿐 아니라 생명력이 넘치는 머리털을 예찬했습니다. 그리고 아름다운 이를 예찬했으며, 석류같이 불그스름한 뺨을 예찬했습니다. 계속해서 9절에서 순수하고 완전하고 하나밖에 없는 술람미 여인의 사랑을 예찬하고 있습니다.

"왕비가 육십 명이요 후궁이 팔십 명이요 시녀가 무수하되 내 비둘기, 내 완전한 자는 하나뿐이로구나 그는 그의 어머니의 외딸이요 그 낳은 자가 귀중하게 여기는 자로구나 여자들이 그를 보고 복된 자라 하고 왕비와 후궁들도 그를 칭찬하는구나"(아 6:8-9).

당시에 솔로몬 왕에게는 왕비가 60명, 후궁이 80명, 거기다 시녀까지 무수히 많았습니다. 솔로몬 왕의 표현으로 볼 때 아가서 저작 시기를 솔로몬의 초·중기 정도 되었을 것으로 추측하는 사람들이 있습니다. 왜냐하면 열왕기상 11장 3절은 솔로몬에게 후궁이 1천 명이나 있었다고 기록하고 있기 때문입니다. 그래도 어쨌든 시녀까지 포함해서 수백 명은 되지 않았겠습니까? 그런데 그중에서 나의 완전한 자는 한 사람밖에 없다는 것입니다. 술람미 여인이 솔로몬 보기에 하나밖에 없는 여자처럼 보였습니다.

그렇습니다. 오늘 우리도 그래야 합니다. 수많은 여자가 있고 수많은 남자가 있어도, 나의 사랑은 오직 한 명뿐이어야 합니다. 오직 내 남편, 내 아내뿐이어야 합니다. 특별히 주님 보시기에 우리가 그 한 명으로 존재해야 합니다. 주님 앞에서 완전한 비둘기 같은 존재, 유일한 사랑은 하나밖에 존재하지 않기 때문입니다. 지상에 교회와 성도는 많이 있지만, 주님 앞에서 진정한 신부는 딱 하나만 존재하기 때문입니다.

이 '하나'라고 하는 말은 유일한 숫자적인 의미라기보다는 본질적인 면에서 주님과 나 사이의 관계성을 말하는 것입니다. 주님과 내가 하나 되는, 그런 신부가 되는 것을 말합니다. 수많은 성도가 있지만, 여러분 개개인이 주님과 하나 되고 온전한 회복의 관계를 이루면 주님 앞에 유일한 하나의 사랑이 되는 것입니다. 여러분 개개인이 그 하나가 되고 주님의 신부가 되는 것입니다. 여러분 모두가 주님 앞에 그 한 명이 되시기 바랍니다. 그 한 신부가 되시기 바랍니다. 그 한 비둘기, 그 완전한 주님의 하나의 사랑이 될 수 있기를 바랍니다.

술람미 여인에 대한 평가

이런 술람미 여인을 솔로몬 왕은 뭐라고 이야기합니까?

첫째, 낮은 자 중에 가장 귀하게 여김을 받는 자라고 했습니다

9절에 보면 외동딸이라고 했는데, 여기서 외동딸이라는 말은 히브리 말로 '아하트 히 레임마' 입니다. '그 어머니에게 속한 유일한 아이' 라는 뜻입니다. 이는 꼭 외동딸이라기보다 외동딸 그 이상의 딸, 즉 많은 자식들 가운데서 특별히 사랑을 받고 귀하게 여김 받는 자로 이해하는 것이 더 적당합니다. 거기다가 아가서 1장 6절에 보니까 술람미 여인에게는 여러 자매들과 형제들이 있었던 것 같습니다.

"내가 햇볕에 쬐어서 거무스름할지라도 흘겨보지 말 것은 내 어머니의 아들들이 나에게 노하여 포도원지기로 삼았음이라 나의 포도원을 내가 지키지 못하였구나"(아 1:6).

술람미 여인에게는 여러 오빠들이 있었습니다. 그렇다면 자매들도 있었을 것입니다. 그런데 술람미 여인이 여러 형제들 가운데 정말로 흠 없고 존귀하고 아주 귀하게 여김을 받는 사람이 된 것입니다. 외딴 시골에서 포도원 소작농의 딸로 태어나서 포도원지기나 하던 딸이, 대국의 왕비가 되어 왕의 사랑을 독차지하고 사니 얼마나 귀한 딸이었겠습니까? 더구나 이 딸은 가문을 빛냈습니다. 수많은 오빠도 있고 동생도 있고 자매도 있었겠지만, 누이 술람미 여인은 가문을 빛내고 영광스럽게 한 여자입니다. 영광의 가문, 축복의 명문가를 이루게 한 것입니다. 그러니 귀중한 여자 중의 여자가 아닐 수 없습니다.

　오늘도 우리가 복 받으면 이렇게 됩니다. 옛날에 가난하고 못살 때는 천한 사람같이 보이지만, 그가 복을 받을 때는 그렇게 된다는 것입니다. 야베스를 잘 알지 않습니까? 역대상 4장에 나오는 야베스는 부유한 가정에 태어나지도 않았습니다. 배경도 좋지 않았습니다. 그는 유다 지파의 후예입니다. 그러나 유다 지파 중에서도 별 볼일 없는 집안에서 태어났습니다. 유다 지파 중 괜찮은 집안 후손들은 역대상 3장에 이미 소개되었습니다. 역대상 4장에는 별 볼일 없는 후손들이 소개됩니다.

　유다의 아들들은 베레스, 헤스론, 갈미, 훌, 소발입니다. 그런데 야베스는 소발의 후손입니다. 그러므로 뼈대 있는 가문에서 태어난 게 아니라 별 볼일 없는 가문에서 태어난 것입니다. 특별히 야베스는 그의 출생부터가 고통스러웠던 자입니다. 야베스의 뜻은 '수고로이 낳았다' 입니다. 고통, 아픔, 고민이란 뜻입니다. 얼마나 안타까운 이름입니까? 한국식으로 하면 김고통, 이고민, 박아픔, 이런 이름이 됩니다.

어쩌면 야베스가 뱃속에 있을 때 아버지가 죽었는지 모릅니다. 야베스가 태어나기 전에 아버지가 가출했거나 어머니가 병든 상태로 출산했는지 모릅니다. 아니면 야베스가 태어나기 전에 집안이 폭삭 망해 버렸는지 모릅니다. 또는 그가 장애인으로 태어난 것인지도 모릅니다. 그러니 기구한 운명에서 태어났고 자랐을 것입니다. 그래서 그 이름을 야베스라고 했습니다.

세상에는 태어날 때부터 저주스럽게 태어난 사람이 있습니다. 미혼모 자식, 강간당해서 낳은 자식, 술집 여자가 낳은 자식, 그 아이를 보는 사람마다 혀를 차지 않습니까? 안타깝다고 말입니다. 야베스 역시 이런 고통, 이런 저주 속에서 태어났습니다. 인간의 고통, 한계, 저주를 다 함께 안고 태어났습니다.

그러나 야베스는 이러한 한계를 극복하고 초월하는 믿음이 있었습니다. 그는 믿음이란 모든 운명과 난관을 이기는 능력이라고 확신했습니다. 바로 그 믿음, 그 신앙으로 그는 한계를 극복하고 참으로 존귀한 자가 되었습니다. 참으로 복을 받은 자가 되었습니다. 그렇게 그가 복을 받으니까 형제 중에서 존귀한 자가 되었습니다.

여러분도 복 받아서 존귀한 자가 되시기 바랍니다. 형제 가운데, 친척 가운데 가장 존귀한 자, 귀중한 자가 되시기 바랍니다. 형제가 7-8명이라도 여러분이 독자인 것처럼, 외딸인 것처럼, 외아들인 것처럼 모든 사람들로부터 귀하게 여김을 받으시기 바랍니다.

그런데 우리가 어떻게 이렇게 복을 받을 수 있습니까? 어떻게 존귀한 자가 될 수 있습니까? 먼저 주님과의 관계를 회복해야 합니다. 하나님의 사랑을 회복해야 합니다. 그럴 때 하나님 앞에서 비둘기 같은 완전한 자가 되고, 하나뿐인 신부가 되는 것입니다. 그리고 그는 존귀한 자로 여김 받게 되는 것입니다.

둘째, 모든 여자들이 그를 복된 여자라고 했습니다

여자들이 시기하고 질투한 것이 아니라 이제는 복된 자라고 찬사를 하고 예찬합니다. 왕의 사랑을 받고 있으니까 복 받은 여자라고 찬사를 하는 것입니다.

진정한 복이 무엇입니까? 자기만 복을 받는 것이 아니라 남도 복을 받게 하는 것입니다. 한마디로 축복의 통로, 전달자가 되는 것입니다. 그래서 나만 복을 받는 것이 아니라 남도 복을 받게 하고, 남에게 복을 계속해서 흘러가게 하는 사람입니다. 아브라함, 이삭, 야곱이 그런 사람들이었습니다.

술람미 여인도 그런 여자였습니다. 그러니까 막 여자들이 보고 찬사를 하고 예찬하는 것입니다. 복된 자라고, 복 있는 여자라고, 이 여자가 예루살렘에 와서 예루살렘이 잘되고 이스라엘이 잘된다고, 이 여자가 솔로몬 궁에 와서 솔로몬이 잘되고 나라가 잘된다고, 이 여자가 복이 있어서 그렇다고 예찬하는 것입니다.

저도 처음에 예수 믿고 쫓겨날 때는 그렇게 천덕꾸러기처럼 여김을 받았습니다. 그리고 가난하고 궁색할 때는 부모님과 고향 사람들도 "예수 믿고 잘된 것이 뭐가 있느냐?"고 했습니다. 그때는 그러고도 남았습니다. 그런데 이렇게 예수 믿고 복을 받으니까 소강석이 복된 자라고 다 칭찬합니다. 이처럼 여러분도 사람들에게 복된 자라는 소리를 들으시기 바랍니다. 여러분의 가까운 사람들에게, 그리고 동료들로부터 다들 이런 소리를 들으시기 바랍니다. 아무개, 아무개 집사는 복 받은 자라고, 하나님의 축복을 전달하고 물려주고 다니는 사람이라는 소리를 들으시기 바랍니다.

셋째, 왕비와 후궁들까지도 그녀를 칭찬했습니다

왕비와 후궁들이 보면 술람미 여인은 경쟁자입니다. 어떻게 보면 그들 모두가 술람미 여인을 끌어내리려 하는 사람들이었습니다. 조그마한 약점이나 허물만 발견되어도 시기하고 질투할 대상이었습니다. 그럼에도 불구하고 왕비와 후궁들이 그를 칭찬한다고 했습니다.

오늘 우리도 주님과의 사랑이 회복되고, 주님과의 아름다운 관계만 회복되면 우리가 다 이렇게 살아가는 것입니다. 주님 보시기에 완전한 비둘기요, 완전한 하나뿐인 사랑으로 존재하게 됩니다. 그러니 심지어는 우리의 경쟁자, 대적자, 라이벌 관계에 있는 사람까지도 우리를 칭찬하는 국면으로 바뀌게 되는 것입니다.

그런데 우리에게 가장 중요한 것이 무엇입니까? 주님과 우리의 관계입니다. 우리에게 가장 중요한 것은 주님과의 관계 회복입니다. 이게 막히면 모든 것이 막힌다는 말입니다. 우리는 주님과 막혀 있는 것을 뚫고 문제를 회복하는 것이 급선무입니다. 오늘 이 밤에도 말씀을 통하여, 기도를 통하여, 찬양을 통하여 다시 한번 주님과 여러분의 관계가 아름답게 회복될 수 있기를 바랍니다.

그러니 이런 여자를 솔로몬이 가만히 그냥 두고 볼 수가 없었습니다. 그래서 계속해서 이 여자를 찬사합니다. 아주 감탄사 부호를 몇 개를 그어가면서 칭찬합니다.

"아침 빛같이 뚜렷하고 달같이 아름답고 해같이 맑고 깃발을 세운 군대같이 당당한 여자가 누구인가"(아 6:10).

"이 여인이 누구인가? 새벽처럼 밝고, 보름달처럼 훤하고, 해처럼 눈부시고, 깃발을 앞세운 군대처럼 장엄하구나"(아 6:10, 표준새번역).

"이 여인이 누구인가?", "이 여인이 누구인가?", 이 여인이 누구입니까? 당연히 술람미 여인입니다. 솔로몬이 그만큼 감탄하고 감격해서 반어법을 써 말하고 있는 것입니다. "이 여인이 누구인가?"

솔로몬의 술람미 여인 예찬

그렇듯이 솔로몬 앞에 서 있는 이 여인이 누구입니까? 술람미 여인입니다. 솔로몬 왕이 지금 그 여인의 모습을 보라는 것입니다. 그러면 술람미 여인의 모습을 구체적으로 어떻게 예찬하고 있습니까?

첫째, 새벽처럼 밝다고 했습니다

"새벽처럼 밝고." 이 말은 무슨 뜻입니까? 술람미 여인에게는 밤이 지나갔습니다. 시험의 밤, 고난의 밤, 역경의 밤이 지나갔습니다. 그리고 술람미 여인에게는 새벽의 여명이 동터오고, 아침 빛이 환히 비치고 있습니다. 그러므로 술람미 여인에게는 이제 소망밖에 없습니다. 희망뿐입니다. 희망으로 가득 차고 소망으로 가득 차 있습니다. 솔로몬은 바로 그런 술람미 여인의 모습과 삶을 찬사하고 있습니다.

오늘 우리도 마찬가지입니다. 우리가 하나님의 사랑을 회복하고 하나님과 올바른 관계만 맺고 있으면, 우리에게는 어둔 밤이 없습니다. 절망이 없고 역경이 없습니다. 오직 소망밖에 없습니다. 희망밖에 없습니다. 우리에게는 새벽의 희망, 아침의 소망밖에 없습니다. 아무리 경제가 힘들고 살기 힘들다고 해도 우리에게 소망만 있으면 됩니다. 좌절만 하지 말고 끝까지 소망의 줄을 붙잡고 나아가면 됩니다. 그러면 승리할 수 있습니다. 그러면 우리는 언제나 승리하고 하나님께 영광 돌릴 수 있는 것입니다. 그런 여러분이 되시기 바랍니다.

둘째, 보름달처럼 환하다고 했습니다

술람미 여인에게 다시는 밤이 안 오겠지만, 설사 밤이 온다 해도 보름달처럼 환하게 빛이 난다고 합니다. 어둠 속에서도 도도하게 빛을 비추는 사람이라고 합니다. 어둔 밤을 비추고, 캄캄한 하늘을 비추고, 기나긴 암흑의 터널을 비춘다고 합니다. 그러니 얼마나 아름답고 복된 여인입니까?

오늘도 주님을 온전히 모시고 주님과의 아름다운 관계를 회복하고 있는 사람은 어둔 밤하늘에 보름달로 존재하는 사람입니다. 칠흑같이 어두운 밤하늘에 둥근 달로 존재하는 사람입니다. 그래서 많은 사람들에게 희망의 빛을 비춰주고 소망의 한 줄기 빛을 비춰주는 사람입니다. 가는 곳마다 희망이 되어주는 사람입니다.

셋째, 정오의 해처럼 눈부시다고 했습니다

약간의 과장법이 있긴 하겠지만, 그래도 술람미 여인의 얼굴이 이처럼 눈부시다는 것입니다. 그래서 남들이 바라보기에도 눈이 부십니다. 옛날에 정승만 지나가도 모든 사람들이 다 "물렀거라! 물렀거라!" 하면서 엎어져 있어야 했습니다. 감히 얼굴을 들어 쳐다보지 못했습니다.

지금 술람미 여인의 얼굴이 눈부셔서 사람들이 쳐다볼 수 없을 정도라는 것입니다. 뿐만 아니라 술람미 여인, 그의 삶이 영광스럽습니다. 눈부십니다. 보통 사람들은 눈부셔서 쳐다볼 수도 없습니다. 솔로몬 왕의 사랑을 독차지하고 있는 하나밖에 없는 사랑이 거리를 지나가는데, 누가 감히 쳐다볼 수 있겠습니까? 왕비가 지나가는데 누가 감히 쳐다봅니까? 한마디로 눈부신 태양과 같이 바로 바라볼 수가 없습니다. 그런데 술람미 여인은 정오의 해처럼 눈부실 정도로 그녀의 삶이 빛이 났다고 합니다.

여러분의 삶이 눈부시기를 바랍니다. 더욱더 빛나시기를 바랍니다. 여러분의 삶이 정오의 해처럼 솟아나시기를 바랍니다. 그러면 어떻게 우리가 빛날 수가 있습니까? 어떻게 주변의 부러움을 받을 수가 있습니까? 주님과 우리의 관계가 회복되는 사람, 영성이 회복되고 주님과의 사랑과 은혜가 회복되는 사람이 이런 복을 받는 것입니다. 주님과 내가 신랑, 신부가 되어 아름다운 관계가 회복되는 사람이 정오의 해처럼 빛이 나는 삶을 살게 되는 것입니다. 그래서 은혜 받고 여러분의 영혼이 회복되고 삶이 회복되기 바랍니다. 여러분의 삶이 눈부신 축복을 받으시기 바랍니다.

넷째, 깃발을 앞세운 군대처럼 장엄하다고 했습니다

깃발을 세우고 진을 치고 있는 군대, 진을 치고 있는 군대의 모습이 얼마나 기상이 있고 기개가 있어 보이겠습니까? 절대로 흔들리지 않고 기개가 있고 당당하게 보입니다. 이처럼 술람미 여인이 그렇게 예쁘면서도 꼿꼿하고 자태가 어엿했다는 것입니다. 솔로몬 외에는 그 어떤 사람에게도 눈이 돌아가지 않고, 지조가 있고, 기개가 있고, 절개가 넘치게 보였다는 것입니다. 그렇지 않습니까? 그렇게 솔로몬을 잃어버렸어도 찾고 또 찾아다녔던 술람미 여인은 그런 말을 들을 만한 자격이 있지 않습니까?

우리 역시, 주님을 사랑한다면서도 시험이 오거나 어려움을 당하면 금방 마음이 변하고 세상을 좋아하고 그러면 안 됩니다. 적어도 자존심이 있어야 합니다. 주님이 우리의 그런 깃발을 세운 군대 같은 당당한 신앙의 모습을 보고 우리를 인정해 주고 칭찬해 주신다는 말입니다. 그런 여러분이 되시기 바랍니다.

♪ 호도 동산으로 내려간 이유

이렇게 솔로몬은 술람미 여인을 예찬하고 사랑의 찬사를 하다가,

술람미 여인과 함께 더 깊은 사랑의 경지, 더 깊고 심오한 사랑의 세계로 가려고 합니다. 그것을 11-12절에서 문학적으로 표현하고 있습니다. 솔로몬은 호도 동산으로 내려갔습니다. 왜 내려갔을까요?

"골짜기의 푸른 초목을 보려고 포도나무가 순이 났는가 석류나무가 꽃이 피었는가 알려고 내가 호도 동산으로 내려갔을 때에"(아 6:11).

첫째, 동산에서 푸른 초목을 보기 위해서였습니다

그는 호도 동산으로 내려가 먼저 푸른 초목이 있는 것을 보고 싶었습니다. 오늘 우리 믿음의 동산에도 언제나 푸른 초목이 왕성해야 합니다. 잎사귀가 누렇게 병들어 있어서는 안 됩니다. 언제나 우리의 믿음의 동산에는 푸른 초목이 왕성해야 합니다. 주님이 그것을 보고 싶어 하십니다. 솔로몬은 술람미 여인에게 푸른 초목과 같은 사랑의 생명을 보고 싶어서 찾아간 것입니다. 생기왕성하고 초목이 콱콱 솟아나는 사랑의 푸른 초목을 보고 싶었던 것입니다. 윤기 있는 사랑의 생명력이 철철 흘러넘치는 모습을 보고 싶었던 것입니다.

오늘날 우리도 주님 보실 때 풍성한 사랑의 생명으로 철철 흘러넘쳐야 합니다. 우리의 믿음이 푸른 초목이 되어야 합니다. 윤기 있고 생기왕성하고 사랑의 생명으로 가득한 초목이 되어야 합니다. 그런 여러분이 되시기 바랍니다.

둘째, 그 동산에서 포도나무의 순과 석류나무의 꽃을 보기 위해서 였습니다

지금 여기 포도나무의 순과 석류나무의 꽃은 새로운 회복과 생명을 이야기하고 있습니다. 술람미 여인과의 사랑의 회복과 새로운 시작을, 솔로몬은 포도나무의 순과 석류나무의 꽃으로 표현하고 있습니다. 이것을 솔로몬이 보고 싶어서 갔던 것입니다.

마찬가지로 오늘도 우리의 믿음의 동산에 항상 포도나무의 순이 싹터 나와야 합니다. 석류나무의 꽃을 피워야 합니다. 언제나 포도나무에서 파릇파릇한 순이 솟아나게 하고, 석류나무의 향기로운 꽃을 피워야 합니다. 그것을 주님은 보고 싶어 하십니다. 그런 사랑의 꽃을 꺾으시면서 사랑을 나누고 싶어 하신다는 말입니다. 우리 모두 주님 앞에 이런 동산이 됩시다. 푸른 초목이 왕성하고 포도나무의 순과 석류나무의 꽃을 피워내는, 언제나 아름다운 믿음의 동산, 사랑의 동산을 만들어 냅시다.

그런데 이 동산의 이름은 '호도 동산'입니다. 여기서 우리가 귀한 교훈을 하나 얻을 수 있습니다. 동산에 주로 있는 나무가 포도나무와 석류나무임에도 불구하고 동산 이름을 '호도 동산'이라고 한 점에 주목해야 합니다. 동산 이름을 그렇게 부른 이유는 중요한 교훈을 주기 위해서입니다. 호두라는 것은 껍질이 단단하고 매끄럽습니다. 그런데 우리가 껍질을 깨면 너무나 연하고 진짜 부드럽고 기름지고 고소한 호두알이 나옵니다. 지금은 호두가 수입이 되어 값도 싸지만, 저의 어린 시절에는 호두가 얼마나 귀했는지 모릅니다. 학교에서 선생님도 호두가 있으면 까먹지 않고 수업 시간에 계속

비비고 계셨습니다. 하물며 3천 년 전 이 성경이 기록될 때 호두는 얼마나 귀하고 맛있었겠습니까?

그런데 이 호두의 맛을 보기 위해서는 딱딱하고 반질반질한 껍질을 깨야 합니다. 이것을 망치나 돌로 깨야 호두를 먹을 수 있습니다. 우리 부부간의 사랑도 그렇습니다. 서로의 호두 껍데기가 깨지지 않고 그대로 있으면 안 됩니다. 항상 겉도는 부부 생활밖에 안 됩니다. 서로 박살나고 깨져야 알맹이의 사랑을 나눌 수 있습니다. 특별히 우리가 주님 앞에 호두 향기를 드리고, 진정한 주님의 기쁨과 행복이 되어 드리기 위해서는 우리의 호두 껍데기 같은 육신을 깨뜨려야 합니다. 우리가 이것을 깨뜨렸을 때 정말 주님의 기쁨이 되고, 행복이 되고, 만족이 되는 것입니다. 정말 알맹이 사랑, 속사랑을 드릴 수 있는 것입니다.

그런데 솔로몬은 바로 술람미 여인에게 이런 것을 요구하며 호두나무 동산으로 갔습니다. '호도 동산'은 결국 무엇을 말하는 것입니까? 술람미 여인을 말합니다. 그런데 가보니까 모든 게 다 만족입니다. 술람미 여인은 모든 것을 다 갖추고 있었습니다. 푸른 초목도 있었고, 포도나무 순과 석류나무 꽃도 피어 있었습니다. 호두도 맺혀 있고, 솔로몬이 원할 때마다 팍팍 깨지는 것이었습니다. 진짜 호두알 같은 알맹이 사랑을 줄 준비가 되어 있었습니다. 그런 모습을 보고 솔로몬이 기쁨의 미소를 지었습니다.

그러자 순식간에 자기도 모르게 술람미 여인과 함께 가마를 타고 왕궁으로 가는 것입니다. 12절에 그 말씀을 하고 있습니다.

"부지중에 내 마음이 나를 내 귀한 백성의 수레 가운데에 이르게 하였구나"(아 6:12).

솔로몬 왕이 술람미 여인과 함께 갑니다. 그러자 예루살렘 여자들이 뭐라고 노래합니까?

"돌아오고 돌아오라 술람미 여자야 돌아오고 돌아오라 우리가 너를 보게 하라"(아 6:13).

돌아오라고 하지 않습니까? 술람미 여인을 얼마나 사모하고 그리워하는지, 우리가 당신 얼굴을 조금 더 보게 가만히 있으라는 말입니다. 그러자 솔로몬이 뭐라고 여자들한테 이야기합니까?

"그대들은 어찌하여 마하나임 춤마당에서 춤추는 술람미의 아가씨를 보려 하는가?"(아 6:14, 표준새번역).

이게 무슨 말입니까? 왜 너희가 술람미 여인을 보려고 하느냐는 것입니다. 물론 마하나임의 춤을 보고 싶은 것처럼 술람미 여인의 춤을 보고 싶어 한다는 것도 다 이해할 수 있습니다. 그리고 술람미 여인이 마하나임의 춤을 추면 얼마나 환상적인가를 알고 있습니다. 그러나 솔로몬이 말하기를 "술람미 여인은 지금 나와 함께 가야 해, 나와 함께 사랑을 나누어야 해, 술람미 여인의 춤과 사랑과 그 모든 마음을 지금 내가 가져야 해"라고 하더니, "이만!" 하고 솔로몬이 가마를 타고 가는 것입니다. 그리고 다시 한번 더 아름답고 심오한 사랑의 경지에 들어가는 것입니다.

오늘 우리도 복을 받으면 성도들한테 인기가 있고 간증해 달라, 집회를 해달라, 요청이 많아집니다. 그러나 성도들의 인기, 요청도 중요하지만 더 중요한 것이 있습니다. 주님의 요청입니다. 주님이 나를 원하시고 가마 타고 왕궁으로 가자고 하시면 주님을 위해 떠나야 합니다. 술람미 여인은 만인들이 붙잡아도 솔로몬의 가마를 타고 갑니다. 이게 솔로몬이 원하는 모습이고, 하나님이 원하시는 모습입니다.

부부도 그래야 합니다. 다른 사람들이 뭐라고 해도 서로 믿고 의지해야 합니다. 그 품을 사모해야 하고, 존경해야 합니다. 다른 사람의 요청이 부부의 관계를 파괴하지 못하게 해야 합니다. 주님이 교회를 사랑하셔서 무엇보다 가장 소중한 자신의 몸을 주셨기 때문입니다.

결론적으로, 우리는 사람보다 절대로 중요한 것이 주님이라는 사실을 깨달아야 합니다. 사람의 요청과 인기보다 중요한 것이 바로 하나님이라는 사실을 알아야 합니다. 술람미 여인이 주님과 함께 가마 타고 왕궁으로 가버린 것처럼, 여러분도 언제나 주님을 먼저 모시기 바랍니다. 주님을 기쁘시게 하기 바랍니다. 주님을 먼저 사랑하시기 바랍니다. 그럴 때 여러분에게 주님의 특별한 회복의 은총이 일어날 것입니다. 축복의 은총이 함께할 것입니다. 그런 여러분이 되시기 바랍니다.

　　내 진정 사모하는 친구가 되시는 구주 예수님은 아름다워라
　　산 밑에 백합화요 빛나는 새벽별 주님 형언할 길 아주 없도다

내 맘이 아플 적에 큰 위로 되시며 나 외로울 때 좋은 친구라
주는 저 산 밑에 백합 빛나는 새벽별 이 땅 위에 비길 것이 없도다.

내 몸의 모든 염려 이 세상 고락 간 나와 항상 같이하여 주시고
시험을 당할 때에 악마의 계교를 즉시 물리치사 날 지키시네
온 세상 날 버려도 주 예수 안 버려 끝까지 나를 돌아보시니
주는 저 산 밑에 백합 빛나는 새벽별 이 땅 위에 비길 것이 없도다.

28

사랑을 찾은 행복 (3)

"돌아오고 돌아오라 술람미 여자야 돌아오고 돌아오라 우리가 너를 보게 하라 너희가 어찌하여 마하나임에서 춤추는 것을 보는 것처럼 술람미 여자를 보려느냐 귀한 자의 딸아 신을 신은 네 발이 어찌 그리 아름다운가 네 넓적다리는 둥글어서 숙련공의 손이 만든 구슬 꿰미 같구나" (6:13-7:1)

 마하나임의 춤

술람미 여인은 사랑을 찾았습니다. 그리고 사랑을 찾은 행복을 느끼고 있습니다. 솔로몬의 찬사가 있습니다. 주위 여자들뿐 아니라 왕비들까지 그를 찬사합니다. 더구나 솔로몬의 찬사는 술람미 여인을 너무나 감격스럽게 만들었습니다. 술람미 여인을 새벽처럼 밝다고 했습니다. 보름달처럼 환하다고 했습니다. 그리고 정오의 해처럼 눈부시다고 했습니다. 그뿐 아니라 깃발을 앞세운 군대처럼 장엄하다고 했습니다. 그래서 술람미 여인은 너무나 솔로몬이 좋고 사랑을 찾은 행복에 너무나 감격하여, 아마 마하나임에서 춤을 추었던 것 같습니다.

마하나임이라는 곳은 야곱이 하나님의 사자를 만나서 응답 받은 곳을 말합니다. 야곱은 지금까지 자신의 꾀로 살았습니다. 제 꾀로 아버지도 속였고 형도 속였고, 어떻게 보면 하나님도 속였다고 할 수 있습니다. 장자권 사건 때도 그렇고, 축복을 빼앗을 때도 그렇고, 어쩌면 하나님이 눈감아 주셨다고 말할 수 있잖습니까?

그러나 이번만은 달랐습니다. 하나님이 눈감아 주시지 않았습니다. 하나님이 다 보시는 것입니다. 그래서 이번에는 야곱을 변화시키기 위해 하나님이 군대로 오셨던 것입니다. "야곱아! 좋은 말로 할 때 이젠 하나님만 의지해. 하나님만 의지하면 하나님이 도와주신다. 그러므로 하나님을 왕으로 삼고 임금으로 모셔 봐. 하나님이 책임져 주실 거다."

그러나 야곱은 여전히 자기 꾀로 노력을 다했습니다. 에서를 감동시키려고 돈도 보내 보고 백도 써 보고 말 잘하는 노비를 보내기도 했습니다. 그런데 에서는 군사 400명을 거느리고 야곱을 죽이려고 옵니다. 이때 하나님의 사자가 씨름하는 자로 야곱에게 나타났습니다.

그래서 야곱과 씨름을 합니다. 야곱은 자기 힘으로 하나님의 사자를 이겨 보려고 몸부림을 쳤습니다. 그때 하나님의 사자가 야곱의 환도뼈를 부러뜨려 버립니다. 바로 그 순간 야곱은 깨달았습니다. 자기와 씨름하고 있는 분은 어쩌면 하나님의 사자일지도 모른다는 생각이 들었습니다. 이 사실을 깨닫자마자 야곱은 하나님의 사자의 옷을 붙잡고 애걸복걸합니다.

"저는 당신을 이길 수 없습니다. 저는 환도뼈가 부러져 더 이상 씨름할 수가 없습니다. 제가 졌습니다. 그러니 절 좀 도와주십시오. 저를 축복해 주십시오. 만일 당신이 절 축복해 주시지 않으면 저는 절대로 당신을 놓지 않겠습니다. 그러니 절 축복해 주십시오."

호세아 12장 4절을 보면 야곱은 하나님께 울며 간구했다고 했습니다. 통곡하며 눈물로 간구했다고 했습니다. "하나님! 저 좀 살려 주세요. 저 좀 구원해 주세요."

야곱은 평생 한 번도 울지 않은 사람이었습니다. 그는 지금까지 살면서 그의 잔꾀와 지혜 그리고 자존심 하나를 내세우며 살았습니다. 그래서 울지 않고 살았습니다. 그러나 이 순간에는 눈물과 통곡을 터뜨리지 않을 수 없었습니다. 자기 인생을 자기가 책임지며 살겠다던 그 완벽한 야곱, 마음먹은 대로 안 되는 일이 없이 전혀 패배를 몰랐던 야곱이 울지 않을 수 없었습니다.

왜냐하면 이젠 자기도 자기 인생을 책임질 수 없다는 사실을 알았기 때문입니다. 자신의 약한 부분, 나도 내 인생에 대해 어쩔 수 없는 자신의 나약한 면을 보았기 때문입니다. 그래서 그는 자기보다 더 위대한 존재, 즉 사람의 몸을 입고 찾아오신 하나님 앞에 울지 않을 수 없었습니다. 그는 어린아이처럼 울면서 자기를 축복해 달라고 애원했습니다.

지금 야곱은 환도뼈가 부러져 꼼짝도 못하고 엎어져 하나님의 사자의 옷자락을 잡고 있습니다. 이제는 싸움이 아니라 간구입니다. 몸부림이 아니라 매달림입니다. 바로 이런 모습이 지렁이 같은 야곱의 모습이었던 것입니다. 그는 지금 지렁이처럼 아무 힘도 못 쓰고 철저히 KO패를 당한 채 주님의 옷자락을 붙잡고 매달리고 있습니다.

그러자 주님이 야곱에게 뭐라고 하십니까? "네 이름부터 바꿔라. 야곱에서 이름을 이스라엘로 바꿔라!" 이스라엘이라는 말이 무슨 뜻입니까? '하나님이 다스리시는 자', '하나님이 통치하시는 자'라는 말입니다.

야곱은 그전까지만 해도 구원 신앙만 갖고 살았습니다. 하나님을 자기 마음대로 이용하며 사니까 복을 못 받았습니다. 그러나 이제는 야곱이 로드십 신앙을 가지게 됩니다. 그럴 때 하나님께서 갑자기 "내가 졌다, 내가 졌다. 야곱아! 네가 이겼다!" 하며 야곱에게 승리를 선언해 버리십니다.

야곱이 하나님께 항복하고 철저하게 자아를 부수고 로드십 신앙을 갖게 되니까, 주님이 갑자기 네가 이겼다고 말씀해 주십니다. 어떤 사람은 이 부분을 가지고 이야기할 때, 어른하고 아이가 팔씨름할 때 아이가 이기려고 안달하니까 안쓰러워서 져주는 것으로 비유합니다. 그러나 그것은 하나님의 의도를 잘 몰라서 그렇습니다. 또 어떤 사람은 어린아이가 숨넘어가는 소리로 젖 달라고 우니까 엄마가 일을 하다가 마지못해서 젖을 물려주는 것으로 비유합니다. 그러나 그것은 초보적 단계의 신앙에서 말하는 것입니다.

야곱은 지금 하나님 앞에 철저하게 항복하고 자아를 깨뜨렸습니다. 그럴 때 하나님이 "야곱! 네가 이겼다"고 선언해 주신 것입니다. 신앙의 초보 단계가 아닙니다. 그러고 나서 야곱은 문제를 해결 받고 하나님 앞에 응답을 받았습니다. 그는 비록 환도뼈가 위골되고 부러졌지만, 절룩절룩 걸어갑니다. 왜냐하면 마음의 자유함이 있어서 찬송하며 가는 것입니다. 그래서 브니엘의 새 아침입니다.

야곱이 절룩절룩 걸어가면서 무슨 노래를 불렀겠습니까? 그때는 그런 노래가 없었겠지만 아마 주님께 감사해서 "나 같은 죄인을 살려 주신 것을 감사합니다. 이제는 주님 뜻대로 살겠습니다. 주님을 모시며 살겠습니다. 숨질 때 되도록 늘 찬송하면서 주님만을 섬기며 살겠습니다"라고 노래했을 것입니다.

그리고 이제 에서를 만났습니다. 에서가 야곱을 죽이려고 오는데 하나님이 에서에게 말씀하십니다. "에서야, 20년 전의 야곱은 죽었다. 네가 야곱을 죽일 필요가 없다. 야곱은 이제 없다. 야곱은 이스라엘로 있다."

에서가 와서 보니까 정말 야곱이 변해 있는 것입니다. 그래서 에서가 그냥 갑니다. 오랜만에 만나서 서로 껴안고 울고불고하다가 "잘 있어요!", "잘 가세요!" 하고 그냥 갑니다.

"에서가 달려와서 그를 맞이하여 안고 목을 어긋맞추어 그와 입 맞추고 서로 우니라"(창 33:4).

"이 날에 에서는 세일로 돌아가고"(창 33:16).

하나님이 응답해 주신 것입니다. 그래서 전설에 의하면, 야곱이 하나님께 응답 받았던 마하나임으로 가서 춤을 추었다는 것입니다. 마하나임의 춤 이야기가 거기서부터 나옵니다. 그러므로 마하나임의 춤은 기쁨의 축제의 춤인 것입니다.

야곱이 마하나임에서 하나님의 군대를 만났습니다. 에서를 만나기 전에 야곱이 염려할 때 하나님께서 "나만 의지해라. 나만 믿어라. 나만 붙잡아라"는 응답을 주신 곳이 마하나임이었습니다. 그런데 야곱이 완전히 응답을 확신하지 못하고 계속 잔머리만 굴리다가, 얍복 강 나루터에서 결국 환도뼈가 부러지고 나서 문제 해결을

28. 사랑을 찾은 행복 (3)   439

받은 것입니다.

그래서 이스라엘 백성들은 좋은 일이 있을 때 마하나임에서 춤을 춥니다. 남자들도 여자들도 뭔가 사랑을 찾고 경사스러운 일이 있을 때 전통적으로 마하나임에서 춤을 췄습니다. 야곱이 춤을 추는 모습을 상상해 봅시다. 여러분도 좋은 일이 있을 때 마하나임의 춤을 추어 보십시오. 기쁨으로 성령의 춤을 추어보십시오.

그런데 지금 누가 춤을 추고 있습니까? 술람미 여인이 감격에 겨워 춤을 추는 것입니다. 내 서방을 찾았는데, 내 사랑을 찾았는데 너무나 기쁘고 회복의 은총이 너무 감사해서 춤을 추는 것입니다.

그런 술람미 여인의 춤추는 모습을 보고 솔로몬이 완전히 반해버린 것입니다. 얼마나 얼마나 아름다운지, 얼마나 감칠맛 나고 아름답고 보기 좋은지, 솔로몬은 자기도 모르게 술람미 여인을 데리고 자기 부하들이 가져온 가마에 딱 탄 것입니다. 왕궁으로 데리고 가서 사랑을 나누고 싶어서 그런 것입니다.

그러니 우리도 진짜 주님을 찾으면 주님을 찾은 기쁨과 행복이 있어야 합니다. 그냥 술람미 여인처럼 마하나임의 춤을 추고 감격해야 합니다. 우리가 이런 신앙생활을 해야 합니다. 첫사랑을 회복하고 첫사랑을 찾은 감격이 넘쳐야 합니다. 그래서 우리 주님을 찬양하고 고백해야 합니다. 술람미 여인처럼 말입니다.

요즘 교인들을 보면 근심하고 울고 걱정이 많습니다. 우리 주님 한 분 계시면 다 되는 것인데, 아무리 경제가 힘들고 어려워도 주님만 찾으면 회복되고 좋아지는데 말입니다. 그러니까 기뻐하며 찬양하며 춤을 춰야 합니다.

이렇게 솔로몬이 술람미 여인을 데리고 가자 예루살렘 여자들이 뭐라고 노래합니까?

> "돌아오고 돌아오라 술람미 여자야 돌아오고 돌아오라 우리가 너를 보게 하라"(아 6:13).

술람미 여인을 다시 돌아오게 하라는 것입니다. 술람미 여인의 춤추는 모습이 너무나 아름다워서 말입니다. 솔로몬뿐 아니라 주변 여자들도 너무나 행복하고 감격해서 춤을 추고 있는 술람미 여인을 보면서 은혜를 받고 감동을 받았습니다. 그래서 술람미 여인이 감동하는 모습, 행복해하며 춤추는 모습을 그 사람들이 더 보고 싶은 것입니다.

"제발 술람미 여인이여, 가지 마오. 솔로몬 왕이여, 술람미 여인을 데리고 가지 마오. 더 좀 보고 싶어요. 우리도 술람미 여인의 모습을 보고 감동을 받고 싶다오. 행복하게 춤을 추는 그 모습을 더 보고 싶다오."

그러자 솔로몬 왕이 뭐라고 했습니까?

> "너희가 어찌하여 마하나임에서 춤추는 것을 보는 것처럼 술람미 여자를 보려느냐"(아 6:13).

이것이 무슨 말입니까? 왜 너희가 술람미 여인을 다시 보려 하느냐는 것입니다. 그만큼 술람미 여인이 감동을 받고 춤추는 행복한 모습을 보았으면 되었지, 무엇을 더 보려느냐는 것입니다. 물론 솔로몬 왕도 이런 마음이었을 것입니다.

"여자들이여, 그대들이 술람미 여인의 마하나임의 춤추는 모습을 더 보고 싶어 하는 것을 이해한다. 얼마나 술람미 여인이 환상적으로 춤을 추는가를 나도 안다. 그러나 술람미 여인은 지금 나와 함께 가야 한다. 술람미 여인은 나의 사랑이야. 나는 그에게 속했고 그녀는 나에게 속했어. 지금 내가 그녀를 데리고 가서 함께 사랑을 나누어야 한다. 술람미 여인의 그 춤추는 모습과 사랑을 내가 가져야 해. 그런데 어찌하여 당신들이 술람미 여인을 돌아오라고 한단 말이냐?"

작별의 인사를 하고는 솔로몬이 술람미 여인을 가마에 태우고 왕궁으로 가는 것입니다. 더 신비하고 오묘하고 심오한 경지에 들어가서 술람미 여인과 사랑을 나누려는 것입니다. 여러분, 그러자 술람미 여인은 아무 소리 안 하고 자기의 사랑 솔로몬 왕을 따라서 함께 가마를 타고 갑니다.

오늘 우리가 여기서 배워야 할 교훈이 있습니다. 우리도 주님 앞에 은혜 받고 성령 충만하고 복을 받으면, 기뻐하며 춤을 추고 감격하며 주님을 기쁘시게 해야 합니다. 그러면 우리 주님만 기뻐하시는 것이 아니라 성도들에게도 인기가 있습니다. 은혜 받고 축복을 받으니까 성도들에게 도전을 줍니다. 그러면 여기저기서 간증해 달라고 합니다. 집회를 해달라고 합니다.

그러나 이럴 때는 기도하고 자신을 관리할 수 있어야 합니다. 성도들로부터의 요청도 중요하지만, 주님의 초청과 요청이 더 중요한 것입니다. 아무리 교회가 나를 부르고 간증하고 집회 해달라고, 은혜 끼쳐달라 해도 주님이 나를 향해 "소 목사야, 가마 타고 나와 함께 왕궁으로 가자. 김 집사, 이 집사, 김 장로야! 가마 타고 은밀한 사랑을 나누자" 하시면 주님을 따라가야 합니다. 거기서 주님과의 은밀한 사랑, 심오하고 깊은 사랑을 나누어야 합니다.

술람미 여인이 마치 다른 여인들이 붙잡아도 솔로몬 왕의 가마를 타고 가 버린 것처럼 말입니다. 이것이 솔로몬이 진정으로 원하는 모습 아니겠습니까? 우리도 마찬가지입니다. 술람미 여인처럼 주님이 가자고 하시면 그냥 따라가야 합니다. 주님이 가자고 하시면 초막이나 궁궐이나 어디든지 가서 은밀한 사랑을 나누고, 조용히 자신을 돌아보고 묵상하고 쉬고 안식하고 주님으로 채우고 더 많이 채워야 합니다.

아무리 인기 많고 찬사가 많고 여기저기서 불러도, 주님이 가마를 타고 가자 하시면 주님과 한적한 곳에서 쉴 때도 있어야 합니다. 주님 앞에서 안식할 때도 있어야 합니다. 저는 요즈음 젊음과 건강을 과시하는 마음으로 바쁘게 일을 했습니다.

미국 집회를 다녀와서 바로 심방하고, 다시 미국 들어가고, 또 중국 가고, 특별 새벽 기도회 인도하고, 또 미국 집회를 가니 말입니다. 하루라도 절약하기 위해서 직행으로 갈 수 있는 것을 다른 지역을 경유해서 갑니다. 비행기를 갈아타고 가서 집회하고, 또 목회자 세미나 하고, 또 저녁에 집회하고, 그 다음 날 낮에 설교하고, 저녁 집회 합니다. 하루 쉬었다 오면 직행이 있는데 하루 더 목회 일정 보려고 비행기 다시 갈아타고 옵니다. 그러니 영혼과 육신이 완전히 지쳐 버렸습니다.

지난주는 어느 지역 연합 집회를 갔는데, 토사곽란이 나서 죽을 뻔했습니다. 목은 잠기죠, 온몸이 너무 힘들었습니다. 그때 깨달았습니다. '다 하나님의 일이지만, 내 몸도 관리하고 영혼도 관리하고 건강관리를 하는 것도 하나님의 일이다. 주님이 원하시면 가마 타고 주님의 왕궁으로 들어가 며칠 쉬며 안식해야 한다.'

물론 몸을 혹사하고 일을 하는 것도 하나님이 기뻐하시는 일입니다. 저는 특히 의협심이 강하고 열심이 특심하여, 더 열심히 주의 일을 했습니다. 그런데 그것도 다 하나님의 일이지만, 사람의 요청에 따라 그들의 요구에 응해 주기 위해서 했던 것도 사실입니다. 그런 중에도 한두 번씩 주님과 함께 가마 타고 한적한 곳에서 쉬었으면 얼마나 좋았겠습니까?

저는 등산을 참 좋아합니다. 오전에 등산 가고 산에서 기도하고, 저녁에 사우나 다녀와서 자고 말입니다. 이렇게 며칠만 갔다 오면 몸이 날아갈 것 같을 텐데 그렇게 하지 못했습니다. 항상 비행기 타고 자동차 타고 일만 하고 다녔습니다. 그런데 엊그제 주님이 응답을 주셨습니다.

"네가 목이 가고 당이 오르고 힘들지 않으면 대한민국이 좁고 세계가 좁다며 돌아다니고, 새벽 2시건 3시건 밤을 새우고 몸을 혹사할 것 같아서 목을 잠기게 했다. 그래야 좀 쉴 테니 말이다. 목이 더 상하고 몸이 더 상하기 전에 말이다."

그래서 제가 하나님께 "내년에는 쉬겠습니다"라고 말씀드렸습니다. 물론 올해 일정 잡힌 것은 어쩔 수 없이 다 해야 하지만, 올해도 하여간 쉴 수 있는 만큼 쉬려고 합니다. 그래서 요즘은 죄송하다고 하면서 집회가 들어오는 것 다 못 간다고 합니다.

우리는 절대로 사람보다 중요한 것이 주님이라는 사실을 알아야 합니다. 사람의 초청보다 중요한 것이 하나님의 초청이라는 사실을 알아야 합니다. 술람미 여인이 가마를 타고 왕궁으로 가 버린 것처럼, 우리도 주님과 함께 거하고 주님 앞에서 기도하고 동행하는 것입니다. 은밀하게 주는 자와 받는 자만이 아는 그런 사랑과 은혜를 누려야 합니다. 여러분도 자주 이런 시간을 갖고 주님과 더 깊은 관계를 갖고 더 아름다운 관계를 맺으시기 바랍니다. 왜냐하면 주님이 그걸 아름답다고 여기시기 때문입니다.

솔로몬의 은밀한 예찬

이렇게 해서 술람미 여인이 솔로몬 왕과 함께 왕궁으로 간 것입니다. 그러니까 가마 안에는 솔로몬 왕과 술람미 여인, 둘만 있습니다. 둘만 있을 때 뭐라고 예찬했는지 아십니까? 너무나 품격 있으면서도 아주 노골적이고 성적이고 부부 사이에만 할 수 있는 은밀한 예찬을 하였습니다. 공개적인 예찬이 아니라 두 사람만 있을 때 할 수 있는, 부부만이 할 수 있는 깊고 은밀한 예찬을 하는 것입니다. 그 예찬이 아가서 7장 1절부터 나와 있습니다.

첫째, 술람미 여인을 너무너무 귀한 존재라고 예찬하고 있습니다

"귀한 자의 딸아"(아 7:1).

사실 이 여자는 귀족의 딸이 아닙니다. 시골 포도원지기의 딸입니다. 그러니까 천민인 것입니다. 그런데 귀하다고 했습니다. 솔로몬 왕 한 사람밖에 모르고 솔로몬 하나로 족하니까, 솔로몬이 그 모습을 보고 귀하다고 말하는 것입니다.

　오늘 어떤 사람을 주님이 귀한 종으로 여기십니까? 주님 한 분만으로 감동하고 만족하고, 주님이 나의 재산이고, 주님이 나의 왕이고, 주님의 명령이라면 무조건 순종하는 이런 종을 귀한 종이라고 하시는 것입니다. 이런 사람을 귀한 집사, 귀한 성도, 귀한 장로라 하시는 것입니다. 주님을 왕으로 모시고 주님 섬기고 주님께 순종하는 것을 최고의 본업으로, 최고의 기업으로 여기는 사람을 하나님이 귀히 여기십니다. 그래서 성경은 이렇게 말씀합니다.

　　"나를 존중히 여기는 자를 내가 존중히 여기고 나를 멸시하는 자를
　　내가 경멸하리라"(삼상 2:30).

　우리가 주님을 존중히 여기면, 주님이 우리를 존귀하게 해주시고 귀하게 여겨 주십니다. 하나님을 존중히 여기면 하나님이 여러분을 존중히 여겨 주십니다. 그런 여러분이 되시기 바랍니다.

둘째, 신을 신고 춤추는 발의 아름다움을 예찬하고 있습니다

　　"귀한 자의 딸아 신을 신은 네 발이 어찌 그리 아름다운가"(아 7:1).

　술람미 여인의 발이 아름답다고 했습니다. 지금 솔로몬은 술람미 여인의 어떤 모습을 예찬하고 있습니까? 마하나임의 춤을 추었던 모습을 보고 예찬하고 있습니다. 앞서 나온 결혼식장에서는 위에서부터 아래로 예찬했는데, 이제는 밑에서부터 위로 예찬하는 것

입니다.

오늘 우리도 은혜 받으면 어떻게 됩니까? 기쁘지 않습니까? 기쁘니까 이 은혜를 전하고 싶고, 축복을 전하고 싶고, 간증하고 싶고, 전도하고 싶습니다. 그때 신는 신이 복음의 신입니다. 그래서 우리가 청덕지구, 동탄, 판교, 수지, 죽전을 다니며 즐거운 모습으로, 너무나 감격한 모습으로 전도 다니는 모습이 주님 보시기에 마하나임의 춤을 추는 것입니다.

주님은 그 복음 들고 전하는 발을 기뻐하시는 것입니다. 그래서 로마서 10장은 뭐라고 말씀합니까?

"보내심을 받지 아니하였으면 어찌 전파하리요 기록된 바 아름답도 다 좋은 소식을 전하는 자들의 발이여 함과 같으니라"(롬 10:15).

복음을 들고 아름다운 소식을 전하는 입이여, 주님이 기뻐하십니다. 주님이 귀하게 여기시는 자는 주님을 귀하게 여깁니다. 이런 자는 복음의 신발을 신고 전도하고 싶어집니다. 그러니까 주님이 그런 사람을 아름답다고 귀하게 여기십니다. 여러분, 이런 사람이 되시기 바랍니다.

어느 선교사님의 이야기인데, 캄비아에서 복음을 전하다가 발에 고름이 나서 짜 보니까, 그 속에서 벌레가 나오더라는 것입니다. 그 벌레를 보고 하도 감격해서 울었다는 이야기를 읽고 저도 울었습니다. 제가 부끄러워서도 울고, 그 선교사님이 너무나 존경스럽고 부러워서도 울었습니다.

하나님은 그 선교사님의 발을 얼마나 아름답게 보셨겠습니까?

그리고 천국에서 그 선교사님의 발을 붙들고 얼마나 위로와 칭찬을 해주시겠습니까? 그 선교사님은 얼마나 행복했겠습니까? 주님은 그 모습을 보고 얼마나 기뻐하셨겠습니까?

우리도 그렇게 한번 전도합시다. 발바닥이 닳도록 복음을 전합시다. 옛날 안동에서 권경식 집사님이라는 분은 발바닥 전도로 유명합니다. 예비군 중대장을 하시는 분인데, 발바닥이 닳도록 전도를 다녔습니다. 우리 교회 오셔서 개척 교회 시절에 한 번 간증하셨던 기억이 있습니다. 그 아름다운 모습을 보시고 주님이 얼마나 기뻐하시겠습니까? 얼마나 아름다운 모습이라고 예찬하시겠습니까? 우리도 그런 발이 됩시다. 복음의 신을 신고 춤추며 전도하러 다니는 발이 됩시다. 그런 발을 소유하시기 바랍니다. 할렐루야!

셋째, 넓적다리의 아름다움을 예찬하고 있습니다

"네 넓적다리는 둥글어서 숙련공의 손이 만든 구슬 꿰미 같구나" (아 7:1).

넓적다리라는 말은 '예레카이크'인데, 둔부를 말합니다. 그러니까 이 말은 넓적다리에서 둔부까지를 가리키는 말입니다. 그런데 여기서 넓적다리가 둥글다고 그랬습니다. 아마 솔로몬이 보기에 술람미 여인이 마하나임의 춤을 출 때 둔부가 둥글게 둥글게 돌아가는 장면을 아름답다고 묘사하고 있는 것 같습니다.

그러면 왜 그렇게 춤을 출 때 넓적다리와 둔부가 아름답게 보였겠습니까? 그것은 뒤에 나와 있습니다. "네 넓적다리는 둥글어서 숙련공의 손이 만든 구슬 꿰미 같다"는 것입니다. 넓적다리와 둔부에 이르는 그 각선미가 숙련공의 손으로 만든 구슬 꿰미와 같이 아름답다는 것입니다.

구슬 꿰미가 어떻게 생겼습니까? 절대로 둔부나 넓적다리같이 생기지 않았습니다. 그것은 그만큼 넓적다리나 둔부가 섬세하게 생겼다는 것입니다. 그리고 숙련공이 만든 구슬 꿰미처럼 유연성 있게 생겼다는 것입니다. 한마디로 춤추는 자태가 너무너무 섬세하고 아름답다는 것을 찬사하는 것입니다.

이것은 우리에게 어떤 교훈을 줍니까? 넓적다리는 우리 몸의 기둥입니다. 그러므로 아름다움도 있어야 하지만 힘도 있어야 합니다. 다시 말해, 넓적다리에는 아름다움과 섬세함과 동시에 힘도 있어야 한다는 것입니다. 힘과 아름다움의 조화를 이야기하고 있는 것입니다. 그러니까 우리는 하나님을 찬양하고, 하나님을 섬기고, 춤을 추며 봉사하기 위해서는 힘이 있어야 합니다. 그 힘은 하나님으로부터 나오는 힘입니다. 은혜 받은 힘입니다.

따라서 우리 성도들은 주님으로부터 먼저 은혜 받아야 합니다. 기도하고 찬양하고 주님께 새 힘부터 받아야 합니다. 그럴 때 두 다리에 힘이 생깁니다. 그 힘만으로 끝납니까? 그 힘이 공교함, 혹은 아름다움과 조화를 이루어야 합니다. 섬세함과 아름다움과 유연성으로 조화를 이루어야 합니다. 아무리 스텝을 잘 밟아도 힘이 없으면 춤을 못 추듯이 말입니다.

하나님 앞에서 봉사할 때도 남과 조화를 이루어야 합니다. 서로 화목하고 남과 아름다운 네트워크를 이루어야 합니다. 힘 있다고 나 혼자만 하는 것이 아니라, 힘이 있어도 조화를 이루어 봉사하고 화목하며 섬기며 가야 합니다. 이게 조화의 아름다움 아닙니까? 할렐루야!

>나의 기쁨 나의 소망 되시며 나의 생명이 되신 주
>밤낮 불러서 찬송을 드려도 늘 아쉰 마음뿐일세.

>나의 사모하는 선한 목자는 어느 꽃다운 동산에
>양의 무리와 늘 함께 가셔서 기쁨을 함께하실까.

29

사랑을 찾은 행복 (4)

"배꼽은 섞은 포도주를 가득히 부은 둥근 잔 같고 허리는 백합화로 두른 밀단 같구나 두 유방은 암사슴의 쌍태 새끼 같고 목은 상아 망대 같구나 눈은 헤스본 바드랍빔 문 곁에 있는 연못 같고 코는 다메섹을 향한 레바논 망대 같구나 머리는 갈멜 산 같고 드리운 머리털은 자줏빛이 있으니 왕이 그 머리카락에 매이었구나 사랑아 네가 어찌 그리 아름다운지, 어찌 그리 화창한지 즐겁게 하는구나 네 키는 종려나무 같고 네 유방은 그 열매 송이 같구나 내가 말하기를 종려나무에 올라가서 그 가지를 잡으리라 하였나니 네 유방은 포도송이 같고 네 콧김은 사과 냄새 같고 네 입은 좋은 포도주 같을 것이니라 이 포도주는 내 사랑하는 자를 위하여 미끄럽게 흘러내려서 자는 자의 입을 움직이게 하느니라" (7:2-9)

술람미 여인은 자신의 하나밖에 없는 사랑을 찾았습니다. 그 사랑을 찾은 것에 너무나 감격해서 마하나임의 춤을 췄습니다. 그러자 마하나임의 춤을 추고 있는 술람미 여인의 모습이 솔로몬의 눈에 너무나도 아름답게 보였습니다. 그래서 주변 친구들과 예루살렘 여인들이 술람미 여인의 춤이 너무 멋있다고 찬사를 한 것입니다.

그때 솔로몬은 자기도 모르게 술람미 여인을 가마에 태우고 왕궁으로 데리고 갔습니다. 둘만의 깊고 신비한 사랑을 나누려고 술람미 여인을 데려가면서 예찬한 것입니다. 술람미 여인을 향해 뭐라고 예찬했습니까?

첫째, 술람미 여인이 너무나 귀한 존재라고 했습니다. 둘째, 신을 신고 춤을 추는 발이 너무나 아름답다고 예찬했습니다. 마하나임의 춤을 출 때 술람미 여인의 스텝이 아름다우니까 신발을 신은 발의 모습도 아름답게 보인 것입니다. 셋째, 넓적다리의 아름다움을 예찬했습니다.

넷째, 배꼽의 아름다움을 예찬하고 있습니다

"배꼽은 섞은 포도주를 가득히 부은 둥근 잔 같고"(아 7:2).

여기서 배꼽이라는 것은 '샤르레크'라는 말입니다. 이 말은 복부까지를 의미하는 단어입니다. 사실 한마디로 말하면, 배꼽 한 부분뿐 아니라 아랫배 전체를 가리킨다고 보면 무난합니다. 그러면 이 배꼽을 무엇에 비유합니까? 둥근 잔에 비유합니다. 섞은 포도주를 가득 부은 둥근 잔 같다고 했습니다.

둥근 잔이라는 말은 '아간 하사하르'라는 말인데, 반달같이 생긴 큰 대야를 가리킵니다. 이 둥근 잔에다가 향기로운 포도주를 가득 부었다고 생각해 봅시다. 그윽한 향기가 넘치는 칵테일 포도주라고 생각해 봅시다. 술 마시는 사람한테는 이것이 얼마나 아름다웠겠습니까?

그런데 술람미 여인의 배꼽이 그렇게 아름다웠다는 것입니다. 언제 그랬다는 것입니까? 마하나임의 춤을 출 때입니다. 술람미 여인이 춤을 추면서 몸을 돌릴 때 배꼽과 아랫배가 보이는데, 그 모습을 둥근 대야에 가득 담아 놓은 칵테일 포도주 같다고 했으니 얼마나 얼마나 아름다웠겠습니까? 여기에는 아름다운 모습도 있지만, 생명력이 가득하고 기쁨이 가득합니다. 춤추는 배의 모습이 그렇게 아름답고 건강미와 생명력까지 넘치게 보였단 말입니다.

어떤 여자분이 배꼽티를 교회까지 입고 왔습니다. 그것도 맨 앞자리에 앉았습니다. 경건한 목사님이 설교하다 말고, 그만 그 여자의 예쁜 배꼽을 보다가 설교를 망쳤다는 것입니다. 그 목사님이 하도 화가 나서 예배가 끝나 후에 "자매님, 어떻게 이 거룩한 교회에 배꼽티를 입고 왔습니까?"하고 나무랐다고 합니다. 그런데 그 여자가 배꼽을 가리키면서 그랬다는 것입니다. "아니, 목사님, 그것도 모르셨어요? 우리 하나님은 중심을 보신다고 하셨잖아요."

솔로몬 왕은 술람미 여인의 배꼽을, 섞은 포도주 칵테일보다 더 큰 충만한 기쁨을 준다고 예찬했습니다. 그러니까 술람미 여인이 배를 흔들어 대며 춤추는 모습이 솔로몬에게 그렇게 아름답고 좋게 보였습니다. 그래서 섞은 칵테일을 담은 둥근 잔처럼 보였다는 것입니다.

우리도 신앙생활할 때 신앙이 일단 건강해야 합니다. 건강할 뿐 아니라 주님을 기쁘시게 해야 합니다. 또 주님만 기쁘시게 하는 것이 아니라 우리의 신앙에도 기쁨이 넘쳐야 합니다. 이것이 주님 보시기에 아름다운 신앙생활입니다. 아름다운 성도의 모습입니다.

그런데 이 영적인 기쁨과 건강미가 어디에서 나옵니까? 우리의 배에서 나옵니다. 우리의 배 안에서 성령의 생수가 강물처럼 흘러 넘쳐야 합니다. 그래서 주님도 말씀하셨지 않습니까?

"나를 믿는 자는 성경에 이름과 같이 그 배에서 생수의 강이 흘러 나오리라 하시니 이는 그를 믿는 자들이 받을 성령을 가리켜 말씀하신 것이라"(요 7:38-39).

보십시오. 우리의 진정한 기쁨, 신앙의 건강은 우리의 배 안에서 성령의 생수가 강물처럼 창일하게 흐를 때 생겨나는 것이 아니겠습니까?

그러므로 주님 앞에서 우리 모두 이런 배를 소유합시다. 우리 안에 생수의 강이 철철 흘러내리도록 만듭시다. 그런 여러분이 되시기 바랍니다.

다섯째, 허리의 아름다움을 예찬하고 있습니다

"허리는 백합화로 두른 밀단 같구나"(아 7:2).

여기서 허리는 '비트네크'인데, 술람미 여인이 둔부만 아름다운 것이 아니라 춤을 출 때 허리가 유연하게 돌아가고 아름답다는 것입니다.

그 모습이 무엇입니까? 고대 근동 지역에서는 맥추의 계절에 밀이나 보리를 곡식단으로 묶어 놓습니다. 그때 그 곡식단을 백색 백합화로 둘러놓습니다. 그리고 풍요를 기뻐하는 춤을 춥니다. 남녀가 풍요를 기원하는 춤을 춥니다. 술람미 여인이 춤을 추는 모습이 백합화를 둘러놓은 밀단 모습 같다는 것은 허리의 유연함과 아름다움이 그렇다는 것입니다.

오늘 우리의 신앙도 영적인 허리에 진리의 허리띠를 띠고, 영적인 싸움을 잘하고 신앙생활을 잘해야 합니다. 진리의 허리띠를 띠고 봉사를 잘하고 하나님을 잘 섬겨야 합니다. 허리는 어떤 의미에서 다리보다 더 중요합니다. 허리가 아프면 춤이고 뭐고 아무것도 못합니다. 다리 아프면 한쪽으로라도 추지만 허리 아프면 아무것도 못합니다.

우리는 주님이 주시는 그 풍요로운 은혜와 주님이 주시는 그 풍요로운 축복을 감사하고 기뻐하고 하나님께 영광 돌려야 합니다. 그리고 진리의 허리띠를 띠고 영적 전쟁에서 승리해야 합니다. 더 기쁨이 넘치고 감사하는 마음으로 주님께 더욱 봉사하고 충성해야 합니다. 이 모습이 정말 주님 보시기에 아름다운 모습입니다. 여러분 모두 이러한 성도가 되시기를 축원합니다.

여섯째, 두 유방의 아름다움을 예찬했습니다

"두 유방은 암사슴의 쌍태 새끼 같고"(아 7:3).

지금 솔로몬은 술람미 여인이 춤을 추는 모습을 보면서 발에서부터 허리까지 올라가면서 예찬하고 있습니다. 그리고 이제 가슴으로 올라갑니다.

전에도 말씀드린 적이 있지만, 아가서 4장 5절에서 술람미 여인의 두 유방을 백합화를 꺾는 사슴의 모습으로 비유한 적이 있습니다. 다른 풀도 아니고 백합화를 꺾는 사슴의 모습이 얼마나 아름답습니까? 그런데 그 사슴은 쌍태 어린 사슴입니다. 쌍둥이 사슴이라는 말입니다.

솔로몬이 보니 술람미 여인의 그 가슴이 너무 아름답습니다. 그래서 술람미 여인의 두 유방을 백합화 가운데 꼴을 먹는 쌍둥이 어린 사슴이라고 은유적으로 표현한 것입니다. 쌍태 어린 사슴이 백합화 속에서 꿀을 먹고 있다고 상상해 보십시오. 이 모습이 얼마나 아름답겠습니까?

술람미 여인의 두 가슴을 솔로몬은 이러한 모습으로 비유했는데, 백합화 사이에서 쌍태 사슴이 보일락말락 풀을 뜯어먹고 있듯이, 여인의 어깨선과 가슴선이 살며시 보일락말락 하는 것처럼 아름답게 보인다는 것입니다. 이제는 그 아름다운 가슴의 모습을 예찬할 뿐더러 나아가 생명력으로 충만하고 생명이 가득한 가슴임을 예찬하고 있습니다.

특별히 7-8절을 보면 두 유방을 종려나무 열매와 포도송이 같다고 했습니다.

"네 유방은 그(종려나무) 열매 송이 같구나"(아 7:7).

"네 유방은 포도송이 같고"(아 7:8).

이것은 무엇을 의미합니까? 아름다움도 있지만 생명의 풍성함을 말하는 것입니다. 종려나무 열매가 얼마나 풍성하게 열립니까? 포도송이가 얼마나 알알이 생명력 있게 맺힙니까? 우리도 주님을 사랑하는 그 마음이 생명으로 가득하고 아름다워야 합니다.

주님이 보시기에 그 속가슴, 하트, 주님을 사랑하는 그 마음이 생명으로 가득 차고 더 아름다워야 합니다. 겉으로 보이는 가슴의 아름다움으로 끝나는 것이 아니라 생명을 낳는 그 마음, 생명의 열매를 맺는 그 마음, 하트가 아름다워야 합니다.

그러려면 절대로 선악과를 선택하면 안 됩니다. 생명나무를 선택해야 합니다. 생명나무 마인드로 살아야 합니다. 그런 마음으로 생명나무를 선택하며 주님을 사랑하고, 주님만을 섬기는 그 모습이 주님 보시기에 아름답게 보이는 것입니다. 그 마음, 그 가슴은 생명 열매를 주렁주렁 맺게 되는 것입니다.

우리도 이런 가슴을 소유해야 합니다. 언제나 "나의 힘이 되신 여호와여 내가 주님을 사랑합니다" 찬양하면서 주님만을 사랑하고 사모하고 붙잡아야 합니다. 제가 제일 좋아하는 말씀이 "나의 힘이 되신 여호와여 내가 주를 사랑합니다"라는 말씀입니다.

저는 신학교를 다닐 때 정말 배고픈 시절을 보냈습니다. 120원짜리 식권을 구입할 돈이 없어서 날마다 굶고 다녔습니다. 밥을 굶다 보니 제일 힘들 때가 기숙사 다다미 침대에 누워 잠을 청할 때였습니다. 캐시밀론 봄 이불 하나를 깔고 누워서 잠을 자려면 찬 나무 바닥에서 올라오는 냉기 때문에 허리가 시리고 배는 허리에 딱 붙어서 잠이 오지 않았습니다. 그때마다 저는 "주여! 주여!"를 외치든지 성경 구절을 암송하다가 잠이 들곤 했습니다.

그렇게 힘들게 잠이 들고 또 새벽에 일어나서 새벽 기도를 드리러 신학교 3층 채플실로 걸어 올라갔습니다. 그러면 아무것도 먹은 것이 없으니까 너무나 배가 고팠습니다. 다리가 후들거렸습니다. 차디찬 쇳덩이 핸드레일을 붙잡고 3층 채플실에 올라갑니다. 저는 그럴 때마다 고픈 배를 움켜쥐면서 불렀던 찬양이 있습니다. 그 찬양이 바로 "나의 힘이 되신 여호와여 내가 주님을 사랑합니다"였습니다.

저는 배가 고프면 유난히 못 참는 사람입니다. 그래서 밥을 굶으면 더 고통스럽고 힘들었습니다. 어떤 때는 괜히 120원짜리 식권이 없어서 밥을 굶고 있는 제 모습이 너무도 처량하고 초라하기도 해서, 그냥 앉아서 눈물만 계속 쏟을 때도 있었습니다. "주님! 저 배가 고파요, 주님 저에게 먹을 것 좀 주세요."

그래도 저는 주님을 원망하지 않았습니다. 좌절하거나 절망하지 않았습니다. 오히려 "나의 힘이 되신 여호와여 내가 주님을 사랑합니다, 내가 주님을 사랑합니다, 내가 주님을 사랑합니다"라고 채플실에 올라서서 간절하게 외치면서 신학교 시절을 보냈습니다.

백암교회 개척할 때도 정말로 힘들고 어려웠습니다. 그때도 "나의 힘이 되신 여호와여 내가 주님을 사랑합니다" 찬송하면서 고난을 견디었습니다. 그리고 서울에 올라와서 가락동에서 개척하고 다시 구미동 성전을 지을 때도, 그 많은 어려움과 고난 속에서 제가 외친 말씀이 바로 "나의 힘이 되신 여호와여 내가 주님을 사랑하나이다"라는 말씀이었습니다.

이번 주에도 제가 교역자 수련회를 마치고 다시 대전으로 내려갔는데, 가면서 차 안에서 철야 기도 준비하려고 성경을 보니까 성경 말씀이 그렇게 저를 위로하시는 것입니다. 그리고 또 깨달아지는 것입니다. 그래서 차 안에서 다시 한번 "나의 힘이 되신 여호와여 내가 주님을 사랑합니다, 나의 힘이 되신 여호와여 내가 주님을 사랑합니다"를 외치고 찬송하고 기도하였습니다. 그리고 다시 힘을 얻을 수 있었습니다.

저는 목회하면서 어려움을 당한 성도들한테 한 가지 처방을 해 줍니다. 그 처방은 "나의 힘이 되신 여호와여 내가 주님을 사랑합니다"라는 찬송을 50번, 100번을 불러 보라고 합니다. "어려운 일이 있을 때마다 이 찬송을 50번, 100번을 불러 보세요. 그러면 생명의 열매, 기적의 열매, 축복의 열매가 반드시 맺힐 것입니다. 종려나무 열매, 포도송이 열매처럼 반드시 맺힐 것입니다."

지금 우리 모두가 이러한 가슴을 소유할 수 있기를 바랍니다. 종려나무 열매처럼 포도송이처럼 기적의 열매, 축복의 열매, 생명의 열매를 주렁주렁 맺으시기 바랍니다. 그런 여러분이 되시기를 바랍니다.

일곱째, 상아 망대 같은 목의 아름다움을 예찬했습니다

"목은 상아 망대 같구나"(아 7:4).

여기 상아 망대 비유도 전에 아가서 4장 4절에서 말씀한 다윗의 망대 비유와 유사합니다. 다윗의 망대는 아주 우람하고 견고하고 튼튼하다는 것을 이야기했습니다. 그런데 여기서는 더 우아하고 격조 있고 품위가 있는 모습을 표현하고 있습니다. 코끼리 상아로 망대를 만들었으니, 얼마나 격조 있고 품위가 있겠습니까?

솔로몬이 결혼식장에서 보았던 술람미 여인의 목은 다윗의 망대 같은 목이었습니다. 그런데 지금은 상아 망대입니다. 얼마나 술람미 여인의 목이 아름답고 격조 있게 보였으면 상아 망대로 비유했겠습니까? 왜 그렇게 보였겠습니까? 겪어보면 겪어볼수록 지조가 넘침을 알았기 때문입니다. 술람미 여인은 오직 솔로몬밖에 몰랐습니다. 순결한 여인이고, 지조가 있고, 정결과 온갖 고결함을 갖춘 그런 모습을 예찬하고 있습니다.

우리도 주님 앞에서 정절을 지켜야 합니다. 신앙의 정절과 지조,

고결함의 가치를 지켜야 합니다. 이것이 주님 앞에서 아름답게 보이는 것입니다. 그런 여러분이 되시기 바랍니다.

여덟째, 맑고 큰 눈의 아름다움을 예찬했습니다

"눈은 헤스본 바드랍빔 문 곁에 있는 연못 같고"(아 7:4).

헤스본이라는 곳에는 아모리 족속이 사는 시혼이라는 나라가 있었습니다. 이 나라의 수도가 헤스본이었습니다. 여기에 바드랍빔이라는 연못이 있었는데 그 연못은 맑기로 아주 유명했습니다. 연못이라고 해서 다 맑은 것은 아니잖습니까? 계곡을 보려면 설악산으로 가야 합니다. 수양관 땅을 한번 보려고 경기도 광주나 주변 지역 등을 돌아볼 때, 돌들이 깨끗하지 않고 도랑이 깨끗하지 않으니까 물이 맑게 보이지 않았습니다. 그런데 설악산의 계곡은 얼마나 맑은지 모릅니다.

여기 연못이 그렇게 유명했습니다. 술람미 여인의 눈을 그 연못에 비유한 것입니다. 또한 술람미 여인의 눈이 작지 않았던 것 같습니다. 상당히 눈이 크고 아름답고 깨끗하고 맑았던 것 같습니다.

여자뿐 아니라 남자의 눈도 맑고 깨끗하면 눈만 아름다운 것이 아니라 영혼까지 순수하게 보이잖습니까? 술람미 여인의 눈이 솔로몬에게 그렇게 보인 것입니다. 오늘 우리의 눈도 그래야 합니다. 여러분, 눈이 얼마나 중요합니까?

"눈은 몸의 등불이니 그러므로 네 눈이 성하면 온몸이 밝을 것이요 눈이 나쁘면 온몸이 어두울 것이니 그러므로 네게 있는 빛이 어두우면 그 어둠이 얼마나 더하겠느냐"(마 6:22-23).

눈은 몸의 등불이라고 말씀하고 있습니다. 그러니까 눈이 성하면 온몸이 밝을 것이라고 했습니다. 여기서 성하다는 말은 순전하다는 말입니다. 눈이 순전하고 건강하면 온몸이 밝을 거라는 말입니다.

그런데 눈이 나쁘면 온몸이 어둡다는 것입니다. 눈이 나쁘다는 것은 눈이 병들었다는 말입니다. 그래서 우리가 주님을 사모하고 주님의 은혜를 사모하면 우리 마음과 몸 안에 주님의 은혜와 빛이 가득 넘칠 수밖에 없습니다. 왜냐하면 항상 우리 눈이 주님만 바라보고 신령한 세계, 은혜의 세계를 추구하기 때문입니다.

그러나 눈이 병들면 매일 어두운 데만 좋아하고 세상의 시궁창에 눈을 굴립니다. 눈이 저 더럽고 음침한 데를 굴러다닙니다. 그러니까 마음도 같이 어두컴컴해집니다. 그러니 어찌 주님이 그런 눈을 기뻐하시겠습니까? 밝은 눈, 성한 눈, 신령한 눈, 순진한 눈, 착한 눈을 기뻐하시는 것입니다. 우리의 눈이 이처럼 깨끗해야 합니다. 눈이 정결해야 합니다.

눈이 맑아야 합니다. 그것은 곧 마음의 눈을 말하는 것입니다. 영혼의 눈을 말하는 것입니다. 그래서 주님도 마태복음 5장 8절에서 "마음이 청결한 자는 하나님을 볼 것"이라고 말씀하지 않으셨습니까? 그런 여러분이 되시기 바랍니다.

아홉째, 망대 같은 코의 아름다움을 예찬했습니다

"코는 다메섹을 향한 레바논 망대 같구나"(아 7:4).

코를 레바논 망대와 같다고 했습니다. 레바논은 아가서 4장 8절에서 술람미 여인의 고향을 상징했습니다. 레바논은 자연 경관이 수려한 곳입니다. 주변의 아름다운 경관과 조화를 이루면서 망대가 우뚝 서 있다면 그 망대가 얼마나 아름답게 보이겠습니까?

그런데 그 술람미 여인의 코를 이 망대에 비유했습니다. 술람미 여인의 코가 상당히 오똑했나 봅니다. 여자의 코는 도도함과 자존심을 상징하잖습니까? 그런데 술람미 여인이 아름다운 경관에 우뚝 서 있는 망대 같다고 했을 때 그 코가 오똑했을 뿐 아니라 그 코를 통해 굉장한 도도함을 보이고 자존심과 지조를 나타내고 있음을 알 수 있습니다. 그런 술람미 여인의 모습을 예찬하고 있는 것입니다.

그러나 이렇게 도도하게 우뚝 솟은 코라도 솔로몬의 사랑 앞에서는 완전히 납작코가 된다는 것입니다. 그러면 솔로몬 앞에서 술람미 여인의 코가 납작코가 되었다는 증거가 어디에 있습니까? 8절에 있습니다.

"네 콧김은 사과 냄새 같고"(아 7:8).

지금 술람미 여인과 솔로몬 왕이 입맞춤을 하고 있습니다. 입맞춤을 할 때 어디로 숨을 쉽니까? 코로 숨쉴 것 아닙니까? 그런데 술람미 여인의 코에서 나오는 숨결이 김치 냄새, 썩은 냄새, 마늘 냄새가 아니라 사과 냄새가 납니다. 사과 냄새가 얼마나 새콤하고 달콤하고 아름답습니까? 그것은 술람미 여인의 코가 완전히 납작코가 되어 버렸다는 말입니다. 완전히 묵사발이 되었습니다. 이해가 되십니까? 섬기고 사랑을 구하는 코가 되었다는 말입니다.

이 얼마나 아름답고 서정적인 미학의 표현입니까? 술람미 여인이 아무리 코가 우뚝 서고 도도한 코라 할지라도, 솔로몬 왕 앞에서는 순종의 코가 되었다는 것입니다. 그러니까 술람미 여인의 콧속에서 사과 냄새가 흘러나오는 것입니다.

그럼에도 불구하고 사람들 앞에서 춤을 출 때는 술람미 여인의 코가 오뚝하고 당당하고 도도하게 보입니다. 솔로몬 왕 앞에서는 납작코가 되면서도, 사람들 앞에서는 오뚝하고 도도하고 자존심 있게 보이고 줏대 있게 보이는 그 모습이 얼마나 아름답게 보이겠습니까? 그것을 예찬하고 있는 것입니다.

오늘 우리도 주님 앞에서는 완전히 납작코가 되어야 하지만, 세상 앞에서는 우리의 코가 도도하게 우뚝 서야 합니다. 무슨 말을 해도 우뚝 서야 합니다. 세상의 쾌락과 유혹과 사탄의 모든 시험 앞에 우리는 콧방귀를 뀌면서 도도하게 살아야 합니다. 세상의 넘실대는 유혹의 파도와 홍수같이 떠밀려 내려가는 여러 가지 유혹의 물결이 범람해도, 도도하게 그 파도를 넘고 물결을 거슬러 올라가야 합니다.

그러나 주님의 사랑 앞에서는 우리가 납작코가 되어야 합니다. 묵사발이 되어야 합니다. 그러기 위해서는 주님의 사랑 앞에 감격하고 미쳐야 합니다. 주님의 사랑이라면 아무 소리 못하고 감격하며 아멘 하고, 주님께 충성해야 합니다. 그런 여러분이 되시기 바랍니다.

열째, 머리와 머리털의 아름다움을 예찬하고 있습니다

"머리는 갈멜 산 같고 드리운 머리털은 자줏빛이 있으니 왕이 그 머리카락에 매이었구나"(아 7:5).

여기서 술람미 여인의 머리를 갈멜 산에 비유하고 있습니다. 갈멜 산은 미와 풍요와 번영의 상징입니다. 솔로몬 왕이 술람미 여인을 한눈에 보면 아름답기도 하지만 풍요롭고 번영하는 모습이 보이는 것입니다. 복 있게 생긴 얼굴이고 복스러움이 넘치는 얼굴입니다. 이 여자 때문에 모든 것이 잘되고, 이 여자 때문에 형통하게 되는 인상을 가지고 있습니다. 한마디로, 복이 빠져나가는 상이 아니라 하나님의 복과 형통이 따르는 형상입니다.

오늘 우리도 항상 우리의 얼굴, 머리, 또 머리카락 하나하나가 영적인 사람으로 보여야 하고 영적인 모습으로 보여야 합니다. 복 받은 사람, 간증이 넘치는 사람, 영적인 행복이 넘치는 사람으로 보이게 해야 한다는 말입니다. 저같이 얼굴이 못생겨도 은혜스러움이 넘치고, 원만함이 넘치고, 하나님의 축복이 넘치는 그런 얼굴이 되어야 합니다.

구약에서 나실인은 머리카락에 절대로 삭도를 대지 않았습니다. 구약에서는 머리를 중요하게 여겼습니다. 머리는 무엇을 의미합니까? 당시 머리는 하나님의 주권을 상징하고 로드십 신앙에 대한 교훈으로 받아들여졌습니다. 그래서 우리가 정말 하나님의 주권을 전부 인정하고 로드십 신앙을 소유하고 지키면, 우리가 하나님 앞에 그런 모습으로 보이게 된다는 말입니다.

그리고 그런 머리의 외적 아름다움과 더불어서 술람미 여인의 형용하기 어려울 정도의 아름다움의 가치를 자줏빛 머리라고 예찬하고 있습니다. 아가서 4장 1절에서는 술람미 여인의 머리털이 염소 털처럼 까만색으로 보인다고 했는데, 이때는 자줏빛으로 염색했던 것 같습니다. 여기서 자줏빛은 부와 영화의 상징입니다. 그렇게 볼 때 술람미 여인의 모습이 자줏빛 머리털을 통하여 정말 기품 있고 고고함이 넘치게 보였다는 말입니다.

그래서 솔로몬 왕이 그 머리카락을 보면서 너무 황홀하여 마음이 매여 버렸습니다. 술람미 여인의 자줏빛 머리카락만 보면 복 있게 보이고 우아하게 보이고 가치 있게 보였습니다. 그래서 그것을 볼 때마다 솔로몬 왕의 마음이 매여 버린 것입니다. 여러분, 얼마나 아름다운 표현입니까? "왕이 그 머리카락에 매였구나!" 세상에 솔로몬 왕이 다른 데 매인 것도 아니고 그 머리카락에 매였습니다.

우리도 마찬가지입니다. 나실인처럼 로드십 신앙으로 하나님의 주권을 인정하고 주님을 왕으로 모시고 살면, 주님 보시기에 우리도 자줏빛이 되고 부와 영화를 얻고, 주님이 보실 때마다 마음이 매이는 것입니다. 주님의 마음이 이끌려서 주님이 더 복을 주시고 더 사랑하시지 않을 수 없습니다.

이제 우리도 그 나실인의 신앙을 가집시다. 하나님의 절대 주권과 로드십 신앙을 가지고 주님만을 왕으로 모시고 나갑시다. 그러면 어쩔 수 없이 우리가 주님의 사랑에 매이게 됩니다. 그런 여러분이 되시기 바랍니다.

열한째, 훤칠한 키의 아름다움을 예찬하고 있습니다

"네 키는 종려나무 같고 네 유방은 그 열매 송이 같구나"(아 7:7).

키가 종려나무 같다고 그랬습니다. 이것은 술람미 여인이 훤칠한 키를 가졌다는 것을 말해 주고 있습니다. 종려나무는 얼마나 큰지 모릅니다. 보통 20미터 이상까지 자랍니다. 쭉쭉 뻗으며 자랍니다. 그런데 술람미 여인의 키를 종려나무에 비유했으니, 군더더기 하나도 없는 늘씬하고 아름다운 모습을 칭찬한 것입니다.

거기다가 술람미 여인의 볼록한 가슴은 종려나무 열매 송이 같다고 했습니다. 이것은 술람미 여인의 훤칠한 키에 이런 볼륨 있는 가슴의 외적인 아름다움만 말하는 것이 아닙니다. 도리어 생명의 풍성함, 날마다 새롭게 솟아나는 생명의 활력과 충만함을 종려나무 열매와 포도송이 같다고 표현한 것입니다. 이런 아름다운 술람미 여인을 솔로몬이 보면서 자기 혼자 정복하고 싶고, 자기 혼자 소유하고 싶고, 차지하고 싶은 마음이 든 것입니다. 이것을 문학적으로 아름답게 표현한 구절이 바로 8절입니다.

"내가 말하기를 종려나무에 올라가서 그 가지를 잡으리라 하였나니"(아 7:8).

"종려나무에 올라가서 그 가지를 잡으리라", 이 말이 무슨 뜻입니까? 술람미 여인이 종려나무가 아닙니까? 그 가지를 내가 잡겠다는 것은 내가 소유하겠다 이 말입니다. 그리고 이 여인을 소유했을 때 그 여인의 따뜻한 가슴은 아름답고 생명력이 충만하게 느껴졌다는 것입니다. 그리고 입술의 사랑을 가졌을 때 콧김이 사과 냄새처럼 느껴졌다는 말입니다. 얼마나 문학적인 표현입니까? 오늘도 집에 들어가서 부부간에 이런 사랑을 나누시기 바랍니다.

그런데 더 중요한 것은, 주님과 이런 사랑을 나누어야 한다는 사실입니다. 그리고 주님께 우리의 사랑을 드렸을 때 주님이 우리를 이렇게 예찬해 주시는 것입니다.

열두째, 포도주 같은 입술의 아름다움을 예찬했습니다

"네 입은 좋은 포도주 같을 것이니라 이 포도주는 내 사랑하는 자를 위하여 미끄럽게 흘러내려서 자는 자의 입을 움직이게 하느니라"(아 7:9).

술람미 여인의 입이 포도주 같다는 것은 사랑의 고백이든지 아니면 입맞춤의 사랑이든지, 술람미 여인의 입술에서 흘러나오는 것은 포도주처럼 감미롭고 달콤하고 상큼한 것입니다. 그리고 이 포도주가 미끄럽게 흘러내린다는 말입니다. 그때 포도주가 얼마나 달콤했겠습니까?

그런데 이런 솔로몬과 술람미 여인의 사랑 이야기를 듣고 아는 사람은 자다가도 깨어 일어난다는 것입니다. 사람을 감동시켜 버린다는 것입니다. 잠자고 있는 사람들, 사랑에 대해 둔하고 우둔한 사람들, 이런 사람들에게 술람미 여인과 자신의 사랑 이야기를 전달해 주면 잠자는 사랑이 깨어난다는 말입니다. 지금 솔로몬 왕과 술람미 여인은 이런 아름다운 사랑을 나누고 있습니다.

오늘 우리도 마찬가지입니다. 주님과 우리의 사랑, 또 주님을 향한 우리의 사랑이 넘쳐서 다른 사람을 감동시키는키는 것이어야 합니다. 우리의 신앙은 나하고 주님만으로 끝나는 것이 아니라, 다른 사람을 깨우고 잠자는 신앙인을 깨우고 충격을 주고 감동시키는 것이어야 합니다. 그래서 다른 사람이 나 때문에 잠에서 깨어나고 일어나야 합니다. 그럴 때 진정한 하나님의 사랑이 되고 진정한 축복의 주인공, 기적의 주인공이 되는 것입니다. 그런 여러분이 되시기 바랍니다.

30

무르익어가는 사랑의 토로 (1)

"나는 내 사랑하는 자에게 속하였도다 그가 나를 사모하는구나 내 사랑하는 자야 우리가 함께 들로 가서 동네에서 유숙하자 우리가 일찍이 일어나서 포도원으로 가서 포도 움이 돋았는지, 꽃술이 퍼졌는지, 석류꽃이 피었는지 보자 거기에서 내가 내 사랑을 네게 주리라 합환채가 향기를 뿜어내고 우리의 문 앞에는 여러 가지 귀한 열매가 새것, 묵은 것으로 마련되었구나 내가 내 사랑하는 자 너를 위하여 쌓아 둔 것이로다" (7:10-13)

술람미 여인은 자신의 하나밖에 없는 사랑의 대상을 찾았습니다. 그리고 그 사랑을 찾은 감격에 너무 겨워서 마하나임의 춤을 추었습니다. 그때 솔로몬이 술람미 여인의 아름다운 자태를 얼마나 찬사했습니까? 결혼식 때는 위에서 아래로 칭찬했지만, 이번에는 아래에서부터 위로 칭찬했습니다. 그 마지막 예찬이 무엇인지 아십니까? 바로 술람미 여인의 아름다운 입술입니다. 술람미 여인의 입술이 달콤하고 감미로운 포도주 같다고 했습니다.

"네 입은 좋은 포도주 같을 것이니라"(아 7:9).

이것을 표준새번역으로 봅시다.

"그대의 입은 가장 맛 좋은 포도주"(아 7:9, 표준새번역).

솔로몬은 자기가 사랑하는 여인의 입술이 아름다운데, 이 아름다움을 어떻게 표현할까 가만히 생각해 보니까 포도주 같다는 것입니다. 와인을 좋아하는 사람이 포도주를 들이킬 때의 맛입니다. 달콤하고 감미로울 것입니다. 우리는 맛을 모르니까 씁쓸하기만 합니다. 그런데 솔로몬은 술람미 여인의 입술이 맛 좋은 포도주 같다고 했습니다. 입맞춤을 할 때 그 느끼는 감촉이 포도주 같다는 것입니다. 그러자 술람미 여인이 뭐라고 화답합니까?

"이 포도주는 내 사랑하는 자를 위하여 미끄럽게 흘러내려서 자는 자의 입을 움직이게 하느니라"(아 7:9).

이 말은 무슨 뜻입니까? 표준새번역으로 봅시다.

"잇몸과 입술을 거쳐서 부드럽게 흘러내리는 이 포도주를 임에게 드려야지"(아 7:9, 표준새번역).

솔로몬이 술람미 여인의 입술을 포도주라고 고백하자, 술람미 여인은 그런 달콤한 포도주를 부드럽게 부드럽게 사랑하는 임에게 드려야겠다고 고백했습니다. 다시 말하면 입맞춤할 때 사랑의 따뜻한 감촉과 부드러운 감촉을 느끼도록 포도주를 흘러내리겠다고 하는 것입니다. 그러면 솔로몬은 그 포도주가 얼마나 달콤하게 느껴졌겠습니까?

이런 솔로몬과 술람미 여인의 사랑 이야기를 들으면 사람들은 자다가도 깨어난다는 것입니다. 사랑의 잠을 자고 있는 사람들, 사랑에 둔하고 우둔한 사람들에게 술람미 여인과 솔로몬의 포도주 같은 사랑 이야기를 전달해 주면, 사랑의 잠을 자고 있는 사람들이 깨어난다는 것입니다. 그러니 얼마나 아름다운 사랑이요 감동적인 사랑입니까?

우리도 그렇지 않습니까? 무덤덤하게 살다가 다른 부부가 애정 있게 살고 금실이 좋다는 이야기를 들으면, 우리도 조금은 깨닫고 충격이 되지 않습니까? 또 영화에서 진실한 사랑에 대한 이야기를 잘 꾸며 놓으면 얼마나 감동을 받습니까?

우리의 신앙은 더더욱 그렇습니다. 정말 우리가 주님과의 사랑에 감동을 받고 우리 주님을 향한 사랑이 넘치고 넘치게 되면, 마침내 다른 사람을 감동시킵니다. 우리의 신앙은 나하고 주님으로만 끝나는 것이 아니라, 다른 사람도 깨워 주고 충격 주고 감동을 시켜야 합니다.

그래서 내가 주님을 억척스럽게 사랑하고 사모함으로써 나 때문에 다른 사람이 신앙의 잠에서 깨어나고, 영적인 잠에서 깨어나게 해주어야 합니다. 이것이 얼마나 큰 축복인지 아십니까?

주님을 사랑하지 않고 깊은 감격에 빠지지 않은 사람은 절대로 다른 사람을 감동시킬 수 없습니다. 술람미 여인과 솔로몬의 사랑이 이런 교훈을 주고 있습니다.

솔로몬과 술람미 여인의 사랑이 얼마나 성숙하고 무르익어가고 있습니까? 사랑의 고백이 성숙해지고 서로를 연모해 가는 대화와 연정의 토로가 얼마나 아름답습니까? 술람미 여인은 이런 고백을 통해서 계속해서 성숙하여 무르익어가는 사랑을 고백하고 연정을 토로하고 있습니다.

"나는 내 사랑하는 자에게 속하였도다 그가 나를 사모하는구나"(아 7:10).

술람미 여인은 이제부터 감각적인 언어를 사용하여 솔로몬을 뜨거운 사랑의 밤으로 초청하고 있습니다. 쉽게 말하면, 솔로몬에게 진한 유혹의 향기를 풍기고 있다는 말입니다. 물론 아가서 7장 10절의 표현은 2장 16절, 6장 3절에도 나와 있습니다.

"내 사랑하는 자는 내게 속하였고 나는 그에게 속하였도다 그가 백합화 가운데에서 양 떼를 먹이는구나"(아 2:16).

비슷하긴 하지만 이 말씀의 강조점은 솔로몬이 신부에게 속해 있다는 것입니다. 술람미 여인이 솔로몬을 더 독점하고 싶고 소유하고 싶어서, 먼저 솔로몬이 자신에게 속해 있음을 강조하고 있습니다. 그러나 6장 3절은 좀 다릅니다.

"나는 내 사랑하는 자에게 속하였고 내 사랑하는 자는 내게 속하였으며 그가 백합화 가운데에서 그 양 떼를 먹이는도다"(아 6:3).

여기서는 자신이 솔로몬에게 속해 있음을 더 강조하고 있습니다. 나는 그저 당신 것이라고, 나는 당신이 없이는 살 수 없다고 했습니다. 그런데 오늘 10절에서는 신부가 신랑에게 아주 일방적으로 속해 있다는 것을 강조하고 있습니다. 비슷한 것 같지만 강조점이 조금씩 다릅니다. 그러니까 술람미 여인이 처음에는 자기중심의 사랑을 하다가, 점차 신랑 중심적인 사랑으로 변해 가고 있음을 여실하게 보여주고 있습니다.

무슨 말입니까? 신부가 신랑에 대한 사랑이 성숙하면 할수록 자기 자신은 없어지고, 오직 신랑 중심의 사랑을 하게 된다는 말입니다. 이것은 우리 부부간에도 마찬가지입니다. 처음에는 이기적인 사랑, 자기중심적인 사랑을 하다가 사랑이 깊어지면 상대방 중심의 사랑을 하는 것입니다.

우리 주님과의 관계에서는 더 그렇습니다. 처음에 우리도 예수 그리스도께서 자기를 사랑하신다고 느끼는 만큼 주님을 사랑하는 것으로 만족합니다. 솔직히 말하면 자기중심의 사랑, 자기중심의 신앙이라고 할 수 있습니다. 그러나 점차 주님을 더 깊이 경험하면 할수록 자기중심의 사랑이 보잘것없다는 것을 깨닫게 됩니다. 자기중심의 사랑은 점차 없어지고, 주님 중심의 사랑이 자리 잡게 되는 것입니다. 할렐루야!

베드로를 보십시오. 처음에는 자기가 주님을 제일 사랑한다고 했잖습니까? 왜 내가 주님을 이렇게 사랑하는데 주님이 내 사랑을 몰라주냐고, 내가 죽을지언정, 옥에 갇힐지언정 주님을 잊지 않겠다고 말입니다. 그러니 내가 왜 주님을 부인하겠느냐고 말입니다.

"베드로가 대답하여 이르되 모두 주를 버릴지라도 나는 결코 버리지 않겠나이다 예수께서 이르시되 내가 진실로 네게 이르노니 오늘 밤

닭 울기 전에 네가 세 번 나를 부인하리라 베드로가 이르되 내가 주와 함께 죽을지언정 주를 부인하지 않겠나이다 하고 모든 제자도 그와 같이 말하니라"(마 26:33-35).

그러더니 나중에 이렇게 고백했지 않습니까?

"세 번째 이르시되 요한의 아들 시몬아 네가 나를 사랑하느냐 하시니 주께서 세 번째 네가 나를 사랑하느냐 하시므로 베드로가 근심하여 이르되 주님 모든 것을 아시오매 내가 주님을 사랑하는 줄을 주님께서 아시나이다"(요 21:17).

주님을 세 번이나 모른다고 부인했던 베드로에게 주님은 물어보셨습니다. 네가 나를 얼마나 사랑하느냐고 말입니다. 이 질문은 네가 지금도 내게 아가페 사랑을 하느냐고 물었던 것입니다. 똑같은 질문을 두 번이나 하셨습니다. 그러나 베드로는 두 번 동일하게 필레오 사랑밖에 못한다고 대답했습니다.

이런 베드로를 향하여 주님은 마지막으로 세 번째 질문을 하십니다. "시몬! 필레이스 메?"(그러면 베드로야! 네가 정말로 나에게 인간적인 사랑밖에 못하느냐? 아가페의 사랑을 못하고 필레오의 사랑밖에 못한단 말이냐?)

그러니까 베드로가 근심하며 이렇게 대답합니다. "주여! 모든 것을 아시오매 내가 주를 사랑하는 줄을 주께서 아시나이다."

이 말을 원문으로 살펴보면 정말 의미가 깊은 말입니다. "퀴리에! 판타 수 오이다스"(주여! 당신은 모든 것을 다 아십니다).

그러면 주님이 무엇을 다 아신단 말씀입니까? 그것은 이 세상 존재의 모든 것을 아실 뿐 아니라, 특별히 개인적으로는 베드로의 모든 것을 알고 계신다는 말씀입니다. 그러므로 베드로는 지금 자기가 예수님을 인간적으로만 사랑하고 있음을 알고 계실 거라고 고백하는 것입니다. "쉬! 기노스케이스 호티 필로 세"(제가 주를 사랑하는 줄 주께서 아십니다).

그러면 이 말 속에는 어떤 의미가 담겨져 있습니까? "주님, 저는 주님이 은혜를 주시지 않으면 못삽니다. 내 힘으로는 아무것도 못하고 나 혼자서는 언제나 필레오 사랑밖에 못하지만, 나를 너무나 잘 아시는 주님께서 나를 다시 한번 붙잡아 주시고, 나에게 다시 한번 은혜를 주신다면 이제 저도 아가페 사랑을 할 수 있습니다. 그러니 주님! 저에게 다시 한번 은혜를 주십시오. 저를 다시 한번만 붙잡아 주십시오. 그래야 제가 주님을 왕으로 모실 수 있습니다."

이처럼 베드로의 사랑이 성숙해지면서 내 힘으로는 주님을 사랑할 수 없다, 당신의 사랑으로만 사랑할 수 있다는 것을 고백하고 있는 것입니다. 베드로도 자기중심의 사랑이 아니라, 주님 중심의 사랑을 하게 된 것입니다.

사도 바울의 자랑

바울은 어떻습니까? 바울도 처음에는 얼마나 열정적인 자기중심의 사랑을 했습니까? 그런데 나중에는 하나님 중심으로 사랑하는 것을 보지 않습니까?

첫째, 바울은 자신의 약함을 자랑했습니다.

"내가 부득불 자랑할진대 내가 약한 것을 자랑하리라"(고후 11:30).

옛날에는 바울도 자기가 꽤 괜찮은 사람인 줄 알았는데, 자기가 형편없다는 사실을 알았습니다. 그래서 이제는 자신의 약함을 자랑했습니다. 왜냐하면 자신의 약함을 자랑할 때 주께서 새 힘을 주시고 강함을 주시기 때문입니다. 그러므로 여러분도 언제나 여러분의 약함을 자랑하시기 바랍니다. 그럴 때 주께서 새 힘을 주실 줄로 믿습니다.

> 약할 때 강함 되시네 나의 보배가 되신 주 주 나의 모든 것
> 주 안에 있는 보물을 나는 포기할 수 없네 주 나의 모든 것
> 예수 어린양 존귀한 이름 예수 어린양 존귀한 이름.

둘째, 십자가를 자랑했습니다.

> "형제들아 내가 너희에게 나아가 하나님의 증거를 전할 때에 말과 지혜의 아름다운 것으로 아니하였나니 내가 너희 중에서 예수 그리스도와 그가 십자가에 못 박히신 것 외에는 아무것도 알지 아니하기로 작정하였음이라"(고전 2:1-2).

바울은 자신이 말도 잘하고 철학적인 설교도 잘하고 웅변적인 설교도 잘하는 줄 알았습니다. 그런데 그런 철학적이고 웅변적인 설교로 사람의 영혼을 구원하지 못했습니다. 그래서 이제는 십자가만을 자랑하기로 한 것입니다.

셋째, 십자가에 못 박힌 것을 자랑했습니다.

"내가 그리스도와 함께 십자가에 못 박혔나니 그런즉 이제는 내가 사는 것이 아니요 오직 내 안에 그리스도께서 사시는 것이라 이제 내가 육체 가운데 사는 것은 나를 사랑하사 나를 위하여 자기 자신을 버리신 하나님의 아들을 믿는 믿음 안에서 사는 것이라"(갈 2:20).

"그러나 내게는 우리 주 예수 그리스도의 십자가 외에 결코 자랑할 것이 없으니 그리스도로 말미암아 세상이 나를 대하여 십자가에 못 박히고 내가 또한 세상을 대하여 그러하니라"(갈 6:14).

바울이 옛날에는 자신이 율법을 지키는 자로서 상당히 의로운 줄 알았습니다. 그러나 은혜를 받고 보니까 자기는 완전히 죄인이고, 그 의는 걸레조각이었음을 깨닫지 않았습니까? 그래서 자신의 정욕을 완전히 십자가에 못 박아 버렸다는 것입니다. 이제는 오직 예수 중심의 사랑을 하게 되고, 세상과 나는 간곳없고 구속한 주만 보이게 되는 것입니다. 그리고 십자가에 못 박히니까 이제 그는 오직 십자가만을 자랑하는 것입니다. 왜냐하면 자기도 십자가에 못 박아 버렸고 세상도 못 박아 버렸기 때문입니다.

바울은 세상이 완전히 내놓은 사람이 된 것입니다. 세상도 완전히 포기해 버렸습니다. 그러니 바울은 오직 자기 몸에서 그리스도를 존귀케 하는 사람이 된 것입니다.

"나의 간절한 기대와 소망을 따라 아무 일에든지 부끄러워하지 아니하고 지금도 전과 같이 온전히 담대하여 살든지 죽든지 내 몸에서 그리스도가 존귀하게 되게 하려 하나니 이는 내게 사는 것이 그리스도니 죽는 것도 유익함이라"(빌 1:20-21).

우리도 그렇습니다. 우리가 처음에는 내 중심으로 주님을 사랑합니다. 그런데 이제 사랑이 성숙되고 무르익어가면 주님 중심으로 바뀝니다. 그리고 이제 나는 없습니다. 왜 그렇습니까? 십자가에 못 박아 버렸기 때문입니다. 나와 세상은 간곳없고 구속한 주님만 보이고, 오직 그 주님만 사랑하게 되는 것입니다. 그래서 이런 오직 주님의 아름다운 사랑을 담은 찬송가가 있지 않습니까?

예수로 나의 구주 삼고 성령과 피로써 거듭나니
이 세상에서 내 영혼이 하늘의 영광 누리도다
이것이 나의 간증이요 이것이 나의 찬송일세
나 사는 동안 끊임없이 구주를 찬송하리로다.

주 안에 기쁨 누리므로 마음의 풍랑이 잔잔하니
세상과 나는 간곳없고 구속한 주만 보이도다
이것이 나의 간증이요 이것이 나의 찬송일세
나 사는 동안 끊임없이 구주를 찬송하리로다.

🎵 술람미 여인의 제안

술람미 여인은 이렇게 진정한 사랑의 소속감을 고백한 후에 드디어 본격적으로 문학적이고 온갖 서정적인 미학의 언어를 사용하여, 솔로몬 왕을 뜨거운 사랑의 밤으로 초청하고 있습니다.

"내 사랑하는 자야 우리가 함께 들로 가서 동네에서 유숙하자"(아 7:11).

이것을 표준새번역으로 보면 너무나 와 닿는 말씀입니다.

"임이여, 가요. 우리 함께 들로 나가요. 나무 숲 속에서 함께 밤을 보내요"(아 7:11, 표준새번역).

지금까지는 신랑이 신부에게 제안했습니다.

"나의 사랑하는 자가 내게 말하여 이르기를 나의 사랑, 내 어여쁜 자야 일어나서 함께 가자"(아 2:10).

"내 신부야 너는 레바논에서부터 나와 함께하고 레바논에서부터 나와 함께 가자 아마나와 스닐과 헤르몬 꼭대기에서 사자굴과 표범 산에서 내려오너라"(아 4:8).

이렇게 술람미 여인은 솔로몬 왕의 말에 따라 피동적으로 움직였던 것입니다.

　그런데 오늘 본문에 와서 자발적이고 적극적으로 신랑에게 사랑을 초청하고 제안하고 있는 것입니다. 술람미 여인이 뭐라고 제안합니까? 그 화려한 궁궐이나 휘황찬란한 왕궁에서 사랑을 나누기보다 저 깊고 깊은 산골짜기 숲속에서 함께 밤을 보내자고 제안했습니다. 이는 무슨 말입니까?

　첫째, 술람미 여인이 주변 사람들의 시선을 피하여 더 깊은 사랑을 토로하고 나누자고 제안하는 것입니다

　요즘도 연예인이나 유명한 사람들은 남의 시선을 의식하느라 행동을 제한합니다. 그러므로 술람미 여인이 그것을 고백하는 것입니다. 왕비로서의 위치보다 한 사람을 사랑하는 여인의 입장에서, 한적한 들판이나 깊은 산골에서 사람들의 눈을 피하여 당신과 나만이 아는 은밀하고도 깊은 사랑을 나누고자 하는 의미에서 이런 제안을 하는 것입니다.

　둘째, 전원적인 사랑을 동경하며 그 사랑을 하자고 제안하고 있습니다

　전원적인 사랑은 정말 아름답고 순수하고 낭만적이지 않습니까? 그래서 예수님도 광야나 산이나 바닷가의 한적한 곳에 가서 기도하시고 묵상하신 것입니다. 여러분은 어떻게 생각하십니까? 어떤 것을 좋아하십니까? 저는 술람미 여인의 마음이 조금은 이해가 됩니다. 저도 전원적 사랑을 더 좋아합니다. 정말 내 마음을 더 한가하고 자연스럽게 하고, 참된 순수한 인간으로 돌아가서 자연과의 만남을 갖고 순수한 사랑을 할 수 있게 하는 곳이 전원입니다.

저는 시골에서 태어나고 자라서 그런지 몰라도, 효율적이고 능률적인 목표가 없이 그저 한적한 시간을 보낸다면 호텔보다는 한가한 들녘이나 산이 더 좋습니다. 산골이나 들녘이나 저 구례 섬진강 가의 팬션이나 민박 같은 곳에 머물기를 좋아합니다.

그런 데서 민박하면 얼마나 좋겠습니까? 거기서 시도 쓰고, 글도 쓰고, 주님 앞에 묵상하고, 성경 연구하고, 너무너무 좋겠다는 생각이 절로 듭니다. 호텔은 깨끗하고 편리해서 좋지만, 조금 더 전원적 사랑을 친밀하게 느낄 수 있는 곳은 산골이나 들녘에 있는 민박이나 팬션 같은 곳이라는 것입니다.

술람미 여인은 지금 웅장하고 깨끗하고 편리한 궁궐보다 산 좋고 들 좋은 산장 같은 곳, 팬션 같은 곳에서 민박하면서, 아니 차라리 텐트라도 쳐 놓고 사랑을 하고 싶다는 것입니다. 조금 더 동심의 사랑, 순백의 사랑을 하고 싶다는 말입니다.

셋째, 근원적이고 회고적인 사랑을 갈망하며 제안했습니다

여기서 지금 술람미 여인의 의중이, 산과 들녘은 자신의 고향을 염두에 두고 있다고 많은 학자들이 주장하고 있습니다. 뚜렷한 근거가 없다고 말하는 학자도 있지만, 그 뒤에 포도원이 나오는 것을 볼 때 자신의 고향을 염두에 두고 말했다고도 볼 수 있습니다. 제가 보기에도 고향으로 추론할 수 있는 근거가 있습니다.

"그들을 지나치자마자 마음에 사랑하는 자를 만나서 그를 붙잡고 내 어머니 집으로, 나를 잉태한 이의 방으로 가기까지 놓지 아니하였노라"(아 3:4).

술람미 여인은 꿈속에서 솔로몬을 잃었었습니다. 그런데 솔로몬을 찾자마자 자기 어머니 집, 자기를 잉태했던 곳으로 가자고 했지 않습니까? 더 깊고 근원적인 사랑을 나누고 싶어서 그랬던 것입니다. 그러므로 여기 근원은 술람미 여인의 고향을 의미함이 틀림없습니다.

그 고향은 어떤 곳입니까? 자기가 태어나고 자란 곳입니다. 자기의 숨결의 흔적이 남아 있고, 자신의 동심의 세계와 때가 묻어 있는 곳입니다. 자신의 요람의 모든 것이 그곳에 담겨 있고, 더구나 첫사랑이 시작된 곳이 아닙니까? 거기 가서 사랑을 나누자는 것입니다. 거기 가고 안 가고를 떠나서 그런 사랑을 흠모하고 갈망하고 있다는 말입니다.

저는 고향에 내려갈 때마다 집사람에게, 내가 여기서 이랬다, 저기서 저랬다고 어린 시절의 추억을 이야기해 줍니다. 그런데 집사람은 그런 것에 관심이 별로 없는 것 같습니다. 저는 고향에서의 추억의 흔적을 더듬고, 그곳에서 사랑을 나누고 대화도 하고 사랑의 토로도 하면 좋습니다. 또한 집사람의 고향이나 학교에 가서 집사람의 추억도 더듬고 싶은데, 제가 볼 때는 집사람이 그런 감성이 조금 떨어지는 것 같습니다.

🎵 근원적인 사랑의 적용

그런데 술람미 여인의 사랑이 그만큼 성숙하고 무르익어가면서 조금 더 근원적이고 회고적인 사랑으로, 뿌리 깊은 사랑으로 성숙해 가고 있음을 볼 수 있습니다. 오늘 우리도 이런 사랑을 해야 합니다. 그러면 어떻게 해야 합니까?

첫째, 우리 주님과 은밀한 사랑을 추구해야 합니다

때로는 사람들의 시선을 떠나서 나와 주님만의 조용한 시간을 가져야 합니다. 그것이 골방이나 기도원이어도 좋습니다. 나와 주님만의 한적한 시간을 가지고 대화해야 합니다. 그런 시간을 통해서 더 은밀하고 소중하고 가깝고 깊은 사랑을 이루어 나가야 합니다.

둘째, 주님 앞에 전원적 사랑을 가져야 합니다

전원적 사랑이란 말은 꼭 산이나 들로 가야 한다는 말이 아니라, 좀더 동심적인 사랑, 순백의 사랑을 가져야 한다는 것입니다. 물론 그런 사랑을 갖기 위해서는 도시보다는 전원적인 곳이 좋을 것입니다. 그래서 가족끼리 바닷가나 팬션에 놀러 가면 텔레비전이나 보지 말고, 깨끗한 물과 산을 바라보면서 주님과 대화해야 합니다. 흐르는 폭포에서 찬송을 한번 해보십시오. "주 하나님 지으신 모든 세계~", "참 아름다워라 주님의 세계는~." 그러면 우리의 신앙이 더 맑고 순수하고 깨끗해지게 될 것입니다.

셋째, 근원적이고 회고적인 사랑을 할 수 있어야 합니다

여러분이 처음으로 은혜 받았던 곳이 어디입니까? 주님과 첫사랑을 나누었던 곳이 어디입니까? 한얼산입니까? 한얼산이라면 그곳에 가끔씩 가보는 게 좋습니다. 지금은 사람이 덜 모이고 그래도 내가 이곳에서 주님의 은혜를 받았다고 회고하며 추억을 더듬어 보노라면, 주님의 사랑이 더 새로워지는 것을 느낄 것입니다. 그곳이 오산리입니까? 그러면 내가 이 기도굴에서 은혜를 받았다고 생각하고 회고하면서 또 주님께 기도하는 것입니다. 청계산이면 청계산, 무등산이면 무등산 등 첫 은혜를 받았던 곳에 가서 자신의 첫사랑의 근원을 더듬어 보는 것입니다.

저는 용화산에서 처음 은혜를 받았습니다. 그래서 지난번 익산 집회 가서도 용화산에 가고, 광주에 가서 시간이 있으면 또 무등산에 갑니다. 그리고 주님과 저의 첫사랑을 생각해 봅니다. 가장 근원적이고 뿌리 깊고 회고적인 사랑을 더듬어 보는 것입니다. 그곳에 가서 말입니다.

그리고 주님 앞에 노래를 부릅니다. 제가 뭐라고 하겠습니까? 제가 무엇을 달라고 하겠습니까? 그저 이미 주님이 다 주셨고 다 받았는데, 더 관리를 잘하고 더 성숙해 가면 되는 것이 아닙니까? 그저 주님과의 첫사랑을 소유하고 언제나 배고프고 못살던 시절에 주님이 저를 껴안아 주시고 품어 주셨던 것처럼, 앞으로도 저를 품어 달라고, 주님 사랑을 떠나지 않고 주님 사랑으로만 승리하게 해달라면서 노래를 부르는 것입니다.

이렇게 술람미 여인은 산과 들녘으로 가자고 했습니다. 그리고 계속해서 뭐라고 말합니까? 12절을 봅시다.

> "우리가 일찍이 일어나서 포도원으로 가서 포도 움이 돋았는지, 꽃술이 퍼졌는지, 석류꽃이 피었는지 보자 거기에서 내가 내 사랑을 네게 주리라"(아 7:12).

술람미 여인이 하는 말을 보십시오. 이 여인은 사람 죽일 여자입니다. 이 말씀을 표준새번역으로 보겠습니다.

> "이른 아침에 포도원으로 함께 가요. 포도 움이 돋았는지, 꽃이 피었는지, 석류꽃이 피었는지, 함께 보러 가요. 거기에서 나의 사랑을 임에게 드리겠어요"(아 7:12).

저녁 내내 사랑을 나누고 잠만 자는 것이 아니라, 아침에 일찍 일어나서 포도원으로 가자는 것이 아닙니까? 왜 갑니까? 포도 움이 돋았는지, 꽃이 피었는지, 석류꽃이 피었는지 보기 위해서 가자는 것입니다. 모든 것이 상징이고 함축적인 표현인데, 이 말이 무슨 뜻입니까?

이것은 꿈에서조차 당신을 잊을 수가 없다는 것입니다. 이제는 당신과 나 사이에 추운 계절이 있을 수가 없다는 것입니다. 당신과 나 사이에 완전히 봄이 도래했다는 것입니다. 사랑의 봄밖에 없다는 말입니다. 그것을 우리가 한번 전원에 가서 확인해 보자는 것입니다. 내가 거기 가서 내 사랑을 주겠다는 것입니다. 거기 가서 자기 사랑을 준다는 말은, 그냥 사랑이 아닌 포도 움이 돋고 꽃이 피고 석류꽃이 피는 꽃술의 사랑을 주고 향기의 사랑을 드리겠다는 말입니다. 그것도 동심과 순백과 순애보가 담겨 있는 그런 사랑을 말입니다.

이건 삼류 애정 영화나 삼류 순정 소설이 아닙니다. 이것을 신앙과 영적인 관계에서 생각해 볼 수 있어야 합니다. 포도 움이 돋고 꽃이 피고 석류꽃이 피는 사랑을 한다는 말은, 우리가 주님 앞에 아주 생명력이 충만한 아름다운 사랑을 드려야 한다는 교훈입니다.

신앙의 향기가 물씬물씬 진동하고 정말 어린애 같은 순수한 사랑, 동심의 사랑, 순백과 순애보의 사랑, 일편단심, 일사 각오의 사랑을 주님 앞에 드려야 한다는 것입니다. 술람미 여인이 지금까지는 받는 사랑에 급급했지만, 이제부터는 이런 사랑을 솔로몬에게 주겠다는 것입니다. 자신의 사랑의 향기와 생명과 순백의 사랑을 주겠다는 것입니다.

우리도 지금까지는 주님 앞에 받는 사랑으로 만족했지만, 이제는 정말 주님 앞에 드리는 사랑, 그래서 주님 앞에 진짜 포도 움이 돋고 꽃이 피고 석류꽃이 피는 사랑, 꽃술의 향기가 가득한 새싹의 사랑을 해야 합니다. 그런 여러분이 되시기 바랍니다.

이런 고백 후에는 술람미 여인이 더 환상적인 고백을 합니다. 13절을 봅시다.

"합환채가 향기를 뿜어내고 우리의 문 앞에는 여러 가지 귀한 열매가 새것, 묵은 것으로 마련되었구나 내가 내 사랑하는 자 너를 위하여 쌓아 둔 것이로다"(아 7:13).

술람미 여인이 합환채 이야기를 하고 있습니다. 합환채는 히브리어로 '하뚜다임'인데, 이는 영어로 '러브 애플', '사랑의 사과나무'라고 합니다.

이 합환채는 두 가지 용도로 쓰였습니다. 하나는, 흥분제나 최음제로 쓰였습니다. 여자들이 불감증에 걸려 있거나 성적으로 무감각하게 되면 합환채를 품고 있거나 먹습니다. 그럴 때 그것이 최음제 역할을 합니다. 성적인 감정을 깨어나게 하는 식물입니다. 그래서 옛날에는 이것이 춘약으로 쓰였습니다. 열매는 사과 모양이라고 해서 러브 애플이라고 했습니다. 색깔은 진홍색입니다.

다른 하나는, 여자들에게 수태력을 증진시키기 위해 쓰였습니다. 최음제뿐 아니라 임신을 촉진시키는 약재로 쓰였습니다. 창세기 30장을 보면, 야곱이 항상 라헬에게만 가잖습니까? 하지만 라헬은 자식을 못 낳습니다. 반면에, 레아는 아이를 쑥쑥 낳습니다. 그러니까 레아가 라헬에게 합환채를 구해다 주고 야곱을 빼앗아 옵니다. 즉 합환채가 임신 촉진제로 얼마나 효과 있었는지를 볼 수 있습니다.

그런데 술람미 여인은 그렇잖아도 사랑이 성숙해 가고 무르익어 가는데, 그것도 부족하여 합환채를 준비했다는 것입니다. 합환채뿐 아니라 그 열매를 많이 준비했다는 것입니다. 바로 솔로몬과의 더 깊고 아름다운 사랑을 나누기 위해서였습니다.

이 행위는 무엇을 나타냅니까? 성태를 원한 것입니다. 자신도 솔로몬의 떡두꺼비 같은 아들을 낳고 싶은 것입니다. 솔로몬을 닮은 아이를 갖고 싶은 성태의 욕구, 임신의 욕구를 나타냅니다. 그래서 합환채와 그 열매를 갖다 놓은 것입니다.

오늘 우리도 합환채의 신앙을 가져야 합니다. 합환채의 사랑을 가져야 합니다. 지금도 우리가 주님을 사랑하고 있다고 하지만, 그 주님과 사랑을 나누고, 더 깊은 사랑을 나누기 위해서는 성령 충만하고 언제나 은혜 충만해야 합니다. 영적인 합환채를 가지면서 자가 발동이라도 해야 합니다. 나는 주님밖에 없다고, 주님의 사랑이 없고 주님의 은혜가 없으면 살 수 없다고, 물을 떠난 고기는 살 수 있어도 주님 떠난 내 심령은 살 수 없다고 고백해야 합니다.

우리가 신앙생활을 오래하다 보면 매너리즘에 빠지고 습관에 빠질 때가 있습니다. 그러므로 합환채를 스스로 소유해야 합니다. 영적인 합환채를 품고 주님을 사랑해야 합니다. 그러나 그런 서정적인 사랑으로만 끝나서는 안 됩니다. 열매를 맺어야 합니다. 우리의 믿음이 생산적이 되어야 합니다.

무엇보다도 전도의 열매를 맺어야 합니다. 주님 사랑 전하고 주님 은혜 전하면서 열매를 맺어야 합니다. 전도는 임신과 같습니다. 전도는 아이를 낳는 것과 같지 않습니까? 양육도 마찬가지입니다. 전도하고 해산하면 양육하여 그리스도를 닮은 사람으로 양육하는 것, 이런 열매도 가져야 합니다.

또 우리가 사랑의 열매, 은사의 열매, 주님이 기뻐하시는 성령의 아홉 가지 열매를 맺어야 합니다. 그러기 위해서 우리가 합환채를 가져야 합니다. 합환채 열매를 마음에 두둑하게 가져야 합니다. 그래서 열매 맺는 신앙이 되어야 합니다. 여러분 모두 그런 성도가 되시기 바랍니다.

31

무르익어가는 사랑의 토로 (2)

"네가 내 어머니의 젖을 먹은 오라비 같았더라면 내가 밖에서 너를 만날 때에 입을 맞추어도 나를 업신여길 자가 없었을 것이라 내가 너를 이끌어 내 어머니 집에 들이고 네게서 교훈을 받았으리라 나는 향기로운 술 곧 석류즙으로 네게 마시게 하겠고 너는 왼팔로는 내 머리를 고이고 오른손으로는 나를 안았으리라 예루살렘 딸들아 내가 너희에게 부탁한다 내 사랑하는 자가 원하기 전에는 흔들지 말며 깨우지 말지니라" (8:1-4)

 열매 맺는 사랑

사랑에는 두 가지가 있습니다. 남녀 간의 사랑도 감성적이고 서정적인 사랑, 센티멘털한 사랑이 있고, 실제적이고 현실적인 사랑이 있습니다. 우리 주님을 향한 사랑도 마찬가지입니다. 성도의 사랑도 마찬가지로 두 가지로 생각해 볼 수 있습니다. 하나는 진짜 감성적이고 서정적인 사랑, 센티멘털한 사랑입니다. 이것은 한마디로 말해서 내 마음의 동산에 주님을 모셔 놓고 주님을 생각하며, 서정적이고 감성적인 사랑을 하는 것입니다.

그래서 그런 마음으로 기도하고 찬송하고 감사를 고백하는 것입니다. 주님만 생각하면 눈시울이 뜨거워지고, 주님의 사랑만 생각하면 가슴이 뭉클해지고 피가 뜨거워지고 울먹거려지고, 주님이 너무 좋아서 가슴이 울렁거려지는 것입니다. 그러니까 그런 마음으로 주님을 노래하고 사모하고, 또 시를 쓰고 그러는 것이 아닙니까?

그런데 술람미 여인은 이제 그런 사랑을 넘어서 실제적이고 현실적인 사랑을 원하고 있습니다. 다시 말하면, 이제는 스스로 솔로몬을 향한 순종과 충성과 봉사를 원한다는 말입니다. 그리고 솔로몬의 사랑에 대한 결과로서 사랑의 열매(자녀)를 맺기 원한다는 말입니다.

이것은 주님과의 사랑에 있어서도 마찬가지입니다. 우리는 주님을 향한 서정적이고 감성적인 사랑도 중요하지만, 주님 앞에 실제적인 사랑을 해야 합니다. 주님 향한 순종과 충성과 봉사를 스스로 자원해야 합니다. 아무리 가슴속에 서정적인 사랑과 감성적인 사랑이 충만해도, 현실적인 충성이나 봉사가 없으면 안 되는 것입니다.

술람미 여인은 서정적인 사랑과 실제적인 사랑을 함께 행합니다. 조화를 이루는 것입니다. 그런 사랑이 아름다운 사랑입니다. 그녀는 합환채를 통해서도 그의 사랑이 아주 조화 있음을 표현합니다.

> "합환채가 향기를 뿜어내고 우리의 문 앞에는 여러 가지 귀한 열매가 새것, 묵은 것으로 마련되었구나 내가 내 사랑하는 자 너를 위하여 쌓아 둔 것이로다"(아 7:13).

그런데 지금 술람미 여인은 불감증에 걸려 있는 여자가 아닙니다. 누구보다 감성적이고 서정적인 사랑을 느낍니다. 아니, 누구보다 에로틱한 감정과 무드를 느끼고 있는 여자입니다. 그런데 그것도 부족해서 사랑의 흥분을 더 깊이 느끼고 싶어서 합환채를 준비했습니다. 그뿐입니까? 합환채는 성태와 관련 있습니다. 춘약이라고 했습니다.

"밀 거둘 때 르우벤이 나가서 들에서 합환채를 얻어 그의 어머니 레아에게 드렸더니 라헬이 레아에게 이르되 언니의 아들의 합환채를 청구하노라 레아가 그에게 이르되 네가 내 남편을 빼앗은 것이 작은 일이냐 그런데 네가 내 아들의 합환채도 빼앗고자 하느냐 라헬이 이르되 그러면 언니의 아들의 합환채 대신에 오늘 밤에 내 남편이 언니와 동침하리라 하니라 저물 때에 야곱이 들에서 돌아오매 레아가 나와서 그를 영접하며 이르되 내게로 들어오라 내가 내 아들의 합환채로 당신을 샀노라 그 밤에 야곱이 그와 동침하였더라 하나님이 레아의 소원을 들으셨으므로 그가 임신하여 다섯째 아들을 야곱에게 낳은지라"(창 30:14-17).

레아가 합환채를 가지고 라헬에게서 야곱을 빼앗아 하룻밤을 보냅니다. 그런데 하나님이 레아의 소원을 들으시고 임신을 하게 하셨습니다. 한마디로 하나님께서 합환채를 쓰신 것입니다. 이처럼 합환채는 성태 촉진제였습니다. 그런데 특별히 술람미 여인은 합환채 꽃만 갖다 놓은 것이 아니라 옛 열매, 새 열매, 묵은 것도, 새것도 열매를 다 가져다가 쌓아 놓았습니다.

이것은 무엇을 말하는 것입니까? 술람미 여인이 솔로몬의 아이를 많이 낳고 싶다는 욕구가 있음을 보여주고 있습니다. 이것은 서정적, 감성적 사랑으로만 끝나는 것이 아니라, 현실적이고 실제적인 사랑의 열매를 맺고 싶어 하는 욕구를 보여주는 것입니다. 그래서 술람미 여인의 사랑이 진실로 아름다운 사랑인 것입니다.

우리도 주님을 사랑할 때 서정적, 감성적인 사랑으로만 하면 안 됩니다. 주님과의 실제적인 사랑을 함으로써 열매를 맺어야 합니다. 그것이 무엇입니까? 순종이요, 충성이요, 봉사입니다. 여러 가지 성령의 열매라는 말입니다. 그것이 전도의 열매로 나타날 수 있고, 헌금의 열매로 나타날 수 있고, 더 나아가서는 무조건적인 희생, 순교의 열매로 나타날 수도 있습니다. 주님을 위해 목숨까지 바치는 순교의 열매 말입니다.

우리에게 이런 결단과 각오와 열매가 있어야 합니다. 여러분도 이렇게 서정적인 사랑과 더불어서 실제적인 사랑을 하시기 바랍니다. 현실적인 사랑의 열매를 많이 맺으시기 바랍니다. 주님의 은혜가 너무 크고 너무 감사해서 이렇게 고백해야 합니다. 이렇게 노래해야 합니다. 그리고 열매를 맺어야 합니다. 이것이 진정한 사랑이고, 아름다운 사랑입니다. 우리 모두 이런 사랑을 할 수 있기를 바랍니다.

끊을 수 없는 사랑에 대한 갈망

그런데 오늘 본문에 와서 술람미 여인이 무언가 또 사랑의 아쉬움을 표현하고 있고, 좀더 깊은 사랑을 희망하고 있는 것을 볼 수 있습니다. 그것을 8장 1절에서 말하고 있습니다.

"네가 내 어머니의 젖을 먹은 오라비 같았더라면 내가 밖에서 너를 만날 때에 입을 맞추어도 나를 업신여길 자가 없었을 것이라"(아 8:1).

"아, 임께서 어머니 젖을 함께 빨던 나의 오라버니라면, 내가 밖에서 임을 만나 입 맞추어도 아무도 나를 천하게 보지 않으련만"(아 8:1, 표준새번역).

이게 무슨 말입니까? 지난밤 술람미 여인은 신랑 솔로몬을 뜨거운 사랑의 밤으로 초청하는, 아주 서정적인 미학의 노래를 불렀습니다. 그렇게 사랑을 만끽하고 또 깨를 쏟고 쏟는 정열적 연정의 사랑을 나누고 토로하고 노래합니다. 그 사랑이 얼마나 뜨거운지 보여주었습니다.

그런데 오늘 본문에 와서는 뭔가 또 아쉬움을 이야기하고 있습니다. 그렇게 만족해 놓고 무슨 아쉬움을 보여주고 있습니까? 솔로몬이 그냥 사랑의 대상이 아니라 한 엄마의 젖을 빨아먹던 친오라비 같으면 좋겠다는 것입니다. 물론 솔로몬이 친오라비가 되기를 바라는 것이 아니라, 친오라비 같았으면 좋았을 거라고 아주 이상적인 희망을 토로하고 있습니다.

왜 그렇습니까? 당시 고대 근동에서는 친형제와 자매들만이 공개적인 장소에서 입을 맞출 수가 있었습니다. 아무리 사랑하는 사람이라 하더라도 공개적으로 입 맞추면 그것이 어쩔 때는 천박하게 취급되었습니다. 여자가 업신여김을 받고, 혹은 자칫하면 여자가 음녀나 창녀처럼 호객 행위를 하는 것으로 오해받을 수도 있었습니다.

"어떤 때에는 거리, 어떤 때에는 광장 또 모퉁이마다 서서 사람을 기다리는 자라 그 여인이 그를 붙잡고 그에게 입 맞추며 부끄러움을 모르는 얼굴로 그에게 말하되 내가 화목제를 드려 서원한 것을 오늘 갚았노라 이러므로 내가 너를 맞으려고 나와 네 얼굴을 찾다가 너를 만났도다 내 침상에는 요와 애굽의 무늬 있는 이불을 폈고 몰약과 침향과 계피를 뿌렸노라 오라 우리가 아침까지 흡족하게 서로 사랑하며 사랑함으로 희락하자"(잠 7:12-18).

아무리 사랑하는 사람이고 또 부부라 하더라도, 공개 석상에서나 길거리나 또 많은 사람 앞에서 여자가 너무 졸랑거리고 사랑을 표시하면 천박하게 느껴지고 이렇게 창녀로 오해받을 수 있었습니다. 그러니까 솔로몬은 품위와 체통을 지켜야 했습니다. 왕의 위엄을 지켜야 했습니다. 그래서 함부로 공개 석상에서 사랑을 표현할 수가 없었습니다.

그런 이유 때문에 술람미 여인은 궁궐에서 많은 눈들이 보고 주목받는 사랑을 하는 것보다, 한적한 산이나 들로 가서 전원 속에서 깊은 사랑을 하고 싶었던 것입니다. 사람들의 눈을 피하여 좀더 자유롭고 깊은 사랑을 하기를 원했던 것입니다. 그래서 이런 노래를 부릅니다.

이런 아쉬움 때문에 솔로몬이 친오라비 같았으면 얼마나 좋았을까, 고백하고 있는 것입니다. 친오라비라면 언제든지 어디서나 입도 맞추고 포옹도 하고 안을 수도 있지 않겠습니까? 그래서 술람미 여인은 이런 아쉬움을 표현하고 있는 것입니다.

더구나 이런 고백을 통해서 죽어도 솔로몬 왕과 헤어질 수 없다는 고백을 하고 있는 것입니다. 주로 성적 관계의 사랑은 서정적이고 감성적인 관계의 사랑입니다. 그래서 자칫 잘못하면 헤어질 수 있습니다. 좋을 때는 좋은데 싫으면 남남이 됩니다. 부부도 그렇잖습니까? 좋을 때는 서로 죽고 못 살고 너밖에 없다, 너만 사랑한다고 하면서도, 성격 안 맞고 별것도 아닌 것 가지고 싸우면 이혼해 버리고 서로 남남이 되어 버립니다.

그러나 친오누이는 남이 될 수 없습니다. 절대로 남남이 될 수 없습니다. 그래서 술람미 여인은 이런 고백을 통해서 절대로 솔로몬 왕과 떨어지지 않으려는 소원을 보여주고 있는 것입니다. 오히려 더욱 솔로몬에게서 언제 어디서나 사랑받기를 원하는 마음으로 이 고백을 하고 있는 것입니다.

지금은 솔로몬이 사랑을 하고 있지만, 언젠가 애정이 식어가고 사랑이 식어가면 자기는 버려지는 존재가 되지 않을까 하는 염려가 있었던 것입니다. 우리나라도 임금들이 일부다처제를 했지 않습니까? 그렇게 몇 년 동안 후궁에게 반해서 사랑하다가도 또 몇 년이 지나면 다시 마음이 중전한테 가고 그랬지 않습니까? 술람미 여인이 이것을 염두에 두고 고백한 것입니다.

그러나 친오누이 관계는 절대로 남이 될 수 없고 버림받을 수가 없습니다. 이런 것을 통해서 그녀는 솔로몬 왕을 향한 아주 강한 애착을 보여주고 있고, 절대로 솔로몬을 포기할 수 없다는 의지를 표현하고 있는 것입니다.

🎵 아쉬움은 진한 사모함을 낳고

오늘 우리도 마찬가지입니다. 우리가 은혜 체험을 해봤지 않습니까? 우리가 주님의 사랑을 체험하고 은혜를 체험해도 어느 한 면에서는 아쉬움이 있습니다. 물론 우리가 은혜를 받으면 감사하고 찬양하고 기쁨이 넘치고 100퍼센트 만족입니다. 진정한 행복과 기쁨이 넘칩니다.

그런데 다른 어느 한 면에서는 무언가 아쉬움이 있습니다. 그것이 무엇입니까? 주님의 은혜가 모자라서가 아니라, '내가 그때 더 기도를 잘해서, 찬양을 더 잘해서 더 은혜를 받을 수 있었는데……' 하는 아쉬움이 남아 있습니다. 그래서 이 아쉬움이 주님을 더 사모하는 마음을 갖게 하는 것입니다.

그러니까 우리가 어제 은혜 받았지만 오늘 또 받아야 하는 것입니다. 지난주 철야 예배 때 그렇게 은혜를 받았지만 이번 주 철야 예배에 또 나와 기도하고 은혜를 받는 것입니다. 은혜 받아 놓고 또 은혜를 사모하고, 축복 받아 놓고 또 축복을 사모하는 것입니다.

그래서 오늘 이 철야 예배에 또 나온 것 아닙니까? 또 은혜가 갈급하고, 또 주님의 사랑이 갈급하고, 그래서 그것들을 사모해서 나오는 것입니다. 하나님은 이렇게 우리에게 만족스러운 면도 주시지만 술람미 여인처럼 또 아쉬운 면도 주십니다. 그래서 은혜를 또 사모하고 사랑하는 것입니다.

이런 반복의 연속 속에서 살아가는 것입니다. 그렇게 하다 보면 우리가 주님을 남편처럼, 애인처럼, 왕으로 여기며 모시고 살아가더라도, 때로는 술람미 여인과 같이 혈육적인 사랑을 원할 때가 있습니다. "주님, 나의 형님이 되어 주세요. 주님과 나 사이가 형제 관계가 되고 오누이 관계가 되어서 더 자유롭고 더 깊은 사랑을 하고 싶습니다. 그리고 절대로 떨어지지 않는 사랑을 하고 싶습니다." 그러면서 시도 때도 없이, 장소에 관계없이 주님께 사랑을 고백하고 주님과의 사랑을 나누길 원할 때가 있습니다.

우리의 예배, 기도회는 일정한 틀과 의식 속에서 진행됩니다. 그래서 찬송도 격식에 맞추어 부르다 보니 때로는 찬송을 더 부르고 싶고 기도를 더 하고 싶습니다. 때로는 손을 들고 기도하고 싶고, 소리를 지르며 기도하고 싶습니다. 또 그렇게 찬양하고 싶습니다.

그러나 그렇게 하면 공동체에 덕이 안 됩니다. 주일 예배 대표 기도도 대부분 장로님들이 원고를 써가지고 와서 기도합니다. 그러면 조금 무미건조할 때가 있습니다. 그래서 "주여~" 하고 소리 지르며 기도하고 싶습니다. 그러나 그렇게 하면 질서의 하나님께 덕이 안 되고 다른 사람에게도 덕이 안 됩니다.

하지만 때때로 우리가 좀 자유롭고 깊은 기도와 찬양을 하고 싶을 때가 있습니다. 공동체의 하나님, 질서의 하나님, 예배 의식 속에 함께하신 주님보다 친형님 같은 예수님, 친오라버니 같은 예수님을 원할 때가 있습니다. 그래서 그 주님과 나 사이에 언제나 자유롭고 어디서나 가슴이 터지도록 부르고 외치고 사랑을 고백하고 싶을 때가 있습니다. 울먹거리는 가슴, 뜨거운 목젖, 젖은 눈동자로 주님을 사모하고 싶단 말입니다. 할렐루야!

이런 것을 느끼고 경험한 사람은 이미 주님의 깊은 은혜 속에 들어갔다고 봐야 합니다. 이런 감정과 느낌을 가져본 적이 있으면 "아멘" 하시기 바랍니다. 이런 거룩한 영광과 아쉬움을 가지고 주님을 사모하고 예찬한 경험이 있으면 "아멘" 하시기 바랍니다. 여러분, 그런 사람은 진짜 행복한 사람입니다. 그래서 우리가 이런 노래를 부르지 않습니까?

> 날 위하여 날 위하여 예수 간구하시네
> 형님같이 대신하여 중한 고통당했네
> 거룩하신 보좌 앞에 항상 주 여호와께
> 나의 죄 사하시기를 쉬지 않고 비시네.
>
> 내 주님 입으신 그 옷은 참 아름다워라
> 그 향기 내 맘에 사무쳐 내 기쁨 되도다
> 시온 성보다 더 찬란한 저 천성 떠나서
> 이 천한 세상 오신 주 참 내 구주님.

이런 것이 깊은 영성입니다. 우리가 어떤 동기에서든지 주님을 사모하고 순간순간마다 주님의 은혜를 사모하는 것이 성도가 받은 최고의 축복입니다. 사슴이 시냇물을 찾기에 갈급함같이 주님을 사모해야 합니다.

> "하나님이여 사슴이 시냇물을 찾기에 갈급함같이 내 영혼이 주를 찾기에 갈급하니이다"(시 42:1).

여기서 사슴이 시냇물을 찾기에 갈급하다는 것은 무슨 말입니까? 이 구절에서는 그냥 사슴이 아닌, 암사슴을 말합니다. 암사슴은 새끼를 배는데, 그때가 건기 때입니다. 그러니 목은 마를 대로 마르고, 몸은 더 무겁습니다. 몸이 무거우면 잘 달리지 못합니다. 그런데 물이 있는 곳에서는 맹수가 기다립니다. 수사슴은 뛰어서 도망이라도 가지만, 암사슴은 도망을 못 갑니다. 그래서 어지간하면 목이 말라도 참습니다. 암사슴이 그렇게 목이 마르니까 얼마나 물을 사모하겠습니까? 다윗이 바로 그런 마음으로 주님을 사모한다는 것입니다.

그러면 암사슴만 그렇습니까? 사슴 자체는 열이 많습니다. 열이 많기 때문에 물을 사모할 수밖에 없습니다. 그리고 수사슴이나 새끼를 배지 않은 암사슴이라 할지라도, 모든 사슴은 특유의 냄새를 풍깁니다. 그 냄새로 인해 맹수들이 맡고 쫓아오는 것입니다. 그래서 사슴은 항상 물을 마셔야 합니다. 사슴은 물을 먹어야 사는 것입니다. 물을 자꾸 마셔야 사슴만이 풍기는 냄새를 없앨 수 있습니다. 그러므로 사슴에게 있어서 목마름은 큰 축복입니다. 생명의 첩경입니다.

우리도 마찬가지입니다. 우리도 은혜의 물을 안 마시면 자꾸 사탄한테 냄새를 풍기게 되고, 마귀에게 유혹의 냄새를 풍겨서 결국 넘어지게 됩니다. 복락의 강수를 안 마시면 우리가 자꾸 육신적이 되기 때문에 자꾸 우는 사자처럼 호시탐탐 노리고 있는 마귀에게 시험 거리를 줄 수 있습니다.

그렇기 때문에 하나님은 우리 성도들을 목마르게 하시는 것입니다. 약간의 아쉬움을 남겨서 주님의 은혜를 사모하게 하고, 사랑을 갈급하게 하는 것입니다. 언제나 주님의 은혜를 받고 기도하고 찬양하고, 기도하고 말씀 받고, 이런 사람은 절대로 시험에 안 듭니다.

시험이 와도 겁이 없습니다. 그래서 주님을 이렇게 사모해서 그리워하고, 주님의 은혜와 사랑에 아쉬움을 가지고 사모하는 사람은 얼마나 큰 축복을 받은 자인지 알 수 없습니다. 술람미 여인이 이것을 가르쳐 주었습니다. 여러분 모두 이런 사람이 되시기 바랍니다.

🎵 생명력이 넘치는 사랑

술람미 여인은 그것으로 끝났습니까? 더 깊고 근원적이고 실존적인 사랑을 갈구하고 원했습니다. 그것을 2절에서 계속해서 말하고 있습니다.

"내가 너를 이끌어 내 어머니 집에 들이고 네게서 교훈을 받았으리라 나는 향기로운 술 곧 석류즙으로 네게 마시게 하겠고"(아 8:2).

"우리 어머니 집으로 그대를 이끌어 들이고, 내가 태어난 어머니의 방으로 데리고 가서, 향기로운 술, 나의 석류즙을 드리련만"(아 8:2, 표준새번역).

술람미 여인은 솔로몬이 친오누이가 되었으면 하는 희망만 토로한 것이 아니라, 솔로몬 왕을 자기 어머니 집으로 데려가고 싶다고 했습니다. 거기서 솔로몬 왕에게 사랑을 주고 지혜의 교훈을 듣고 싶었던 것입니다. 마치 그 옛날 송연이가 정조 대왕과 함께 애틋하고 은밀한 사랑을 나누고 싶어 하는 것처럼 말입니다.

여기서 '네게서 교훈을 받았다'는 말은 히브리어로 '텔람메데니'인데, 이 말의 주어를 남성 2인칭 단수로 볼 수도 있고, 여성 3인칭 단수로 볼 수도 있습니다. 남성 2인칭 단수로 보면 솔로몬 왕을 말하는 것이고, 여성 3인칭 단수로 보면 술람미 여인의 어머니로 보는 것인데, 앞뒤 문맥으로 보면 친정어머니보다는 솔로몬으로 보아야 합니다.

그러니까 술람미 여인은 거기서 솔로몬으로부터 사랑의 지혜, 수많은 사랑의 교훈과 말씀을 듣고 또 솔로몬 왕과 함께 수다도 떨고 긴긴밤을 새우면서 사랑의 이야기를 나누고 싶다는 것입니다. 더 나아가서, 솔로몬 왕의 사랑의 고백까지 듣고 싶은 것입니다. "나는 너만 사랑한다. 나는 너밖에 없다. 나는 네가 좋다." 그런 솔로몬의 고백을 받고 나서 향기로운 술, 곧 석류즙을 솔로몬에게 마시게 하겠다고 고백하고 있습니다.

석류라고 하는 것은 고대 근동에서 생명의 열매를 상징했습니다. 그래서 에덴 동산의 생명나무가 석류나무였다는 전설이 전해 내려오고 있습니다. 그만큼 석류 열매는 생명력이 넘치는 사랑을 의미합니다.

그래서 술람미 여인은 석류를 짜다가 발효를 시켜 솔로몬에게 석류즙을 마시게 하고 싶다는 것입니다. 그러면 솔로몬이 그 향기로운 석류즙을 마시고 얼마나 기분 좋겠습니까? 그뿐 아니라 풍성한 생명력을 마시고, 석류즙을 마시면 사랑의 감정이 솟아나고, 술람미 여인을 사랑해 주고 싶은 마음이 얼마나 왕성해지겠습니까?

그다음에 석류라고 하는 것은, 근동의 문학적 표현 가운데 사랑하는 자의 가슴을 상징하고 비유하는 예가 있습니다. 이것은 이렇게 보나 저렇게 보나 술람미 여인이 솔로몬에게 따뜻한 가슴의 사랑, 심장의 사랑을 주겠다는 고백입니다. 그렇게 해서 술람미 여인은 솔로몬 왕과 정말 근원적인 사랑, 실존적이고 더 실존적인, 더 뿌리 깊은 심미적인 사랑을 하고 싶은 것입니다.

오늘 우리도 마찬가지입니다. 주님 앞에 근원적이고 실존적이고 뿌리 깊은 심미적인 사랑을 나눌 수 있어야 합니다. 그러기 위해서는 먼저 술람미 여인이 솔로몬의 교훈을 받기를 원했던 것처럼, 항상 주님의 말씀을 들어야 합니다. 생명과 지혜의 말씀을 듣고 은혜를 받으면 주님 앞에 옥합을 깨뜨리게 되는 것입니다. 그 옥합에는 향기로운 술이 담겨 있을 수도 있고, 향유가 담겨 있을 수도 있고, 석류즙이 담겨 있을 수도 있습니다. 이 모든 것이 다 주님을 기쁘시게 하는 것입니다.

그러니까 마리아가 항상 주님의 말씀을 들었지 않습니까? 마르다와 주님의 제자들은 다 주님의 어깨너머로 말씀을 들었고, 타성적이고 수박 겉 핥기 식으로 사랑을 한 것입니다. 그런데 마리아는 주님을 향한 가슴 깊은 사랑, 근원적인 사랑을 한 것입니다.

왜 그렇습니까? 마르다와 사람들은 주님의 말씀을 가슴으로 받지 않았습니다. 그러나 마리아는 언제나 주님의 말씀을 가슴 깊이 받았습니다.

"그에게 마리아라 하는 동생이 있어 주의 발치에 앉아 그의 말씀을 듣더니"(눅 10:39).

그런데 제자들이나 마르다는 주님을 보아서 좋기야 좋았지만 깊은 감동, 울먹거리는 감동이 없었습니다. 주님이 십자가에 죽으러 간다고 하셔도 왜 죽냐고, 그러지 말라고만 했습니다. 그러나 마리아는 그 말씀을 들었을 때 가슴이 뭉클해졌습니다. 아니, 가슴이 미어지고 눈시울이 뜨거웠습니다. 그래서 어떻게 하면 주님을 더 사랑하고, 어떻게 하면 주님의 가슴을 더 감동시키고 울렁거리게 할 수 있을까를 생각했습니다.

그래서 300데나리온이나 되는 옥합을 가지고 와서 깨뜨린 것입니다. 주님 발 앞에서 마리아는 머리를 풀고 눈물을 흘리면서 주님의 발을 씻겼습니다. 향유로만 발을 씻겼겠습니까? 흐르는 눈물을 주체할 수 없어 눈물과 향유가 범벅이 되어 머리털로 발을 씻기는 것입니다. 이 얼마나 근원적이고 실존적이고 뿌리 깊은 심미적 사랑이었겠습니까? 제자들이 뭐라고 하든지, 마르다가 뭐라고 하든지, 그녀는 주님의 발아래서 이러한 헌신을 표한 것입니다.

우리가 이런 사랑을 해야 합니다. 여러분, 술람미 여인이 이런 고백을 하면 솔로몬이 어떻게 반응했겠습니까?

"너는 왼팔로는 내 머리를 고이고 오른손으로는 나를 안았으리라"
(아 8:3).

솔로몬이 술람미 여인을 왼팔로 베개 하고 오른손으로 안아주는 것입니다. 그러면 술람미 여인이 얼마나 좋았겠습니까? 얼마나 행복하고 만족하고 기쁨이 넘쳤겠습니까? 그 순간, 술람미 여인은 이 세상에서 가장 행복한 여자가 되는 것입니다.

모든 마음의 아쉬움이 사라지고 영적인 상사병, 모든 마음의 병이 다 고침을 받은 것입니다. 아주 그냥 완전히 고침을 받은 것입니다. 참으로 새로워지고 너무 황홀하고, 진짜 회복되어 버린 것입니다. 언제 내게 아쉬움이 있었느냐 할 정도로 너무도 황홀하고 너무 감격하고 행복하게 되었습니다. 가슴이 벅차게 터지고 감격에 젖은 것입니다.

오늘 우리도 마찬가지입니다. 우리가 주님을 이렇게 사랑하고 주님을 사모하면 주님이 왼팔로 베개 해주시고 오른손으로 안아주십니다. 그럴 때 우리의 모든 염려, 모든 시험, 모든 응어리들이 다 풀어져 버립니다.

술람미 여인이 얼마나 행복했으면, 얼마나 만족했으면 4절에서 이렇게 고백하겠습니까?

"예루살렘 딸들아 내가 너희에게 부탁한다 내 사랑하는 자가 원하기 전에는 흔들지 말며 깨우지 말지니라"(아 8:4).

이것도 하나의 문학적 표현입니다. 그전에도 아가서 2장 7절, 3장 5절에서 두 번 정도 비슷한 구절이 나왔었습니다. 그러면 술람미 여인이 여기서 무엇을 고백하고 있는 것입니까? "왕이여, 나는 여기서 이대로 죽어도 좋습니다. 그러니 저를 이렇게 품어 주세요. 저는 이대로 죽어도 좋사오니 저를 버리지만 마시고 저를 이렇게 품어 주세요."

이것을 전지적 관점, 문학적 관점으로 "예루살렘의 딸들아, 깨지 마라. 내 사랑을 방해하지 마라. 나는 이대로 죽어도 좋다"고 표현한 것입니다.

오늘 우리 성도가 이래야 합니다. 주님 품에 안겨 있는 것을 가장 큰 축복으로 생각해야 합니다. 주님의 은혜와 사랑 속에서 사는 것을 가장 큰 축복으로 여겨야 합니다. 주님의 은혜를 떠나서는 그 어떤 세상의 권력과 명예를 얻어도 그것은 축복의 본질이 아닙니다. 복처럼 보이는 것에 불과합니다. 진짜 복은 주님 안에만 있는 것입니다. 진짜 복은 주님 품 안에 안겨 있는 것입니다.

새해에는 언제나 이런 사랑 속에서 살고, 언제나 주님 품에서 만족하고 행복한 여러분이 되시기 바랍니다. 이것을 가장 큰 축복으로 생각하고, 언제나 주님의 품에서 안식과 평화와 기쁨을 누리시기 바랍니다. 주님은 이런 사람에게 서정적이고 감성적인 은혜와 사랑을 주실 뿐 아니라, 실제적인 사랑과 은혜를 주십니다. 이런 사람들에게 더 많은 기적, 더 많은 문제 해결을 주시지 않겠습니까?

올해는 더 힘들다고 말하는 사람들이 있습니다. 새해에는 더 희망이 없다고 말하는 사람들이 있습니다. 그러나 여러분, 우리는 주님 품에 있으면 됩니다. 주님 품에만 안겨 있으면 됩니다. 그러면 걱정할 필요가 없습니다. 염려할 필요가 없습니다. 주님이 다 알아서 해주십니다. 여러분 모두 이런 성도가 되시기 바랍니다.

주님께 엎딘 내 영혼 간절히 비는 말씀은
자비의 품을 여시사 영원한 평화 주소서
주의 품속은 사랑과 평화
주의 품속은 사랑과 평화
오 생명 빛 환히 빛나고 기쁨 영원하오니
주여 날 품어주소서.

슬픔의 안개 덮이고 근심의 구름 떠돌 때
사랑의 품을 여시사 내 영혼 위로하소서
주의 품속은 사랑과 평화
주의 품속은 사랑과 평화
오 생명 빛 환히 빛나고 기쁨 영원하오니
주여 날 품어주소서.

임이여, 나를 도장처럼 여겨 주세요 (1)

"그의 사랑하는 자를 의지하고 거친 들에서 올라오는 여자가 누구인가 너로 말미암아 네 어머니가 고생한 곳 너를 낳은 자가 애쓴 그곳 사과나무 아래에서 내가 너를 깨웠노라 너는 나를 도장같이 마음에 품고 도장같이 팔에 두라 사랑은 죽음같이 강하고 질투는 스올같이 잔인하며 불길같이 일어나니 그 기세가 여호와의 불과 같으니라 많은 물도 이 사랑을 끄지 못하겠고 홍수라도 삼키지 못하나니 사람이 그의 온 가산을 다 주고 사랑과 바꾸려 할지라도 오히려 멸시를 받으리라"(8:5-7)

 이상적인 사랑을 향하여

술람미 여인은 솔로몬에게 그 많은 사랑을 받고, 그 감당할 수 없고 주체할 수 없을 정도의 절대적인 사랑을 받았음에도 불구하고, 뭔가 한 가지 아쉬운 사랑을 표현하고 있습니다. 좀더 깊은 사랑을 희망하며 갈구하고 있음을 고백했지 않습니까? 그것이 무엇입니까?

"네가 내 어머니의 젖을 먹은 오라비 같았더라면 내가 밖에서 너를 만날 때에 입을 맞추어도 나를 업신여길 자가 없었을 것이라"(아 8:1).

무슨 말입니까? 지난밤 술람미 여인은 솔로몬 왕에게 자기만 받고 누릴 수 있는 그 뜨겁고 깊은 사랑을 받아 누렸습니다. 그러면서 아주 서정적인 미학의 노래를 불렀습니다. 그런데 그래도 무언가 아쉬운 이야기를 하고 있지 않습니까? 그 아쉬움의 내용은 바로 솔로몬 왕이 이성으로서의 사랑의 대상일 뿐 아니라, 한 어머니의 젖을 먹던 친오라비 같았으면 얼마나 좋겠느냐는 것입니다. 아주 이상적인 사랑의 희망을 토로하고 있습니다.

뿐만 아니라, 술람미 여인은 이런 고백을 통해서 죽어도 솔로몬 왕과 헤어질 수 없다는 고백을 하고 있습니다. 왜냐하면 남녀 간의 사랑이란 순간의 서정적인 사랑, 감성적인 사랑으로 식어 버리기 쉽기 때문입니다. 자칫 잘못하면 사랑이 식어서 헤어질 수도 있기 때문입니다. 오직 너밖에 없다고 하다가도, 사랑이 식으면 성격이 안 맞네 어쩌네 하면서 이혼하고 남남이 되는 것이 남녀 관계가 아닙니까?

그러나 친오라비는 어떤 경우에도 남이 될 수 없습니다. 절대로 핏줄은 나눌 수 없는 것 아닙니까? 그래서 술람미 여인은 친오라비처럼 그 앞길에 무슨 어려움이 있고 어떤 위기가 방해하고 갈라놓는다 해도, 솔로몬과 자기는 절대로 헤어질 수 없는 오누이 같은 관계가 되었으면 한다는 말입니다.

오늘 우리도 마찬가지입니다. 주님과 우리의 사랑의 관계가 그렇지 않습니까? 그래서 우리가 아무리 주님의 사랑을 체험하고 은혜를 많이 받는다 할지라도 어느 한 면에서는 뭔가 아쉬움이 있는 것처럼 느껴질 때가 있지 않습니까? 또 시간이 지나면 아쉬움의 목마름과 갈증이 일어나는 것이 아닙니까?

왜 그렇습니까? 주님의 은혜가 모자라서 그렇습니까? 아닙니다.

주님의 은혜와 사랑을 더 사모하는 마음 때문에 그런 것입니다. 그렇기 때문에 우리가 어제 은혜를 받았지만 오늘 또 받는 것이 아닙니까? 지난주에 은혜를 받았지만 이번 주에 또 은혜를 받고 계속해서 받는 것이 아닙니까? 마치 목마른 암사슴처럼 말입니다.

그러다가 마침내 주님과 우리 사이에 떼려야 뗄 수 없는 오누이 같은, 친형제 같은 관계가 맺어져서 그렇게 살아가기를 원할 때가 있습니다. 그 무엇도 주님과 우리를 갈라놓을 수 없는 혈육의 관계, 그 어떤 역경과 위기와 시험도 주님과 우리를 떼어 놓을 수 없는 피의 사랑을 원할 때가 있습니다. 그래서 사도 바울은 스스로 고백했지 않습니까?

> "누가 우리를 그리스도의 사랑에서 끊으리요 환난이나 곤고나 박해나 기근이나 적신이나 위험이나 칼이랴"(롬 8:35).

> "내가 확신하노니 사망이나 생명이나 천사들이나 권세자들이나 현재 일이나 장래 일이나 능력이나 높음이나 깊음이나 다른 어떤 피조물이라도 우리를 우리 주 그리스도 예수 안에 있는 하나님의 사랑에서 끊을 수 없으리라"(롬 8:38-39).

우리 주님과 우리의 관계는 끊을 수 없는 관계입니다. 마치 주님과 우리는 피를 나눈, 아니 실제로 주님의 피로 형제 관계가 되지 않았습니까? 주님은 우리의 형님 같고 우리는 동생 같은 관계가 되지 않았습니까?

이런 사랑을 갈구하고 사모했던 술람미 여인은 솔로몬 왕을 자신의 고향집, 곧 어머니가 자기를 낳은 친정집으로 데리고 가기를 원했습니다. 거기서 향기로운 석류주를 마시며 더 깊고 근원적이고 실존적인 사랑을 나누기 위해서였습니다.

오늘 우리도 마찬가지입니다. 우리는 은혜를 받으면 받을수록 더 깊은 주님의 은혜를 사모해야 합니다. 주님의 사랑을 누릴수록 주님 앞에 더 뿌리 깊고 실존적인 사랑을 갈구해야 합니다. 주님과 더 깊은 관계, 근원적이고 실존적인 관계 속에 들어가 더욱 뿌리 깊고 흔들릴 수 없는 심미적인 사랑을 사모해야 합니다. 할렐루야!

사과나무와 같은 사랑

오늘 본문에서 술람미 여인은 솔로몬 왕을 모시고 친정이 있는 고향으로 가고 있습니다. 이 모습을 술람미 여인의 친구들이 노래하고 있습니다. 아가서 8장 5절에서 소개하고 있습니다.

"그의 사랑하는 자를 의지하고 거친 들에서 올라오는 여자가 누구인가"(아 8:5).

그때에 솔로몬 왕이 술람미 여인에게 사랑의 옛 추억을 상기하는 노래를 부릅니다.

"너로 말미암아 네 어머니가 고생한 곳 너를 낳은 자가 애쓴 그곳 사과나무 아래에서 내가 너를 깨웠노라"(아 8:5).

여기서 '너'라고 하는 대명사에는 남성형 어미가 붙어 있습니다. 그러나 솔로몬은 고생하여 아이를 낳지 않았을 뿐 아니라 사과나무 아래서 술람미 여인이 솔로몬을 깨운 적도 없습니다. 그러므로 이 말은 솔로몬이 술람미 여인에게 한 말입니다.

그러면 이것은 어떤 뜻입니까? 네 어머니가 고생하여 너를 낳은 너의 친정집 고향에 올 때, 특별히 무엇이 생각난다는 말입니까? 사과나무가 생각난다는 말입니다. 사실, 과거에 솔로몬 왕과 술람미 여인의 사랑이 시작된 곳이 사과나무 아래가 아닙니까?

> "남자들 중에 나의 사랑하는 자는 수풀 가운데 사과나무 같구나 내가 그 그늘에 앉아서 심히 기뻐하였고 그 열매는 내 입에 달았도다"(아 2:3).

제국의 황제가 포도원지기의 딸을 사랑한다고 할 때 술람미 여인이 감당할 수 없는 사랑이라고 얼마나 도망 다니고 숨어 다녔습니까? 그러다가 사과나무 아래 숨어서 잠이 들었나 봅니다. 그런데 솔로몬 왕이 호위병이나 모든 경호원을 물리치고, 왕이 아닌 한 남자로서 찾아가 술람미 여인을 다정하게 깨우면서 아주 따뜻하고 부드러운 남자로 접근했던 그런 추억을 떠올리는 것입니다.

아마 술람미 여인의 고향에 왔는데, 술람미 여인의 집 주변에는 사과나무가 많았던 것 같습니다. 그래서 옛날 첫 만남, 그 시절이 생각나는 것입니다. 사과나무는 얼마나 꽃의 향기가 진하고 열매가 무성한지 모릅니다. 열매가 달콤하기로 유명한 나무입니다. 그래서 팔레스타인에서는 과수 중의 과수, 과수의 왕으로 불리기도 했습니다.

그러니까 사과나무 아래서 시작된 솔로몬과 술람미 여인의 사랑이 지금 사과나무 같은 무성한 사랑이요, 향기로운 사랑이요, 달콤한 사랑이요, 왕 중 왕의 사랑을 하고 있다는 내면적 의미도 포함되어 있다고 할 수 있습니다.

뿐만 아니라 이것은 하나의 문학적, 상징적인 표현이라고도 생각해 볼 수 있습니다. 당시 고대 근동에서 사과나무는 사랑을 상징하는 대표적인 과일이었습니다. 그러니까 사과나무를 말할 때 사과나무가 술람미 여인 친정집 근처에 있었던 것도 사실이지만, 사과나무 자체를 통해서 솔로몬 왕과 술람미 여인의 사랑이 싹튼 첫 만남과 첫사랑의 모습을 상기시켜 주고 있다고도 할 수 있습니다.

그때까지만 해도 술람미 여인은 사랑이 무엇인지 몰랐습니다. 왕의 사랑이 무엇인지도 몰랐고, 정말 솔로몬 왕이 그렇게 자신을 사랑하는지도 몰랐습니다. 그저 남자라고는 오라버니밖에 몰랐습니다. 다른 이에게는 진정한 사랑을 가슴 깊이 표현한 적도 없고, 주고받은 적도 없습니다. 지고지순하고 사랑에 관해 잠들어 있는 숫처녀 술람미 여인에게, 진정으로 사랑의 감정을 깨어나게 해준 사람이 누구입니까? 바로 솔로몬이라는 말입니다.

솔로몬은 그것을 이야기해주기 위해 사과나무를 끌어들였고, 그 사과나무 아래서 술람미 여인을 깨웠다고 하는 것입니다. 무엇을 깨웠다는 말입니까? 전혀 사랑과는 거리가 먼, 한 순박한 여자를 깨워서 가슴에 사랑의 불을 지펴 주었다는 말입니다. 그러면서 동시에 솔로몬과 술람미 여인이 언제까지나 절대로 첫사랑을 잊지 말고 첫사랑의 열정을 간직하고 싶은 것입니다. 그런 첫사랑의 마음과 의지로 옛날의 추억을 이야기하고 있다고 볼 수 있습니다.

그렇다면 우리 주님과 우리의 사랑의 관계가 이런 것이 아니겠습니까? 우리와 주님의 사랑이 사과나무와 같은 사랑이 되어야 합니다. 정말 향기로운 사랑, 달콤한 사랑, 그리고 감미롭고 무성한 사랑을 이루어야 합니다. 우리와 주님의 사랑의 관계가 어떻게 시작되었습니까? 솔로몬이 술람미 여인에게 사랑을 깨워 주었던 것처럼, 우리도 아직 죄인이었고 하나님의 사랑에 전혀 무지했을 때 주님이 우리를 찾아오시지 않았습니까?

솔로몬이 언덕을 넘고 산을 넘어 술람미 여인에게 달려와서 사랑을 구애한 것처럼, 주님도 저 높고 높은 별을 넘고 달을 넘어 우리에게 오셔서 얼마나 우리를 사랑해 주시고, 무지몽매한 우리를 당신의 사랑으로 깨워 주셨습니까? 우리는 싫다고 하고, 그 사랑이 귀찮다고 도망을 가도, 당신의 사랑을 보여주시고 우리의 가슴을 당신의 사랑으로 불 일듯 깨워 주셨지 않습니까?

그래서 우리는 사과나무와 같은 향기롭고 달콤하고 무성한 주님의 사랑 이야기를 고백하며 살았습니다. 그래서 우리가 감격했잖습니까? 무엇 때문입니까? 아름다운 주님의 사랑 이야기이기 때문입니다.

얼마나 신비한 사랑입니까? 그래서 우리가 주님의 사랑에 이끌림을 받고 그 사랑을 진정으로 알았을 때, 그 사랑에 감격하고 노래 부르지 않았습니까? 마침내 주님의 이름을 부르고, 주님의 사랑을 갈구하고, 감격 속에 흐르는 눈물을 주체할 수 없어서 밤을 새우며 기도했던 때가 있지 않았습니까? 주님 사랑한다고, 나는 주님밖에 없다고, 주님 떠나면 나는 살 수 없다고……

그런데 우리의 모습은 어떻습니까? 지금도 그렇습니까? 지금도 그 사랑의 감격과 열정이 있습니까? 그래서 솔로몬이 술람미 여인에게 그 사랑을 잃지 말고 회복하자고 노래했던 것처럼, 주님도 우리에게 이런 사과나무와 같은 사랑을 요구하고 계십니다. 첫사랑의 감격과 열정으로 주님을 사랑하며 주님을 섬기고 찬양하기를 원하시는 것입니다. 그런 여러분이 되시기를 바랍니다.

오늘도 우리는 첫사랑을 잃어버리면 뼈다귀만 우려먹는 뼈다귀 신자가 될 수 있습니다. 그래야 되겠습니까? 감격도 없고 그저 교리만 붙들고 전통만 붙들고 연조만 자랑하면서 눈물이 말라버리고 목젖도 건조한 그런 신앙생활이 얼마나 비참합니까? 주님은 그런 모습을 보고 토해 버리고 싶어 하시는 것입니다. 그러므로 여러분 모두 첫사랑을 회복하시기를 바랍니다. 철야 기도의 감격과 열정을 통해서 첫사랑을 회복하시기 바랍니다.

매달리는 사랑

이제 술람미 여인이 솔로몬 왕에게 화답합니다. 그 화답하는 내용이 참으로 아름답습니다.

> "너는 나를 도장같이 마음에 품고 도장같이 팔에 두라 사랑은 죽음같이 강하고 질투는 스올같이 잔인하며 불길같이 일어나니 그 기세가 여호와의 불과 같으니라"(아 8:6).

이것을 표준새번역으로 한번 봅시다.

"도장 새기듯, 임의 마음에 나를 새기세요. 도장 새기듯, 임의 팔에 나를 새기세요. 사랑은 죽음처럼 강한 것, 사랑의 시샘은 저승처럼 잔혹한 것, 사랑은 타오르는 불길, 아무도 못 끄는 거센 불길입니다"(아 8:6, 표준새번역).

지금 술람미 여인이 솔로몬에게 자기를 도장처럼 여겨 달라는 것입니다. 여기서 도장이라는 말은 히브리어로는 '호탐'이라고 되어 있는데, 오늘날로 말하면 인감도장이라는 말입니다. 고대 근동에서는 반드시 계약서를 쓸 때 인감도장을 써야 했습니다. 이 도장에 의해 소유주가 달라지는 것입니다.

"너는 나를 도장같이 마음에 품고"(아 8:6).

그래서 이 도장이 너무도 귀하기 때문에 사람들은 목걸이처럼 걸고 가슴에 품고 다니기도 하고, 팔찌처럼 혹은 가락지처럼 소중하게 끼고 다녔습니다. 그런 것처럼 술람미 여인이 솔로몬에게 자신을 버리지 말고 항상 가슴에 품고 다니며, 가락지처럼 끼고 다니고, 목걸이처럼 걸고 다니며, 가슴에 품고 다녀 달라고 부탁하는 것입니다. 세상이 변하고 천지가 개벽해도, 나를 향한 당신의 사랑이 변치 말고 나를 데리고 다니고 품고 다니라는 말입니다.

사실, 솔로몬과 술람미 여인이 결혼을 했지만 여러 가지 국사와 정무로 늘 함께하지는 못했을 것 아닙니까? 더구나 왕궁에는 수많은 후궁들이 있습니다. 그런 조바심이 있기 때문에 인장처럼 자기만 품고 자기만 사랑해 달라고 애걸복걸하고 고백하는 표현입니다.

술람미 여인은 언제나 임의 품에 안겨서, 솔로몬의 품에 안겨서 살기를 원했습니다.

오늘 우리가 주님 앞에 그래야 합니다. 사실 주님은 우리를 버리실 수 없고 떠나실 수 없습니다. 그러나 우리는 주님이 나를 버리시지 않을까, 떠나시지 않을까, 근원적이고 심미적인 사랑이 내게서 떠날까봐 주님께 매달리고 매달려야 합니다. 나는 주님 없으면 못 산다고, 나는 주님밖에 없다고, 주님 나를 사랑해 달라고 애걸복걸할 수 있어야 합니다.

우리가 주님 앞에 기도할 때마다 원하는 것을 달라고, 문제를 해결해 달라고 기도하는 것도 중요합니다. 그러나 더 중요한 것은, 나는 주님 없으면 못 산다고, 나는 주님 사랑 앞에 버린 자 되지 않고 그 사랑 안에 거하기를 원한다고 기도해야 합니다. 언제나 주님의 품에 안겨 살고, 주님의 팔에 안겨 살도록 해달라는 것, 그것이 첫 번째 기도 제목이 되어야 합니다. 할렐루야!

독점적이고 배타적인 사랑

그리고 나서 6절 하반절에서 사랑과 질투에 대해 이야기합니다.

"사랑은 죽음같이 강하고 질투는 스올같이 잔인하며 불길같이 일어나니 그 기세가 여호와의 불과 같으니라"(아 8:6).

여기서 사랑은 죽음같이 강하고 질투는 스올같이 잔인하다고 했습니다. 사랑과 질투와의 관계를 대구적인 동의어로 표현했습니다. 그 다음에 죽음과 스올을 대구적인 동의어로 표현했습니다.

사랑 = 질투 / 죽음 = 스올

이게 무슨 말입니까? 사랑은 죽음을 넘어선 강력한 힘이요 파워라는 사실을 고백하는 것입니다. 죽음도 우리의 사랑을 갈라놓지 못하고, 어떠한 위협과 위험이 와도 솔로몬과 자신의 사랑을 갈라놓을 수 없다는 말입니다.

또 질투는 스올같이 잔인하다고 했습니다. 이게 무슨 말입니까? 사랑은 곧 질투라는 말입니다. 내가 열등의식을 가짐으로써 하는 질투가 아니라, 진정으로 사랑하면 질투하는 마음이 생길 수밖에 없다는 것입니다. 사랑은 배타적이기 때문에 1대 2나 1대 3으로 사랑이 이루어질 수 없습니다. 그러니 아무리 마음이 넓어도 투기를 안 할 수가 없습니다. 그런데 그 질투는 얼마만큼 잔혹한지 아십니까? 저 죽음만큼, 저 음부만큼 강하다는 것입니다.

그러므로 어떤 경우에도 다른 사람을 사랑하지 말고 나만 사랑해 달라는 이야기입니다. 한마디로, 우리의 사랑은 죽음을 넘어선 영원한 사랑이 되게 해달라는 것입니다. 여기서 술람미 여인은 아주 극단적이고 강도 높은 단어를 사용함으로써 자신과 솔로몬 왕의 사랑이 독점적이고 배타적인 사랑임을 선언하고 있습니다.

오늘 우리 주님과 우리의 관계가 그렇잖습니까? 그 어떤 경우도 우리와 주님의 사랑을 분리할 수 없습니다. 누구도 우리 주님과 우리의 사랑을 끊을 수 없습니다. 하늘이 무너지고 땅이 꺼진다 해도,

주님과 우리의 사랑은 떨어질 수 없습니다. "누가 우리를 그리스도의 사랑에서 끊으리요 환난이나 곤고나 핍박이나 기근이나 적신이나 위험이나 칼이랴……."

주님은 십자가에 죽기까지, 당신의 죽음으로 우리를 사랑하셨습니다. 그러므로 주님의 사랑은 죽음보다 더 강한 사랑입니다. 그러니 그 사랑이 우리를 버릴 수 있겠습니까? 훗날 우리가 병들고 고난당하고 외톨이가 되고 버림받은 것처럼 보여도, 주님은 우리를 버리시지 않습니다. 세상의 그 어떤 것도 우리를 주님의 사랑에서 분리시킬 수 없습니다. 죽음마저도 그 사랑을 끊을 수 없습니다.

그래서 진정으로 이 사랑에 힘입어 주님을 사랑하고 그 사랑에 충만해 있으면, 우리의 목숨을 주님께 바치면서 신앙의 절개를 지키지 않겠습니까? 하나밖에 없는 목숨을 바쳐 순교하면서까지 사랑을 지키지 않겠습니까? 우리의 재산, 생명 다 바쳐 충성하지 않겠습니까?

제가 가끔 순교자 기념관이나 양화진에 갑니다. 지난번에 전주에 가서도 예수병원 맞은편에 있는 선교사 묘지에 갔습니다. 저는 그런 곳에 갈 때마다 자문자답을 합니다. "당신들을 향한 주님의 사랑이 얼마나 컸으면, 주님의 은혜가 얼마나 컸으면 이렇게 목숨까지 드릴 수가 있었습니까?"

그러면 제 마음에서 스스로 대답합니다. "이들은 남들보다 주님의 은혜를 많이 받았기 때문에, 주님의 사랑을 많이 받았기 때문에 하나밖에 없는 목숨, 한 번 지나면 다시 오지 않는 인생을 주님께 초개같이 드릴 수 있었다. 주님의 그 불가항력적인 은혜 때문에 주님께 자신의 목숨까지도 드릴 수 있었다."

오늘 우리가 그런 사랑을 경험합시다. 그리고 주님 앞에 그런 사랑을 드립시다. 우리의 사랑, 우리의 정성, 우리의 헌신을 주님 앞에 드립시다. 그런 여러분이 될 수 있기를 바랍니다.

또 여기서 질투라는 말을 생각하지 않을 수 없습니다. 질투는 히브리어로 '카나'인데, 두 가지 의미가 있습니다. 먼저, 긍정적인 문장에서는 열정이라는 의미로 쓰이고, 부정적인 문맥에서는 투기라는 말로 쓰입니다. 그래서 우리의 사랑이 긍정적일 때는 열정이 더 뜨거워지지 않습니까? 우리와 사랑하는 사람의 관계가 좋으면 더 그렇습니다. 사랑이 더 극성스러워집니다.

그런데 사랑의 관계가 삐거덕거리면 질투를 하게 됩니다. 질투를 안 하면 비정상입니다. 음부처럼, 스올처럼 질투한다는 것입니다. 이때는 질투를 안 하려야 안 할 수가 없습니다. 사랑을 하면 그런 것입니다. 부부간에도 그렇지 않습니까? 사랑하니까 질투하는 것 아닙니까?

우리 하나님과 우리의 관계가 그렇지 않습니까? 하나님과 우리가 정상적인 관계를 이루면 주님은 얼마나 우리를 사랑하시는지 모릅니다. 하나님은 열정적으로 사랑하시고 우리를 향하여 참을 수 없는 사랑으로 사랑하십니다. 우리를 사랑하시는 그 기쁨을 이기지 못하여 스스로 감격하십니다.

"너의 하나님 여호와가 너의 가운데에 계시니 그는 구원을 베푸실 전능자이시라 그가 너로 말미암아 기쁨을 이기지 못하시며 너를 잠잠히 사랑하시며 너로 말미암아 즐거이 부르며 기뻐하시리라 하리라"(습 3:17).

그런데 이렇게 하나님이 우리를 사랑하시지만 우리와 하나님과의 관계가 멀어지면, 그리고 하나님보다 다른 것을 더 사랑하면 하나님이 질투하시는 것입니다. 그래서 '카나 아도나이' 하면 '질투하시는 하나님'이라는 말입니다. 우리가 하나님보다 더 사랑하는 것이 있고 자꾸 딴 길로 가면, 우리를 붙잡아서 두들겨 패고, 채찍질하시고, 속 좁으신 하나님처럼 그렇게 질투하시는 것입니다.

왜 그렇습니까? 하나님이 우리를 사랑하셔서 그렇습니다. 질투가 스올같이 잔인할 뿐 아니라 질투의 불이 여호와의 불처럼 맹렬하게 타오릅니다. 불길이 얼마나 무섭습니까? 저는 처음 서재에서 작은 불길을 못 잡아서, 불이 서재 천장을 태우고 책 일부를 태워버리는 걸 목격했습니다. 불이 참 무섭다는 걸 알았습니다. 지금도 장작을 피우다 조금만 연기가 나도 바로 꺼버립니다. 그런 것처럼 사랑은 관계가 멀어지면 질투의 불길이 타오르는 것입니다.

그뿐입니까? 이 불길이 얼마나 무서운지 계속해서 7절에서 이 질투의 무서운 불길을 표현하고 있습니다.

"많은 물도 이 사랑을 끄지 못하겠고 홍수라도 삼키지 못하나니" (아 8:7).

많은 물도 이 사랑을 끄지 못하고, 홍수라도 이 질투의 불길을 삼키지 못한다는 것입니다. 이 세상의 어떠한 물도 사랑의 불길을 끌 수 없습니다. 이 질투의 불길을 어떤 홍수도 막을 수가 없습니다. 그러니까 우리가 진짜 주님과의 사랑을 바로 해야 합니다. 정말 사랑할 때는 온 열정과 정열을 다해야 합니다. 아니, 당신의 하나밖에 없는 아들을 주시기까지 우리를 사랑하셨는데 우리가 주님을 사랑하지 않는다면 어떻게 되겠습니까?

우리가 주님의 사랑을 떠나면 이 세상의 어떠한 물이나 홍수로도 끌 수 없는 주님의 질투의 불이 맹렬하게 타오르는 것입니다. 그래서 결론적으로 술람미 여인은 이 사랑의 절대성과 가치성을 이야기하고 있습니다. 이 사실을 어떻게 표현하고 있습니까?

"사람이 그의 온 가산을 다 주고 사랑과 바꾸려 할지라도 오히려 멸시를 받으리라"(아 8:7).

이 사랑은 결국 돈으로도 못 산다는 것입니다. 어떤 보화로도 못 삽니다. 이 사랑은 사랑 자체로만 존재합니다. 사람이 돈을 주고 사랑을 사려고 하면 오히려 멸시를 받고 천대를 받습니다. 사랑은 사랑으로만 얻을 수 있습니다. 돈으로 계산할 수도 없고 사줄 수도 없습니다.

오늘 우리 사랑도 그렇지 않습니까? 사랑하니까 돈을 주고 그러지, 돈으로 사랑을 표현할 수 있습니까? 돈으로 사랑을 사고 돈으로 사랑의 파트너를 구하는 것은 사랑이 아닙니다. 그런 것은 진정한 사랑 앞에서 오히려 멸시를 당하는 것입니다.

우리 주님의 사랑도 마찬가지입니다. 주님이 우리에게 주신 사랑, 주님이 우리에게 주신 복음을 돈으로 살 수 있습니까? 하나님의 사랑은 오직 믿음으로만 경험하고 오직 은혜로만 경험하는 것입니다. 돈으로 하나님의 사랑을 살 수 있다면 부자들은 다 천국 가지 않겠습니까?

우리가 왜 헌금을 합니까? 하나님의 사랑과 은혜를 사려고 드리는 것입니까? 하나님의 축복을 사려고 바치는 것입니까? 아닙니다. 우리가 주님을 사랑하니까 헌금을 하고, 주님의 은혜가 너무 좋고 감사해서 헌신을 하지 않습니까? 그러면 주님이 우리에게 더 깊은 사랑을 주시고 축복을 경험하게 하시는 것입니다. 우리는 주님을 사랑하기 때문에 헌신하고, 예물을 드리고, 기도원 헌금 드리고, 건축 헌금 드리고 하지 않습니까? 그러면 하나님께서 또 축복을 하십니다.

그러므로 우리가 믿음으로, 더 깊은 주님의 사랑 속으로 들어갑시다. 사랑은 사랑으로만 아는 것입니다. 그러므로 주님을 향한 믿음으로 주님과 더 깊은 사랑, 더 절대적인 사랑을 누리는 여러분이 되시기 바랍니다. 더 깊은 믿음으로, 더 깊은 사랑으로 주님의 사랑과 은혜 속에 들어가서 주님과 더 깊은 관계, 더 깊은 은혜를 누리는 여러분이 되시기 바랍니다.

○ 33

임이여, 나를 도장처럼 여겨 주세요 (2)

"그의 사랑하는 자를 의지하고 거친 들에서 올라오는 여자가 누구인가 너로 말미암아 네 어머니가 고생한 곳 너를 낳은 자가 애쓴 그곳 사과나무 아래에서 내가 너를 깨웠노라 너는 나를 도장같이 마음에 품고 도장같이 팔에 두라 사랑은 죽음같이 강하고 질투는 스올같이 잔인하며 불길같이 일어나니 그 기세가 여호와의 불과 같으니라 많은 물도 이 사랑을 끄지 못하겠고 홍수라도 삼키지 못하나니 사람이 그의 온 가산을 다 주고 사랑과 바꾸려 할지라도 오히려 멸시를 받으리라"(8:5-7)

 술람미 여인의 노래

아가서 8장 6-7절은 술람미 여인의 노래이자 기도라고 할 수 있습니다. 먼저 술람미 여인은 무엇을 노래했습니까?

첫째, 사랑의 불변을 소원하며 노래하고 있습니다

그래서 그는 노래했지 않습니까? "임이여, 저를 도장처럼 여겨 주세요"라고 말입니다.

"너는 나를 도장같이 마음에 품고 도장같이 팔에 두라"(아 8:6).

이것을 표준새번역으로 한번 봅시다.

"도장 새기듯, 임의 마음에 나를 새기세요. 도장 새기듯, 임의 팔에 나를 새기세요"(아 8:6, 표준새번역).

술람미 여인은 솔로몬에게 자신을 도장처럼 여겨 달라고 합니다. 당시 도장을 목에 걸고 다니는 것처럼, 언제나 자신을 가슴에 품고 다니라는 것입니다. 또 도장을 팔찌나 가락지처럼 끼고 다니는 것처럼, 자신을 버리지 말고 안고 다니고 팔에 품고 다니라는 말이 아닙니까? 단 한순간도 자신을 버리거나 잊지 말고 언제나 자신을 소유하고 품어달라고 애원하고 있는 것입니다.

오늘 우리도 마찬가지입니다. 우리의 기도 제목은 술람미 여인의 기도와 같아야 합니다. 내가 주님의 사랑 앞에 버려진 자가 되지 않고, 주님의 은혜 앞에 잊힌 자가 되지 않게 눈물로 기도해야 합니다. 주님 품 안에 살고, 언제나 주님의 팔에 안겨 살도록 눈물로 기도하고 매달려야 합니다.

그래서 젊으나 늙으나, 잘될 때나 잘 안 될 때나 항상 잊힌 자, 버려진 자가 되지 않도록 주님의 사랑과 은혜 앞에 기도해야 합니다. 그래서 다윗도 이런 기도를 했지 않습니까?

"하나님이여 내가 늙어 백발이 될 때에도 나를 버리지 마시며 내가 주의 힘을 후대에 전하고 주의 능력을 장래의 모든 사람에게 전하기까지 나를 버리지 마소서"(시 71:18).

하나님이 다윗을 어떻게 버리시겠습니까? 다윗도 그것을 잘 알았을 것입니다. 그러나 그래도 그는 주님의 은혜가 너무 크고, 주님의 사랑과 축복이 너무 커서 혹시 그 은혜와 축복을 빼앗길까봐, 그 사랑을 놓칠까봐 기도한 것입니다. 이것은 하나의 역설적인 기도입니다.

예수님이 십자가에 달려서 "엘리 엘리 라마 사박다니, 나의 아버지여 나의 아버지여 어찌하여 나를 버리셨나이까"라고 기도하셨는데, 이것이 진짜 하나님께 버림받아서입니까? 그것은 하나님이 자기를 버리신 것 같은 무참한 환경과 극단적인 상황 속에서 성부 하나님의 사랑, 성부 하나님과의 그 끊을 수 없는 관계를 더 확인하고 싶고, 또 고백하고 싶어서 뱉은 역설적인 사랑의 표현이 아닙니까?

우리도 마찬가지입니다. 주님이 우리를 버리실 수 없는 까닭에 우리가 더 버림받을까 두려워하고 조바심을 갖는 기도를 드릴 수 있어야 합니다. 주님이 우리를 예정하시고 선택하셨기 때문에 결코 버림받지 않는다고 해서 안일하게만 살고 기도하지 않으면, 그것은 오히려 주님의 은혜 앞에 버려진 자입니다. 하나님의 사랑이 떠난 자입니다. 그것은 주님을 이용해 먹고 주님과의 관계를 일방적으로 무시해 버리는 것입니다.

주님이 우리를 버리실 수 없기 때문에, 주님과 우리의 관계가 끊어질 수 없는 까닭에 내가 버려진 자가 되지 않도록 더욱 눈물로 기도하는 것이고, 그것은 주님과 우리의 관계를 더 깊게 하고 떼려야 뗄 수 없는 관계로 만드는 것입니다.

자녀를 낳고 살아가는 정상적인 부부라면 어떻게 이혼하겠습니까? 서로 믿고 사는 것입니다. 그러다 보면 무덤덤하게 살 수 있습니다. 그러나 죽고 못 사는 부부도 있습니다. "자기, 나 사랑하는 거지? 우리 백년, 천년 사랑하며 살 수 있는 거지?" 그것이 서로를 의심해서 그런 것입니까? 못 믿어서 그런 것입니까? 부부의 사랑을 더 확증해 주고 부부 관계를 더 깊게 해주는 것이 아닙니까? 마찬가지로, 우리가 하나님 앞에서 그래야 합니다. 그래서 술람미 여인이 이렇게 고백한 것입니다. 자신을 도장처럼 여겨 달라고.

둘째, 사랑의 승리를 노래하고 있습니다

술람미 여인은 노래했지 않습니까? 사랑은 죽음같이 강하고 질투는 스올같이 잔인하다고 말입니다.

"사랑은 죽음같이 강하고 질투는 스올같이 잔인하며 불길같이 일어나니 그 기세가 여호와의 불과 같으니라"(아 8:6).

사랑은 죽음같이 강하다는 것입니다. 이것이 무슨 말입니까? 사랑은 죽음도 갈라놓지 못하고, 아니 죽음의 위기를 넘어서서도 끝없이 행진할 수 있는 하나의 강력한 힘이요 파워라는 사실입니다. 이런 고백을 하는 술람미 여인의 내면을 한번 살펴볼 필요가 있습니다.

술람미 여인은 사랑에 관한 한 깨어 있지 못했습니다. 사랑이 뭔지도 몰랐습니다. 그러니까 솔로몬이 항상 사랑한다고 그녀를 쫓아다녔습니다. 그런데 솔로몬이 사과나무 아래서 술람미 여인의 사랑을 일깨웠습니다. 잠든 사람의 영성을 깨워 놓고 가슴에 불을 질러 놓았습니다. 그래서 사랑이 이렇게 매혹적이고 감동적이고, 이렇게 위대한 힘인 것을 알게 되었고, 그 사랑이 자신의 인생을 완전히 바꾸어 버렸습니다.

이제 사랑을 빼 놓고는 자신의 인생을 말할 수 없습니다. 자신의 인생 전부가 사랑입니다. 사랑을 위해 살고 사랑을 위해 죽는 존재가 되었습니다. 사랑 때문에 자신의 존재가 의미 있고, 사랑이 전 재산이고 보화입니다. 누구와의 사랑입니까? 솔로몬 왕과의 사랑입니다.

그래서 솔로몬이 존재하면 자신도 존재하는 것이고, 솔로몬이 없으면 아무런 의미가 없는 것입니다. 자신이 없어도 솔로몬이 있으면 있는 것이고, 아무리 자신이 있어도 솔로몬이 없으면 자신은 없는 것입니다. 그런 말이 있잖습니까? "남자는 명예와 권력과 부를 위해 산다면, 여자는 사랑을 위해서 산다."

이렇듯 사랑에 깨어난 술람미 여인이 이제 솔로몬을 죽어도 놓칠 수가 없는 것입니다. 그래서 자신의 사랑을 뭐라고 표현했습니까? 죽음 같은 사랑이요, 죽음을 넘어선 사이요, 죽음을 초월한 사랑이라고 했지 않습니까? 세상의 그 무엇도 끊을 수 없는 사랑, 죽음도 갈라놓을 수 없는 사랑의 파워, 술람미 여인이 이런 사랑을 소원하고 있는 것입니다.

우리도 마찬가지입니다. 우리도 주님 앞에 이런 사랑을 구해야 합니다. 어떻게 주님과 우리의 사랑이 분리될 수 있고 깨질 수가 있겠습니까? 하늘이 무너지고 땅이 꺼져도 주님과 우리의 사랑은 깨질 수가 없습니다. 그래서 이사야는 이렇게 노래했지 않습니까?

"여인이 어찌 그 젖 먹는 자식을 잊겠으며 자기 태에서 난 아들을 긍휼히 여기지 않겠느냐 그들은 혹시 잊을지라도 나는 너를 잊지 아니할 것이라"(사 49:15).

여인이 어찌 젖 먹는 자식을 잊을 수 있겠습니까? 자기가 낳은 아들을 어떻게 긍휼히 여기지 않겠습니까? 그러나 그들은 혹시 잊고 버릴지라도 나는 너를 잊지 않는다고 말씀하고 있습니다. 여러분, 그렇지 않습니까? 못된 엄마들이 새끼 낳아서 경찰서 앞에다 놓고 도망갑니다. 그런 여자들을 엄마라고 할 수 있습니까? 세상에, 두 남매를 죽인 용의자가 그 엄마라는 것은 말이 될 수 없습니다. 왜 죽였는지 모르지만 우울증 때문이라고 합니다. 이유를 불문하고 정신병자 아니고서는 어떻게 그럴 수 있습니까?

"내가 너를 내 손바닥에 새겼고 너의 성벽이 항상 내 앞에 있나니"
(사 49:16).

하나님은 우리를 안 버리실 뿐 아니라 우리를 손바닥에 새겼다고 하십니다. 우리가 전화번호 쓸 때 중요한 번호는 손바닥에 쓰잖습니까? 공부하다가 너무 중요한 것은 잊어버릴까봐 손바닥에 써 놓습니다. 영어 단어 외울 때도 중요한 단어나 안 외워지는 단어는 손바닥에 써 놓습니다. 그런데 하나님이 우리를 그처럼 손바닥에 써 놓으셨다는 것입니다.

하나님이 우리를 어떻게 버리실 수가 있습니까? 그래서 바울은 "누가 우리를 그리스도의 사랑에서 끊으리요 환난이나 곤고나 박해

나 기근이나 적신이나 위험이나 칼이랴"(롬 8:35)라고 고백하지 않습니까? 주님은 버릴 수 없는 사랑으로, 끊을 수 없는 사랑으로 우리를 사랑하십니다. 파괴될 수 없는 사랑으로 우리를 사랑하십니다. 그런 주님과의 사랑의 관계를 믿으시면 "아멘" 하시기 바랍니다.

우리 주님은 우리를 위해 십자가에 죽으시기까지 사랑하셨습니다. 당신의 죽음으로 우리에 대한 사랑을 확증해 주셨습니다. 그래서 바울은 이렇게 말하고 있습니다.

> "우리가 아직 죄인 되었을 때에 그리스도께서 우리를 위하여 죽으심으로 하나님께서 우리에 대한 자기의 사랑을 확증하셨느니라"(롬 5:8).

그러므로 우리 하나님의 사랑은 죽음보다 강한 힘이요, 죽음을 넘어선 사랑입니다. 그러니 그 사랑의 하나님께서 우리를 어찌 버리실 수 있단 말입니까? 우리가 죄짓고 주님을 떠난다 해도 주님은 우리를 떠나실 수 없습니다. 우리는 주님을 버린다 해도 주님은 우리를 버리실 수 없습니다. 비록 우리가 고난당하고 병들고 아무 쓸모없는 사람이 되어도, 주님은 절대 우리를 버리실 수 없습니다.

세상의 그 어떤 것도, 그 어떤 어려움과 위험과 심지어는 죽음 위의 죽음이라도, 우리와 주님의 관계를 갈라놓을 수가 없습니다. 우리가 이 사랑을 한 몸에 누리고 있다는 말입니다.

우리가 이런 고백을 하고 노래를 부를수록 하나님의 사랑을 우리로 하여금 더 확신하게 하는 것입니다. 어떤 면에서 나 자신에 대해 거룩한 최면을 거는 것입니다. 무슨 최면을 거는 것입니까? 하나님과 우리의 사랑은 죽음을 이길 정도로 분명하다는 사실을 확신하는 것입니다. 그 어떤 환란이나 역경, 그 무엇이 닥쳐와도 우리와 주님의 사랑이 불변할 뿐 아니라 반드시 이긴다는 것입니다. 반드시 승리한다는 것입니다.

이런 확신이 있으면 우리는 아주 평안하고, 그 어떤 일이 있어도 견고하고 흔들리지 않습니다. 그저 무조건 믿어지고 신뢰가 되고, 그저 주님 안에서 아주 평안과 감사가 나올 뿐입니다. "아 하나님의 은혜로 이 쓸데없는 자 왜 구속하여 주는지 난 알 수 없도다~" 하고 찬양할 수밖에 없습니다.

뿐만 아니라 이런 확신이 있으면 우리는 죽음도 불사합니다. 그러니까 주님 앞에 순교자가 되고 하나밖에 없는 목숨을 다 바치는 것 아닙니까? 주님 앞에 마음 드리고, 시간 드리고, 물질 드리고, 몸 바치고, 목숨까지도 바치지 않습니까? 우리가 예수 믿으면서 이런 사랑과 감격을 모르고 신앙생활하면 얼마나 불행한 일입니까?

많은 사람들이 종교적으로, 윤리적으로, 도덕적으로 신앙생활을 합니다. 그걸 넘어서 교리적으로 믿고 신앙고백도 확실하다고 해도, 주님과의 이런 사랑의 감격이 없이 믿으면 거기에 무슨 은혜가 있고 기쁨이 있습니까? 그러나 이런 확실한 믿음이 있으면 주님 앞에 헌신과 봉사, 우리의 생명까지도 다 드린다는 것입니다. 어떤 사람들이 그럴 수 있습니까? 주님의 은혜를 더 많이 경험하고 체험한 사람, 주님의 은혜를 더 많이 누린 사람입니다.

하나밖에 없는 목숨, 한 번 지나면 오지 않는 우리의 삶, 하나님 앞에 아낌없이 초개처럼 드린다는 말입니다. 그것도 의무감과 빚진 자의 마음이 아니라 감사하는 마음으로, 울먹거리는 마음으로 드린다는 것입니다.

어떤 사람이 이렇게 합니까? 사랑은 죽음같이 강하다고 고백하는 사람입니다. 그리고 이렇게 주님을 사랑하는 사람만이 이런 노래를 부르고 고백할 수 있습니다. 바로 술람미 여인이 이런 사랑을 했던 것입니다.

그런가 하면 이어서 질투는 스올같이 잔인하다고 고백하고 있습니다. 술람미 여인이 사랑은 죽음같이 강하다고 하는 이 고백 속에, 자신의 모든 사랑의 진심과 열정을 다 표현했습니다. 그런데 죽음 아니라 뭐래도 술람미 여인은 춘향이보다 더한 사랑을 솔로몬에게 드릴 자신이 있다는 것입니다. 그래서 솔로몬이 어떤 다른 여자를 사랑하면 자기는 못 본다는 것입니다. 어떤 질투를 하겠다는 것입니까? 스올 같은 질투, 음부 같은 질투를 하겠다는 것입니다.

왜 그렇습니까? 사랑의 속성에는 죽음보다 강한 사랑의 열정과 열심도 있지만, 반면에 지옥 같은, 음부 같은 질투가 그 속성 속에 있다는 것입니다. 그러니까 사랑하면 질투를 안 하려야 안 할 수가 없다는 것입니다. 사랑에는 그런 것이 있습니다. 연인 간에도, 부부 간에도 그런 질투가 있습니다.

조선 시대의 사극을 보면, 중전을 비롯해서 후궁들이 삼가야 할 칠거지악 중의 하나가 투기라고 하잖습니까? 유교의 가르침과 계율로 완전히 중전과 후궁들을 묶어 놓은 것입니다. 사랑을 하는데 '실'이 아니라 '허' 입니다. 여러분, 사랑은 질투가 아닙니까? 이건 성경적인 말입니다. "사랑은 질투다."

하나님만 그런 것이 아니라 우리도 마찬가지입니다. 하나님이 나만 사랑하시고 나에게만 은혜 주시고 복을 다 주시는 것 같은데,

하나님의 사랑이 요즘에는 나에게서 옮겨 가는 것 같습니다. 하나님의 사랑은 똑같으므로 사실은 그럴 수가 없습니다. 다만 내가 느끼는 바가 그럴 수 있다는 것입니다. 하나님의 사랑과 축복은 똑같은데, 나한테 주시던 사랑과 축복이 다른 사람한테 더 가는 것 같습니다. 그러면 거룩한 질투를 느껴야 한다고 봅니다. 그런데 중요한 것은 그 질투를 어떻게 표현하느냐입니다.

먼저, 우리는 하나님께 표현해야 합니다. 그러니까 먼저 주님께 스올 같은 질투심을, 음부 같은 질투심을 가지고 기도해야 합니다. 목숨 걸고 기도해야 합니다. "하나님, 저를 버리시면 안 됩니다. 저는 주인공이지 절대 아웃사이더가 아닙니다. 언약의 중심에 서야지 변방에 서면 못 삽니다." 그러면서 목숨을 걸고 소나무 뿌리를 뽑아야 합니다.

우리 정 권사님은 보리타작할 때 돌아가신 남편 생각하자, 주님의 사랑이 떠난 것 같았다는 것입니다. 주님의 은혜가 떠난 것 같으니까 허수아비 같은 심정으로 거룩한 질투의 마음을 가지고 산으로 죽으러 간 것 아닙니까? 그런데 정말 죽으러 간 것입니까? 살고 싶어서 간 것입니다. 주님의 사랑을 확인하고 싶고, 주님의 사랑과 은혜가 자신과 함께하지 않으면 죽는다는 각오로 간 것 아닙니까? 그만큼 주님의 사랑과 은혜를 사모한다는 역설적인 반항이 아닙니까?

저 또한 주님 앞에 크게 쓰임 받고 주님의 손아귀에 붙잡혀서 세계가 넓은지 모르고 항상 뛰어다녔습니다. 그런데 갑자기 하나님이 버리신 것 같았습니다. "소 목사야, 잠깐 쉬어라!" 그런데 잠깐 쉬는 것도 아니고 20년, 30년을 쉬라고 하시면 어떻게 되겠습니까? 게다가 교회도 부흥이 안 된다면 제가 목숨 걸고 소나무 뿌리를 뽑으러 가야 합니다. 하나님 앞에 결판을 내야 합니다. 절대 사람 앞에 시기하지 말고, 사람 앞에 열등의식, 비교의식 갖지 말고 하나님 앞에서 그런 질투를 할 수 있어야 합니다.

부부간에도 마찬가지입니다. 부부간에도 질투할 수 있는 일이 있으면 수준 낮은 질투를 하지 말고 품격 있는 질투를 하십시오.

지난번에 어떤 목사님이 저희 교회 오셔서, 학비가 없어 소나무 뽑으러 갔다는 간증을 했습니다. 저는 그것을 듣고 참 은혜스럽다는 생각을 했습니다. '하나님이 그렇게도 역사하시는구나' 하는 것을 느꼈습니다. 그런데 저는 한 번도 학비 걱정을 해본 적이 없습니다. 그것 가지고 정력을 낭비하고 몇 년을 더 다닐 필요가 없었습니다. 저는 장학금을 받고 다녔으니까 말입니다. 낮에는 학교 다니고, 밤에는 전도하고, 심방하고, 목회하고, 얼마나 바쁘게 살았는지 모릅니다.

제가 문학적, 예술적 끼가 있었음에도 불구하고 장학금 받으려고 시내버스에서 라틴어, 헬라어 단어 외우고, 철학 공부하고 다니느라 영화 한 편, 시집 한 권, 소설책 한 권 제대로 못 읽었습니다. 그리고 학비 때문에 소나무를 뽑으러 다닌 것이 아니라, 여호와를 위한 질투요, 교회를 위한 질투요, 나 자신이 더욱 하나님 앞에 승리하는 종이 되게 해달라고, 그런 거룩한 질투심을 가지고 항상 소나무 뿌리를 뽑으러 다닌 것입니다.

그때 아마 산림청장이 저를 알았으면 잡아갔을 것입니다. 아마도 그때 소나무 뿌리가 저를 보고 욕했을 것입니다. "조그마한 놈이 뭘 그리 죽어라 잡아당기냐, 그만 당겨!" 제가 만약에 어떤 목사님에게 질투하고 지역 교회 목사님에게 질투하면 제가 얼마나 작아지겠습니까? 예를 들어, 제가 다른 이웃 교회나 다른 교회들이 주님 앞에 잘해서 더 부흥하고 쓰임 받는 것을 보면서 괜히 쓸데없는 질투나 하고 시기를 한다면, 그것은 정말 쪼잔한 질투입니다. 스스로 비교의식, 열등의식에 빠지는 순간 소인배가 되는 것입니다.

그럴수록 하나님 앞에 거룩한 질투를 하고, 나 자신을 돌아보고, 금식하고 기도하면 품격 있는 질투가 되는 것입니다. 수평적인 관계에서뿐 아니라 하나님과 나 사이에 내가 기도가 부족하고 사랑이 부족하고 버려진 자 같습니다. 그러면 주님 앞에 그것을 놓고 거룩한 질투를 하고 결판을 내야 합니다. 그러니까 우리가 정말 주님을 사랑한다면 이런 거룩한 질투도 있어야 합니다.

술람미 여인이 바로 이런 질투를 지금 고백하고 있는 것입니다. 이어서 뭐라고 이야기합니까?

"사랑은 죽음같이 강하고 질투는 스올같이 잔인하며 불길같이 일어나니 그 기세가 여호와의 불과 같으니라 많은 물도 이 사랑을 끄지 못하겠고 홍수라도 삼키지 못하나니"(아 8:6-7).

질투는 스올같이 잔인할 뿐 아니라 불길같이 일어난다고 했습니다. 그리고 그 불길은 많은 물도 끄지 못하고 그 어떤 홍수도 삼킬 수 없다고 말하지 않습니까? 무슨 말입니까? 이것은 한마디로, 절대로 사랑은 패배할 수 없다는 역설적 고백입니다. 사랑은 반드시 승리한다는 말입니다.

반드시 사랑은 빼앗길 수 없고 포기할 수 없다, 반드시 이기고 승리한다는 역설적인 고백일 뿐 아니라, 그 사랑의 승리를 소원하고 기도하는 것입니다. 오늘 우리가 이렇게 고백하며 주님 앞에 기도할 수 있기를 바랍니다. 그런 사랑의 승리자가 될 수 있기를 바랍니다.

셋째, 사랑의 가치를 노래하고 있습니다

술람미 여인은 솔로몬과 자기와의 사랑을 절대로 돈으로 살 수 없는 은혜라고 고백합니다. 누구의 사랑이라 할지라도 사랑은 돈으로 살 수 없는 것이지만, 특별히 자기와 솔로몬 왕의 사랑은 돈으로 살 수 없다는 것입니다. 오히려 돈으로 사려고 한다면 그건 망신당하고 멸시당할 수밖에 없습니다.

"사람이 그의 온 가산을 다 주고 사랑과 바꾸려 할지라도 오히려 멸시를 받으리라"(아 8:7).

사랑은 돈으로도 못 사고 보화로도 못 얻습니다. 이 사랑은 무엇으로만 주고받을 수 있습니까? 사랑 자체로만 주고받을 수 있습니다. 사랑으로만 교환할 수 있고, 주고받을 수 있고, 사랑으로만 소유할 수 있는 것입니다.

우리가 돈을 주고 사랑하려고 하는 것은 알량하고 천박하고 값싼 사랑의 쾌락일 수밖에 없습니다. 사랑하니까 돈을 주고 자신의 마음을 주고 모든 것을 다 주고 싶은 것입니다. 사랑하니까 내가 가지고 있는 모든 것을 주는 것입니다. 그러나 돈으로 그 사랑을 사려고 한다면 그것은 멸시 위의 멸시, 천대 위의 천대를 받는 행위인 것입니다.

오늘 우리도 주님 앞에 마찬가지입니다. 우리가 왜 헌금을 합니까? 하나님의 사랑과 은혜를 사려고 하는 것입니까? 하나님의 축복과 기적을 사려고 그러는 것입니까? 그러다가 마술사 시몬은 얼마나 망하고 저주를 받고 말았습니까? 우리가 헌금하고 헌신하고 충성하는 이유는 하나님을 사랑하기 때문입니다. 우리가 하나님의 신실하심을 믿으니까 그 하나님의 약속을 믿고 드리는 것입니다. 그러니까 하나님이 감동하셔서 우리에게 복을 주시고 기적을 주시는 것이 아닙니까?

그래서 사랑하니까 주고 버리고 바치는 것이 아닙니까? 사람에게도 그렇고, 하나님 앞에도 마찬가지입니다.

그런 것처럼 주님도 우리를 구원하실 때 당신의 피로 사신 것이지, 돈으로 사신 것이 아닙니다. 물질로 사신 것이 아닙니다. 우리가 주님의 은혜를 받은 것도 값 없이 받았습니다. 그런데 값 없이 주신다는 이 말은 프라이스리스(priceless), 즉 값으로 환산할 수 없다는 말입니다. 값으로 환산할 수 없는, 하나밖에 없는 아들을 주고 우리를 구원하시고 우리에게 사랑을 주시는 은혜라는 말입니다.

따라서 우리도 그 하나님의 사랑을 돈으로 살 수 없습니다. 돈으로 구원을 살 수 없습니다. 사랑하니까 주님 앞에 드리는 것입니다. 돈으로 천국 가는 것이 아닙니다. 사랑으로 가는 것입니다. 은혜로 가는 것입니다. 믿음으로, 사랑으로 천국에 가는 것입니다.

돈으로 하나님을 사랑할 수 있다면 우리같이 가난한 사람은 어떻게 예수 믿고 하나님의 사랑을 살 수 있겠습니까? 우리에게 중요한 것은 사랑입니다. 주님을 사랑할 때 비로소 돈도 의미 있고 물질도 의미가 있습니다. 사랑이 있을 때 그 물질이 주님의 제단에 향기로운 제물이 되는 것이 아닙니까?

중요한 것은 사랑입니다. 중요한 것은 믿음입니다. 중요한 것은 주님과 우리의 사랑의 관계입니다. 그래서 술람미 여인은 돈으로도 살 수 없는 사랑과 은혜를 노래하고 있는 것입니다. 그래서 우리는 이 시간에도 돈으로 천국 갈 수 없는 하나님의 은혜를 노래합니다. 돈으로 하나님의 사랑을 얻을 수 없는 그 축복을 찬양합니다. 오직 믿음으로, 사랑으로, 소망으로 가는 그 주님의 은혜와 하나님 나라를 예찬할 뿐입니다.

오늘도 주님을 사랑합시다. 그 사랑을 놓치지 맙시다. 그 사랑을 붙잡고 승리합시다. 그리고 주님을 사랑하는 그 믿음과 마음이 이 세상에서 가장 가치 있고 위대하고, 가장 유일한 재산이고 보화임을 고백하며 노래합시다. 할렐루야!

34

순결을 지켜온 간증의 노래

"우리에게 있는 작은 누이는 아직도 유방이 없구나 그가 청혼을 받는 날에는 우리가 그를 위하여 무엇을 할까 그가 성벽이라면 우리는 은 망대를 그 위에 세울 것이요 그가 문이라면 우리는 백향목 판자로 두르리라 나는 성벽이요 내 유방은 망대 같으니 그러므로 나는 그가 보기에 화평을 얻은 자 같구나"(8:8-10)

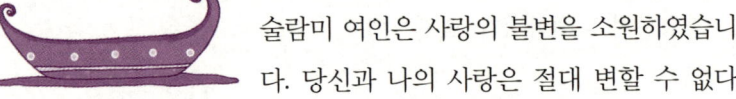

술람미 여인은 사랑의 불변을 소원하였습니다. 당신과 나의 사랑은 절대 변할 수 없다고, 나도 변할 수 없지만 당신도 절대로 변해서는 안 된다고 말입니다. 오늘 주님과 우리의 사랑의 관계도 마찬가지입니다. 주님과 우리의 사랑은 절대로 변할 수 없습니다. 우리는 변할 수 없는 그 주님의 사랑을 힘입어 살고 있습니다. 그러니 얼마나 감사합니까? 그 변하지 않는 불변의 사랑과 은혜를 우리가 누리고 있으니 얼마나 감사합니까? 그래서 우리는 이 불변의 사랑과 은혜를 기쁨으로 노래하는 것입니다.

그래서 그녀는 노래했지 않습니까? "임이여, 나를 도장처럼 여겨 주소서"라고 말입니다. 자신을 항상 품어 달라고, 버리지 말아 달라고, 언제나 주님 곁에 머물게 해달라고 그 사랑을 갈망하며 노래했습니다.

뿐만 아니라 술람미 여인은 사랑의 승리를 노래하였습니다. 이 불변의 사랑은 절대로 패배하지 않습니다. 사랑이 불변하고 은혜가 변할 수 없기에 이 사랑은 반드시 승리합니다. 오늘 우리와 주님의 사랑도 변할 수 없을 뿐 아니라 승리할 수밖에 없습니다. 죽음 같은 사랑이기 때문에 죽음도 패배하게 할 수 없습니다. 반드시 이깁니다. 그러니 우리가 얼마나 감사해야 합니까? 이런 주님을 언제나 찬양하고 감사해야 합니다. 이 사랑을 노래해야 합니다.

이처럼 사랑은 변할 수 없고 이길 수밖에 없기 때문에, 이 사랑에는 질투도 있습니다. 사랑이 엇갈리거나 엇박자가 나면 서로 질투할 수밖에 없습니다. 우리는 주님을 질투하고, 주님은 우리를 질투하십니다. 그런데 그 질투가 무엇과 같다고 했습니까? 음부 같다고 했습니다. 사실, 사랑에 질투가 없으면 아름다운 것이 아닙니다. 사랑에 질투가 있으니까 더 아름다운 것이 아닙니까?

그런가 하면 술람미 여인은 사랑의 가치를 노래했습니다. 사랑은 절대 돈으로 살 수 없습니다. 만약에 사랑을 돈으로 산다면 오히려 그 사랑은 천박하게 되고 멸시를 받게 됩니다. 사랑은 사랑으로만 주고받을 수 있습니다.

오늘 우리와 주님의 사랑도 마찬가지입니다. 주님이 우리에게 돈으로 사랑을 주신 것이 아니라, 십자가의 죽음으로 주신 것입니다. 그래서 우리가 천국 가는 것도 믿음으로 가고 사랑으로 가는 것이지, 돈으로 가는 것이 아닙니다. 절대 돈 갖고 못 갑니다. 믿음으로 가고 사랑으로 갑니다.

그러므로 우리에게 가장 중요한 것은 주님을 향한 사랑이요 믿음입니다. 주님을 사랑하는 것이 우리의 최고 재산이고 보화입니다. 그러므로 이 밤도 더욱더 주님을 사랑하시기 바랍니다. 주님을 믿는 그 믿음의 끈과 사랑의 끈을 절대로 놓지 말고 주님을 더 붙잡으시기 바랍니다. 사랑을 붙잡으시기 바랍니다.

순결을 노래하는 술람미 여인

오늘 본문에서 술람미 여인은 간증을 하고 있습니다. 자기가 지금까지 순결을 지켜왔는데 그 순결을 지키는 것이 얼마나 대견스럽고 아름다운 것인가를 회상하며, 솔로몬 왕 앞에서 자랑스럽게 노래하고 있습니다. "이래 봬도 나는 처녀성을 지녔던 숫처녀였고 또 순결한 여자였습니다. 비록 포도원지기 딸이고 가진 것은 없고 크게 배우거나 집안 자랑할 것은 없지만, 그래도 내 사랑 당신 앞에서 딱 하나 자랑할 것은 순결입니다. 여인으로서 최고로 가져야 할 덕목인 순결만큼은 누구보다 잘 간직해 왔습니다." 이런 간증을 하고 있습니다.

술람미 여인은 먼저 자신의 어린 시절, 오빠들이 자신의 순결 지키는 것을 염려해 주고 도와주었던 것을 소개하고 있습니다.

"우리에게 있는 작은 누이는 아직도 유방이 없구나 그가 청혼을 받는 날에는 우리가 그를 위하여 무엇을 할까"(아 8:8).

술람미 여인의 오빠들이, 술람미 여인이 아직 어렸을 때 그녀를 위해서 염려하는 그런 모습이 나오지 않습니까? 술람미 여인에게 아직 유방이 없을 때라는 말은, 술람미 여인이 아직 성숙하지 않은 소녀 시절을 말하는 것입니다. 그럴 때 술람미 여인이 크는 과정에서 다른 남자들이, 다른 총각들이 건드리지 않고 순결하게 잘 커나가기를 소원하고 있는 것을 고백하고 있습니다.

"그가 청혼받는 날에는 우리가 그를 위하여 무슨 일을 할까?"

할 일이 없습니다. 오직 술람미 여인이 순결하게 성숙해 가도록 오빠들이 도와주는 일밖에 없습니다. 얼마나 착한 오빠들입니까? 물론 여기서 의문을 가진 사람들이 있을 것입니다. 아가서 1장 6절을 보면, 오빠들이 아주 불량한 사람들처럼 느껴지잖습니까? 왜냐하면 오빠들이 자기 일은 안 하고, 포도원 일을 술람미 여인에게 다 맡겨 버렸기 때문입니다.

> "내가 햇볕에 쬐어서 거무스름할지라도 흘겨보지 말 것은 내 어머니의 아들들이 나에게 노하여 포도원지기로 삼았음이라 나의 포도원을 내가 지키지 못하였구나"(아 1:6).

여기에 나오는 오빠는 의붓오빠를 말하는 것 같습니다. 아가서에 보면 술람미 여인의 어머니와 오빠 이야기는 나오지만, 아버지는 안 나옵니다. 그런 것을 추측해 볼 때 오늘 본문 8장 8절에 나오는 오빠들은 친오빠들인 것 같습니다. 술람미 여인을 진심으로 염려하고 애틋하게 보호해 주려 하는 오빠들인 것 같습니다. 그런 오빠들이 술람미 여인의 순결을 더 염려하고, 순결을 지키고 보호하기 위해서 노력해야겠다는 것을 적극적으로 고백하고 있습니다.

"그가 성벽이라면 우리는 은 망대를 그 위에 세울 것이요 그가 문이라면 우리는 백향목 판자로 두르리라"(아 8:9).

이것이 무슨 말입니까? "술람미 여인이 성벽이라면 우리는 은 망대를 세울 것이요." 여기서 오빠들은 술람미 여인을 성벽으로 비유했습니다. 성벽이란 공격을 당하면 안 되지 않습니까? 성문을 아무리 단단히 잠가 놔도 사극을 보면 사다리를 타고 성을 공격하지 않습니까? 그러면 군사들이 아무리 지켜도 성이 무너지거나 훼손당할 수 있습니다. 우리가 잘 알다시피, 아무리 철옹성처럼 쌓아 놓은 남한산성도 47일 만에 점령당했지 않습니까?

김훈 씨가 쓴 《남한산성》을 보면, 그렇게 철옹성 같은 남한산성에서도 두 달을 버티지 못하고 무너지고 마는 우리 역사의 뼈아픈 이야기를 읽을 수 있습니다. 그것을 보면 우리의 마음이 얼마나 아픈지 모릅니다.

이처럼 성이라는 것은 무너지거나 점령당하면 안 됩니다. 그래서 오빠들이 성벽 위에다가 은 망대를 세워 두겠다는 것입니다. 여기서 은 망대라고 하는 말은 히브리어로 '티라트 카세프'인데, '티라트'는 적들을 방어하기 위해 쌓은 흉벽을 의미합니다. 그리고 '카세프'는 은입니다. 그러니까 은으로 쌓은 흉벽을 말하는 것입니다.

아주 견고한 성 위에다가 은 망대를 쌓아 놓으면 사다리가 아니라 무엇을 쌓아 놓아도 쳐들어올 수 없습니다. 거기다 군사들이 배치되어 있으면 어떻게 쳐들어오겠습니까? 함락될 확률이 거의 없습니다. 은이라는 것은 정결함, 순결함을 의미합니다. 오빠들이 누이의 순결을 지키기 위해서 은 망대 역할을 해주겠다는 것입니다.

"어떤 놈이든 우리 동생을 건들면 가만두지 않겠다." 그렇게 오빠들이 아주 비장하게 동생의 순결을 지켜주겠다는 것입니다. 술람미 여인은 정말 인복이 많은 여자입니다. 아무리 자신이 순결을 지키려 해도 불한당 같은 놈들이 겁탈해 버리면 어쩌겠습니까? 그런데 오빠들이 철통같이 지키고 있으니 걱정이 없습니다.

오빠들은 또 어떻게 하겠다고 말합니까? "또 그가 문이라면 우리는 백향목 판자로 두르리라"고 했습니다. 여기서 오빠는 술람미 여인을 문으로 비유했습니다. 그가 문이라면 아무에게나 문이 열리면 안 됩니다.

문이란 항상 적군 앞에서는 굳게 닫혀야 합니다. 그런데 아무리 정문이 굳게 닫혀도 적군들이 기둥으로 계속 공격하면 문이 열리거나 부서질 수 있습니다. 그래서 오빠들은 백향목 판자로 문을 아예 둘러 버린다는 것입니다. 백향목은 근동 지역에서 기둥으로 썼습니다. 나무가 아주 단단합니다. 목질이 얼마나 좋은지 모릅니다. 그런 백향목 판자로 문을 지그재그로 둘러 버리니 문이 어떻게 열리겠습니까? 절대로 안 열립니다.

술람미 여인이 혼자서는 아무리 문을 안 열어주고 싶어도 자신의 힘이 약하기 때문에 강제로 열릴 수 있습니다. 그런데 오빠들이 백향목 판자로 둘러주니 아무리 강제로 열려 해도 열 수 없다는 말입니다. 이렇게 오빠들은 술람미 여인의 순결을 걱정해 줄 뿐 아니라 보호해 주었습니다. 그 사실을 술람미 여인은 솔로몬에게 자랑 삼아 간증하는 것입니다.

"왕이여, 제가 순결을 지킬 수 있었던 것은 저 자신도 노력했지만, 오빠들의 도움이 참으로 컸습니다. 훌륭한 오빠들을 둔 저야말로 인복이 많은 여자가 아니겠습니까? 오빠들이 도와주어서 저는 당신 앞에 처녀성을 지키고 당신의 품에 안길 수 있었습니다."

부부간에도 그렇습니다. 무엇이 가장 중요합니까? 순결이 중요합니다. 다른 것은 조금 부족하고 연약하다 해도, 순결만 있으면 언제든지 당당하고 떳떳할 수 있지 않습니까? 무엇보다 부부간에 순결과 정결을 지키는 것이 중요합니다.

우리 주님과의 관계에서도 마찬가지입니다. 우리 주님 앞에서 가장 중요한 것이 무엇인지 아십니까? 순결입니다. 정결입니다. 그러므로 주님 앞에 부족하고 연약한 것이 많아도 우리가 눈물로 순결을 지키고, 골짜기에 피어난 한 송이 백합화와 같은 정결을 지키기 위해 주님 앞에 몸부림칠 때 주님은 그 모습을 가장 아름답게 보십니다.

지금 시대는 어떻습니까? 우리는 어떤 시대를 살고 있습니까? 이 시대는 깊은 바다 속의 잠수함처럼 고요하게 흐릅니다. 그러나 그 속에는 말로 할 수 없는 부정과 타락, 음란한 죄악들이 난무하여 부패하고 썩어 들어가고 있습니다. 숨을 쉴 수도 없을 만큼 산소가 절박한 상황임에도 누구 하나 괴로워하지 않고 있습니다. 왜 그렇습니까? 이 시대가 정결을, 순결을 잃어버렸기 때문입니다.

정말 우리는 지금 터질 듯한 심장으로 이 시대를 향한 정결의 연서, 순결의 연서를 써야 합니다. 정결과 순결의 노래를 불러야 합니다. 왜냐하면 지금은 정결을 필요로 하는 시대이기 때문입니다. 정결의 긴박성이 절실하게 느껴지는 시대이기 때문입니다. 세상의 도덕과 윤리는 땅에 떨어져 있고, 이 땅은 음란과 방탕으로 어두운 환락의 밤이 되어 버렸습니다.

거리마다 술집과 모텔의 화려한 네온 불빛으로 빛나는 나라, 여중생과 여고생들이 인터넷 채팅을 통하여 스스로 몸을 파는 나라, 부정부패가 상식이 된 부정한 사회가 되어 버리지 않았습니까? 그런데 더욱 불행한 것은, 그러한 타락한 삶의 습성과 영향이 서서히 그리스도인에게도 침투해 들어오고 있다는 사실입니다.

그러니 지금 우리에게 정결이 얼마나 중요합니까? 믿음의 지조와 순결을 지키는 것이 얼마나 중요합니까? 이런 때일수록 주님은 더욱 정결한 심령을 찾으십니다. 순결한 영혼의 성도를 찾고 또 찾으시는 것입니다. 저 폐허가 된 예루살렘 도성에서 눈물 흘리며 의인 한 명을 찾아 헤매던 예레미야처럼, 오늘도 주님은 신앙의 순결을 지킨 성도를 찾고 계십니다. 그러므로 우리는 주님 앞에 순결한 성도가 되어야 합니다. 정결과 순결을 위해 몸부림쳐야 합니다.

서로 믿음의 순결을 지킬 수 있도록 도와주어야 합니다. 술람미 여인의 순결을 지켜주려고 노력했던 오빠들처럼, 우리도 서로의 순결을 지켜주는 오라버니가 되어야 합니다. 주님 앞에 순결을 지키라고 독려하고 격려해 주어야 합니다.

사탄이 뱀을 통하여 하와를 간교하게 유혹했던 것처럼, 사탄이 우리를 넘어뜨리려고 유혹하고 있는데, 그들이 노리는 것은 우리가 순결을 버리는 것입니다. 정결을 잃어버리게 합니다. 그러므로 서로 순결을 지키도록 도와주어야 합니다. 어렵다고, 힘들다고 하나님 앞에 불평하면 안 됩니다. 순결을 지켜야 합니다.

그렇잖아도 믿음 없는 사람한테 믿음 없는 소리를 해주면 영혼이 불결해지고 사탄의 역사에 넘어갈 수 있습니다. 생명순 모임을 하거나, 교구 모임을 하거나, 전도 모임을 하거나 간에, 언제나 신앙의 순수성을 지키도록 서로 도와주고 힘을 주고 격려해 주어야 합니다. 그렇게 해서 우리 모두 순결한 성도가 되어야 합니다. 백합 같은 순결한 믿음으로 영혼의 꽃을 피우는 성도가 되어야 합니다.

술람미 여인은 이어서 뭐라고 고백합니까?

"나는 성벽이요 내 유방은 망대 같으니 그러므로 나는 그가 보기에 화평을 얻은 자 같구나"(아 8:10).

무슨 말입니까? "나는 자랑스럽게 순결을 지켰다"는 것입니다. 떳떳하게 순결을 지켜왔다는 말입니다. 순결을 지켜왔으니 떳떳하고 자랑스럽고 대견스럽다는 말입니다. 그렇습니다. 여자들이 결혼할 때에도 아무리 혼수품을 많이 해 가지고 와도 그것이 순결보다 가치 있고 중요한 것은 아니지 않습니까? 혼수품은 그때밖에 없는 것입니다.

여자에게 있어 평생 가장 큰 재산이 무엇인지 아십니까? 바로 순결입니다. 시집오기 전에도 순결이고, 결혼 생활하면서도 순결입니다. 조금 뚱뚱해도 순결을 지키고 있으면 당당합니다.

그래서 술람미 여인은 어떻게 이야기하고 있습니까? "나는 성벽이요 내 유방은 망대 같다"고 고백합니다. 지금까지 자기는 그 누구에게도, 단 한 번도 침공받지 않았던 비밀스러운 성벽 같다는 것입니다. 아니, 그 성벽은 누구도 점령하지 못했을 뿐 아니라, 얼씬거리지도 못했다고 고백하고 있는 것입니다.

또한 자기 가슴이 망대 같다고 했습니다. 이는 자기 가슴이 누구에게도 점령당하지 않았다는 것입니다. 누구의 손길도 자신의 가슴을 스쳐간 적이 없다는 말입니다. 쉽게 말하면 이렇습니다.

"왕이여, 저의 육체는 어느 누구의 공격을 받은 적도 없고 점령을 당한 적도 없습니다. 그리고 저의 가슴은 그 어느 누구의 손길도 스친 적이 없습니다, 저야말로 침범을 받지 않은 성벽과 누구의 손길도 스치지 않는 망대처럼 순결한 처녀성을 지켜온 사람입니다. 그래서 저는 지금 당신 앞에서 깨끗하고 견고한 성벽이요, 제 가슴은 정결한 망대와 같습니다. 그러므로 저는 화평을 얻은 사랑을 하고 있는 것입니다. 저는 왕 앞에 꺼림칙한 것이 하나도 없습니다. 물론 제가 못나고 부족하고 자랑할 것은 없지만, 이것만큼은 자랑할 수 있습니다. 이것만큼은 장담할 수 있습니다. 저는 왕 앞에 숨긴 것이 하나도 없습니다. 누구 앞이라고 거짓말을 할 수 있겠습니까? 이렇게 고백하는 저 자신이 얼마나 행복하고 평안한지 아시는지요?" 할렐루야!

🎵 평안을 부르는 신앙의 순결

여기서 화평이라는 말은 '샬롬' 인데 '평안, 형통' 이라는 의미가 있고, 또 하나는 '질서와 조화' 라는 의미가 있습니다. 정리정돈이 되어 있지 않은 것을 서로의 부족함과 결핍을 채워줌으로써 온전함을 이루고, 번성해 가는 의미가 있습니다.

그래서 구약 백성들은 진정한 평강을 무엇으로 생각했습니까? 하나님과의 올바른 관계에서 오는 평안이라고 생각하였습니다. 고난이 없고 형통만 있어서 평안이 아니라, 하나님과의 관계성 속에서 올바른 평안이 오는 것입니다. 그런데 그 관계성은 의와 순결입니다.

고난당하면서도 불평하지 않고, 수많은 이방의 신들과 바알과 아세라 앞에 굴복하지 않고 신앙의 순결을 지킴으로써 샬롬, 곧 평안을 지키는 것입니다. 또 수많은 고통과 환란 속에서도 절대 불평하거나 원망하지 않고 오직 하나님을 의지합니다. 오직 하나님을 사랑하고, 그럴수록 주님께 찬양하면서 주님을 가까이합니다. 바로 이런 하나님과의 올바른 관계 속에서 평안이 온다는 것입니다. 이것이 진정한 평안이요 샬롬이라는 것입니다.

술람미 여인이 그것을 고백하고 있는 것입니다. 이래 봬도 자기는 오빠들의 도움과 자신의 노력으로 다른 것은 몰라도 순결을 지켰다고, 당당하게 솔로몬 왕에게 순결을 드렸고 정결을 바쳤다고 말입니다. 그래서 술람미 여인은 평안합니다. 불안함이 없습니다. 마음이 너무 편안합니다. 신랑한테 숨기는 것이 있고 거짓말한 것이 있으면 얼마나 불안하겠습니까?

신약에서의 평화도 마찬가지입니다. 똑같은 맥락에서 이해할 수 있습니다. 신약에서 평화는 '에이레네'라고 하는데, 이것도 성경에서 쓰기 전에 그리스의 문화와 역사적 배경에서 나온 말입니다. 당시 그리스는 소도시 부족 국가들로 이루어졌는데 자꾸 전쟁이 있었습니다. 아테네와 스파르타 사이에 전쟁이 많았습니다. 전쟁이 일어나면 여자들은 매우 불안합니다. 왜냐하면 남자들이 전쟁에 끌려가 죽거나 부상당하면 여자가 과부가 되기 때문입니다. 그러니까 불안한 것입니다. 그런데 두 나라 사이에 전쟁을 안 하기로 휴전 협정을 하면 그 상태를 에이레네라고 했습니다. 결국 이 말도 관계성에서 나오는 평화를 말하는 것입니다.

그러니까 아무리 환란과 고통이 와도 하나님과 나의 올바른 관계만 이루면 평안은 거기에서 오는 것입니다. 무슨 일이 있어도 신앙의 지조와 순수성을 지키고 있으면 그것이 평안이고, 거기서 진정한 샬롬의 은총이 나오는 것입니다. 그러니 그 로마의 카타콤에서 정말 신앙의 정절을 지키며 물고기 형상을 그리고 사슴 형상을 그리며 살았던 초대 교회 성도들은 얼마나 평안했겠습니까? 얼마나 행복했겠습니까?

비록 때로는 햇빛이 그립고 기름진 양식이 그리웠겠지만, 그래도 신앙의 순수성을 지키고 절개를 지키며 살았던 그들은 얼마나 행복했겠습니까? 얼마나 마음에 평안이 넘쳤겠습니까? 저 지상에서 기름진 음식을 먹고 고기를 먹고 살았던 문무백관들이 지하 카타콤에서 숨어 신앙생활하던 그들이 가진 진정한 평화를 알기라도 했겠습니까? 어떻게 그 평화를 맛보았겠습니까?

그들의 배는 기름지고 겉으로는 삶의 고난과 역경이 없이 평안한 것 같았지만, 그들은 언제나 허무하고 불안하고 염려와 근심 속에서 살아가지 않았겠습니까? 그들에게 진정한 평화가 있었겠습니까? 그러나 지하 카타콤에서 살면서 언제 잡혀 죽을지 몰랐던 그 성도들은 환란과 핍박 속에서도 자유를 누렸고, 평화를 얻은 사람들이었습니다.

그래서 그들은 그런 환경 속에서도 하나님을 찬양했습니다. 진정한 순결과 자유와 평화와 행복을 누리게 하신 주님을 찬양했던 것입니다. 그들은 부르다가 죽을 찬양을 부르면서 거기서 생을 마쳤습니다.

얼마나 행복한 사람들입니까? 오늘 우리가 그들의 믿음을 본받아야 합니다. 정결을 위해 몸부림치고 생명까지 바쳤던 그들의 신앙을 우리가 함께 소유하고 고백해야 합니다.

> 환난과 핍박 중에도 성도는 신앙 지켰네
> 이 신앙 생각할 때에 기쁨이 충만하도다
> 성도의 신앙 따라서 죽도록 충성하겠네.
>
> 옥중에 매인 성도나 양심은 자유 얻었네
> 우리도 고난받으면 죽어도 영광 되도다
> 성도의 신앙 따라서 죽도록 충성하겠네.

그러니까 술람미 여인이 자기가 화평을 얻은 자 같다고 한 말은, 결국 자신은 솔로몬 왕과의 관계가 순결로 잘 이루어졌기 때문에 근심 걱정이 없고 평안하다는 말입니다. 솔로몬 왕도 그것을 인정했지 않습니까?

> "내 누이, 내 신부는 잠근 동산이요 덮은 우물이요 봉한 샘이로구나"(아 4:12).

솔로몬은 이제 완전히 술람미 여인과 결혼을 해서 이미 사랑을 나누었습니다. 그랬을 때 "너야말로 잠근 동산이요 덮은 우물이요 봉한 샘이라"고 말하는 것입니다. 잠근 동산은 비원이라는 말이라고 했습니다. 우리 성도는 비원이 되어야 합니다. 공원이 되어서는 안 됩니다. 아무에게나 문을 열어주면 안 됩니다.

또한 덮은 우물, 봉한 샘도 모두 똑같은 의미입니다. 아무나 발을 디딜 수 없고 함부로 만질 수 없는 순결한 영역입니다. 그 어느 누구도 침범하지 않은 정결의 영토입니다. 그래서 술람미 여인은 지금 솔로몬 왕 앞에 이런 순결을 지켰다고 노래하고 있는 것입니다. 그러니까 술람미 여인의 사랑이 행복하고 평안하고 더욱더 감미로울 수밖에 없는 것입니다.

오늘 우리와 주님의 관계가 그렇습니다. 우리도 주님과 사랑의 관계가 잘 유지되려면 순결을 지켜야 합니다. 우리가 부족해도 연약해도 괜찮습니다. 능력 없고 자랑할 것 없어도 괜찮습니다. 그러나 주님 앞에 당당하게 서기 위해서는 순결을 지켜야 합니다. 물론 그것도 주님의 은혜로 지킨 것이지만 순결에 관한 한 당당하게 말할 수 있어야 합니다.

"주님, 저는 순결만큼은 지킨 사람입니다. 제가 이 순결을 지키기 위해서 얼마나 몸부림을 쳐왔는지 아세요? 물론 그것도 주님의 은혜로 지켜왔지만, 세상의 수많은 유혹과 범죄 앞에 주님의 은혜로 순결을 지켜왔습니다. 신앙의 절개를 지켜왔습니다. 절대로 저는 머리털 깎인 삼손이 안 되려고 이렇게 울고불고 몸부림치며 살아왔습니다." 이렇게 고백할 수 있는 사람, 얼마나 행복하고 평안이 넘치겠습니까?

그러나 아무리 평안하고 형통하다 할지라도 주님과의 관계가 뒤틀려 있으면 그 사람은 불안할 수밖에 없습니다. 근심할 수밖에 없습니다. 항상 쫓기고 마음이 불안합니다. 가령 우리에게 성령께서 감동하시는데 그 감동을 묵살하고 살아보십시오. 마음이 편치 않습니다. 성령께서 분명히 이렇게 하라고 하시는데 그 감동을 버리고 도망가 보십시오. 성령님의 감동을 묵살해 보려고 노력해 보십시오. 그렇다고 마음이 평안합니까?

또 주님의 명령과 계명을 지켜야 하는데 그것을 안 지키고 멋대로 살아보십시오. 십일조 명령, 주일 성수, 또 성령께서 주시는 음성을 버리고 도망갔다고 합시다. 여러분의 사명을 버리고 도망가 보십시오. 마음이 편안하고 안심이 되는 줄 아십니까? 그래서 시편 기자는 이렇게 고백하고 있습니다.

"내가 주의 영을 떠나 어디로 가며 주의 앞에서 어디로 피하리이까 내가 하늘에 올라갈지라도 거기 계시며 스올에 내 자리를 펼지라도 거기 계시니이다 내가 새벽 날개를 치며 바다 끝에 가서 거주할지라도 거기서도 주의 손이 나를 인도하시며 주의 오른손이 나를 붙드시리이다"(시 139:7-10).

요나는 하나님이 주신 사명과 성령의 감동을 묵살하고 다시스로 가는 배를 탔습니다. 하지만 배 타고 도망간다고 마음이 편안합니까? 그래서 하나님의 감동을 묵살하려고 배 밑층에서 잠을 자지 않았습니까? 그런데 주님이 요나를 따라가신 것입니다. 그래서 풍랑이 몰아쳐서 배를 탄 사람들이 다 죽게 되었습니다. 그제야 요나가 실토하는 것입니다. "이 풍랑은 나 때문이라"고 말입니다.

요나가 고백하고 자기를 바다에 던져달라고 했을 때, 그리고 물고기 뱃속에 들어가 회개하였을 때 진정한 평안과 행복이 왔을 것입니다. 아마도 성경에는 안 나와 있지만 요나가 배 밑층에 가서 잠을 청하려고 할 때도 하나님께서 끊임없이 요나의 마음을 간섭하고 불안하게 하셨을 것입니다. 그래서 잠언서는 이렇게 말합니다.

"악인은 쫓아오는 자가 없어도 도망하나 의인은 사자같이 담대하니라"(잠 28:1).

그래서 우리는 주님과 올바른 관계를 가져야 합니다. 성령의 감동을 묵살하지 말고, 주님의 사명을 떠나서 도망가려고 하지 말아야 합니다. 차라리 정직하게 자수하여 광명 찾고, 하나님과 올바른 관계를 맺으며 순결하게 사는 것이 마음 편하게 다리 뻗고 잘 수 있는 비결입니다. 그러면 걱정, 근심 없이 정말 평화로운 삶을 살게 되는 것입니다. 그런 성도가 순결한 성도요, 진정한 평화와 자유와 기쁨을 누리는 행복한 성도입니다. 그런 백합화 같은 순결한 성도가 되시기 바랍니다.

주님은 오늘도 우리에게 순결을 요구하십니다. 순결을 가장 기뻐하십니다. 그럴 때 우리 주님과 우리의 사랑의 관계가 잘되어서 정말 행복하고 화평한 성도가 되는 것입니다. 그럴 때 우리는 걱정과 염려와 근심 없이 정말 평화로운 삶을 살 수 있는 것입니다.

이런 사람이 승리의 주인공이 되고, 주님 앞에 사랑의 불변과 사랑의 승리와 사랑의 가치를 노래할 수 있는 것입니다. 그리고 이런 사람이 주님 앞에서나 사람 앞에서나 인정받고 공인받게 되는 축복을 누리는 것입니다.

35

순결 예찬

"나는 성벽이요 내 유방은 망대 같으니 그러므로 나는 그가 보기에 화평을 얻은 자 같구나 솔로몬이 바알하몬에 포도원이 있어 지키는 자들에게 맡겨 두고 그들로 각기 그 열매로 말미암아 은 천을 바치게 하였구나 솔로몬 너는 천을 얻겠고 열매를 지키는 자도 이백을 얻으려니와 내게 속한 내 포도원은 내 앞에 있구나" (8:10-12)

 거룩을 위한 고집

술람미 여인은 자기가 어떻게 순결을 지켜왔는가에 대한 간증을 했습니다. 그리고 그 순결을 지켜왔던 것이 얼마나 대견스럽고 아름다웠던가를 회상하며 솔로몬 왕 앞에서 사랑스럽게 노래했습니다. 그런데 그 순결은 자기 혼자만의 힘으로만 지켜온 것이 아니라, 사랑하는 오빠들의 도움이 컸다는 것을 이야기했습니다. 술람미 여인의 오빠들은 술람미 여인이 어렸을 때부터 그녀의 순결을 걱정해 왔습니다.

"우리에게 있는 작은 누이는 아직도 유방이 없구나 그가 청혼을 받는 날에는 우리가 그를 위하여 무엇을 할까"(아 8:8).

그래서 오빠들은 술람미 여인이 점점 성숙해 갈 때에 그녀의 순결을 지켜주고 보호해 주기 위해 큰 결심을 하고 적극적으로 노력하겠다는 사실을 고백했습니다.

"그가 성벽이라면 우리는 은 망대를 그 위에 세울 것이요 그가 문이라면 우리는 백향목 판자로 두르리라"(아 8:9).

이게 무슨 말입니까? 술람미 여인을 성벽으로 비유한다면 오빠들은 성벽 위에 은 망대를 세워 놓고 술람미 여인을 지켜주겠다는 것입니다. 또 술람미 여인을 문으로 비유한다면 오빠들은 백향목 판자가 되어 술람미 여인을 지켜주겠다는 것입니다. 이처럼 오빠들이 술람미 여인에게 은 망대가 되어주고 백향목 판자가 되어주었기 때문에 그녀는 이렇듯 순결한 몸으로 솔로몬의 품에 안길 수 있었다는 것입니다. 얼마나 자랑스럽고 훌륭한 오빠들입니까?

우리도 마찬가지입니다. 주님 앞에 가장 중요한 것은 순결입니다. 정결입니다. 그러므로 우리가 허물 많고 부족함이 많으며 연약함밖에 자랑할 것이 없을지라도, 눈물로 순결을 지키고 골짜기에서 피어난 한 송이 백합화 같은 정결을 지켜야 합니다. 그 모습이 주님 보시기에 가장 아름다운 모습이기 때문입니다.

그러니까 순결을 지키려 하는 우리의 노력도 중요하지만, 친구들의 도움도 참 중요합니다. 나만 순결을 지킬 것이 아니라, 남도 순결을 지키도록 도와주어야 합니다. 사탄이 뱀을 통하여 하와를 간교하게 유혹했던 것처럼 사탄이 우리를 얼마나 유혹하는지 아십니까? 순결한 성도가 되지 못하도록, 정결을 잃어버린 불결한 성도가 되도록 얼마나 간교하게 유혹하는지 모릅니다.

그러므로 서로 순결한 삶을 살도록 노력해야 합니다. 우리 모두가 순결의 공동체가 되도록 노력해야 합니다. 그렇잖아도 믿음 없는 사람한테 믿음 없는 소리를 하면 그 영혼이 불결해집니다. 사탄의 유혹에 당장 넘어가 버립니다. 그러므로 서로서로 순결을 지키도록 도와주어야 합니다.

생명순 모임을 할 때도 그렇고, 교구 모임, 전도 모임을 할 때도 그래야 합니다. 또 양육을 할 때도 그래야 합니다. 언제나 신앙의 순수성을 지키도록 도와주고 힘을 북돋아주고 격려해 주어야 합니다. 그렇게 해서 우리 모두 순결한 성도가 되어야 하고, 우리 새에덴교회도 순결의 공동체를 이루어야 합니다. 순결을 재산으로 삼아야 합니다. 서로가 순결하도록 도와주어야 합니다. 백합 같은 순결의 믿음으로 영혼의 꽃을 피우는 성도가 되어야 합니다.

그래서 술람미 여인은 자기가 화평을 얻은 자라고 노래했습니다.

"나는 성벽이요 내 유방은 망대 같으니 그러므로 나는 그가 보기에 화평을 얻은 자 같구나"(아 8:10).

이게 무슨 말입니까? 자신은 공격받지 않은, 점령당하지 않은 성벽이요, 자신의 가슴 역시 어떤 남자의 손길도 스쳐가지 않았다는 것입니다. 한마디로, 순결을 잘 지켜왔으니 떳떳하고 자랑스럽고 대견하다는 것입니다. 그래서 솔로몬 왕 앞에서 속이거나 숨기는 것이 없고, 솔로몬 왕과 자신의 관계는 너무나 화평하다는 것입니다. 샬롬의 축복이 있다는 것입니다.

만일 술람미 여인이 순결을 지키지도 못했으면서 순결한 척 말을 했다면 얼마나 불안했겠습니까? 그런데 순결을 자랑스럽고 떳떳하게 지켜왔으니 부끄럽지 않고 떳떳하다는 것입니다. 이것만큼은 당당하고 자랑스럽게 고백할 수 있다는 것입니다. 그러니 그녀의 가슴속에 샬롬이 가득하다는 것입니다.

주님과 우리의 관계도 마찬가지입니다. 우리가 주님 앞에 무언가 숨기고 있고 불순종하면, 불안하게 되어 있습니다. 주님 앞에 회개하지 않고 숨겨 놓은 죄가 있으면, 주님 앞에 나올 때마다 무언가 꺼림칙하고 기쁨이 없습니다. 성령의 감동이 왔는데 그 감동을 묵살해 버리거나 주님의 계명을 순종하지 않고 내 멋대로 살면, 주님 앞에 나올 때마다 꺼림칙하고 불안합니다.

그러나 주님 앞에 순종해 보십시오. 회개해 보십시오. 숨겨 놓은 죄, 불순종한 죄를 회개하고 이제 순종해 보십시오. 그러면 마음이 화평하게 되는 것입니다. 마음이 평안과 화평으로 가득 차는 것입니다. 그 잘난 십일조 안 하려고 이리저리 빼 보십시오. 괜히 마음이 찝찝하고 헌금 이야기만 해도 괜히 꺼림칙합니다. 괜히 설교가 마음에 드니 안 드니 자꾸 비판하지만, 아무리 말을 그렇게 해도 속은 불안하고 꺼림칙합니다.

또 성령의 감동이 왔습니다. "헌신하라, 정결하라, 씨를 뿌려라!" 그런데 그 감동을 묵살합니다. 그러면 어쩌다 목사님이 헌금 이야기를 하고 교구 교역자들이 헌금 이야기 하면, 그것 가지고 우리 교회는 헌금을 강요한다고 하고, 우리 교회가 부담이 된다며 혼자 시험 듭니다. 그래서 교회를 옮겨서 보따리 신자가 되기도 합니다. 평안이 있는 줄 아십니까? 괜히 불안합니다.

그렇게 하다가 식구 가운데 교통사고라도 나고 어떤 문제가 일어나면 '아이고, 내가 하나님 앞에 불순종해서 죄 받았나 보구나!'라고 후회합니다. 그러니 신앙생활에 바람 잘 날 있겠습니까? 하나님과 올바른 관계가 되어 있지 않으면 바람 잘 날이 없습니다. 늘 우리 마음은 근심하고 초조하고 불안합니다.

그러나 "하나님 뜻대로 살겠습니다. 정결하게 살겠습니다. 하나님께 순종하며 살겠습니다"라고 고백해 보십시오. 사자같이 담대합니다. 무슨 일이 있어도 두렵지 않습니다. 어떠한 역경과 어려움이 와도 염려할 필요가 없습니다.

담대함을 주는 순결

다윗을 보십시오. 다윗은 아무리 사울 왕에게 쫓기고 도망 다녀도 하나님과 올바른 관계를 이루었습니다. 그는 하나님 앞에 정결했습니다. 하나님과 의의 관계를 맺었습니다. 그러니까 아무리 사울 왕이 자기를 쫓고 잡아먹으려 해도 불안하지 않았습니다. 마음이 평안했습니다. 이런 다윗의 고백을 한번 확인해 봅시다.

"여호와는 나의 빛이요 나의 구원이시니 내가 누구를 두려워하리요 여호와는 내 생명의 능력이시니 내가 누구를 무서워하리요 악인들이 내 살을 먹으려고 내게로 왔으나 나의 대적들, 나의 원수들인 그들은 실족하여 넘어졌도다 군대가 나를 대적하여 진 칠지라도 내 마음이 두렵지 아니하며 전쟁이 일어나 나를 치려 할지라도 나는 여전히 태연하리로다"(시 27:1-3).

이렇게 다윗은 하나님과 올바른 관계를 맺었습니다. 그래서 걱정이 없었습니다. 두려움이 없었습니다. 마음이 평안했습니다. 저녁에도 불안해하지 않고 잠을 잘 잤습니다. 그래서 시편 3편 5-6절을 보면, 천만 인이 에워싸 진을 친다 해도 두려워하지 않는다고 했습니다.

"내가 누워 자고 깨었으니 여호와께서 나를 붙드심이로다 천만 인이 나를 에워싸 진 친다 하여도 나는 두려워하지 아니하리이다"(시 3:5-6).

다윗은 이렇게 쫓겨 다닐 때도 잠 잘 잘고 언제나 평안했습니다. 그뿐입니까? 아침에 일어나서 새벽을 깨웠습니다. 새벽을 깨웠다는 말은 새벽에 일어나서 기도를 했다는 말입니다.

"하나님이여 내 마음이 확정되었고 내 마음이 확정되었사오니 내가 노래하고 내가 찬송하리이다 내 영광아 깰지어다 비파야, 수금아, 깰지어다 내가 새벽을 깨우리로다"(시 57:7-8).

새벽에 일어나서 기도만 한 줄 아십니까? 찬양을 하고 주님을 사랑한다고 고백했습니다.

"나의 힘이신 여호와여 내가 주를 사랑하나이다"(시 18:1).

다윗은 이렇게 하나님과 올바른 관계를 가지니까 담대했습니다. 평안했습니다. 주님만 사랑했습니다. 그런데 사울을 보십시오. 항상 다윗을 죽이려고 쫓아다녀도 불안합니다. 두렵고 불안하니까 항상 악신이 들어와서 사울을 괴롭힌 것입니다.

"여호와의 영이 사울에게서 떠나고 여호와께서 부리시는 악령이 그를 번뇌하게 한지라"(삼상 16:14).

이렇게 악신이 그를 괴롭히니까 늘 불안하고 초조합니다. 그래서 사울이 블레셋과의 전투를 앞두고 불안하니까 하나님께 기도하지 않고 신접한 여인을 찾은 것입니다.

"사울이 그의 신하들에게 이르되 나를 위하여 신접한 여인을 찾으라 내가 그리로 가서 그에게 물으리라 하니 그의 신하들이 그에게 이르되 보소서 엔돌에 신접한 여인이 있나이다"(삼상 28:7).

신접한 여인을 찾았다는 것은 얼마나 불안했다는 것입니까? 현대인도 마찬가지입니다. 얼마나 자신의 미래가 불안하면 점쟁이를 찾고 무속인을 찾고 그러느냐 말입니다. 우리 교회 한 집사님도 우리 교회에 나오기 전에는 사업이 참 힘들고 어려우면 무당을 찾았다고 합니다. 그런데 지금은 얼마나 낙관적인지 모릅니다. 이분은 저보다 더 믿음이 좋습니다. 항상 긍정적이고 희망적이고, 다 주님이 인도하신다는 것입니다. 오히려 저를 격려해 줍니다.

하나님과 올바른 관계만 맺으면 아무리 벼락 치고 천둥이 쳐도

상관이 없습니다. 저도 백암교회 시절에 주님과 올바른 관계를 맺으니까 두려운 것이 없었습니다. 아무리 주민들이 민원을 내고 데모하고 저를 잡아 죽인다 해도 걱정이 없었습니다. "나 잡아 죽이고 당신들 예수 믿으면 될 것 아니냐?"고 담대했습니다. 정말 걱정이 없었습니다.

다윗은 "천만 인이 에워싸도 나는 두려워하지 않고 태연히 거하리로다"라고 했습니다. 그러나 사울은 불안과 공포에 떨며 살다가 전쟁에 나가서 죽어버리고 말았습니다. 그래서 잠언에 의인은 사자같이 담대하나 악인은 쫓아오는 이가 없어도 도망한다고 했습니다.

"악인은 쫓아오는 자가 없어도 도망하나 의인은 사자같이 담대하니라"(잠 28:1).

오늘 현대인들은 쫓기는 마음이 많습니다. 무엇에 그렇게 쫓기는지, 시간에 쫓기고 죄에 쫓기고 그냥 험난한 세상살이에 얼마나 쫓기는지 모릅니다. 왜 그렇습니까? 하나님과의 관계가 잘못되어서 그렇습니다. 마음에 순결이 없어서, 정결이 없어서 불안하고 초조합니다. 우리에게 순결이 있으면 순결의 능력이 생기는 것입니다. 그것이 담대함입니다. 순결의 능력입니다.

그래서 하나님은 모세가 죽고 난 다음에 여호수아에게도 담대하라고 하셨잖습니까? 그런데 그 담대함은 어디에서 나옵니까? 말씀을 지키는 것에서 나옵니다. 그래서 술람미 여인은 다른 것은 몰라도 순결만큼은 떳떳하기 때문에 솔로몬 왕에게 담대하게 간증하고 있는 것입니다. 이것만큼은 떳떳하다고, 대견스럽게 노래하고 있는 것입니다.

이처럼 술람미 여인이 순결을 자랑하고 간증하고 있는데 어디에서 자랑을 하고 있습니까? 지금 자기 고향에 와서 간증의 노래를 부르고 있다는 말입니다. 고향에 와서 자기에 대한 이야기도 하고, 순결에 대한 간증을 이야기하며 또 순결하도록 도와주었던 오빠들에 대한 이야기도 하는 것입니다.

이렇게 당당하게 술람미 여인이 노래를 부르니까, 솔로몬 왕이 대견스럽게 봐 주는 것입니다. 뿐만 아니라 오빠들이 볼 때도, 어머니가 볼 때도, 또 주위 모든 사람들이 보기에도 얼마나 기특하고 대견스럽게 생각했겠습니까?

오늘 우리도 마찬가지입니다. 친정집과 같은 교회에 와서 주님과 나 사이에 은밀한 고백을 해보십시오. 고향과 같은 교회에 와서 주님과 나 사이에 이렇게 은밀하게 고백해 보십시오. "주님, 제가 부족하지만 순결을 목마르게 사모하고 있습니다. 그리고 순결을 지키기 위해서 얼마나 주님께 기도할 뿐 아니라 몸부림치고 있는 줄 아세요? 주님, 아시잖아요. 제 마음 역시 거룩한 성벽이요 은 망대라는 사실을 말입니다."

아마 눈물이 줄줄 흐르게 될 것입니다. 스스로의 감격의 눈물, 그리고 감사와 은혜의 눈물이 줄줄 흘러내릴 것입니다. 그럴 때 주님은 그 마음과 순결함을 보시고 우리 마음에 위로와 큰 기쁨을 주실 것입니다. 우리의 삶을 신령한 영적인 제사로 받으시고, 엄청난 축복을 베풀어 주실 것입니다. 또 우리를 길이길이 인정해 주실 것입니다.

그런데 문제는, 그렇게 못한 분들은 참회의 고백을 해야 합니다.

참회의 고백을 통해서라도 주님 앞에 순결한 성도가 되어야 합니다. 그리고 그런 순결한 모습으로 서야 합니다. 그럴 때 주님은 그런 성도를 인정해 주시고 받아주시고 축복해 주시는 것입니다.

고품격의 순결 예찬

그런 순결에 대한 간증을 노래했던 술람미 여인은 11-12절에서 순결을 예찬하고 있습니다. 그 순결을 아주 무식하게 예찬한 것이 아니라, 지혜롭고 품위 있고 상징적으로 예찬하는 것을 볼 수 있습니다. 어떻게 지혜롭고 격조 있게 예찬합니까? 먼저, 솔로몬의 위상을 높이고 솔로몬의 위엄을 높이 띄워주는 것으로 시작합니다.

"솔로몬이 바알하몬에 포도원이 있어 지키는 자들에게 맡겨 두고 그들로 각기 그 열매로 말미암아 은 천을 바치게 하였구나"(아 8:11).

이게 무슨 말입니까? 바알하몬에 솔로몬의 큰 포도원이 있다는 것입니다. 그런데 그 포도원을 포도원지기에게 맡겼는데, 한 사람마다 은 1천 세겔씩 경작비를 바친다는 것입니다. 한 사람당 1천 세겔씩을 바친다는 것은 엄청난 것입니다. 한 세겔은 11.3그램에 해당합니다.

그런데 한 사람에게만 아니라 여러 사람들에게서 받으니까 솔로몬 왕이 권력만 가진 것이 아니라, 부귀와 영광을 함께 갖고 있다는 것을 말합니다. 아무리 왕이라도 돈도 많이 가지고 있어야 합니다.

그래서 그는 권력뿐 아니라 재산도 있고 부귀와 영광을 다 가지고 있다는 말입니다. 술람미 여인이 솔로몬 왕의 위엄을 이렇게 높이고 있습니다.

우리 부부 관계도 마찬가지입니다. 부부 관계에 있어서도 자기가 높아지려면 여자들이 먼저 남자를 높여야 합니다. 남편을 무시하고 깔보면 자기가 무시를 당합니다. 남편을 왕처럼 높이면 자기는 왕후가 됩니다. 반대로, 남편을 종 부리듯 하면 종 각시가 되는 것입니다. 남편을 회장님처럼 떠받들면 회장님 사모님이 되는데, 말단 사원 취급하면 스스로 말단 사원 부인이 되는 것입니다.

주님과 우리의 관계도 마찬가지입니다. 일단 우리는 주님을 원망하면 안 됩니다. 비난하면 안 됩니다. "아, 내가 25년 전에 왜 서울대를 떨어졌을까? 십여 년 전 IMF 때 왜 잘나가던 사업이 망했을까?" 이런 소리를 해봤자 아무 소용없습니다. 주님을 비난해 봤자 못난 주님의 자녀밖에 안 됩니다.

그러므로 우리는 주님을 높여야 합니다. 무조건 주님을 찬양하고 높여야 합니다. 언제나 주님은 선이시고 아멘이시라는 것을 고백해야 합니다. 언제나 주님은 할렐루야이시고, 예스이시고 영광이시라고 노래해야 합니다. 여러분, "예스맨"이라는 영화를 아십니까? 삶을 예스로 바꾸라는 영화입니다. 우리도 무조건 예스맨이 되어서 주님을 찬양하고 높이면, 우리도 주가가 올라가는 것입니다.

우리가 주님을 찬양하고, 주님을 사랑하고, 무조건 주님을 높이면 일단 어떤 사람이 되는 줄 아십니까? 자랑스럽고 떳떳한 하나님의 자녀가 되는 것입니다. 가격으로 말하면 예수님짜리가 되는 것입니다. 이 볼펜 하나는 몇천 원짜리밖에 안 됩니다. 수성 펜은 몇

백 원입니다. 그러나 이 강대상은 몇백만 원 했을 것입니다. 돈 많은 집에서 딸을 시집보내면 다이아몬드 반지를 몇천만 원짜리로 해줄 것입니다.

그런데 하나님께서 우리를 몇천만 원이나 수억 원 주고 사신 것이 아니라, 당신의 하나밖에 없는 독생자 예수 그리스도의 피를 흘려 사셨습니다. 예수님을 주고 우리를 사신 것입니다. 예수님을 십자가에 못 박고 달려 죽게 하면서 우리를 사신 것입니다. 하나님이 예수님을 주고 우리를 사신 것입니다.

그러므로 우리는 예수님보다도 더 소중한 존재입니다. 그렇게 말하는 것이 어폐가 있다고 한다면 우리는 예수님짜리라고 해야 합니다. 그러므로 우리가 예수님을 높이면 저절로 예수님짜리가 되고 비싼 존재가 되는 것입니다. 예수님짜리는 예수님을 무조건 높이고 주님이 좋다고 고백해야 합니다. 언제나 그런 사람이 되시기 바랍니다.

이렇게 술람미 여인이 솔로몬 왕을 높였습니다. 그러니까 솔로몬의 가장 귀한 왕후가 되는 것이 아닙니까? 그런데 12절에 와서 고백하는 것을 보십시오. 이 술람미 여인은 진짜 지혜로운 여자입니다. 아가서는 오페라 형식으로 구성이 되어 있는데 술람미 여인이 뭐라고 노래를 부릅니까?

솔로몬에게 위대한 포도원이 있는 것처럼, 자기 자신이 포도원 같다는 것입니다. 자기 자신을 포도원으로 은유한 것입니다.

"솔로몬 너는 천을 얻겠고 열매를 지키는 자도 이백을 얻으려니와 내게 속한 내 포도원은 내 앞에 있구나"(아 8:12).

"내게 속한 내 포도원은 내 앞에 있구나!" 이게 무슨 말입니까? 자기를 포도원으로 은유하고 있는 것입니다. 바로 자기 자신이 솔로몬의 포도원이라는 것입니다. 그러니까 술람미 여인은 자신이 순결을 지킨 아름다운 포도밭이며 솔로몬 왕의 전부라는 것입니다. 자기 자신이 있음으로써 솔로몬 왕의 위상을 높여주고 위엄을 높여줄 뿐 아니라 진정한 기쁨이 되어준다는 것입니다.

왕이 권력만 있으면 뭔가 부족하잖습니까? 돈이 있어야 대신들에게 하사도 하고 금상첨화가 아닙니까? 그런데 술람미 여인 자신의 포도원에서 언제나 솔로몬 왕에게 1천 세겔을 드린다는 것입니다. 1천 세겔의 기쁨을 항상 솔로몬에게 준다는 것입니다.

왜입니까? 자기의 포도원은 여우 떼나 이리 떼가 한 번도 공격한 적이 없는 순결한 포도원이기 때문이라는 것입니다. 그것이 솔로몬의 재산과 기쁨이라는 것입니다. 이런 식으로 솔로몬의 위상을 높여줍니다. 이처럼 솔로몬 왕의 위상을 높여주고, 솔로몬에게 기쁨을 주는 포도원으로서 자신은 솔로몬에게 전부가 된다는 것입니다.

오늘 우리와 주님의 관계도 마찬가지입니다. 우리가 주님의 진정한 포도원이 될 때 주님은 우리를 전부로 여기시는 것입니다. 우리가 주님 앞에 순결한 성도가 되어서 우리 자신이 주님의 포도원으로 존재할 때, 주님은 우리를 전부로 여기시고 우리 때문에 주님이 기뻐하시고 영광 받으시는 것입니다. 왜냐하면 술람미 여인이 솔로몬 왕에게 1천 세겔의 기쁨을 드렸던 것처럼, 우리도 주님 앞에 1천 세겔의 기쁨과 영광을 드리기 때문입니다.

우리가 주님 앞에 성결하고 깨끗한 포도원으로 존재하면 그렇게 된다는 것입니다. 아니, 우리뿐 아니라 우리 교회가 순결하고 정결한 포도원으로 존재하면 1천 세겔의 기쁨을 받으시고, 주님은 우리 교회를 전부로 여기신다는 것입니다. 당시 1천이라는 숫자는 무한이라는 의미를 가지고 있었습니다. 주님은 우리에게 무한의 기쁨을 받으시고 그런 1천 세겔의 축복, 전부의 축복을 주시는 것입니다. 당신이 주고자 하시는 모든 축복과 기쁨을 주시는 것입니다.

그러니까 여러분, 성결 속에 축복이 있는 것입니다. 정결 속에 축복이 다 담겨 있습니다. 우리가 물질을 구하고 세상적인 축복을 구하려 하기 전에, 먼저 주님과 올바른 관계를 맺어야 합니다.

주님과 우리의 관계를 회복해야 합니다. 주님 앞에 성결한 포도원으로 존재하면 되는 것입니다. 그러면 주님이 우리에게 주고자 하시는 모든 축복과 은혜를 다 주십니다. 건강의 축복, 물질의 축복, 명예의 축복, 이 모든 것이 정결 안에 다 담겨 있습니다.

순결이 축복이라는 사실을 잊지 마시기 바랍니다. 정결이 축복이고 배경이고 무기라는 사실을 잊지 마시기 바랍니다. 정말 그렇습니다. 우리 그리스도인에게 순결이 무기입니다. 순결이 배경입니다. 순결이 감추어진 보화입니다. 그러므로 순결하시기 바랍니다. 정결하시기 바랍니다. 성결하시기 바랍니다.

🎵 순결하도록 돕는 사람도 복을 받는다

그런데 또 하나 중요한 대목이 있습니다. 여기 12절에 보면, 솔로몬 당신은 천을 얻겠고 열매를 얻는 자에게도 이백을 주어야 한다고 술람미 여인이 이야기하고 있습니다. 무슨 말입니까? 아주 문학적이고 상징적으로 표현하고 있습니다.

즉 내 포도원에서 받은 1천2백의 기쁨과 영광 가운데 1천은 왕이 소유하시고 내가 순결하도록 지켜주고, 나를 순결하도록 도와주었던 오빠들에게도 2백을 주라고 노래합니다. 이것은 너무나 중요합니다. 무슨 말입니까? "내가 이렇게 순결하게 살아온 것은 내 힘만으로 된 것이 아니다. 오빠들도 도와주었기 때문에 보상을 해주라, 도조를 주라"는 뜻입니다.

오늘 신앙적으로 이렇게 적용할 수 있습니다. 내가 순결을 지켜오면 하나님은 나에게만 복을 주시는 것이 아닙니다. 내가 순결한 포도원으로 지켜오면 나를 통해서만 영광 받으시고 복을 주시는 것이 아니라, 순결하게 도와주었던 이웃에게도 하나님이 복을 주신다는 것입니다. 2백 세겔의 복을 주신다는 것입니다. 그러니까 나만 순결하게 살지 말고, 남도 신앙의 지조를 지키며 순결하게 살도록 도와주어야 합니다. 그러면 우리 주님께서 그렇게 도와준 성도들에게 2백 세겔의 축복을 주시는 것입니다.

가령, 어떤 사람이 신앙생활을 하면서 시험에 들려고 한다고 합시다. 성령의 감동이 오는데 자꾸 불순종하려 합니다. 그럴 때 옆에서 믿음으로 도와주면서 순종하게 하는 것입니다. 헌신하게 하는 것입니다. 정결하게 살도록 도와주는 것입니다. 그래서 만약 이 사람이 주님의 뜻에 맞추고 순종하고 정결하게 살면, 주님이 1천 세겔의 영광을 받으시는 것입니다. 당연히 순결한 포도원에게 주님이 전부의 축복을 주시는 것입니다. 그런데 1천 세겔의 축복, 그것으로만 끝납니까? 옆에서 그 사람을 격려하고 도와준 사람들에게도 2백 세겔의 축복을 주신다는 것입니다. 내가 그런 고통과 눈물의 헌신을 하지는 않았지만, 도와준 사람도 2백 세겔의 축복을 주신다는 것입니다.

우리가 양육을 합니다. 순장들이 순원들을 돌봅니다. 우리 교구 전도사님들, 총무들이 성도들을 돌봅니다. 하나님의 아름다운 사람들이 되고, 헌신의 씨를 뿌리고, 축복의 포도원이 되도록 양육하고 분위기를 맞추어 줍니다. 그러면 그 사람이 직접 눈물을 흘리고 헌신의 씨를 뿌린 것은 아니지만, 그들에게도 2백 세겔의 축복을 주신다는 것입니다.

예를 들어, 회식 때 술을 먹을까 말까, 2차를 갈까 말까 할 때 옆에서 "우리가 믿는 사람인데 신앙의 정조를 지키고 믿음으로 살아야지!" 하고 순결을 지키도록 도와줬다고 합시다. 나도 순결하지만 그 사람도 믿음의 지조를 지키게 도와줬다고 합시다. 그럴 때 그 사람에게도 2백 세겔의 축복을 주시는 것입니다. 자기가 정조를 지키는 것은 말할 것도 없지만, 순결을 지키도록 이웃을 도와주어야 합니다.

그런데 "에라이, 너나 나나 교회에서 집사지, 여기서도 집사냐? 홀짝홀짝 마셔 버리자, 눈 감고 2차도 가 버리자!" 하는 사람은 하나님이 2백 세겔의 몽둥이로 이마를 때려 버리실 것입니다. 뒤통수를 맞습니다. 저만 먹으면 좋은데 남까지 마시게 하는 사람은 1천 세겔의 몽둥이로 패 버리십니다. 자기만 헌신 안 하면 모르는데, 남도 인색하게 하고 봉사 못하게 하는 사람은 하나님이 1천 세겔의 몽둥이로 뒤통수를 때려 버리십니다.

그래서 믿음의 친구가 얼마나 중요한지 모릅니다. 우리가 도와주고 섬겨주는 것이 얼마나 좋습니까? 여러분은 이런 순결의 섬김이, 정결의 섬김이, 헌신의 섬김이가 되시기 바랍니다. 순종의 섬김이, 씨 뿌림의 섬김이가 되시기 바랍니다.

부부도 그래야 합니다. 부부가 서로에게 와치맨이 되어야 합니다. 서로 힘을 모아 죄를 짓는 것이 아니라, 힘을 다해 선을 행하도록 해야 합니다. 한편이 실족하거나 죄의 유혹을 받을 때, 다른 한편이 도와주고 죄의 유혹으로부터 구해줘야 하는 것입니다. 서로의 처지를 이해하고 보완해 줄 때 그 분복을 같이 누리게 되는 것입니다.

술람미 여인이 이렇게 순결을 예찬한 것처럼 오늘 우리도 순결을 예찬합시다. 아무나 할 수 있습니까? 순결을 지킨 사람만이 순결을 예찬할 수 있는 것입니다. 그러므로 우리 모두 순결의 지킴이가 됩시다. 순결의 포도원, 정결의 포도원, 축복의 포도원으로 존재하며 그 포도원의 1천 세겔, 아니 그 모든 축복을 받아 누리고 감당하면서 나누어 주는 축복의 포도원, 섬김의 포도원이 되시기를 바랍니다.

36

에덴을 향한 사랑의 피날레

"너 동산에 거주하는 자야 친구들이 네 소리에 귀를 기울이니 내가 듣게 하려무나 내 사랑하는 자야 너는 빨리 달리라 향기로운 산 위에 있는 노루와도 같고 어린 사슴과도 같아라" (8:13-14)

 아가(雅歌)가 가장 아름다운 노래인 이유

드디어 아가서 강해, 위대한 솔로몬과 술람미 여인의 사랑의 오페라가 대단원의 막을 내리게 됩니다. 솔로몬의 아가는 노래 중의 노래요, 가장 아름답고 으뜸가는 노래라고 했습니다. 솔로몬은 가장 뛰어난 지혜의 사람이요, 서정적인 사람이었기에 3천의 잠언과 1천 다섯의 노래를 지었다고 했습니다(왕상 4:32). 그런데 그 1천 다섯 수의 노래 가운데 이 아가서가 가장 아름다운 노래로 뽑혔다는 것입니다. 그 이유가 무엇인지 살펴보겠습니다.

첫째, 샬롬(솔로몬)이 샬롬을 노래했기 때문입니다

원래 솔로몬이라고 하는 이름의 뜻은 '샬롬' 이라는 말과 관련이 있습니다. 샬롬은 '평강' 이라는 뜻이 아닙니까? 평강의 이름을 가진 솔로몬이 샬롬을 노래했으니 얼마나 아름다운 노래입니까?

둘째, 내용 자체를 보더라도 아가는 노래 중의 최고의 노래이기 때문입니다

아가서에 전개되어 있는 솔로몬과 술람미 여인의 사랑, 곧 부부의 아름다운 사랑은 부부의 사랑으로 끝나는 것이 아닙니다. 그 부부의 사랑이 사실적으로 묘사되되, 그것이 예수 그리스도와 교회의 사랑, 하나님과 성도의 사랑으로 연결되고 승화되고 적용되는 것입니다. 그러니까 이 노래는 가장 아름다운 노래요, 노래 중의 노래라고 말할 수밖에 없는 것입니다.

셋째, 영원한 사랑이신 예수 그리스도를 노래했기 때문입니다

아가서는 없어지고 말 세상 노래를 노래한 것이 아닙니다. 시들고 말 세상 노래가 아닙니다. 영원한 사랑이신 예수 그리스도를 노래하고 예찬했습니다. 그런데 이런 아름다운 아가서의 스토리는 솔로몬과 술람미 여인의 사랑을 배경으로 한 것입니다. 바로 이 사랑의 스토리를 시적으로 구성하고 오페라처럼 엮어 놓은 것입니다. 이 사랑 이야기는 솔로몬와 술람미 여인의 입맞춤으로 시작되었습니다.

> "내게 입 맞추기를 원하니 네 사랑이 포도주보다 나음이로구나"(아 1:2).

이것을 표준새번역으로 보면 좀더 현대적이고 그 사랑의 서정이 실감이 난다고 했지 않습니까?

> "(여자) 나에게 입 맞춰 주세요, 숨 막힐 듯한 임의 입술로. 임의 사랑은 포도주보다 더 달콤합니다"(아 1:2, 표준새번역).

이렇게 입맞춤으로 시작된 그들의 사랑은 침실의 사랑으로 이어졌습니다.

> "왕이 나를 그의 방으로 이끌어 들이시니 너는 나를 인도하라 우리가 너를 따라 달려가리라"(아 1:4).

이 역시 표준새번역으로 보면 좀더 실감 나고 사랑과 서정적 미학이 더 아름답게 느껴진다고 했습니다.

> "나를 데려가 주세요, 어서요. 임금님, 나를 데려가세요, 임의 침실로"(아 1:4, 표준새번역).

이것은 그들의 사랑 이야기를 소개하는 것으로만 이해되어서는 안 됩니다. 오늘날 우리 크리스천 성도들의 부부 사랑에도 적용해야 할 것이며, 특별히 주님과 우리의 관계로 승화시켜야 합니다. 주님과 우리의 관계도 먼저 입맞춤의 사랑으로 시작되지 않습니까? 그래서 우리가 은혜를 받고 주님의 사랑을 느끼기 시작할 때 우리는 정말 주님 앞에서 거룩한 감격의 극치를 갈구하게 되고, 또 주님의 사랑과 기쁨의 절정을 갈망하게 되지 않습니까? 그래서 우리는 이렇게 고백합니다.

"주여, 저는 주님의 은혜가 없이는 못 삽니다. 제가 아무리 인간적으로 갖출 것을 다 갖추고 소유하고 있다 해도, 제 마음이 황폐하고 고갈되면 저는 살아갈 수 없습니다. 저는 이제 구원의 감격과 즐거움이 없이는 살아갈 수 없습니다. 이제 저는 주님이 저의 전부요, 주님의 사랑이 저의 모든 것입니다. 그러니 저에게 은혜를 주옵소서. 저의 심령을 물 댄 동산처럼 축복해 주옵소서."

바로 이런 거룩한 입맞춤으로 사랑이 시작된다는 것입니다. 그리고 이어서 거룩한 침실의 사랑으로 이어집니다.

그런데 주님 앞에서 진정한 입맞춤의 사랑을 경험하지 못한 사람들은 항상 신앙이 가식적이고 외식적이고 율법적일 수 있습니다. 또 신앙이 교양적이고 인간 중심적이며 체면 위주입니다. 그러다 보니 신앙이 위선의 옷과 가식의 누더기를 걸치고 있습니다. 그들의 신앙생활은 한마디로 종교 생활이라고 할 수 있습니다.

그러나 진정으로 거룩한 입맞춤의 사랑을 경험한 사람은 모든 체면과 가식의 옷을 벗고, 종교적인 멍에를 벗어 버립니다. 그리고 주님 앞에 정말 벌거벗은 상태에서 당장 대제사장 되신 주님, 우리의 신랑 되신 주님 앞에 나아가는 것입니다. 그분이 계신 곳은 언제나 은혜의 보좌입니다. 그래서 그 은혜의 보좌 앞에 담대히 나아가서 주님의 깊고 비밀한 은혜와 사랑을 갈구합니다. 자신의 모든 약점과 실수를 내려놓고 주님 앞에 벌거벗은 몸으로 주님의 깊은 은혜를 갈망합니다.

"주님, 저는 주님이 없이는 못 삽니다. 옛날에는 저의 의와 도덕과 윤리로 사는 줄 알았는데, 이제는 주님이 안 붙잡아 주시면 1분 1초도 살 수 없습니다. 이제 주님이 저를 붙잡아 주셔야 합니다. 아니, 저와 주님은 신비로운 연합 관계를 이뤄야 하고, 주님과 제가 거룩한 한 몸을 이루어야 합니다. 그러므로 주님이 제 안에 오셔서 저의 왕이 되어 주시고, 저의 임금이 되어 주시며, 저의 주인이 되어주옵소서. 그럴 때 제 인생이 의미 있고 가치 있고 행복이 있는 것 아니겠습니까? 주님, 이제는 제가 산 것이 아니라 제 안에 그리스도께서 사시는 것입니다. 아니, 그렇게 살아주셔야 합니다. 이제는 주님이 저의 전부가 되셨기 때문입니다."

과연 우리는 어떻습니까? 이렇게 고백할 수 있습니까? 내가 있어도 주님이 안 계시면 없는 것이고, 내가 없어도 주님이 계시면 있는 것이라고 정말 고백할 수 있습니까? 주님이 나의 전부라고 고백할 수 있습니까? 그런 여러분이 되시기 바랍니다.

> 나는 없어도 당신이 곁에 계시면 나는 언제나 있습니다
> 나는 있어도 당신이 곁에 없으면 나는 언제나 없습니다
> 당신이 있음으로 나도 있고
> 당신의 노래가 머묾으로 나는 부를 수 있어요
> 주여 꽃처럼 향기 나는 나의 생활이 아니어도

나는 당신이 좋을 수밖에 없어요 주 예수 나의 당신이여.

이처럼 아가서는 입맞춤으로 시작되었고, 침실의 사랑으로 이어졌습니다. 그런데 이런 사랑은 참으로 역설적으로 시작되었음을 고백하였습니다. 누가요? 술람미 여인이 그랬습니다. 먼저 자신의 출신이 얼마나 천박하고 초라했는가를 보여주었지 않습니까? 그래서 그녀는 생김새가 게달의 장막 같고, 너무나 햇볕에 그을려서 거무스름했다고 했습니다.

그녀의 출신 성분은 훌륭한 왕의 가문에서 자란 것도 아니고, 무슨 사대부 가문에서 자란 반듯한 규수도 아닙니다. 어릴 때부터 포도원 농사나 짓고 포도원이나 경작했던 그런 여자였습니다. 그래서 아이론 사이더에 의하면, 술람미 여인은 원래 솔로몬의 포도원을 경작하는 포도원지기의 딸이었다고 했지 않습니까? 바로 이런 여자를 솔로몬이 사랑한 것입니다. 아무것도 사랑할 근거도 없고 사랑할 이유도 없었는데, 솔로몬이 술람미 여인을 사랑한 것입니다.

이것이야말로 솔로몬의 일방적이고 집요한 사랑 때문이라는 것입니다. 술람미 여인은 도망 다니고 거절하고 항상 그 사랑을 거부하였지만, 솔로몬의 끈기와 인내의 사랑 때문에 이루어졌던 것입니다. 그래서 지금은 이렇게 극치의 사랑을 하게 되고, 환상적인 부부 관계를 이루었다고 고백하고 예찬했습니다. 그것을 이런 문학적 표현으로 묘사했지 않습니까?

"나의 사랑하는 자야 너는 어여쁘고 화창하다 우리의 침상은 푸르고 우리 집은 백향목 들보, 잣나무 서까래로구나"(아 1:16-17).

그래서 2장에 와서 이런 아름다운 사랑을 서로가 계속해서 고백하고 예찬합니다. "여자들 중에 내 사랑은 가시나무 가운데 백합화요, 남자들 중에 나의 사랑하는 자는 수풀 가운데 사과나무 같다"고 했습니다. 그리고 그들의 사랑은 잔칫집과 같았으며, 깃발 중의 깃발 같다고 노래했습니다.

그래서 이 사랑에 감격한 술람미 여인은 사랑의 상사병에 걸릴 정도가 되었습니다. 사랑하므로 병이 나는 이 사랑의 상사병. 얼마나 사랑했으면 임의 품에 안겨 있으면서도 임의 사랑에 굶주린 여자처럼 사랑의 상사병이 걸려 버리고 말았겠습니까? 얼마나 사랑이 소중하고 애틋하고 애절했으면 그랬겠습니까?

🎵 일방적인 주님의 사랑

오늘 우리도 마찬가지입니다. 우리의 신앙생활은 우리가 주님을 찾기로 결단하고 주님을 사랑하려고 마음먹어서 시작된 것이 아닙니다. 우리는 죄성이 가득하여 그럴 능력도 없고, 그런 지혜와 용단도 없습니다. 그런데 너무나 죄 많고 연약하고 자랑할 것이 하나 없는 우리를 주님이 일방적으로 사랑하셨습니다. 무조건 사랑하셨습니다. 우리는 그 사랑을 피하고 거절하고 거부했지만, 주님은 끝까지 우리를 사랑하셨습니다.

끝까지 찾아와 주셔서 우리를 사랑한다고, 우리를 결코 포기하지 않는다고 하신 것 아닙니까? 세상에, 우리가 누군데요? 죄악투성이, 약점투성이, 실수투성이입니다. 이런 우리의 모습이 어디가 아름답다고 이토록 사랑해 주셨단 말입니까?

그래서 마침내 우리는 그분의 사랑으로 하나님의 자녀가 되었고, 우리도 주님과 아름다운 사랑의 관계를 이루었습니다. 그러므로 우리는 언제나 주님의 사랑을 예찬하고 찬미해야 합니다. 주님이 나의 전부가 되고, 주님의 사랑이 나의 모든 노래 중의 노래가 되어야 합니다.

주님이 나의 사랑의 꽃이요 희망의 꽃이며, 마치 수풀 속에 있는 한 그루 사과나무 같아야 합니다. 그 사과가 아주 상큼하고 감미로운 것처럼, 언제나 우리 입에 그 사랑의 맛이 달콤하고 향기로워야 합니다. 언제나 그 주님을 앙모하고 사모해야 합니다.

때때로 우리도 영적인 상사병에 걸릴 때가 있습니다. 주님이 너무나 좋고 주님의 이 감미로운 사랑을 놓칠까봐 때로는 상사병이 걸릴 때가 있습니다. 그래서 술람미 여인이 그렇게 노래한 것처럼, 우리도 그렇게 노래하고 고백해야 합니다. "주님, 저를 품어주세요. 혹시라도 제가 주님을 떠날까, 주님이 저를 떠나실까 두렵습니다. 주님이 저를 품어주실 때가 저는 가장 좋습니다. 주님의 위로의 손, 평화와 구원의 손이 저를 위로하고 품어주시는 이때가 가장 행복하고 황홀합니다. 저는 이때가 가장 좋습니다. 죽어도 여한이 없는 순간입니다. 이 세상은 거친 파도와 풍랑이 몰아치고 잔잔할 때가 없지만, 주님의 품에만 안겨 있으면 제 마음에는 언제나 사랑과 평화가 가득합니다. 주님, 저를 품어주소서."

🎵 끊을 수 없는 사랑 희구

그런데 이런 상사병에 걸릴 정도로 솔로몬만을 사랑하고 솔로몬의 품에 안겨 살았던 술람미 여인이 잠시 실수했습니다. 그것이 비록 꿈속의 사건이었지만 사랑하는 임을 잃어버렸습니다. 그것은 하나의 예시적인 꿈일 수도 있고, 경고적인 하나의 메시지일 수도 있습니다. 경고성의 꿈일 수도 있습니다.

그래서 꿈속에서도 임을 잃어버렸을 때 그녀는 목숨 걸고 찾아 나섰습니다. 모든 수치와 모욕을 받으면서도 오직 자신의 임을 찾으러 다닌 것입니다. 솔로몬은 술람미 여인에게 있어서 그녀의 전부였습니다. 그래서 왕후로서의 체면과 모든 품위도 포기하고 사랑을 찾느라 몸부림을 쳤습니다. 궁궐 안에서도 찾고 궁궐 바깥에서도 찾고 다 찾아 헤맸습니다.

아마 그 모습에 감동되었는지 바로 그때 솔로몬이 나타났습니다. 그래서 그녀는 그 솔로몬을 찾자마자 그를 붙잡고 자기를 잉태하고 낳았던 어머니 집으로, 어머니의 방으로 데리고 갔습니다.

> "그들을 지나치자마자 마음에 사랑하는 자를 만나서 그를 붙잡고 내 어머니 집으로, 나를 잉태한 이의 방으로 가기까지 놓지 아니하였노라"(아 3:4).

어머니 방으로 데려갔다는 말은 아주 실존적이고 근원적인 사랑을 해 보겠다는 것입니다. 영혼의 원초적이고, 심연의 원시적 사랑을 하고 싶은 것입니다. 끝을 알 수 없는 그 깊고 은밀한 사랑의 바다에 닻을 내리고 싶은 것입니다. 그것은 그냥 사랑이 아니라, 자신의 사랑을 어머니의 모태로까지, 어머니 자궁 속으로까지 데리고 가서 황홀하고 신비로운 비원의 사랑을 하고자 한 것입니다.

쉽게 말하면, 다시는 내 사랑을 안 뺏기겠다는 것입니다. 자기와 솔로몬이 어머니 자궁 속으로 들어가 있고 어머니 방에 있는데, 어떻게 어느 여우가 틈타고 무엇이 자기의 사랑을 빼앗겠냐는 것입니다. 죽는 그날까지 심연의 원시적 사랑을 하겠다는 것입니다. 절대 무슨 일이 있어도 주님만은 안 뺏기겠다는 것입니다.

오늘 우리도 그래야 합니다. 우리가 아무리 주님을 사랑하고 주님 품에 거한다 해도, 사탄이 얼마나 밀 까부르듯 유혹하는지 모릅니다. 우리도 모르게 순간순간 주님을 잃어버릴 수 있습니다. 그러하더라도 주님의 사랑을 찾는 데는 목숨을 걸어야 합니다. 주님의 사랑이 모든 사명이고 미션이고 모든 숙제가 되어야 합니다. 그렇게 해서 찾은 주님의 사랑, 그렇게 해서 회복한 은혜를 주님의 밀실의 사랑으로 간직해야 합니다.

기도의 골방, 영혼의 골방, 어머니의 모태와 같은 밀실에서 주님이 나를 꼭 잡아주셔야 한다고, 나를 떠나지 말아달라고 고백해야 합니다. 주님과 나는 영원히 한 사랑이고 떼려야 뗄 수 없는 관계라고 고백해야 합니다. 나도 술람미 여인처럼 주님과 영혼의 원초적이고 원시적인 심연의 사랑을 해야 한다고 말입니다.

그랬을 때 아가서 4-5장에서, 그들의 결혼식에서의 서로의 아름다움을 회고하며 예찬하는 이야기가 계속 이루어집니다. 신랑, 신부가 서로의 온몸을 예찬하고 사랑의 아름다움을 노래했습니다.

오늘 우리도 우리 주님을 항상 예찬하고, 주님의 아름다움을 예찬하고 찬미해야 합니다. 주님이 이 세상 최고의 사랑이요, 최고의 가치요, 죽어도 빼앗길 수 없는 나의 사랑이라고 노래해야 합니다. 찬양해야 합니다. 그럴 때 지속적이고 아름다운 사랑을 간직할 수 있다는 말입니다.

그런 후에도 그녀는 또 한 번 꿈에서 솔로몬을 잃어버렸습니다. 그러니까 이제는 더 목숨 걸고 찾았습니다. 정말 솔로몬을 더 감동시킬 마음과 갈망이 있었습니다. 그래서 더 간절하게 찾았습니다. 심지어는 성안을 순찰하는 자들에게 겉옷이 벗겨지고 따귀를 맞으면서도 찾아 헤맨 것입니다. 그래서 더 진한 예찬과 더 진한 고백을 하는 것입니다.

그렇게 애써 찾아가지고 또다시 친정으로 오는 것입니다. 고향으로 와서 이제는 그냥 사랑이 아니라 합환채를 준비해 놓고 솔로몬의 아이까지 낳겠다는 것입니다. 그뿐 아니라 친정에 와서 한 가지 아쉬움을 이야기합니다. 그 아쉬움이 무엇입니까? "당신과 내가 친오누이 관계였으면 얼마나 좋았을까?" 하는 것입니다.

오누이 관계는 절대로 헤어질 수 없습니다. 떼려야 뗄 수 없습니다. 남녀의 감정은 서로 식으면 얼마든지 헤어질 수 있습니다. 그러나 오누이 관계는 절대로 헤어질 수 없습니다. 나는 당신과 헤어질 수 없고 당신만이 사랑의 전부라는 것을 표현하는 것입니다. 그러다가 술람미 여인은 죽음 같은 사랑을 이야기합니다. 사랑은 죽음같이 강하고, 질투는 스올같이 잔인하다고 말입니다.

"우리의 사랑은 죽음도 헤어지게 할 수 없습니다. 아니, 우리의 사랑은 죽음 이후에도 영원할 것입니다." 이런 사랑의 영속성과 절대성을 노래하고 있습니다.

그러고 나서 솔로몬에게 자신의 순결을 자랑하고 있습니다. 다른 것은 자랑할 것 없어도 내가 순결만큼은 자랑하고 싶다는 것입니다. 이 순결 때문에 당신과 나의 사랑이 깊어졌다고 순결 예찬을 했던 것입니다. 이렇게 순결을 예찬한 다음에 마지막 오페라의 한 막을 오늘 13-14절에서 장식하고 있습니다. 13절을 보십시다.

"너 동산에 거주하는 자야 친구들이 네 소리에 귀를 기울이니 내가 듣게 하려무나"(아 8:13).

이것을 누가 말했습니까? 솔로몬이 술람미 여인에게 말한 것입니다. 술람미 여인을 동산에 거주하는 자라고 했습니다. 아가서를 보면 술람미 여인 자체를 동산으로 비유했습니다. 그런데 여기서는 동산에 거주하는 자라고 했습니다. 직접적인 비유보다는 그 동산에 거주하는 것으로 노래하고 있습니다. 이 동산은 어떤 동산입니까? 잠근 동산이요, 비원이란 말입니다. 그런데 이 노래는 술람미 여인이 순결을 간증하고 노래한 다음에 솔로몬이 한 것입니다.

그러면 잠근 동산에 거주한다는 말은 진짜 순결한 여자라는 말입니다. 순결한 너야말로 여자 중의 여자라는 말입니다. 그대야말로 진짜 순결한 여자라는 말입니다. 그대의 순결을 내가 알고 보장한다는 말입니다.

그런데 이것은 아주 지고지순한 사랑과 순결을 가지고 있는 여인을 예찬하고 있는 문학적 표현이기도 하지만, 좀더 거슬러 올라가면 아주 신비롭고 아름다운 에덴 동산에서 범죄하기 전의 하와의 모습을 연상시킵니다. 에덴 동산에서 죄짓기 전의 하와의 모습이 얼마나 순결하고 깨끗하고 지고지순했습니까? 마치 그대의 모습이 그런 여자 같다는 것입니다.

그러니까 술람미 여인이 얼마나 아름다운 모습이냐 이 말입니다. 자, 그러면 그런 아름다운 여자, 그런 깨끗하고 순결하고 숭고한 사랑으로 가득 차 있는 술람미 여인에게 솔로몬이 뭐라고 주문합니까? 나에게 와서 노래를 한번 불러달라고 합니다.

♪ 듣고 싶은 순결의 목소리

13절을 보면, 친구들이 너의 목소리를 듣고 싶어 한 것처럼 솔로몬 자신도 듣고 싶다는 것입니다. 모두가 듣고 싶어 하는 순결의 목소리, 사랑의 목소리, 지고지순한 정결의 목소리입니다. 그냥 목소리 듣기를 원했겠습니까? 아닙니다. 그 목소리는 곧 노래하는 소리가 아니겠습니까? 결국 그것이 무엇입니까? '정말 너와 내가 진짜 에덴 동산 같은 사랑을 해보자. 범죄하기 전의 아담과 하와처럼 그런 사랑을 해보자'는 의미입니다.

여러분, 옛날에 시골에서는 예식장에서 결혼을 안 했습니다. 결혼식을 하면 "신랑 출!", "신부 출!" 하면서 "신랑 배례", "신부 배례" 하면서 결혼식을 했습니다. 술도 따라서 나눠 먹고 한 몸 되는 예식을 합니다. 결혼식을 마치면 그날 저녁까지 놉니다. 노는데, 반드시 신부에게 노래를 시키는 시간이 있습니다. 한복을 아주 곱게 입혀 놓고 노래를 시킵니다. 그때 신부들이 불렀던 노래가 소박하고 순결한 노래들이었습니다. 저는 하도 그런 모습을 어릴 때 많이 보아서 지금도 눈에 선합니다.

옛날 어떤 신부는 보니까 이런 노래를 했습니다. "굴을 따랴 전복을 따랴 서산갯마을 처녀들 부푼 가슴 꿈도 많은데~." 신부가 노래를 하고 나면 신랑이 또 부릅니다. 옛날 어느 신랑을 보니까 "구름도 울고 넘는 울고 넘는 저 산 아래 그 옛날 내가 살~던 고향이 있었건만~."

이렇게 노래를 부르고 나서 신방을 차려 주면 가서 초야의 사랑을 합니다. 마침내 사랑의 역사의 밤이 이루어지는 것입니다.

그런 것처럼 이스라엘과 우리의 풍습이 조금 다르기는 해도, 솔로몬 왕이 술람미 여인을 하와처럼 생각하고 있는 것입니다. 그래서 범죄하기 전의 아담과 하와처럼 자기들도 에덴 동산의 사랑을 하고 싶은 것입니다. 얼마나 아름다운 사랑의 노래입니까?

우리도 그래야 합니다. 우리가 주님께 순결의 노래를 부르고 순결을 간증하고 우리의 순결을 고백하면, 주님이 우리를 진짜 에덴 동산의 하와처럼 보시는 것입니다. 그리고 우리에게서 무엇을 듣고 싶어 하십니까? 우리의 목소리를 듣고 싶어 하시는 것입니다. 우리에게서 진정한 찬양을 받고 싶어 하시는 것입니다.

음악적인 노래나 종교적인 노래가 아닌 진정한 순결의 노래, 영혼의 노래를 듣고 싶어 하시는 것입니다. 정말 순결한 영혼으로 주님을 마음 깊이, 뼛속 깊이 찬양하는 그런 노래를 듣고 싶어 하시는 것입니다. 그런 노래를 들으면서 주님도 우리와 진정한 사랑, 때가 묻지 않은 사랑, 영혼의 사랑, 아주 완전한 사랑을 하기를 원하시는 것입니다. 바로 이것이 창조의 목적이고 구원의 목표이기 때문에 그렇습니다.

"이 백성은 내가 나를 위하여 지었나니 나를 찬송하게 하려 함이니라"(사 43:21).

"이는 우리 기업의 보증이 되사 그 얻으신 것을 속량하시고 그의 영광을 찬송하게 하려 하심이라"(엡 1:14).

그러므로 우리도 주님 보시기에 동산 안에 거하는 자가 됩시다. 순결의 동산, 신비의 동산, 오염이 없는 아름다운 저 동산, 그런 곳에 서 있는 성도가 됩시다. 그곳에서 주님만을 찬양합시다. 주님과의 진정한 영혼의 사랑, 순결의 사랑, 완벽한 사랑을 나눕시다. 그게 얼마나 행복한 사랑이겠습니까? 얼마나 가치 있는 사랑입니까? 그러기 위해서는 순결해야 합니다. 우리 영혼의 순결을 주님께 드린다고 예찬하고 노래해야 합니다.

이렇게 하자 술람미 여인이 마지막 막을 끝내는 어떤 노래를 했습니까?

"내 사랑하는 자야 너는 빨리 달리라 향기로운 산 위에 있는 노루와도 같고 어린 사슴과도 같아라"(아 8:14).

술람미 여인도 솔로몬을 향기로운 산 위에 있는 사람으로 표현했습니다. 솔로몬이 산은 산이로되 향기로운 산이라는 것입니다.

솔로몬의 몸에서 온갖 사랑의 향기가 다 나옵니다. 그래서 1장에서 솔로몬은 쏟은 향기름이요 그의 이름이 포도주 같다고 노래했지 않습니까?

솔로몬은 이런 향기로운 산 위에 서 있는 자인데, 그 모습을 뭐라고 비유했습니까? 노루와 어린 사슴으로 비유했습니다. 술람미 여인은 아가서 2장에서도 솔로몬을 노루와 사슴으로 비유한 적이 있습니다.

그런데 여기서 노루와 어린 사슴은 먼저 우아한 자태와 신선한 이미지로 사용되었습니다. 호랑이나 사자가 포효하는 약육강식의 일인자 이미지를 보여준다면, 노루와 어린 사슴은 우아한 자태뿐 아니라 아주 신선한 이미지를 보여줍니다.

그러니까 솔로몬의 사랑은 언제 느껴도 우아한 것입니다. 우아하고 품위 있고 언제나 신선합니다. 질린 적이 없습니다. 날마다 신비롭고 날마다 신선하고 상큼한 것입니다. 남자도 조금 느끼하게 생긴 사람들이 있잖습니까? 그런데 솔로몬은 언제나 신선하고 새로웠습니다. 그래서 노루와 어린 사슴으로 표현했습니다.

또한 노루와 어린 사슴은 빨리 달리는 동물의 이미지입니다. 그래서 이 노루와 어린 사슴을 향하여 너는 빨리 달리라고 했잖습니까? "내 사랑하는 자야 너는 빨리 달리라." 달리라는 말은 달려오라는 말입니다. 이게 무슨 말입니까? 그렇게 내가 좋으면 나에게 달려오라는 말입니다.

술람미 여인은 아가서 2장 17절에서도 빨리 나에게 달려오라고, 해가 지기 전에, 해거름이 사라지기 전에 내 방으로, 내 품으로 달려오라고 주문했지 않습니까?

"내 사랑하는 자야 날이 저물고 그림자가 사라지기 전에 돌아와서 베데르 산의 노루와 어린 사슴 같을지라"(아 2:17).

이것을 표준새번역으로 보면 의미가 더 분명하게 다가옵니다.

"날이 저물고 그림자가 사라지기 전에, 나의 임이여, 노루처럼 빨리 돌아와 주세요. 베데르 산의 날랜 사슴처럼 빨리 오세요"(아 2:17, 표준새번역).

여기서 솔로몬의 이미지를 노루와 날랜 사슴으로 표현했습니다. 그뿐입니까? 아가서 2장 8-9절에서도 어린 사슴과 노루가 달려오는 이미지로 자기에게 사용했습니다.

"내 사랑하는 자의 목소리로구나 보라 그가 산에서 달리고 작은 산을 빨리 넘어오는구나 내 사랑하는 자는 노루와도 같고 어린 사슴과도 같아서 우리 벽 뒤에 서서 창으로 들여다보며 창살 틈으로 엿보는구나"(아 2:8-9).

그러니까 여기서 술람미 여인은 솔로몬에게, 내가 이렇게 사랑의 순결한 모습으로 서 있으니 에덴 동산에서 죄짓기 전에 아담과 하와의 사랑처럼 더 순결한 사랑을, 완벽한 사랑을 하기를 원하면 나에게 빨리 달려오라는 것입니다. "당신이 그렇게 순결하고 이상적인 사랑을 하기를 원한다면 좋아요. 우리가 그런 이상적인 사랑을 조금 더 성숙시켜요. 조금 더 아름다운 이상적인 사랑으로 더 신비롭게 만들어가요." 우리의 사랑을 더 성숙하게 하는 깊고 푸른 밤을 경험해 보자는 것입니다.

그래서 아가서는 이렇게 술람미 여인의 노래로 끝나는 것입니다.

이상적인 사랑을, 더 깊고 더 성숙하고 더 근원적으로, 인류 시초적인 사랑으로 한번 가꾸어 보자는 것입니다. 이런 내용으로 아가서가 끝나는 것입니다. 그래서 나의 순결한 사랑과 당신의 향기로운 사랑이 서로 합쳐지게 되면 진짜 인류의 시초적인 사랑, 근원적인 사랑을 이루고도 말 것이라는 것입니다. 바로 이런 노래를 함으로써 아가서가 끝났습니다. 그러기 위해서 빨리 달려오라는 것입니다.

결국 아가서의 결론은 무엇입니까? 순결과 향기가 합쳐져서 이뤄진 이상적인 사랑의 성숙을 노래한 것입니다. 이런 사랑의 성숙이 그냥 일시적으로 끝난 것이 아니라 영원하기를 노래한 것입니다. 어디에서 말입니까? 바로 저 에덴 동산 같은 곳에서 말입니다. 바로 그런 사랑을 하기 위해서 지금 술람미 여인은 솔로몬에게 빨리 달려오라고 했습니다.

끝까지 지켜야 할 순결

오늘 우리와 주님의 관계도 마찬가지입니다. 우리는 주님 앞에서 주님 오시는 그날까지 순결해야 합니다. 기름 준비 다 해 놓고 믿음의 정조를 잃지 않고 끝까지 순결을 지켜야 합니다. 혹시나 우리의 삶의 옷이 불결해지면 두루마기를 빨아야 합니다. 구약에 보면 시내 산 언약 전에 이스라엘을 성결케 하고 옷을 빠는 것을 볼 수 있습니다.

"여호와께서 모세에게 이르시되 너는 백성에게로 가서 오늘과 내일 그들을 성결하게 하며 그들에게 옷을 빨게 하고"(출 19:10).

요한계시록에서도 주님 오시기 전에 정말 성결을 지키며 옷을 빠는 자가 복이 있다고 했습니다. 어린양의 혼인잔치에 참여한 자들은 먼저 세마포 옷을 입고 신랑 앞에 섭니다.

"우리가 즐거워하고 크게 기뻐하며 그에게 영광을 돌리세 어린양의 혼인 기약이 이르렀고 그의 아내가 자신을 준비하였으므로 그에게 빛나고 깨끗한 세마포 옷을 입도록 허락하셨으니 이 세마포 옷은 성도들의 옳은 행실이로다 하더라"(계 19:7-8).

그러므로 이런 세마포의 옷, 순결한 신부로서 옷을 입고 서기 위해서는 날마다 우리가 진짜 옷을 빠는 신앙 훈련이 필요합니다. 때로는 나도 모르게 죄에 오염되어 불결해졌으면 회개하고 성결한 훈련을 해야 합니다. 그것이 바로 옷을 빠는 것과 같습니다. 그래서 요한계시록 22장 14절에서 자기 두루마기를 빠는 자들은 복이 있다고 했잖습니까?

"자기 두루마기를 빠는 자들은 복이 있으니 이는 그들이 생명나무에 나아가며 문들을 통하여 성에 들어갈 권세를 받으려 함이로다"(계 22:14).

옷을 빨고 순결한 신부가 되어서 주님 앞에 비원 같은 모습으로 서 있는 성도들은, 주님이 빨리 나에게 오시기를 원합니다. 항상 주님이 어떻게 오시기를 원합니까? 어린 사슴처럼, 노루처럼 달려오시기를 원합니다. 돈도 명예도 권세도, 이보다 중요한 것은 주님이 내 안에 오시는 것입니다. 주님이 오시기만을 원하는 것입니다. 주님이 나의 재산이고 나의 인생 목표가 되시는 것입니다. 나의 모든 행복의 주제가 되시는 것입니다. "주님이 오늘도 노루처럼 달려오시옵소서. 사슴처럼 달려오시옵소서."

그러나 그렇지 않은 사람들은 항상 불결한 옷만 입고, 세상의 허영과 사치의 옷을 입고, 돈을 구하고 세상의 일락을 구하게 되는 것입니다. 예수님보다 금 서방, 권 서방, 명예 서방, 금은보화 서방만 찾는 것입니다. 그래서 겉으로는 예수 믿는 신자 같고 집사, 장로가 되었어도, 마음은 세상의 일락을 좇아가는 것입니다.

이렇게 더러운 누더기 옷을 걸치고 있는 사람은 주님이 안 오셔야 좋습니다. 기독교의 타락이 무엇인 줄 아십니까? 주님의 재림을 사모하지 않는 것입니다. 진정한 교회와 성도는 주님의 재림을 사모하는 것입니다. 이것이 기독교의 힘이고, 교회의 힘이고, 성도의 힘입니다.

그러므로 우리의 소망은 천국에 있고, 주님이 다시 오시는 재림에 있어야 합니다. 아무리 집사, 장로여도 천국보다 세상이 좋으면 그건 타락한 것입니다. 저도 가끔 그런 실수와 착각을 할 때가 있습니다. 어떨 때는 지금의 소 목사의 모습이 너무 좋을 때가 있습니다. 젊을 때는 빨리 나이 먹었으면 했는데, 이제는 이대로 멈추었으면 좋겠습니다. '이렇게 잘되고 형통하는데 주님이 지금 오시면 어떻게 할까? 주님이 다음에 오시면 좋겠다'라고 생각하는 이게 타락입니다.

그래서 우리가 진정한 기독교 신앙의 본질, 진정한 사랑의 성숙은 바로 주님이 어서 빨리 나에게 오시라는 것입니다. 주님이 나에게 빨리 오셔서 나를 다스려 주시고 통치하시기를 바라는 것입니다. "어서 빨리 오신다고 하신 주님이 어서 빨리 재림하여 주옵소서. 어서 빨리 이 땅에 오셔서 심판하시고 우리 가운데 하나님 나라와 영원무궁한 나라를 세워 주옵소서."

이게 성숙한 사랑입니다. 그래서 손양원 목사님은 소록도에서 늘 이런 노래를 불렀습니다. 이 노래를 부르며 주님 오시기를 고대했습니다.

> 낮에나 밤에나 눈물 머금고
> 내 주님 오시기만 고대합니다
> 가실 때 다시 오마 하신 예수님
> 오 주여 언제나 오시렵니까.
>
> 신부 되는 교회가 흰옷을 입고
> 기름 준비 다 해 놓고 기다리오니
> 도적같이 오시마고 하신 예수님
> 오 주여 언제나 오시렵니까.

바로 그것이 우리의 진정한 신앙이고 성숙한 사랑의 모습입니다. 바로 아가서 사랑의 오페라의 마지막 막을 이런 내용으로 노래한 것입니다. 그렇습니다. 예수님은 우리의 영원히 부르다가 죽을 노래입니다. 우리가 영원히 찬양하고 기대해야 할 분입니다. 하늘이 감동하고, 땅이 울부짖는 눈물어린 하나님의 사랑의 결정체입니다. 그러므로 우리는 우리의 모든 삶을 통해서 하나님의 영광을 드높이고, 그리스도의 구속하심을 찬양해야 할 것입니다. 아가서에 나타난 이 애절하고도 눈물겨운 노래, 부르다가 내가 죽을 이 노래를 부르면서 말입니다.

이것으로 아가서 강해를 마칩니다. 솔로몬 왕과 술람미 여인의 사랑의 오페라, 아니 우리와 주님의 위대한 사랑의 오페라는 이렇게 막을 내립니다. 앞으로 더욱 본질의 신앙을 붙들고 사랑의 성숙을 이루어, 영원히 주님 앞에 순결한 사랑을 노래하는 성도들이 되시기 바랍니다.

판 권
소 유

아가서 강해
부르다가 죽을 노래, 아가

2009년 11월 20일 1판 1쇄 발행
2009년 11월 25일 1판 2쇄 발행

지은이 | 소강석
발행인 | 이형규
발행처 | 쿰란출판사

주소 | 서울 종로구 이화동 184-3
TEL | 02-745-1007, 745-1301, 747-1212, 743-1300
영업부 | 02-747-1004, FAX / 02-745-8490
본사평생전화번호 | 0502-756-1004
홈페이지 | http://www.qumran.co.kr
E-mail | qumran@hitel.net
        qumran@paran.com
한글인터넷주소 | 쿰란, 쿰란출판사

등록 | 제1-670호(1988.2.27)

책임교열 | 김향숙 · 박은아

값 18,000원

ISBN 978-89-5922-829-4 93230

* 이 출판물은 저작권법에 의해 보호를 받는 저작물이므로 무단 복제할 수 없습니다.
  잘못된 책은 교환해 드립니다.